現代
大阪経済史

大都市産業集積の軌跡

沢井 実 著

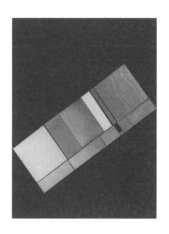

有斐閣

❖ 目 次

序 章 現代大阪経済史から学ぶもの ———————— 1
　はじめに　1
　1． 大阪経済と日本経済の相似性 ………………………………… 4
　2． 本書の構成 ……………………………………………………… 5

第1章 戦時期の大阪経済 ———————————————— 11
　はじめに　11
　1． 戦時期の部門別生産動向 ……………………………………… 12
　2． 大阪陸軍造兵廠の存在 ………………………………………… 20
　3． 主要軍需会社・工場の動向 …………………………………… 22
　　（1）　大阪製鎖造機　22
　　（2）　大 阪 機 工　26
　　（3）　大阪機械製作所　28
　　（4）　大阪金属工業　30
　　（5）　発動機製造　32
　4． 戦時下の「関西五綿」 ………………………………………… 33
　　（1）　日本綿花・日綿実業　34
　　（2）　東 洋 棉 花　35
　　（3）　江　　商　36
　　（4）　伊藤忠商事，丸紅商店，三興，大建産業　37
　おわりに　43

第2章 大阪の産業復興政策 ———————————————— 49
　　　　　——1940年代後半期
　はじめに　49
　1． 中小商工業調査からみた大阪府機械金属業界の実情 ……… 50
　2． 大阪府産業再建審議会の活動 ………………………………… 54
　3． 大阪府産業再建推進本部の活動と大阪市の工場診断制度 … 56
　　（1）　大阪府産業再建推進本部の活動　56

i

(2) 大阪市の工場診断制度　58
　4. 大阪府工業奨励館堺分館の活動 ……………………………… 60
　5. 大阪府産業復興五ケ年計画の立案 ……………………………… 62
　　おわりに　65

第2章付論　機械器具工場の民軍転換・軍民転換に関する資料 ── 68
　　　　　　──兵庫県の事例

第3章　大阪府総合科学技術委員会の活動 ─────── 111
　　　　　──1940年代後半・50年代
　　はじめに　111
　1. 大阪府総合科学技術委員会の設置 ……………………………… 112
　2. 大阪府総合科学技術委員会の活動 ……………………………… 113
　3. 専門部会の活動 ………………………………………………… 113
　　(1) 人造真珠　113
　　(2) 鉛　筆　116
　　(3) 熱処理　117
　　(4) 塗　装　117
　　(5) 鍍　金　118
　　(6) 作業工具　121
　　(7) 魔法瓶　122
　　おわりに　124

第4章　特需生産から防衛生産へ ─────────── 127
　　　　　──大阪府の場合
　　はじめに　127
　1. 特需生産と大阪府の位置 ……………………………………… 128
　2. 大阪府における特需生産の推移 ……………………………… 132
　　(1) 小松製作所　132
　　(2) 大阪金属工業　134
　　(3) 大阪機工　137
　　(4) 特需関係経済団体の結成　138

3. 特需生産の縮小と防衛生産の始まり ……………………… 139
　(1) 特需生産の縮小とその対応策　139
　(2) 防衛生産の始まり　145
4. 高度成長の開始と防衛生産の帰趨 ………………………… 146
おわりに　147

第5章　船場八社の再編と関西五綿の総合商社化 ─── 153
　　　　── 1950年代

はじめに　153
1. 繊維商社の経済的打撃と救済策 ……………………………… 154
2. 船場八社と関西五綿を分けたもの ………………………… 158
3. 関西五綿発展の一要因──機械取引 ……………………… 159
　(1) 東洋棉花　159
　(2) 日綿実業　161
　(3) 江　商　163
　(4) 伊藤忠　163
　(5) 丸　紅　166
4. 関西五綿における格差拡大要因 …………………………… 167
おわりに　171

第6章　堺泉北臨海工業地帯造成の歴史的意義 ─── 177

はじめに　177
1. 臨海工業地帯造成構想の登場 ……………………………… 178
2. 大阪府議会での議論 ………………………………………… 180
3. 堺泉北臨海工業地帯の形成 ………………………………… 183
　(1) 八幡製鉄堺製鉄所　183
　(2) 石油化学コンビナートの形成　184
　(3) 関西電力堺港発電所　185
　(4) 資金調達　188
4. 堺泉北臨海工業地帯の全国的位置 ………………………… 188
　(1) 八幡製鉄堺製鉄所　188

(2)　大阪石油化学コンビナート　189
　5．堺泉北臨海工業地帯と公害 ……………………………………… 189
　6．堺泉北臨海工業地帯の評価 ……………………………………… 190
　おわりに　192

第7章　高度成長期における産業集積地の発展 ─────── 197
　　　　　──布施市・高井田地区を中心に
　はじめに　197
　1．高度成長前夜 …………………………………………………… 198
　2．高度成長期における布施市の工業発展 ……………………… 199
　3．布施発条工業所からの独立創業 ……………………………… 202
　4．高井田地区における機械金属工場の動向 …………………… 205
　5．貸工場の意義 …………………………………………………… 213
　6．高井田地区における大中規模工場の動向 …………………… 219
　おわりに　223

第8章　革新府政の環境・産業政策 ─────────────── 227
　はじめに　227
　1．黒田府政の登場と第1期目の諸施策 ………………………… 228
　2．第2期目の諸施策とその評価 ………………………………… 230
　3．大阪府財政の推移 ……………………………………………… 232
　4．「工場三法」と革新府政 ……………………………………… 234
　5．革新府政の終焉 ………………………………………………… 238
　おわりに　239

第9章　保守府政下の大阪経済 ──────────────── 243
　　　　　──1980年代を中心に
　はじめに　243
　1．産業振興政策の提示 …………………………………………… 245
　　(1)　『大阪産業ビジョン'80　個性からの出発──国際化，生活文化産業の伸展

        をめざして』(1980年)　245
    (2) 『21世紀産業ビジョン・大阪　大阪産業新展開のみちしるべ──こうして
        21世紀に生き残る』(1987年)　247
    (3) 「新しい近畿の創生計画(すばるプラン)」の策定(1987年)　247
  2. 大型プロジェクトの推進 ………………………………………………… 248
    (1) 関西国際空港　248
    (2) 関西文化学術研究都市　249
    (3) りんくうタウン(南大阪湾岸整備事業)　250
  3. 産業構造の変化 …………………………………………………………… 251
  4. 製造業の動向 ……………………………………………………………… 253
    (1) 一 般 機 械　253
    (2) 電 気 機 械　255
    (3) 金 属 製 品　260
    (4) 地場産業の動向　262
    (5) 医薬品工業　267
  5. 卸売・小売業の動向 ……………………………………………………… 268
  6. サービス産業の動向 ……………………………………………………… 270
    おわりに　273

第10章　大阪経済の縮小 ─────────── 277
──1990年代
  はじめに　277
  1. 1990年代の大阪経済──概観 …………………………………………… 278
  2. 電機産業の動向 …………………………………………………………… 285
  3. 本社機能の東京移転 ……………………………………………………… 289
  4. 金融業の動向 ……………………………………………………………… 293
  5. サービス業の動向 ………………………………………………………… 296
  6. 産業集積の縮小 …………………………………………………………… 298
  7. 縮小のなかでの強靭性と革新 …………………………………………… 300
    (1) 竹中製作所　300
    (2) 中村超硬　301

おわりに　302

終　章　日本経済の将来としての大阪経済 ──────── 307
　1．各章の検討結果 ……………………………………………… 307
　2．大阪経済の困難さが映し出す日本経済の将来 …………… 312

あ と が き ────────────────────── 317

初 出 一 覧 ────────────────────── 321

索　　　引 ────────────────────── 322

本書のコピー，スキャン，デジタル化等の無断複製は著作権法上での例外を除き禁じられています。本書を代行業者等の第三者に依頼してスキャンやデジタル化することは，たとえ個人や家庭内での利用でも著作権法違反です。

序章

現代大阪経済史から学ぶもの

❖ はじめに

　2019年4月に行われた大阪府知事選挙，大阪市長選挙において「大阪都構想」が大きな争点となった。長く経済的沈滞に喘いできた大阪が，その打開策として大阪都構想に期待することができるのか否かが問われたのである。さらに2025年5月から半年間，大阪市夢洲(ゆめしま)地区において「大阪・関西万博」が開催されることが決定している。高度成長末期の1970年に開催された「大阪万博」から数えて55年後の国際博覧会である。ここでも停滞していた大阪湾臨海部の開発だけでなく，大阪，さらに関西経済の活性化への願いを込めて「大阪・関西万博」への期待は大きい。また近年の大阪へのインバウンド客の急増はすさまじい。心斎橋筋を歩くと，ここがどこなのかわからなくなるほどの外国人旅行者でごったがえしている。

　振り返ると百数十年まえの明治後半期には「東洋のマンチェスター」と呼ばれ，戦間期になると綿糸・綿布商社だけでなく，さまざまな機械工業，さらに外貨獲得産業としての雑貨産業などが展開することによって，大阪は「商都」であるとともに「工都」でもあった。戦前の大阪は「商都」と「工都」の両輪によって日本を代表する大都市に成長した[1]。図序-1にあるように1939年に東京府に追い抜かれるまで大阪府は日本第1位の工業生産地であった。戦時期に東京と大阪の生産額格差は拡大し，戦後復興期には東京都と大阪府が肩を並べたが，52年以降ふたたび両者の差が開いた。しかし72年には今度は東京都が全国第1位の座を大阪府に明け渡し，77年以降は愛知県が現在に至るまで

図序-1 年次別8都府県別生産額・製造品出荷額等対全国比の推移

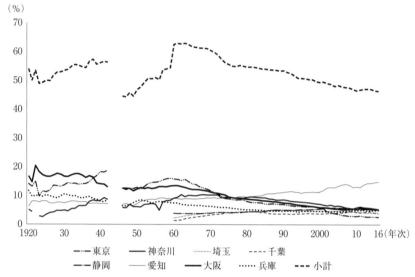

(注) (1) 1920～47年は生産額、48年以降は製造品出荷額等、45年は異常値を含むため表示しない。
(2) 調査対象工場は、1920～47年は従業者5人以上、48～61年は4人以上、62～80年は全数、81年以降は4人以上。
(3) 静岡県、埼玉県、千葉県の数値は1960年以降の数値を示している。

[出所] 農商務省・商工省編『工場統計表』、商工省・軍需省・通産省・経産省編『工業統計表』各年版。

全国第1位の製造品出荷額等を維持している。

　主要生産8都府県(東京、神奈川、埼玉、千葉、静岡、愛知、大阪、兵庫)の合計値の全国シェアは63年の63％がピークであり、その後は低落の一途をたどった。つまり工業生産の全国的分散化が進行するなかで愛知県、静岡県、埼玉県、千葉県などがその生産額シェアを高め、京浜・阪神工業地帯を構成する4都府県の比重が低下するというのが1960年代半ば以降の動向であった。21世紀に入っても愛知県のシェア上昇は続き、兵庫、大阪、静岡、神奈川、千葉、埼玉の6府県が依然として日本を代表する重要な工業生産の拠点であり続けるのに対して、東京都の全国シェアは大きく低下し、東京がものづくりに基盤をおくよりも、日本全体に対する管理中枢機能を高度化する形で発展していったことを物語っていた。

　東京都と対照的なのが大阪府である。21世紀に入っても、大都市産業集積

図序-2 製造品出荷額等の地域別シェア

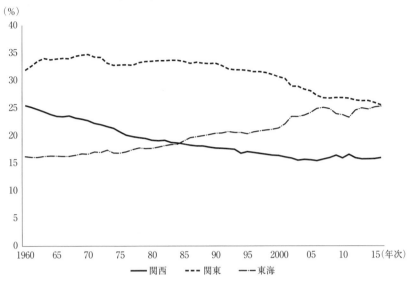

(注) 関西：大阪，兵庫，京都，滋賀，奈良，和歌山の6府県合計，関東：東京，神奈川，茨城，栃木，群馬，埼玉，千葉の7都県合計，東海：愛知，静岡，三重，岐阜の4県合計。
[出所] 図序-1に同じ。

が展開する大阪は工業生産拠点としての地位を維持し続けた。産業構造の転換が相対的に遅いことが大阪経済の特徴であり，新たな雇用創出を制約する理由でもあった。

　本書の目的は，戦時期から現在に至る約80年間の大阪経済の歩みを考察し，国民経済に占める相対的地位が低下するなかで地域経済がどのように変貌していったのかを検討することである。日本最大規模の商都，工都が戦時期にその地位を低下させ，戦後も一貫して「地盤沈下」を指摘され続け，地位挽回のためのさまざまな施策が展開された。高度成長期の全国規模での重化学工業化の進展には堺泉北臨海工業地帯の造成によって対応し，東京に対峙できる「二眼レフ論」は長く大阪財界のバズワードであった。しかし1980年代以降になって東海圏の躍進，関東圏・首都圏経済の比重増大が顕著になると，大阪経済の「復権」はいつしか関西経済・近畿経済の復権に置き換わった。87年に国土庁によって策定された「新しい近畿の創生計画（すばるプラン）」では，政治・経済・外交の中心である首都圏に対して，経済・文化・学術の集積地である近畿

圏を擁した「双眼的国土構造」を構築することが課題とされた[2]。そこでは関西国際空港（94年9月開港）や関西文化学術研究都市（けいはんな学研都市）への期待が込められていた。

　図序-2から製造品出荷額等の地域別シェアをみると，21世紀に入るまで関西地方のシェアは一貫して低落を続け，1985年には東海地方に追い抜かれる。1990年代初頭まで関東地方のシェアはほぼ横ばいであったが，以後，急速にその割合を低下させ，2015年では関東地方と東海地方はほぼ肩を並べる状態となった。

　1970年代のオイルショック以後の動向を要約すると，愛知県の躍進に牽引された東海地方が急速にそのシェアを高め，静岡県，埼玉県，千葉県が比重を高めるのに対して，伝統的な工業地帯である東京都，神奈川県，大阪府，兵庫県が後退するという構図であった。関東地方では群馬県，栃木県，茨城県が工業生産において立ち遅れていたが，オイルショック以後の3県の躍進は著しく，一方，関西地方では和歌山県と奈良県の工業生産の低迷は長く続き，滋賀県が70・80年代に躍進するとはいえ，90年の製造品出荷額等は群馬，栃木を大きく下回った。京都府も90年代初頭まで工業生産の拡大が続いたが，以後は大きな伸びを示すことはなかった。大阪経済の長期的低迷がひとり大阪の問題ではなく，関西経済全体の国民経済に占める比重低下の一環として生じていた点に留意する必要がある。

1. 大阪経済と日本経済の相似性

　本書では，戦時期以来の約80年間に及ぶ大阪経済の歩みを跡づけ，「地盤沈下」に対応して展開されたさまざまな地域経済政策の経済史的・経営史的意義を検討する。伝統的基幹産業の比重が低下するなかで，次代を担う新産業がなかなか明確な姿を現さないところに大阪経済の苦悩がある。しかし製造業に深く根を下ろし，産業構造の転換がなかなか進まないという点では大阪経済，関西経済の問題はまさに日本経済総体の問題でもある。その意味で今日の大阪経済の困難は明日の日本経済の課題を先取り的・集約的に示しているともいえる。近現代の約1世紀半にも及ぶ長い時間をかけて構築してきた製造業・商業の蓄積を踏まえながら，大阪経済，関西経済はどのような将来を展望することができるのか。そのための視点を鍛え，開かれた議論を深化させるために，現代大

阪経済史から学ぶものはかぎりなく大きい。

1970年代以降のアジアNIEsの急速な経済発展，改革開放以後の中国経済の巨大な躍進によって工業化のためのハードルが低下したかのように語られることが多い。しかし良質な製品を安定的につくり続けるためには，依然として設備に凝縮された技術，それを担う労働者・技術者，企業者の協働が不可欠である。第三次産業への傾斜を深めつつも，依然として製造業のウエイトが大きな大阪経済，日本経済が長い時間をかけて蓄積してきたものづくりを支える諸要素のうち何を維持し，何を変えなければいけないのか。その問いを念頭におきながら，現代大阪経済史探訪の旅に出発してみよう。

2. 本書の構成

本書の構成について述べると，以下の通りである。

第1章では，戦時期における大阪経済の動向を検討する。1939年に大阪府は従来からの工業生産額第1位の地位を東京府に譲り渡すが，その要因として何があったのかを考察する。大阪における軍需生産の拠点であった大阪陸軍造兵廠の意義だけでなく，主要な軍需会社・工場の動向を追跡し，大阪の軍需生産の実態を明らかにする。アジア太平洋戦争期になると長期的な設備投資は次第に困難になるが，そうしたなかでの民需部門から軍需部門への強制的な資源移転の実態を考察する。さらに関西五綿の戦時経済への対応過程を取り上げ，中国での収買活動，南方受命事業だけでなく，軍需会社との関係強化策である繊維系商社の投資会社化の進展過程を検討する。

第2章では，1940年代後半における大阪府の産業復興政策を取り上げる。政策立案の前提作業として大阪府市は詳細な戦災被害状況の調査を行った。1946年3月に設立された大阪府産業再建審議会の活動内容，同審議会の専門部会からの答申を実施するために47年6月に設けられた大阪府産業再建推進本部の活動内容を検討する。同推進本部の活動のなかでもユニークな施策が工場診断であり，大阪市の工場診断業務と合わせてその産業復興に及ぼした影響について検討する。さらに公設試験研究機関の活動として大阪府工業奨励館堺分館を取り上げ，同分館の中小企業の実態に即した産業振興政策を考察する。最後に，大阪府経済復興計画立案委員会が作成した1949〜53年度を対象とした「大阪府産業復興五ケ年計画」の内容を検討する。

第2章付論では，大阪府に隣接する兵庫県所在の機械器具工場の戦前から戦時期にかけての民需生産から軍需生産への民軍転換，ならびに戦時期から終戦直後にかけての軍民転換に関する資料を掲げた。

第3章では，1947年9月に大阪府産業再建推進本部の外郭機関として設立された大阪府総合科学技術委員会の活動を検討する。同委員会の設置には石田制一大阪府工業奨励館研究科長の働きかけが大きく，石田は戦時中の軍官産学共同研究に代わる中小企業育成のための産官学連携にもとづく共同研究の柱として大阪府総合科学技術委員会を位置づけた。同委員会の専門部会には民間企業だけでなく，公設試験研究機関，国立研究機関，大学などの科学技術者が参加し，各業界から提出された具体的な技術課題の解決に邁進した。同委員会に設置された専門部会は47年設置の研磨専門部会から62年設置の「急速変形の工業的応用」専門部会までで62部会を数え，延べ約2000人の専門委員が参加した。この章では人造真珠，鉛筆，熱処理，塗装，鍍金，作業工具，魔法瓶の各専門部会の活動を検討し，活動の成果が中小企業の技術向上に活かされた様子を考察する。

第4章では，大阪府における特需生産の実態，特需生産企業の動向を分析する。大阪の特需生産ではとくに砲弾生産が大きかったが，その生産を担った企業として旧大阪陸軍造兵廠枚方製造所を継承した小松製作所，戦時中に兵器生産企業であった大阪金属工業，戦時期には軍需品・工作機械企業として成長した大阪機工を取り上げ，各社が兵器生産を開始した事情，その生産実態を明らかにする。続いて兵器生産開始時における経営者の役割，銀行，商社の行動も含めて戦後日本における兵器生産再開の諸条件について分析する。また下請企業も含めた特需生産のネットワークを支える経済団体である関西特需協力会，大阪府中小企業特需協議会，および兵器産業懇話会の活動を検討する。朝鮮戦争が終結すると急拡大した兵器生産設備をいかに維持するかが各企業の大きな経営課題となったが，国内の防衛生産の規模は当初期待したほどではなく，武器輸出の展望も開けないなかで，どのような産業・防衛政策が構想されたかについて最後に検討する。

第5章では，繊維商社である船場八社と関西五綿を取り上げ，1950年代における各社の動向を考察する。朝鮮戦争ブームを機とした糸へん景気とその後の価格急落による経済的打撃，債務処理の実態などを分析し，50年代前半における船場八社と関西五綿の経営格差拡大の要因を検討する。続いて繊維商社

の総合商社化を促進した一要因である機械取引拡大の実態を関西五綿について それぞれ検討し，関西五綿間での格差拡大の背景を考察する。50年代後半に なると系列化，メーカーに対する投融資において，丸紅飯田，伊藤忠商事と日 綿実業，東洋棉花，江商との間での二極化が著しくなるが，それは同時に総合 商社化の潜在力の格差を物語っていた。

　第6章では，大阪経済の「地盤沈下」を挽回する重化学工業化推進の切り札 として1960年代に推進された，堺泉北臨海工業地帯造成の歴史的意義につい て検討する。堺泉北臨海工業地帯造成計画は，昭和20年代に大阪財界を中心 にして議論してきた大阪経済振興策とは一線を画した大阪の立地条件そのもの を変革する構想であった。臨海工業地帯の骨格をなす八幡製鉄堺製鉄所，石油 化学コンビナートの建設整備過程を検討し，全国的な臨海工業地帯の造成が進 むなかで両拠点が限定された機能しか担えなくなる状況について検討する。さ らに堺泉北臨海工業地帯が生み出した大きな外部不経済として公害問題を取り 上げ，最後に1970年代初頭における臨海型重化学工業に対する一部財界人の 評価を紹介する。

　第7章では，高度成長期における中小企業・工場の代表的事例として布施 市・東大阪市および同市高井田地区の産業集積の発展過程を検討する。東大阪 市における工場数のピークは1985年であるが，同市が全国有数の産業集積地 となったのは高度成長期における旺盛な新規開業を通してであった。最初に高 度成長期前夜の布施市の機械金属工業の動向を概観し，次に同市の工業発展の プロセスについて検討する。布施市では陸続とした中小経営からの独立・創業 によって事業所数が増加するが，独立・創業の実態，町工場の経営と家族構成 員を巻き込んだ内職との関係など中小零細経営の実態を一個別経営に即して考 察する。続いて高井田地区の機械金属工場の動向を検討し，さらに独立・創業 を促進した要因の1つである貸工場の役割について分析する。また高井田地区 における大中規模機械金属工場の経営発展のプロセスを考察し，こうした工場 が次第に地元に基盤を置いた経営から全国市場を相手にした経営へと変貌を遂 げるプロセスについて考察する。

　第8章では，1971年に反公害と福祉政策の充実を掲げて登場した黒田了一 知事の革新府政下での大阪経済の動向について考察する。黒田府政は国に先ん じた体系的な公害規制政策を展開するものの，2度のオイルショックによる大 阪経済の不振によって財政収支の悪化が深刻化し，黒田府政2期目になると大

量の府債発行を余儀なくされた。従来から革新府政下でのいわゆる「工場三法」の厳格な運用が大阪経済の「地盤沈下」を加速化させたとの議論があるが，工場移転・立地に関する調査などにもとづいてこの議論の妥当性を吟味する。さらに1970年代における経済構造の大きな変化として「第三次産業化」の急速な進展を指摘し，大阪経済が大きな転換点にさしかかっていたことを確認する。

　第9章では，1979年4月の知事選挙で黒田3選を阻止し，大阪財界の興望を担って登場した岸昌保守府政下の1980年代の大阪経済を検討する。「大阪復権」をスローガンにした岸府政下ではさまざまな大阪経済振興構想が立案され，1987年には国土庁を中心にして近畿圏と首都圏の「双眼的国土構造論」を提唱する「新しい近畿の創生計画（すばるプラン）」が策定された。こうした構想の内実である関西国際空港や関西文化学術研究都市に代表される大型プロジェクトが動き始め，バブル期の華やかさは経済問題の深刻さを忘れさせるものであった。しかし保守府政下の80年代においても工業生産における大阪府の地位低下に歯止めがかからず，経済構造の「第三次産業化」は着実に進行した。この章では大阪の基幹産業である一般機械，電気機械，金属製品工業，医薬品産業，地場産業，卸売・小売業，サービス産業の動向について検討し，安定成長，バブル経済の下で進行した大阪経済の経済的困難の実態を分析する。

　第10章では，バブル経済崩壊後の1990年代の大阪経済を取り上げる。1990年と2000年の大阪府の従業者数を比較すると，食料品を除く全部門で減少しており，とくに繊維工業，電気機械，一般機械，金属製品といった諸産業の縮小が目立った。従来からの基幹部門だけでなく，数多くの中小企業業種である地場産業でも事業所数や従業者数の減少が目立った。電機産業を牽引してきた家電3社の経営動向を分析し，さらに本社機能の東京移転の実態について考察する。90年代は製造業だけでなく金融業も苦難の時を迎え，中小企業と関係の深い信用金庫の破綻，事業譲渡の実態を検討する。次にサービス産業の動向，産業集積の縮小を分析し，最後に長期低迷が続くなかで独自の強靱性を発揮した中小経営の動向について検討する。

　終章では，以上の各章での考察の結果について要約する。その上で少子高齢化の波に洗われながら，産業構造の転換がなかなか進まない現在の大阪経済が明日の日本経済の困難を先取りしているとし，現在の大阪経済が直面している問題とそれへの取り組みが日本経済に示唆するものがきわめて大きいことを示

した。

注
1 戦前期大阪の経済発展については,阿部武司『近代大阪経済史』大阪大学出版会,2006年,および沢井実『近代大阪の産業発展——集積と多様性が育んだもの』有斐閣,2013年参照。
2 国土庁大都市圏整備局・近畿開発促進協議会『新しい近畿の創生計画(すばるプラン)——双眼型国土構造の確立に向けて』1987年,41-42頁。

第1章

戦時期の大阪経済

❖ はじめに

　序章に載せた序図-1（2頁）に示されているように，明治期以来長きにわたって維持してきた工業生産額全国第1位の地位を大阪府は1939年に東京府に譲り，その後も42年まで大阪府工業生産額の対全国比は低下を続けた。大阪の名目工業生産額は41年まで増加を続けていたから大阪のシェア低下は，大阪の工業生産額の伸びが全国動向に遅れたことを示していた。戦時期に東京府（43年7月に東京都設置），および神奈川県はともに全国シェアを上昇させる一方，大阪府だけでなく兵庫県も緩やかに全国シェアを低下させた。戦時期には京浜工業地帯と阪神工業地帯の帰趨に大きな違いがみられたのである。

　本章の目的は，戦時期における大阪経済の動向を検討することである。そこで，名目生産額を拡大させながらも，なぜ戦時期の大阪府が東京府や神奈川県の動向に立ち遅れたのかを考えてみたい。まず最初に，戦時期に軍用資源秘密保護法によって秘匿された戦争関連の戦略物資の生産も含めて，戦時期における部門別生産動向を検討する。そのなかで「産業構造の機械工業化」，「機械工業の兵器工業化」といわれる戦時期の動向における大阪経済の特質を検討してみたい。

　次に，戦時期における軍需生産の拠点であった大阪陸軍造兵廠の意義について考察する。大阪陸軍造兵廠は明治期以来，大阪経済に大きな影響を与えてきた。戦時期の膨張，平時の急縮を繰り返しつつ，同造兵廠と民間諸部門との間で労働者と技術者が移動し，大阪経済，とくに機械金属工業のすそ野を拡大し

てきた。日中戦争期，アジア太平洋戦争期に大阪陸軍造兵廠はふたたび急拡大しただけでなく，陸軍の管理監督工場を動員し，さらに管理監督工場が下請ネットワークを拡大することによって，大阪における機械工業の奥行が深まり，厚さが増したのである。

続いて，戦時期に急膨張した主要な軍需会社・工場を取り上げ，急拡大の過程にみられる特徴を考察する。これらの軍需工場は軍部からの増産目標の達成を第一義とし，そこには自由な経営判断の余地はなかった。戦争という巨大なリスクの前では，個別経営のリスクは国家によって担保されるしかなかった。しかし日本経済全体の実質的拡大が望めなくなったとき，このゼロサム的状況のなかで軍需生産の拡大を図るためには民需部門から軍需部門への諸資源の強制的移転を図るしかなかった。諸資源の出し手と受け手の複雑な利害をどう調整するのか，より多くの諸資源を手に入れるために軍需会社・工場がなすべきことは数多くあった。増産目標は所与であったが，それを達成するための手段は多様であり，そこに軍需会社・工場の裁量の余地，「企業家活動」の舞台があったといえるだろう。

次に，戦時期におけるいわゆる「関西五綿」（丸紅商店，伊藤忠商事，日本綿花，東洋棉花，江商）の動向を検討する。戦前は棉花輸入と綿製品輸出の両面で大きな存在感を発揮した関西五綿であるが，戦時期における繊維工業の縮小，外国貿易の縮小と再編は大きな試練であった。こうしたなかで関西五綿は中国大陸での収買事業，南方受命事業に従事するだけでなく，戦時経済に適合的な関係会社，傍系会社を育成することで商業から製造業への資源シフトを図ろうとした。関西五綿は，一方的に諸資源を「供出」させられるだけの存在ではなく，軍需会社・工場を取り込もうとする強靱な経済主体であった。

戦時期の大阪経済の変貌は，以上のような「時局」産業と「不要不急」産業の複雑な利害の交錯を内包していたのである。

1. 戦時期の部門別生産動向

戦時期には軍用資源秘密保護法によって，戦争関連の重要物資の生産額は『工場統計表』，『工業統計表』でも秘匿された。前掲図序-1は秘匿数字を含んでいない。そこで1936年から42年までの『工場統計表』，『工業統計表』別冊に別掲された秘匿生産額の数字を集計すると，表1-1の通りである。秘匿生産

表 1-1　府県別『工場統計表』・『工業統計表』秘匿生産額の推移

(100万円, %)

府県別	1936年	37年	38年	39年	40年	41年	42年
東　京	227	395	620	704	926	1,266	1,266
神奈川	301	587	855	920	1,092	1,574	1,320
愛　知	15	39	166	274	452	564	709
大　阪	326	530	808	905	862	1,099	1,128
兵　庫	186	345	529	617	629	757	1,032
小　計	1,055	1,896	2,978	3,420	3,961	5,260	5,455
全国合計	1,984	3,131	4,888	6,200	6,945	9,091	10,249
東　京	11.4	12.6	12.7	11.4	13.3	13.9	12.4
神奈川	15.2	18.7	17.5	14.8	15.7	17.3	12.9
愛　知	0.8	1.2	3.4	4.4	6.5	6.2	6.9
大　阪	16.4	16.9	16.5	14.6	12.4	12.1	11.0
兵　庫	9.4	11.0	10.8	10.0	9.1	8.3	10.1
小　計	53.2	60.4	60.9	55.2	57.0	57.8	53.3
全国合計	100.0	100.0	100.0	100.0	100.0	100.0	100.0

(注)　秘匿生産額は，金属精錬・材料品，工作機械，鉄道車輛，自動車，船舶，銃砲・弾丸・兵器，鉱物油，製革の合計。
[出所]　商工省編『工場統計表』，商工省・軍需省編『工業統計表』各年版，別冊。

品目は，金属精錬・材料品，工作機械，鉄道車輛，自動車，船舶，銃砲・弾丸・兵器，鉱物油，製革である。また，航空機生産額は『工場統計表』，『工業統計表』では把握できない。40年と42年の秘匿された生産品目の全国生産額は69億円と102億円であり，秘匿数値を除いた全国生産額は40年と42年でそれぞれ272億円と321億円であった[1]。

　表1-1にあるように，秘匿生産品目においても大阪府の対全国比は1937年の16.9％から42年の11％にまで低下を続けた。37年と42年の対全国比を比較すると東京府はほぼ横ばい，神奈川県は低下，兵庫県もやや低下であり，愛知県の躍進が著しいことがわかる。図序-1では戦時期の愛知県はほぼ横ばいであり，表1-1の動きとは異なった。図序-1および表1-1から明らかなように，大阪府は名目生産額を増大させながらもその全国的比重を低下させ続けたのである。

　秘匿生産品目を含めた大阪府の部門別生産額の推移をみたのが，表1-2である。戦時期の大阪府の産業構成の変化は明らかである。「東洋のマンチェスタ

表1-2 大阪府部門別生産額の推移 (千円,%)

部門別	1936年	37年	38年	39年	40年	41年	42年
紡織	470,393	577,027	508,847	506,317	466,728	403,031	296,640
金属	697,634	1,216,543	1,556,835	1,582,512	1,239,681	1,522,630	1,516,280
機械器具	374,946	504,699	799,876	1,147,022	1,460,152	1,703,693	1,821,029
窯業	55,329	61,414	62,103	98,202	119,106	122,809	112,266
化学	311,097	404,553	523,985	573,787	690,402	885,931	758,195
製材・木製品	29,564	38,632	44,007	50,119	63,736	73,490	78,392
印刷・製本	49,191	58,825	64,434	65,849	71,537	77,509	76,839
食料品	94,613	111,169	132,171	159,023	220,558	164,265	144,405
その他	107,802	144,020	167,701	105,118	132,247	134,338	150,372
加工賃・修理料	129,774	171,292	181,227	204,856	227,846	292,843	347,001
合計	2,320,343	3,288,174	4,041,186	4,492,805	4,691,993	5,380,539	5,301,419
紡織	20.3	17.5	12.6	11.3	9.9	7.5	5.6
金属	30.1	37.0	38.5	35.2	26.4	28.3	28.6
機械器具	16.2	15.3	19.8	25.5	31.1	31.7	34.3
窯業	2.4	1.9	1.5	2.2	2.5	2.3	2.1
化学	13.4	12.3	13.0	12.8	14.7	16.5	14.3
製材・木製品	1.3	1.2	1.1	1.1	1.4	1.4	1.5
印刷・製本	2.1	1.8	1.6	1.5	1.5	1.4	1.4
食料品	4.1	3.4	3.3	3.5	4.7	3.1	2.7
その他	4.6	4.4	4.1	2.3	2.8	2.5	2.8
加工賃・修理料	5.6	5.2	4.5	4.6	4.9	5.4	6.5
合計	100.0	100.0	100.0	100.0	100.0	100.0	100.0

(注) (1) 工作機械,船舶等の秘匿数字を含む。
    (2) 1939年以降の窯業は,窯業・土石工業。
[出所] 表1-1に同じ。

ー」と称された大阪の紡織部門が1936年の20.3%から42年には5.6%に急縮する一方,機械器具は16.2%から34.3%に躍進した。金属の構成比は37・38年と上昇したのち39年以降低下し,化学は40年以降上昇した。戦時期には紡織工業が凋落し,重化学工業の構成比が36年の59.7%が42年には77.2%に上昇した。「東洋のマンチェスター」と称されながらも36年には金属工業の構成比がもっとも大きいのが大阪の特徴であったが,40年以降になると金属工業を機械器具工業生産額が上回るようになるのである。

　大阪経済は戦時生産においてなぜ立ち遅れたのか。第1に,明治期以来発展を遂げた紡織工業の存在がある。戦時期における紡織工業に代表される民需産業の圧縮と諸資源の民需部門から軍需部門への移転を考えると,戦時期における大阪経済の相対的不利は明らかであった。

表1-3 陸軍関係主要軍需工場数(1942年度末現在)

業種別	宮城	茨城	群馬	埼玉	千葉	東京	神奈川	新潟	静岡	愛知	京都	兵庫	大阪	広島	山口	福岡	その他	合計	下請工場数
航空機	1					27	4		4	6	4	5	2			1	4	63	1,345
戦車		2	2	2	1	8	4											17	1,174
自動車				1	1	15	13			3		1	1					34	508
銃砲		1		1	1	8	1		2	1		1	7	4			2	29	435
光学機器				1		19	5		2								2	29	495
通信機						14	8				1	2	1				2	28	471
計器						10	2										1	13	342
軸受						2	1						5				1	10	110
工具				1		10	1			1			3				3	19	114
工作機械			1	1		4	3	5		3		3	11				3	36	732
電気機器		2				5	4		2	3		4	2				6	26	449
化工機						6	2											8	75
造船						1	1		1			4	2	2	3		1	14	129
舟艇						1						3	2					7	62
車輛												2	1					3	165
雑機械		1		7	2	28	2	3	3	16	3	3	10	2	2	6	11	95	566
特殊鋼	4	2	1	1		9	11	2		6		8	2			1	9	56	137
鋳物						1					3	2	8			1		15	269
鉄鋼						1					1	1				1	2	6	87
軽合金						3	4			3	1	2	7		1	2	3	26	50
合計	5	5	6	15	6	172	66	11	14	42	13	41	64	6	6	12	50	534	7,715

[出所]「昭和十七年度主要会社本社及工場数業種別各府県分布状況調査表」(陸軍兵器行政本部編『昭和十九年度改訂 現勢要覧』1944年5月)。

第1章 戦時期の大阪経済

表1-4 陸軍関係主要軍需工場（1942年8月現在）

（千円，人）

業種別	会社名	本社所在地	資本金 公称	資本金 払込	従業員 社員	従業員 労務者	主要工場	下請工場数
航空機	住友金属工業㈱	此花区島屋町	200,000	150,000	888	6,624	プロペラー製造所	14
	大阪金属工業㈱	堺市耳原町	15,000	13,298	228	3,739	淀川製作所	39
銃砲	大阪機工㈱	東淀川区豊崎西通	22,000	22,000	98	816	豊崎工場	60
	㈱大阪機械製作所	西淀川区佃町	16,000	14,000	155	1,298	大阪工場	41
	大阪金属工業㈱	堺市耳原町	15,000	13,298	323	6,013	堺製作所 淀川製作所	83
	井澤銃砲㈱	北河内郡大和田村	5,000	2,500	172	721	大和田工場 野江工場	2
	㈱梅田機械製作所	東淀川区長柄浜通	2,000	2,000	69	361	○神崎工場	29
軸受	東洋ベアリング㈱	北区堂島	25,000	25,000	754	3,872	○桑名工場 ○武庫川工場	16
	光洋精工㈱	南区御堂筋	10,000	10,000	290	1,669	中川工場 国分工場	2
	㈱天辻鋼球製作所	西区北堀江通	3,000	3,000	178	778	十三工場 大和田工場 鉱山球工場	5
工具	大阪電気㈱	住吉区北加賀屋町	9,000	9,000	260	1,640	本社工場 十三工場 ○金沢工場	9
	㈱恵比寿屋鉄工所	西淀川区野口町	2,000	2,000	109	456	本社工場	
工作機械	大阪機工㈱	東淀川区豊崎西通	22,000	22,000	771	5,898	豊崎工場 加島工場 ○猪名川工場	239
	大阪製鎖造機㈱	此花区四貫島	20,000	16,040	737	3,430	本社工場 朝日橋工場 溝口歯車工場 茨木工作機械工場 特殊工場	23
	㈱大阪機械製作所	西淀川区佃町	16,000	14,000	657	3,658	本社工場 ○尼崎工場 ○名古屋工場 ○長岡工場	43
	大阪重工業㈱	西淀川区野里町	3,000	2,250	120	369	本社工場 十三工場 神崎川工場	15
電気機器	住友電気工業㈱	此花区恩加島南町	50,000	45,000	1,146	3,864	本社工場 ○伊丹工場	
	松下電器産業㈱	北河内郡門真町	2,500	2,500	406	1,620	門真工場 ○明石工場 ○瀬戸工場	49
造船	大阪鉄工所	南区長柄橋筋	60,000	42,569	3,045	14,016	桜島工場 築港工場 ○因島工場 ○彦島工場 ○神奈川工場	67
舟艇	発動機製造㈱	西淀川区大仁東	10,000	10,000	435	1,622	本社工場 ○池田工場	22
	帝国車輛工業㈱	堺市鳳町	9,000	9,000	410	2,280	本工場	46

16

業種別	会社名	本社所在地	資本金		従業員		主要工場	下請工場数
			公称	払込	社員	労務者		
雑機械	寿重工業㈱	北区曽根崎上	18,000	18,000	255	2,172	機械部	77
	帝国製鋲㈱	南区七條通	5,000	4,179	301	1,791	製鋲工場 精機工場 ○名古屋工場 ○旭工場	22
	松下金属㈱	北河内郡三郷町	4,000	4,000	209	1,681	本社工場 ○九州工場	2
	豊国機械工業㈱	西区北堀町	3,000	2,625	144	1,047	○第一工場 ○第二工場	2
	三島重工業㈱	三島郡味舌村	2,500	2,500	140	558	本社工場	
	㈱瀬川工作所	旭区三組町	600	600	37	293	第一工場 第二工場	13
	大日本造機㈱	堺市百舌鳥夕雲町	350	350	40	237	本社工場	16
	㈱くろがね工作所	北区浜崎町	300	120	24	162	本社工場	
特殊鋼	日本砂鉄工業㈱	東区備後町	25,000	25,000	555	3,128	○高砂工場 ○飾磨工場 ○八戸工場	
	山陽製鋼㈱	西区土佐堀北通	10,000	5,500	183	1,250	○飾磨工場	
鋳物	㈱久保田鉄工所	浪速区船出町	36,000	30,000	1,081	7,794	○尼崎工場 恩加島工場 堺工場 船出町工場	151
	寿重工業㈱	北区曽根崎上	18,000	18,000	566	8,693	製鋼部 ○京都工場 ○七條工場 ○機械部 ○本社工場	4
	大阪機械製造	西淀川区佃町	16,000	14,000	164	915	尼崎工場	57
	大阪重工業㈱	西淀川区野里町	3,000	2,250	40	123	本社工場 十三工場 神崎川工場	4
鉄鋼	㈱久保田鉄工所	浪速区船出町	36,000	30,000	1,081	7,794	○尼崎工場 恩加島工場 堺工場 ○隅田川工場 船出町工場	
	寿重工業㈱	北区曽根崎上	18,000	18,000	566	8,693	本社工場 ○京都工場 ○大津工場 ○七條工場	87
軽合金	住友金属工業㈱	此花区島屋町北	200,000	150,000	4,025	26,832	伸銅所 製鋼所 ○鋼管製造所 ○プロペラー製造所 ○名古屋軽合金製造所	14
	㈱日本アルミニューム製作所	東淀川区宮原町	3,450	3,450	320	2,151	三国工場 木下工場	
	㈱大阪アルミニューム製作所	浪速区桜川3丁目	3,000	3,000	95	1,043	本社工場	
	三宝伸銅㈱	堺市生島町	1,500	1,500	65	217	本社工場 ○勝英銅山	3

(注) 主要工場の○印は,大阪府以外に所在する工場。
[出所] 表1-3に同じ。

第2に，軍需と大阪企業の結びつきの相対的な弱さがある。表1-3は陸軍兵器行政本部がまとめた1943年3月末現在の陸軍との関係の深い主要軍需工場の業種別府県別分布をみたものである。工場数でみるかぎり東京府が172工場と圧倒的であり，次に神奈川県66工場，大阪府64工場，愛知県42工場，兵庫県41工場，埼玉県15工場の順であった。大阪が軍需生産の一大拠点であることは疑う余地はないものの，東京とは大きな格差があったのである。
　さらに軍需工場の業種別分布においても東京府と大阪府では大きな違いがあった。東京が車輛を除いてすべての業種に工場があり，なかでも航空機，自動車，光学機器，通信機，計器，工具部門に2ケタの工場が存在したのに対し，大阪では航空機，戦車，自動車，光学機器，通信機，計器などでは工場が存在しないか，少数の工場があるだけであった。工場数において大阪が東京を上回るのは軸受，工作機械，造船，舟艇，鋳物，軽合金のみであった。航空機，戦車，自動車といった下請工場を多数抱える工場が大阪に少ないことは，東京と比較した場合，高度な機械・兵器生産における生産の奥行き，すそ野が格段に見劣りすることを物語っていた。
　表1-3には大阪府の2航空機工場が表掲されているが，表1-4に示されているようにこの2工場は住友金属工業と大阪金属工業であり，前者はプロペラ，後者は機械部品，プロペラ部品生産を行った[2]。三菱重工業，中島飛行機のような航空発動機，機体完成品工場は大阪には存在せず，戦時期の先端的技術部門が存在しないことが雇用面だけでなく，地域での技術蓄積の面でも大阪に産業上の相対的劣位をもたらしていたといえる。また大阪には千代田光学精工（1962年にミノルタカメラに商号変更）があったものの，日本光学，東京光学機械に匹敵する光学機器メーカーはなかった。
　表1-3には大阪府の電気機器工場2工場が示されているが，表1-4によるとこれは住友電気工業と松下電器産業であり，前者は電線，超硬工具，後者は電気機械器具，ポンプ，送風機などを生産した。日立製作所，東京芝浦電気，三菱電機，富士電機製造クラスの重電機メーカーは大阪には存在しなかった。
　以上のように金属工業，紡織工業が大きな存在感を有する大阪府では，戦時期になって機械器具工業が大きく伸長するものの，先端的かつ技術集約的な航空機，重電機，通信機，光学機器生産において，東京府と比べた場合，大阪府の相対的立ち後れは否めなかった。戦時期には「産業構造の機械工業化」，「機械工業の兵器工業化」ともいうべき産業構造の大幅な変化が生じたが[3]，そう

表 1-5　終戦時の大阪陸軍造兵廠の編成

区　分	課別・製造所名	掛別・工場名	主要業務	所在地
事務所	庶務課	文書掛	文書の取扱，命令，通報報告，軍紀風紀	
		人事掛	人事，廠内の編成，教育	
		労務掛	労務，召集延期，危害予防	
		防衛掛	防空，警戒取締	
	監督課	工芸掛	製造方式，兵器の考案設計，工芸技術	
		検査掛	兵器等調達品及測器の検査，兵器の履歴	
		規格掛	兵器制式，検査格例，検査法並に諸規格	
	作業課	生産掛	作業経営，兵器生産の基本及製造，軍需動員計画，設備基本	
		資材掛	材料素品及業務用品の需給，物資の回収及利用，戦備材料	
		管理掛	利用民間工場の管理監督	
	技術課	機械掛	器具機械の新設，維持，補修，検査及設備用資材	
		営造掛	土地建造物の新設，維持	
		工作隊	廠内の設備の据付，補修	
	会計課	計算掛	予算の調査，支払及収支決算，金銭の出納	
		調度掛	物件の調弁，売買貸借，会計監督	
		倉庫掛	倉庫の監理，運搬	
	医務課	衛生掛	労務衛生	
		医事掛	治病及療養	
工　場	第一製造所	事務所		大阪市東区本廠構内
		第一工場	大口径火砲	〃
		第二工場	照準具，機械修理	〃
		第三工場	高射砲，野山砲（火砲修理を含む）	〃
		第四工場	航空部品	〃
		第五工場	鍛造，板金，バネ，熱処理	〃
		第六工場	木工作業，鞍工及車輌	〃
		第七工場	大口径火砲	〃
		第八工場	刃工検	大阪市城東区本廠構内
		第九工場	高射砲，小口径火砲	〃
		第十工場	大口径火砲	〃
		放出工場	自動車修理	大阪市城東区天王田町
	第四製造所	事務所		大阪市城東区本廠構内
		第一工場	刃工検	京都府船井郡園部町
		第二工場	製鋼，鋳造，鍛造，旋造，熱処理	大阪市城東区本廠構内
		第三工場	鋳造木型搾出製罐工具	〃
		第四工場	大口径砲用薬莢，鉄帽，非鉄金属の鋳造，圧延	〃
	枚方製造所	事務所		大阪府北河内郡枚方町
		第一工場	弾丸，爆弾の旋造	〃
		第二工場	弾丸，爆弾の搾出	〃
		第三工場	刃工検，大口径砲弾の搾出及旋造	〃
		第六工場	信管部品旋造，圧搾	〃
		第七工場	信管組立	〃
		第八工場	爆剤の化成，填薬	〃
		大阪工場	弾丸の旋造	大阪市城東区本廠構内
		中島工場	信管組立	大阪市東淀川区柴島町
		天ノ川工場	信管部品旋造，組立及刃工検	大阪府北河内郡枚方町
		伏見工場	信管部品旋造	京都市伏見区向島町
		米子工場	信管組立	鳥取県米子錦町
	播磨製造所	事務所		兵庫県加古郡荒井村
		第一工場	製鋼，鋳物	〃
		第二工場	鍛造	〃
		第三工場	旋造	〃
		第四工場	熱処理及圧延	〃
	白濱製造所	事務所		兵庫県飾磨郡白濱町
		大阪分室	京阪地区の民間工場の管理監督指導	大阪市東区天満
		宇品分室	中国地区の民間工場管理監督指導	広島市宇品町
		第一工場	鉄製大発動艇の組立	兵庫県飾磨郡白濱町
		第三工場	部品製造	〃
	石見製造所	事務所		島根県那賀郡江津町
		大阪分室	大阪附近の民間工場の指導監督	大阪市城東区本廠構内
		第一工場	刃工検，薬莢材料	島根県那賀郡江津町
		第二工場	砲用薬莢	〃

［出所］　大阪陸軍造兵廠「大阪陸軍造兵廠本部機関ノ概況」，「製造所ノ編成及業務ノ概況」（『大阪陸軍造兵廠の現況』昭和20年9月30日，アジア歴史資料センター，Ref. No. C15010946600，防衛省防衛研究所所蔵）。

表 1-6　大阪陸軍造兵廠主要設備機械・車輌台数
　　　　（1945 年 8 月 15 日現在）　　　　（台）

	工作機械	産業機械	車輌	電気機械
大阪本廠	3,618	1,181	262	850
枚方製造所				
枚　方	2,938	670	87	448
伏　見	183	2		5
米　子				
天ノ川	503	26	1	32
中　島	16	63	2	13
小　計	3,640	761	90	498
播　磨	300	606	53	416
石　見	407	196	37	99
白　濱	477	32	24	272
民間貸与				
助成法	1,291	268		207
一　般	1,222	463	9	502
小　計	2,513	731	9	709
在　庫	126	138		1,088
合　計	11,081	3,645	475	3,932

（注）　表中の「助成法」は兵器等製造事業特別助成法。

［出所］　大阪陸軍造兵廠「主要設備機械一覧表」昭和 20 年 8 月 15 日調（『大阪陸軍造兵廠の現況』昭和 20 年 9 月 30 日，アジア歴史資料センター，Ref. No. C15010946600，防衛省防衛研究所所蔵）。

したなかで大阪における「産業構造の機械工業化」には大きな限界があったのである。

2. 大阪陸軍造兵廠の存在

陸軍造兵廠の工員数は 1942 年 3 月末時点で東京第一 3 万 6880 人，東京第二 2 万 1786 人，相模 7463 人，名古屋 3 万 8668 人，大阪 5 万 8067 人，小倉 4 万 2163 人，仁川 7111 人，南満 3652 人であり，大阪陸軍造兵廠が最大規模を誇った[4]。

その後も拡大を続けた大阪陸軍造兵廠の終戦時の編成は，表 1-5 の通りであった。同造兵廠は大阪市内の本廠だけでなく，府下には枚方製造所，兵庫県に播磨製造所と白濱製造所，島根県に石見製造所をもつ巨大工場群であった。表 1-6 から大阪陸軍造兵廠の設備機械の状況をみると，所有工作機械総台数は 1 万 1081 台に及び，そのうち本廠に 3618 台，砲弾生産の拠点であった枚方製造所に 2938 台が据え付けられ，2513 台が「兵器等製造事業特別助成法」などによって民間企業に貸与されていた。

表 1-7 に示されているように，1940 年 6 月までに大阪陸軍造兵廠が管理受任した陸軍管理工場は恵美寿屋鉄工所などの 10 社にとどまっていたが，表 1-8 にあるように管理・監督工場[5]をあわせて大阪陸軍造兵廠が所管する工場はその後急増し，41 年の 111 工場（従業者総数は 4 万 3514 人）が 44 年には 218 工場（同 7 万 2593 人）となった。大阪陸軍造兵廠は 42 年時点で工廠内で働く人員に匹敵する民間兵器工場（火砲，弾薬，舟艇，その他）の労働者を動員しており，この民間兵器工場の従業者はその後も増え続けたのである。

表1-7 陸軍管理工場（大阪府所在, 1940年6月）

受応（再受応）	次別	工場名	所在地	摘要
兵	8	㈱天辻鋼球製作所	大阪市東淀川区	共
兵（大造）	7	㈱恵美寿屋鉄工所	大阪市西淀川区	共
兵（大造）	1	大阪金属工業㈱本社工場	大阪市西成区	共
兵（大造）	1	〃 堺工場	堺市	共
兵（大造）	1	㈱大阪鉄工所桜島工場	大阪市此花区	共
兵（大造）	5	大阪製鎖造機㈱本社工場	〃	共
兵（大造）	5	大阪製鎖造機㈱茨木工場	大阪府三島郡	
兵（大造）	7	㈱大阪機械工作所本社工場	大阪市東淀川区	共
兵（大造）	7	大阪電気㈱	大阪市住吉区	
航	7	㈱大阪機械工作所加島工場	大阪市西淀川区	
航	8	㈱大阪アルミニウム製作所	大阪市浪速区	共
兵（大造）	8	大阪重工業本社工場	大阪市西淀川区	共
兵（大造）	8	〃 十三工場	大阪市東淀川区	共
兵（大造）	4	汽車製造㈱大阪支店	大阪市此花区	
兵（大造）	4	㈱久保田鉄工所堺工場	堺市	
兵	8	光洋精工㈱第一工場	大阪市東成区	共
兵	8	〃 第二工場	〃	共
兵	8	〃 第三工場	〃	共
兵	8	〃 国分工場	大阪府南河内郡	共
兵（大造）	7	住友金属工業㈱製鋼所	大阪市此花区	共
航本	8	〃 〃 伸銅所	〃	共
航本	8	〃 〃 プロペラ製造所	〃	共
被（大支）	1	世界長ゴム㈱	大阪市東淀川区	
衛	5	大日本製薬㈱	〃	
衛	5	㈱武田長兵衛商店製薬部工場	〃	
被（大支）	4	帝国製麻㈱大阪製品工場	大阪市西淀川区	共
被（大支）	1	東洋麻糸紡織㈱	大阪府泉南郡	
兵（大補）	4	日本皮革㈱大阪工場	大阪市浪速区	
被（大支）	4	〃 〃	〃	

（注）（1）資料は, 第1次から第9次までの陸軍管理工場名簿を取りまとめたもの。
　　　（2）「兵」は兵器本部,「被」は被服本廠,「衛」は衛生材料廠。（　）内の管理受任部隊の（大造）は大阪陸軍造兵廠,（大補）は大阪陸軍兵器補給廠,（大支）は大阪陸軍被服支廠を示す。
　　　（3）摘要の「共」は陸海軍共同管理。
［出所］陸軍技術本部「支那事変陸軍管理工場名簿」昭和15年6月1日（アジア歴史資料センター, Ref. No. C12121533400, 防衛省防衛研究所所蔵）。

　東京府や愛知県と比較して「産業構造の機械工業化」に遅れを取った大阪府であったが, 大阪経済自体の兵器産業化は大阪陸軍造兵廠を軸に進んだのである。しかし周知のように1945年3, 6, 7月の空襲によって被害を受けていた大阪陸軍造兵廠本廠は, 8月14日の爆撃によって壊滅的な打撃を受けた[6]。

表 1-8　大阪陸軍造兵廠所管業種別民間工場数・従業者数　　　（人）

業種別	1941年		42年		43年		44年		45年	
	工場数	従業者数	工場数	従業者数	工場数	従業者数	工場数	従業者数	工場数	従業者数
火砲	32	15,525	41	20,700	44	24,051	63	25,859	56	25,873
弾薬	53	15,158	57	20,212	62	23,492	70	25,252	80	25,267
舟艇	0	3,218	1	4,291	10	4,976	23	5,354	22	5,363
その他	26	9,613	34	12,914	48	15,069	62	16,128	69	16,141
合計	111	43,514	133	58,117	164	67,588	218	72,593	227	72,644

［出所］　大阪陸軍造兵廠「業種別民間工場数及従業員数」昭和20年11月10日（アジア歴史資料センター，Ref. No. C15011265100，防衛省防衛研究所所蔵）。

3. 主要軍需会社・工場の動向

　太平洋戦争期における従業者数500人以上工場を有する大阪府所在の産業機械を生産する主要企業を示すと，表1-9の通りであった。表1-9には大阪機械製作所など21社の各工場の生産額，従業者数などが示されている。
　以下，代表的な企業について詳しくみていこう。

(1)　大阪製鎖造機

　古田敬徳（住友合資会社総理事の古田俊之助は養嗣子）の個人経営の大阪製鎖所（1904年創業）を買収して，株式会社大阪製鎖所（資本金100万円，うち払込50万円）が1916年9月に発足する。本社春日出工場のほかに34年8月に朝日橋工場を設置して人絹，化学機械の生産を拡大し，35年1月に社名を大阪製鎖造機と改称した。同年9月に鋳鋼錨鎖の製造を本格化し，36年6月に資本金を300万円から700万円に増資する。37年1月に溝口歯車工場を買収して歯車事業を開始し，38年4月には前川歯切工場を買収し，工作機械の生産を開始した。同年12月に本社社屋を大阪市此花区四貫島笹原町(このはなしかんじま)に新築移転した。続いて41年2月に平尾鉄工所を合併して，資本金を2000万円とした。42年9月には貝塚工場を新設し，錨鎖，兵器生産を拡大した。43年11月に資本金を4000万円に増資し，44年8月に本社を大阪市難波新地南海ビル内に移転した[7]。
　1932年に大阪製鎖造機は鋳鋼錨鎖の試作に成功し，これが海軍艦艇に採用された。それまでの錨鎖はすべて鍛造によった鍛接錨鎖であった。35年9月には元呉海軍工廠製鋼部長の田中寛を技師長に迎え，大阪製鎖造機は錨鎖の生

産を本格化した。一方で兼営生産も，兵器，電気溶接，製罐，鋳鋼などの受注で急増した。また横浜分工場は陸軍の指定工場となった。こうした受注急増に対応して朝日橋工場が新設され，鋳物工場の完成によって人絹，化学機械の生産が拡大した[8]。

　大阪製鎖造機は，歯車，工作機械分野への進出を決断し，1937年1月に溝口歯車工場（1910年に溝口良吉が個人経営で創業）を買収し，大阪製鎖造機溝口歯車工場（溝口は取締役工場長に就任）とした[9]。同工場にはシース社製の6メートル大型ホブ盤があったが，これは日本最大唯一の大型ホブ盤であり，戦艦「大和」，「武蔵」の大型ウォームホイールの歯切りを行った。溝口歯車工場の買収は神戸製鋼所や住友製鋼所と競合することとなり，買収価格400万円のうち300万円は日本興業銀行からの融資で賄った。

　1937年8月に平尾鉄工所は資本金150万円（全額払込済）の株式会社に改組するが，大阪製鎖造機は株式の過半数を取得して傘下に収め，清水槌太郎社長が同社社長を兼務した。また38年4月に前川歯切工場を170万円で買収して前川工作機工場とした。こうして大阪製鎖造機は従来の本社，横浜，朝日橋の3工場に，新たに溝口歯車工場，前川工作機工場を加えて5工場体制となった。続いて38年7月に千葉県船橋市の山中製鋼所を買収した。

　1938年9月に本社工場が陸海軍共同の管理工場に指定されたが，同年末には「革正会事件」なる社内紛争が起こった。これは清水社長と鍵谷実常務取締役の確執にもとづくもので，鍵谷派は「革正会」を組織し，社内は二派に分かれて紛糾した。事態を重くみた大阪海軍監督長は39年1月に全役員の引責辞職を厳命し，翌2月には溝口と前川信太郎を除く全役員が退陣し，寺田甚吉が社長，鷲尾儼三が専務取締役，野口繁太が取締役支配人に就任した。39年6月に松崎伊織海軍中将を相談役，翌7月に海軍艦政本部勅任技師波多野友次郎を常務取締役に迎えて陣容を強化した[10]。

　大阪製鎖造機の戦時下の拡張は，その後も続いた。1939年3月に春日出工場に隣接した邑上鉄工所を買収（価格32万円），同年6月に溝口歯車工場の隣接地・付属施設を買収（価格12万円）し，航空機プロペラ調速器部品，エンジン用遊星減速歯車増産の設備を増強した。また同月には平尾鉄工所構内に特殊工場を建設して，大阪陸軍造兵廠枚方製造所関係の軍需品（主として迫撃砲弾）の生産を開始した。さらに大阪製鎖造機は41年2月に平尾鉄工所を合併，後に茨木工作機械工場と改称した[11]。

表 1-9 大阪府における産業機械を生

企業名	大阪機械製作所					大阪機工	大阪金属工業	大阪製鎖造機
工場名	大 阪	名古屋	尼 崎	長 岡	合 計	加島製造所	堺製作所	朝日橋
42年度・生産額			3,934	8,469	12,403 (6,626)	677	10,032 (1,741)	3,911 (305)
43年度・生産額	1,090	988	6,680	9,273	18,031 (13,147)		15,308 (3,267)	4,766
44年度・第1四半期・生産額	1,025	953	2,757	1,228	5,963 (1,964)	9,296		1,612 (880)
事務者	154	72	163	74	463	215	344	100
技術者	73	26	71	44	214	224	60	51
労務者	1,839	541	1,060	745	4,185	3,255	2,767	642
学 徒	56	95	481	53	685	216	495	86
女子挺身隊	18		57	33	108	79	132	4
その他						55		
従業者・合計	2,140	734	1,832	949	5,655	4,044	3,798	883
旋盤台数	568	107	101	136	912	410	684	18

企業名	久保田鉄工所							
工場名	船出町	恩加島	堺	市 岡	武庫川	尼 崎	隅田川	合 計
42年度・生産額	5,931	15,771	3,302	587	4,376	14,496	1,731	46,194 (26,864)
43年度・生産額							3,112	3,112 (3,112)
44年度・第1四半期・生産額	3,778	5,967	7,965	137	830	4,309		22,986 (7,223)
事務者	78	164	200	6	134	85	44	711
技術者	70	44	119	2	21	27	17	300
労務者	1,059	2,290	2,388	42	521	1,370	769	8,439
学 徒	324	795	260		147	60		1,586
女子挺身隊	6		25		51	7		89
その他						57		57
従業者・合計	1,537	3,293	2,992	50	874	1,606	830	11,182
旋盤台数	123	113	348	2	27	41	39	693

企業名	椿本チエン製作所			日本橋梁	日本鍛圧工業			
工場名	本 社	輸送機	合 計		第 一	第 二	大 町	合 計
42年度・生産額	3,049		3,049 (1,836)	2,416				1,645 (1,271)
43年度・生産額			4,037 (1,803)	6,921				2,977 (2,727)
44年度・第1四半期・生産額			2,627 (2,217)	2,224	723	238		961 (723)
事務者	209	3	212	154	46	10	16	72
技術者	120	2	122	45	22	8	8	38
労務者	853	27	880	771	418	175	95	688
学 徒	43		43	170	138	82	249	469
女子挺身隊	28		28	3	36	58		94
その他				14				
従業者・合計	1,253	32	1,285	1,157	660	333	368	1,361
旋盤台数			25	47	30	6	32	68

(注) (1) 従業者数500人以上工場を有する企業を表掲。
    (2) 従業者数は1944年6月末現在。
    (3) 生産額合計の（ ）内は，産業機械生産額のうちの陸海軍向け。
    (4) 寿重工業は本社が大阪府所在。

［出所］ 産業機械統制会編『会員業態要覧』昭和19年版，1944年，318-381頁。

産する主要企業の生産額・従業者数　　　　　　　　　　（千円，人，台）

日立造船			大阪プレス製作所			金子鋳鋼所
築港	桜島	合計	今宮	堺	合計	
9,934		9,934			2,189 (1,631)	189
	85,451	85,451 (2,606)			3,397 (3,359)	428 (298)
5,900	26,944	32,844 (2,180)	1,501	213	1,714 (1,625)	499 (381)
359	1,038	1,397	41	40	81	152
118	727	845	10	20	30	53
2,078	10,148	12,226	622	104	726	672
482	1,450	1,932		48	48	100
78	40	118	45		45	5
197	260	457	12	5	17	
3,312	13,663	16,975	730	217	947	982
53	531	584	47	18	65	35

栗本鉄工所			国光製鎖鋼業	寿重工業	住友金属工業	大日本セルロイド
本社	住吉	合計		京都	製鋼所	機械
3,808	5,031	8,839 (909)	245		3,836 (3,425)	2,024 (156)
5,839	6,303	12,142 (821)	604 (391)		4,932 (1,965)	800 (26)
6,346	4,714	11,060 (24)	4,663 (420)	5,575	44,792 (2,708)	809 (4)
110	56	166	251	314	590	67
45	21	66	55	96	465	39
1,289	382	1,671	1,178	3,116	14,323	1,394
46		46	335	486	627	106
15	6	21	31		97	231
28		28				217
1,533	465	1,998	1,850	4,012	16,102	2,054
44	9	53	29	514	515	93

発動機製造			藤永田造船所	増成動力工業			松下航空工業	淀川製鋼所
本社	池田	合計		東京	大阪	合計	機械部	
1,165		1,165	13,389 (10,832)	2,248	1,310	3,558 (903)	588 (441)	21
1,386		1,386 (1,131)	19,178 (19,178)	484	1,047	1,531 (387)	360 (360)	485
4,336	4,343	8,679 (6,765)	6,860 (6,860)	185	137	322 (143)	1,336 (432)	2,801
354	305	659	8	104	131	235	186	231
57	55	112	90	83	104	187	24	21
1,156	1,583	2,739	1,257	695	418	1,113	667	1,568
398	298	696	232			0		50
	79	79			4	4		
					10	10		350
1,965	2,320	4,285	1,587	882	667	1,549	877	2,220
170	235	405	53	4	8	12	53	33

1941年3月に大阪製鎖造機は軍部の要請によって，以下の大規模な設備投資を開始した。①前川工作機工場を平尾工場に隣接して移転合体し，茨木工作機械工場と改称し，工作機械の増産を図る（設備予算1590万円），②貝塚工場を新設して錨鎖，兵器の増産を図る（477万円），③溝口歯車工場を増強し，兵器，航空機用特殊歯車の増産を図る（260万円），④前川工作機工場は，工作機械部門移転後，歌島橋工場と改称して設備を増強し，航空機用歯車，航空機部品の生産に転換する[12]。

　貝塚工場の鋳鋼工場が1942年9月に完成，春日出工場とともに錨鎖の増産に励んだ。大阪製鎖造機は新たに千代田製作所を買収（価格75万円），これを「福工場」として整備し（予算1329万円，44年1月に生産開始），航空機用精密歯車の増産に充てた。一方，茨木工作機械工場では，42年9月に陸軍の指示によって設備を大拡張して（予算1200万円），工作機械増産を図り，春日出工場では舶用機関係設備，朝日橋工場では鋳物工場，横浜工場では兵器工場を拡充した。貝塚工場の機械工場は，43年9月に「兵器等製造事業特別助成法」の適用工場となり，設備を拡充して，兵器増産に邁進することになった。こうした設備資金の一部を賄うために，大阪製鎖造機は同年11月に資本金を倍額増資して4000万円とした。この間に大阪製鎖造機の全工場は陸軍あるいは海軍，または陸海軍共同の管理工場（茨木工作機械工場は商工省管理工場）となった[13]。

　1944年4月，大阪製鎖造機は軍需会社法にもとづく軍需会社に指定された。同年8月，管理の利便性から本社を大阪市難波新地南海ビル内に移転した。45年3月，茨木，福両工場が軍需省によって動員され，川崎航空機の航空機増産に全面的に協力することになった（ただし茨木工場は傘歯車歯切盤，タレット旋盤の生産のみ継続）。また横浜工場だけでなく，45年3月の空襲で春日出，朝日橋，溝口歯車工場が大きな被害を受けた。なお大阪製鎖造機では戦時期の相次ぐ増資にもかかわらず，8分配当を維持した[14]。

(2) 大阪機工

　1915年10月に松田重次郎によって設立された松田製作所は翌年12月に日本兵機製造と社名変更し，他の重役陣との意見対立から17年3月に松田は退き，第一次世界大戦終結後の20年2月に社名をふたたび大阪機械工作所と変更して繊維機械などを生産した。1930年代半ばには大阪府最大規模の機械メ

ーカーに成長した大阪機械工作所は，34年から工作機械生産を開始した[15]。

　1938年2月の繊維工業設備に関する商工省令によって繊維工業設備の新増設が許可制になると，大阪機械工作所では麻紡機を除いて紡機製造を中止したため，総売上高に占める紡績機械の割合は，表1-10にあるように1937年上期の80%が39年5月期には13%に激減した。紡織機メーカーの戦時経済への対応が求められたのである。

　既存の豊崎，加島両工場では軍需品と工作機械生産の比重が急速に高まった。同時に工作機械製造を目的に新工場の建設が計画され，38年12月に猪名川工場の建設に着手し，41年5月に完成するが，同工場への投資額は1137万円に上った。40〜41年にかけて大阪機工（38年12月に社名変更）では，加島工場の機械水雷を主とする軍需品と工作機械が売上高の双璧となっていった（表1-10参照）。また航空機関係では加島工場において，37年6月から川崎航空機，満洲飛行機，三菱重工業から材料を支給されて発動機・機体部品を製造した。ところが41年下期に鐘紡社長の津田信吾から日本国際航空工業（鐘紡の系列会社）への経営参加を打診された大阪機工は，加島工場の航空機工場の設備機械を日本国際航空工業に譲渡することを決定し，工員約130人も同社に移籍することになった[16]。

　アジア太平洋戦争期における大阪機工の主な生産品は，陸海軍兵器，内燃機関，工作機械であった。生産能力の拡充のため，坪田，奥野両鉄工所の買収，吉見工場の新設，三国分工場の開設，猪名川工場内での機械・鋳鋼工場の新設などが相次いで着手された。坪田鉄工所（大阪市大淀区中津浜通）は工作機械生産を行っていた。奥野鉄工所（旭区赤川町）は坪田鉄工所の傘下にあり，実権は坪田鉄工所が握っていた。野村信託銀行の斡旋によって，43年11月に両鉄工所の買収が進められ，大阪機工は坪田鉄工所株式9000株および奥野鉄工所株式3900株を坪田鉄工所から買収して，両鉄工所の実権を譲り受けた[17]。

　1943年に大阪機工は海軍航空本部から航空機減速歯車装置一式の専門製造工場の建設を要請された。大阪機工は東洋紡績の遊休工場である吉見工場（泉南郡田尻村）の譲渡について同社と協議し，同年12月に吉見工場を現物出資の形で提供され，増資株式300万円を東洋紡績に交付した。吉見製造所の必要機械類は海軍航空本部が調達し，大阪機工に割り当てる予定であったが，43年10月に設立された軍需省にこれが引き継がれず，大阪機工が独自に調達することとされた。しかしこの時期に新規設備機械を調達することは不可能に近

表 1-10 大阪機工の期別製品別売上高　　　　　　　　　　　（千円）

期別	紡績機械	軍需品	工作機械	航空機部品	電動機	内燃機関	量水器	鋳物	その他	合計
1937年上期	3,735	459	66		58	60	296			4,674
下期	3,327	326	241		76	214	418			4,602
38年上期	3,543	2,184	384	48	178	215	338			6,890
下期	3,030	3,451	628	82	280	164	352			7,987
39年上期	805	2,951	809	12	727	430	311			6,045
下期	109	1,795	2,731	135	565	1,273	448	1,432	189	8,677
40年上期	729	3,294	3,167	830	489	106	343	1,164		10,122
下期	1,161	4,329	4,137	750	330	803	369			11,879
41年上期	173	5,610	4,772	688	747	1,205	382		29	13,606
下期	244	7,352	3,784	777	283	647	447		71	13,605

［出所］　大阪機工五十年史編纂委員会編『大阪機工五十年史』1966年，106頁。

く，大阪機工は当初計画の大幅圧縮を余儀なくされた。若干の工作機械を買い集める一方，加島，豊崎，猪名川の3工場から一部の工作機械を移し，中島飛行機発注の歯車のみ製作した[18]。

1943年8月に海軍艦政本部から内火機械（ディーゼル・エンジン）緊急増産の要請を受けた大阪機工は当初，加島工場内に工場を新築する予定を立てたが，資材不足のなかで遊休工場の利用を命じられた。大日本除虫菊の好意で同社大阪工場の建物と同社社長上山勘太郎個人の土地を借りることができ，これを三国分工場とし，加島工場の所属とした。三国分工場では海軍納め150馬力，陸軍納め60馬力の小型内燃機関や同部品が専門に生産された。なお大阪機工は1944年1月に軍需会社に指定された[19]。

表1-11から終戦時の大阪機工の従業者数をみると，工員は1万1747人に及んだが，2675人は応召・入営者であり，実際の人員は9072人であって，そのうち現員応徴士（従来から勤務していた工員）は4743人，実際の人員総数の52％にすぎなかった。残りは動員学徒，新規応徴士，女子挺身隊で占められていた。

（3）　大阪機械製作所

大阪機械製作所は山田多計治によって1920年2月に資本金15万円（半額払込）の株式会社として設立され，その後7回の増資を経て43年3月現在の資本金は2000万円であった。同社は20年2月に大阪工場野田分工場（元・野田

表1-11　大阪機工の従業者数（終戦時）　　　　（人）

事業所		動員学徒	新規応徴士	現員応徴士	女子挺身隊	応召・入営者	合　計
本　社	社員			168		61	229
	工員						
豊崎製造所	社員			174		86	260
	工員	114	154	577	51	423	1,319
加島製造所	社員		15	449		196	660
	工員	765	634	1,393	185	1,080	4,057
猪名川製造所	社員			354		238	592
	工員	609	391	2,374	427	965	4,766
吉見製造所	社員		4	268		52	324
	工員	653	97	399	249	207	1,605
合　計	社員		19	1,413		633	2,065
	工員	2,141	1,276	4,743	912	2,675	11,747

［出所］　大阪機工五十年史編纂委員会編，前掲書，128頁。

工場），23年10月に大阪工場（元・佃工場）を建設し，27年に大阪工場を拡張して繊維機械および工作機械の製造を行った。29年5月に北越機械工業を買収して石油鑿井機の製作を開始（のちに長岡第一工場），31年3月に上海共同租界内に工場を新設して大豊鉄廠とし，染織工業機械を製作して在華紡に供給した。続いて，32年3月に昭和工作所を買収し，名古屋工場として繊維機械を製作，33年4月に長岡鉄工所の経営権を獲得し（長岡第二工場），工作機械および鑿井機を製作した。また，35年5月に尼崎工場の操業を開始し（尼崎本工場），鉄槽，汽罐，鍛造品，鉱山機械，鍛造機械，鋳鋼品，繊維機械などを製作した。翌36年8月には長岡鉄工所を合併し，39年8月に尼崎分工場を建設して鉄槽，気罐製作をここに移した[20]。

　1938年11月に『東洋経済新報』は，大阪機械製作所について以下のように報じた。「本年上期の実績では紡機が五割，時局品，工作機械，鉱山機械等が五割と云ふ振り合であつた。然るに拡張完了後に於ては前者は二割，後者は八割となる見込である。即ち殆んど平和産業から時局産業へと転換する」[21]。1938年上期に資本金800万円（払込資本金665万円）から1600万円（同1120万円）に倍額増資した大阪機械製作所[22]は，増資資金をてこに繊維機械企業から時局産業企業への転換を図ったのである。

　大阪機械製作所大阪工場は1938年に陸海軍共同管理工場となり，43年10月現在の生産品目は銃砲弾丸，戦車砲，航空機部品，発着機，砲煩部品，工作

第1章　戦時期の大阪経済　　29

機械,鑿井機であった。従業者総数は1734人（その他に応召・入営者286人），その内訳は職員210人（事務員74人，技術員43人，雇員60人，傭人33人，その他に応召・入営者47人），工員1524人（その他に応召・入営者239人）であった。43年上半期の弾丸製造高14万4224個，生産高は36万4415円であった。「生産増強ニ関スル隘路打開方策」として挙げられたのは，「1. 勤労精神ノ昂揚」，「2. 昼夜業実施ノ問題」，「3. 女子工員ノ増加問題」，「4. 材料資材ノ問題」であったが，2に関しては「工員不足ノ為メ目下定常的ニ昼夜業ノ実施困難」，3については「機械加工ニ於テ更ニ女子工員ヲ以テ代替スベク職業指導所ヲ通ジ割当申請中」であり，4に関しては「工作機部門ニ於テハ精密機械統制会ヲ通ジ軍需品ニアリテハ官給品トシテ官ヨリ資材ノ入手ヲナシ居レルモ愈々一部材料入手難又ハ運搬ノ遅延ノタメ作業場手待ヲ生ズルコトアリ」といった状態であった[23]。

(4) 大阪金属工業

1924年に資本金1万5000円で設立された大阪金属工業所は，34年1月に大阪金属工業（資本金25万円）に改組された。前年の33年10月には住友伸銅鋼管との間で資本提携が成立していた。この提携をバネに株式会社への脱皮が図られたのである。34年7月に大阪金属工業は資本金を25万円から100万円に増資したが，そのとき住友伸銅鋼管から49万5000円の出資を受けた[24]。

今宮工場の狭隘さを感じていた大阪金属工業は1937年2月に堺市耳原町に堺工場（41年8月に堺製作所と改称）を新設し，今宮工場から冷凍機，信管，薬莢，砲弾，野戦照準器，潤滑油加熱車，炭酸ガス消火装置，人絹紡糸用ポンプ・ワープタイング・マシン，注油器，ディーゼル・エンジン用燃料ポンプなどが42年春ころまでに順次移管された。36年10月に堺工場の三号工場が完成したのを契機に飛行機部品の製造に注力し，38年3月には薬莢工場，信管工場が完成した。さらに大阪金属工業では，三号工場を火砲部品の製作工場に充て，41年10月には並行生産を行っていた飛行機部品を新設の淀川製作所へ移管した。38年11月には弾丸専門工場が完成したため，39年5月に今宮工場から生産設備を移設し，砲弾と爆弾の専門工場が実現した。また大阪金属工業は37年4月に，子会社である満洲金属工業（資本金50万円）を奉天に設立した[25]。

大阪金属工業の公称資本金は1934年7月の100万円から35年2月に150万

円，36年8月に300万円，38年2月に600万円，39年11月に1500万円，43年1月に3000万円，45年5月に6000万円と戦時期に急膨張した。38年9月に大阪金属工業は東條英機陸軍航空本部長から陸軍航空機用統制部品および完成部品の製作指令を受けた。信管，薬莢，砲弾などの増産命令を受けていた堺工場に航空機部品のための拡張の余地はなく，大阪金属工業は39年1月に大阪府三島郡味生村に約20万坪の土地買収を完了させ，41年2月に淀川工場，同年8月に淀川製作所（42年12月に淀川航空機製作所と改称）とした。川崎航空機工業では40年7月から九九式双発軽爆撃機「キ－48」を量産化し，終戦時までに1965機を生産したが，大阪金属工業は1000機分の尾翼の生産を担当した[26]。

　1941年に淀川製作所の一角に海軍艦政本部管理の化学工場を設置することになり，同年8月から建設工事に着手した。淀川製作所には陸軍航空本部が管理する航空機工場があったため，これと区分するために中央道路を挟み，東側を陸軍の管理工場，西側を海軍の管理工場とした[27]。

　大阪金属工業の戦時中の関係会社としては，野里工作所（大阪重工業），満洲金属工業，北陸航空精器，石川航空機製作所，日本航空機工業，中島鉄工所，日本航器工業，杉本工作所，岐阜工作機製造所，東京歯車製作所，大阪金属石川兵器製造所の11社があった。野里工作所は1925年に梅崎一治が梅崎鉄工所として創立し，山田晁の個人出資を得て34年に野里工作所とし，37年8月に株式会社野里工作所，38年12月に社名変更して大阪重工業となった[28]。前掲表1-7にあるように，1940年6月時点で大阪重工業の本社工場および十三工場は陸軍監督工場に指定されており，同社は大阪金属工業とともに大阪における主要な軍需会社であった（前掲表1-4参照）。

　1942年に大阪金属工業は陸軍航空本部の斡旋によって朝日紡績三国工場の買収交渉を行い，同年10月に買収の仮契約を行った。これが神崎川工場であり，同工場は43年11月に神崎川航空精機製作所と改称した。一方，尼崎市の住友金属工業プロペラ製造所では，主として海軍機用プロペラと陸海軍機用調速機を生産したが，44年11月に軍需省の要請で工場を疎開させることとなり，同社の調速機部門が神崎川航空精機製作所第一工場に移設された[29]。

　また近畿軍需監理部から航空機の全組みを要請されていた大阪金属工業では，43年10月から用地の物色を開始し，近畿軍需監理部係官の強い支援の下で大阪府中河内郡瓜破村と大阪市東住吉区喜連町で約25万坪の用地買収を進めた。

44年1月にこの工場は大和川製作所（同年7月に大和川航空機製作所と改称）と命名され，4月から7月にかけて各工場が完成した。終戦時までに大和川航空機製作所が組み立て納入したのは，二式複座戦闘機「キ－45改」27機と襲撃機「キ－102乙」10機であった[30]。

（5）発動機製造

発動機製造は三輪自動車および鉄道車輛用機器の主要メーカーであり，1937年の三輪自動車の生産台数は1万5000台に達した。しかし日中戦争の進展とともに資材統制の影響を受けて38年以降三輪自動車の生産は減少に転じ，代わって航空機部品，機銃部品，舟艇用エンジン，牽引車用エンジンなどの生産が増加した。航空機部品は三輪自動車の生産減退を補う意味から発動機製造自らが三菱重工業に働きかけ，オイル・ポンプ，吸入弁，副接合棒などの仕上げ加工を受注したものであったが，機銃部品は呉海軍工廠，舟艇用エンジンは陸軍運輸部，牽引車用エンジンは小倉陸軍造兵廠からの要請によるものであった[31]。

アジア太平洋戦争期になると，軍需生産が全面化した。1942年5月以降，海軍艦政本部から航空基地の照明などに必要な発電用のディーゼル機関の受注が増え，一方で代用燃料で動く三輪車の研究も行われた。ガソリンに次いで重油も不足してくると天然ガスによるディーゼル機関が注目され，発動機製造では42年に特許を取得した。43年になると陸軍関係の海上輸送に特殊な潜水船（三式潜航輸送艇）が採用され，その原動機として発動機製造の油井用ヘッセルマン機関が応急に装備されることになった。三式潜航輸送艇㋺の船体は日立製作所笠戸工場で建造されたため，同所の海岸工場に㋺機関が納入され，第1号機の据付けが完了したのは43年12月であった。また池田工場のプレス機械を活用するため，横須賀海軍工廠の要請によって，42年秋から弾倉金物の製作を開始した。25ミリ機銃弾を保持する容器であるこの金物の量産が軌道に乗ると，池田工場の生産のなかで最大の比重を占めるようになった。その後も弾倉関係の受注が激増したため，貝塚に分工場を設置して44年春から操業した[32]。

生産増強の資金的裏づけを得るために，1943年3月に資本金は倍額増資して2000万円となった。44年2月に発動機製造は川口市の浅井鉄工所を買収して興亜発動機製造を設立し，また同月には福寿鉄工廠と提携して錦州に満洲発

動機製造を設立した。満洲発動機製造では南満洲鉄道向け車輌部品をはじめとして発動機製造製品の全種目の生産を行う予定であったが，本社工場設備の一部や半製品を船積みする一歩手前で終戦となった。43年12月～44年11月の1年間の受注額1億4993万円の内訳をみると，海軍関係54％，陸軍関係35％，軍需省関係2％，鉄道車輌用機器を中心とする「運輸通信」関係が10％であった[33]。

4. 戦時下の「関西五綿」

　綿花輸入，綿製品輸出を事業の根幹とする関西五綿にとって，戦時期になると経営環境は激変した。1937年10月に商工省から綿業統制の基本となる綿業調整計画整備要綱が発表され，日本棉花同業会と紡績連合会は共同で棉花輸入統制協会を組織して綿花飢饉に対応しようとした。綿花の無為替輸入，円ブロック内での買付けに活路を見出すために棉花共同購入組合が結成されたものの，綿花輸入高は37年の384万俵から40年の202万俵に減少した[34]。

　1941年5月に貿易統制令が施行され，輸出入制限がさらに強化された。アジア太平洋戦争が勃発すると外国貿易は激減し，貿易統制機構の一元化を目指して，重要産業統制令にもとづき42年1月に日本貿易会（5月に貿易統制会と改称）が発足した。ただし重要性を増す南方占領地域の交易は日本貿易会の対象外であり，重要物資管理営団が所管した。そこで43年3月に貿易統制会と重要物資管理営団を吸収する形で交易営団（資本金3億円）が発足するが，民間業者は輸出入実績に応じて出資することになった。これ以後，貿易商社は交易営団の下請機関として物資の収買，配給に従事することになった。しかし交易営団の活動範囲から陸軍軍政下のビルマ，マレー，オランダ領東インド，フィリピンは除外され，米，小麦，肥料，飼料なども取扱品目から除外されていたため，1944年度の貿易総額における交易営団の取扱高は輸出総額の33％，輸入総額の56％にとどまった。43年11月に政府から発表された交易業整備要綱にもとづいて日本綿糸布輸出組合は交易業整備綿糸布関係分科委員会を組織して残存するべき適格者について審議し，三井物産，三菱商事，江商，日綿実業（43年4月に日本棉花を改称），東洋棉花など19社を選定した[35]。一方，綿花に関しては日本棉花輸入統制が41年9月に国策代行機関として設立され，円圏内を中心に綿花を輸入したが，同社の運営は各商社からの出向社員が担っ

た[36]。

1946年に『東洋経済新報』は戦時中の江商の活動を振り返って，以下のように指摘した。

「支那事変勃発後は，従来の繊維製品墨守の態度を一擲し，生必品，重要物資等の交易にも進出し，併せて子会社を育成し，直接生産に当るなど，所謂(ゆる)多角経営を行つて来た。但(ただ)し英米の資産凍結に逢つてからは専ら主力を中国，満洲に注ぎ，更に太平洋戦争勃発後は南方面にも進出した」[37]。

また，同記事は1945年3月期の資産負債表を示して，江商の使用総資産7億1974万円のうち93％に当たる流動資産6億6775万円のほとんどが海外支店勘定であり，同勘定はすべて現地借入金で賄われているため，海外支店の本店依存度はきわめて低いと指摘した。しかし本店勘定として払込資本金2300万円を超える3000万円の海外投資があり，これをすべて失うため江商の打撃は大きく，国家補償のあり方が同社の今後を決するとした[38]。

この指摘は基本的に関西五綿に共通するものであっただろう。以下では具体的に個別経営についてみてみたい。

（1） 日本綿花・日綿実業

南郷三郎社長に率いられた日本綿花は日中戦争が勃発すると，中国やアジア諸国との取引に重点を置き，取扱品目の多様化を目指した。日本軍の占領地拡大にともなって日本綿花の中国での活動は活発化し，1938年以降，日本綿花は二十数カ所の地方都市に支店，出張所を新設した。38年に華北では北支棉花，続いて京漢線棉花協会，済南棉花買付組合が設立され，39年に北支棉花協会に改組された。華中では38年8月に中支棉花協会が設立され，日本綿花は協会の一員として綿花の収買や配給業務を担当した。とくに上海支店の取引量が激増し，インフレもあって40年の取引高が1億6741万円を記録した[39]。

アジア太平洋戦争期の南方受命事業において，日本綿花は1942年6月にビルマでの黄麻栽培を命じられ，7月には三井物産，三菱商事とともにビルマ米の集荷・精米・輸出業務に当たり，南方地域での林材担当企業者にも指定された。こうした南方受命事業の増加を受けて，43年9月に本社内に南方事業部が設置された。なお1940年および41年の貿易実績にもとづいた貿易統制会によるランクづけを反映して，42年の同統制会での会員順位において日本綿花は三井物産，三菱商事に次いで第3位であった[40]。

戦局の進展にともなって、日本綿花の子会社および傍系会社のほとんどが軍需工場に転換した。そのための設備資金が必要となり、各社はいっせいに増資を計画し、日本綿花に協力を要請した。商事会社の増資は臨時資金調整法によって厳しく規制されていたが、子会社や傍系会社である軍需工場の増資は認められていたため、日本綿花は1000万円の増資を申請し、1944年11月に資本金2000万円から3000万円への増資が認可された。なお陸軍省からの要請によって社名変更が検討され、43年4月の臨時株主総会において「日綿実業株式会社」への社名変更が決議された[41]。

アジア太平洋戦争中の国内の主な関係会社としては、両毛整織（桐生市）、玉川工業（東京都日本橋区）、辻紡績（京都市中京区）、秘露棉花（大阪市）、浪華産業（大阪市）、浪速化工（大阪市）、日信布帛製品（大阪市）、日華油脂（神戸市）、日本研磨材工業（堺市）などがあった[42]。

(2) 東洋棉花

1940年、東洋棉花（以下、東棉と略記）は13支店、在外企業2社、関連企業約50社を有しており、貿易会社であるとともに一大工業企業集団となっていた。しかし戦争の進展とともに応召・入営者が急増し、国家機関への出向者、受命事業要員が増加したため、実務担当者が急減した。そうしたなかで本店営業部内に「大東亜共栄圏」内の繊維原料の調査開発を担当する「東亜建設部隊」が設置された。しかし一方で大阪三品取引所の綿糸の定期取引で大きな存在感を示してきた船場支店は、42年6月の大阪三品取引所の解散にともなって翌43年6月に閉鎖された。45年3月現在の社員数は888人であった[43]。

東棉の経営に占める関連企業である上海紡織の意義は決定的であり、1935年度の全支店取扱高の25％を占めた。元社員は「海外から本店に戻ってきたが、統制により繊維部本来の仕事はなかった。だが、給与は滞りなく支給された。社員をみんな軍隊に送り出しても、また内地の商売が減少しても経営していけるのは、ひとえに上海紡織などの在華紡や、満州、朝鮮にあった紡績関連企業の稼ぎのおかげだとよく聞かされた」[44]と証言している。

戦前の朝鮮で東棉は京城支店を中心に、釜山、平壌、群山、大邱、清津、元山などに出張所、派出員を擁し、関連企業として綿花収買に大きな力を持っていた南北棉業のほか、京畿染織および同社の子会社朝鮮絹織、旭絹織を有していた。1941年の南北棉業は7繰綿工場を持っていた。朝鮮軍の計画の一環と

して，鐘淵紡績，群是製糸，帝国製麻などとともに東棉が朝鮮大麻の活用策である大麻紡績に取り組んだのも同年であった。また同年6月には東棉および関連企業の内海紡織，南北棉業の3社によって京城に東棉繊維工業が設立され，新義州に工場が建設された。釜山・平壌両出張所は44年に支店に昇格し，同年2月の朝鮮全店の社員は40人，準社員は54人であった[45]。

終戦時における東棉の海外関連企業は33社に上り，大半は繊維関連企業であったが，非繊維は8社（東棉化成工業，満洲発動機製造，木浦造船鉄工，関東州洋傘製造，上海電業廠，亞洲護謨工業，亞洲澱粉工業，満洲穀物工業）であった。1935年末における紡績業直接投資総額（上海紡織を除く）は1300万円，融資総額は800万円であり，紡機換算錘数（上海紡織を含む）は64万292錘に達した[46]。

東棉化成工業の設立事情は以下の通りであった。大阪出身の北島安太郎が満洲産高粱の茎を活用して建築材を製造することを考案して奉天郊外に小工場を開設し，その後東棉に援助を依頼した。東棉は上海紡織とともに1940年9月に高粱化学工業（資本金250万円）を設立したが，製造計画の失敗から42年に北島が退任したため，東棉が経営を掌握した。アミノ酸醬油などの製造に事業内容を切り替え，44年1月からは大陸科学院の指導の下で航空機用合板の試作も開始し，同年12月に東棉化成工業と商号変更し，45年4月に500万円に増資した[47]。

（3）江　　商

東洋紡績からの強い要請によって，1936年4月に江商は大株主が所有していた江商全株式の半数を東洋紡に肩代わりしてもらい，同時に経営参加を認めた。江商は39年9月期の7分から40年3月期に8分に増配した後，45年3月期まで8分配当を維持した[48]。

表1-12には戦時期における江商の関係会社・内地傍系会社が示されている。このなかで資本金規模がもっとも大きいのは興亜鉄工（300万円）であった。1939年8月に天津に設立された興亜鉄工は青島分工場を有し，41年7月時点で天津工場は日本人職員20人（技術15人，事務5人），中国人職員14人（技術7人，事務7人），中国人職工300人，青島分工場は日本人職員4人，中国人従業者85人の規模であった[49]。

東亜鉄工は資本金50万円（半額払込）で設立され，軍部の「培養工場」と

して拡充を慫慂され，資本金を100万円（江商50万円出資，東洋重工業50万円出資）に増資した。さらにその後，建設資金として東洋重工業の傍系会社である天津裕豊紡績ならびに江商天津支店から合計100万円を借り入れ，運転資金として横浜正金銀行天津支店に40万円の借越限度を設定した。しかしさらなる資金需要が見込まれるため，借入金を出資に振り替え，42年に200万円を増資して資本金300万円とした。同社はこの時点で第二種軍需工場に指定されており，兵器・同部品，鉱山・交通・紡績用機械および同部品，農具，その他工作機械などを製作していた[50]。

このように江商は中国大陸において軍需工場の育成に注力したものの，表1-12をみるかぎり国内の関係会社・傍系会社のなかには目立った軍需工場はなく，江商の軍需会社育成には大きな限界があったのである。

(4) 伊藤忠商事，丸紅商店，三興，大建産業

伊藤忠商事（以下，伊藤忠と略記）は1937年12月に代理部を新設して，日中戦争勃発後の新しい事態に対応しようとした。代理部は代理店契約または特約販売の品種を拡大し，国内販売と輸出を増大させることが狙いであった。代理部は発足当初は10人の部員しかいなかったが，40年6月の機構改革で本店営業部第2部と改称され，さらに同年末に重化学工業品部となったときには八十余人の部員を擁していた[51]。

表1-12 江商の関係会社・内地傍系会社一覧　　　　　　　　　　（万円）

社　名	資本金	所在地
東洋織物商事㈱	150	福井市
江和商事㈱	45	大阪市
㈱朝鮮ポンプ製作所	25	京　城
鮮一絹織㈱	50	京　城
東和被服㈱	15	京　城
朝鮮メリヤス㈱	80	平　壌
京谷織物工場		朝鮮忠清南道
共栄撚糸工場		朝鮮全羅南道
共和撚糸工場		朝鮮永登浦
東和織物㈱	18	京　城
愛国繊維㈱	18	京　城
満洲レザー㈱	50	奉　天
東亜豚毛ブラシ㈲	8	奉　天
弘南化学工業㈱	18	安　東
興亜鉄工㈱	300	天　津
㈱泰興紡織廠	150	天　津
江隆織布廠	3.5	青　島
華北土法製鉄㈱	100	北　京
福井和紡㈱	19.5	福井市
東海繊維㈱	10	愛知県越町
岩山商店	30	大阪市
岩城農機具㈱	19.5	札幌市
東亜道路工業㈱	30	東京都
東亜アスファルト工業㈱	100	東京都
昭和森林工業㈱	10	横浜市
ビチマルス工業㈱	20	大阪市
東京編織	119	東京都
昭和繊維製品㈱	19	大阪市
佐々木靴下工業㈲	15	東京都
川西被服工業㈲	18.5	大阪市
昭和布帛工業所	14	大阪市
日本靴下㈱	80	東京都

（注）　下段は内地傍系会社（1946年4月現在）。
［出所］　江商社史編纂委員会編『江商六十年史』1967年，313-315，324-328頁。

表1-13 三興の関係会社一覧

業種別	会社名	資本金		三興出資	
		公称	払込 (a)	(b)/(a) (%)	払込額 (b)
機械金属工業	不二越鋼材工業㈱	51,600	51,600	5	2,500
	函館船渠㈱	13,330	8,331	10	800
	北支自動車工業㈱	12,000	9,000	10	938
	三徳工業㈱	10,000	7,250	9	625
	協和工業㈱	10,000	5,000	10	500
	伊丹製鋼㈱	2,000	2,000	73	1,469
	㈱藤井製作所	1,200	1,200	31	375
	愛知工機㈱	960	960	52	503
	㈱大阪工作所	750	750	67	500
	日本牽引車製造㈱	500	500	45	225
	東洋金属工業㈱	500	500	25	125
	大阪熱処理㈱	400	400	81	325
	東亜精工㈱	400	400	50	200
	㈱関西精密機械製作所	180	180	11	20
	昭和精工㈱	150	150	32	48
	小計	103,970	88,221	10	9,153
繊維工業	呉羽紡績㈱	67,650	56,785	14	8,091
	綾羽クツシタ㈱	2,200	1,360	16	222
	㈱大福公司	2,000	1,240	24	300
	内外編物㈱	2,000	1,200	3	35
	朝鮮織物㈱	1,000	1,000	17	170
	㈱興華染色廠	500	500	50	250
	興東柞蚕加工㈱	480	480	10	50
	東洋化学染工㈱	400	400	33	133
	昭和織物㈱	350	245	60	148
	㈱満洲製絨所	300	300	90	270
	京阪布帛工業㈱	195	195	69	135
	㈲丁子屋商店	195	195	56	110
	㈱廣益機業場	180	180	25	45
	長浜ビロード㈲	100	100	67	67
	笹塚被服工業㈲	100	100	100	100
	旭特殊綿業㈱	100	100	77	77
	小計	77,750	64,380	16	10,203
パルプ製紙製材業	興国人絹パルプ	30,000	15,000	9	1,390
	富国人絹パルプ	10,000	5,000	41	2,036
	満洲製紙㈱	1,000	1,000	23	232
	加奈太木材㈱	1,000	1,000	29	293
	㈱寿公司	300	300	33	100
	小計	42,300	22,300	18	4,051

(1942年1月現在)　　　　　　　　　　　(千円)

本店所在地	特約関係	伊藤忠商事 元関係会社 (1941年8月15日現在)
富　山	特約店	○
函　館		
北　京		
東　京	特約店	
奉　天		
伊　丹	総代理店	○
川　崎	特約店	○
名古屋	総代理店	○
大阪府肴津	〃	○
東　京	〃	○
東　京	〃	
大　阪	一手販売店	
川　崎		
神　戸		
東　京		
大　阪		○
清　水		○
天　津		○
東　京		○
朝鮮京畿道		○
上　海		○
安　東		
京　都		
今　治		○
奉　天		
京　都		
岡山県児島町		
京都府与謝郡		
滋賀県塚田郡		
東　京		
愛知県稲沢		
東　京		
大　阪	総代理店	○
奉　天		
東　京		○
奉　天		○

		資本金		三興出資	
業種別	会社名	公称	払込 (a)	(b)/(a) (%)	払込額 (b)
貿易・販売業	大阪鋼材㈱	10,000	7,000	25	1,747
	日本鋼材㈱	5,000	1,550	12	188
	大同貿易㈱	4,000	3,500	45	1,563
	日印通商㈱	2,500	1,875	88	1,644
	㈱大阪銑鉄商会	2,000	2,000	70	1,400
	東亜鉱石㈱	1,000	1,000	75	750
	岸本商事㈱	1,000	1,000	60	600
	東洋自動車㈱	600	600	100	600
	㈱丸釘販売所	500	500	25	125
	朝日産業㈱	450	450	63	285
	大阪鋳工㈱	250	250	100	250
	㈱共益社	200	144	100	144
	小　計	27,500	19,869	47	9,296
運送業	三光汽船㈱	8,500	7,125	7	531
	五洋商船㈱	6,500	6,500	40	2,580
	小　計	15,000	13,625	23	3,111
鉱　業	日窒硫黄鉱業㈱	5,000	3,875	7	292
	中国鉱業㈱	1,500	1,500	34	503
	三河珪石㈱	300	300	8	25
	小　計	6,800	5,675	14	820
その他	朝鮮東海電極㈱	5,000	2,500	15	375
	㈱イトウビル	5,000	1,500	70	1,050
	大鋼証券㈱	480	480	25	120
	小　計	10,480	4,480	34	1,545
	総　計	283,800	218,550	17	38,179

［出所］　三興株式会社『三興株式会社要覧』昭和16年9月（アジア歴史資料セ興株式会社「関係会社要覧」昭和17年1月現在（アジア歴史資料センター，忠商事株式会社社史編集室編『伊藤忠商事100年』1969年，146頁。

　取扱品目の多角化と関係会社の増加が，戦時期の伊藤忠の戦略の1つであった。たとえば建築材料関係では1938年初めに昭和人絹および呉羽紡績と共同出資して昭和板硝子を設立し，木材関係では呉羽紡績取締役の松岡潤吉と共同で加奈太木材に出資した。機械関係では大阪工作所に出資して設備の充実を図り，関係会社の愛知工機，石川製作所，牧野鉄工所の工作機械を軍需方面に納入した[52]。

　日中戦争が始まると丸紅商店では大阪支店を業務の中核に位置づけ，東京支

本店所在地	特約関係	伊藤忠商事元関係会社（1941年8月15日現在）
大　阪	指定問屋，指定扱店	
東　京		
神　戸		○
東　京		
大　阪		
大　阪		
東　京		
奉　天		○
東　京		
東　京		○
大　阪		
京　城		○
尼　崎		○
神　戸		
東　京		
大　阪	総代理店	
岡　崎		○
鎮南甫		
大　阪		○
東　京		

ンター，Ref. No. B08061182400，外務省外交史料館所蔵），三
Ref. No. B08061182400，外務省外交史料館所蔵），および伊藤

店は特殊品係を新設して戦時下の要請に対応しようとした。大阪支店は中国大陸への進出を図り，天津，上海，奉天，ハルビンなどに出先機関を設け，その後南京，漢口，九江，南昌にも出張所を開設した[53]。

　戦時期になると鉄鋼配給統制によって鉄鋼商社岸本商店の取扱高が減少し，銑鉄輸入も先細りとなったため，同社は伊藤忠の輸出機構に期待し，一方で伊藤忠（伊藤忠兵衛は岸本商店の役員）は重工業方面での岸本商店の地盤に魅力を感じていた[54]。そこで1941年9月16日，伊藤忠（公称資本金2000万円，払込

資本金 1250 万円), 丸紅商店 (同 1000 万円, 全額払込済), および岸本商店 (同 600 万円, 全額払込済) の 3 社合併によって三興 (同 3600 万円, 同 2850 万円) が誕生することになった。合併直前, 伊藤忠の関係会社のうち「特ニ関係ノ深キモノ 20 社」, 丸紅商店は「主ナルモノ 9 社」, 岸本商店は「主ナルモノ 8 社」であった[55]。

表 1-13 は 1942 年 1 月現在の三興の関係会社を一覧したものである。関係会社は機械金属工業 15 社 (三興出資額 915 万円), 繊維工業 16 社 (同 1020 万円), パルプ製紙製材業 5 社 (同 405 万円), 貿易・販売業 12 社 (同 930 万円), 運送業 2 社 (同 311 万円), 鉱業 3 社 (同 82 万円), その他 3 社 (同 155 万円), 合計 56 社 (同 3818 万円) であった。払込額順位をみると, 呉羽紡績 809 万円, 五洋商船 258 万円, 不二越鋼材工業 250 万円, 富国人絹パルプ 204 万円, 大阪鋼材 175 万円, 日印通商 164 万円, 大同貿易 156 万円, 伊丹製鋼 147 万円, 大阪銑鉄商会 140 万円, イトウビル 105 万円の順であり, この 10 社で全体の出資額の 63% を占めた。

軍需関係の国内関係会社として三興がとくに育成強化に注力したのが三興酵成燃料 (公称資本金 1000 万円, 本社大阪), 愛知工機, 三興線材工業 (同 375 万円, 京都), 大阪工作所, 三興南方殖産 (同 100 万円, 東京) などであった[56]。

1942 年 1 月 1 日現在の三興の従業者数は, 表 1-14 の通りであった。京城支店を含む内地で 2638 人, 外地に 863 人であり, 兵役・徴用・病気休職者および出向者 531 人を加えると, 三興の従業者は内地・外地合わせて 4032 人であった。内地支店では京都, 本町, 安土町支店の人員が多く, 外地では華北, 華中南, 満洲の順であった。華北は中華民国北部元店, 天津支店 (石門・保定・彰徳出張所所属), 北京支店 (張家口出張所), 済南, 青島支店, 華中南は中華民国中南部元店, 上海支店 (南京・杭州・蚌埠・蕪湖出張所), 漢口支店 (九江・南昌出張所), 広東支店 (香港出張所), 満洲は満洲元店, 奉天支店 (営口・安東出張所), 新京支店, 哈爾浜支店 (チチハル出張所), 大連支店 (大連支店呉服部) から構成された[57]。

1944 年 9 月の三興, 呉羽紡績, 大同貿易[58]の 3 社合併によって大建産業が発足した。設立当初の資本金は 8863 万 1900 円 (全額払込済) であったが, 45 年 1 月に 1 億 5000 万円 (払込資本金 1 億 1931 万 5950 円) に増資した[59]。「三興にしろ大同にしろ累次の整理に残存した有力交易会社であり, 呉羽紡にしても資産内容に多少の見劣りはあるが, 紡績界の一方の雄である。従つて三社共に

独立してゆかうとすれば出来得ない会社ではない。三社の統合には寧ろ積極的な意図が含まれてゐるのだ」というのが『東洋経済新報』の見方であった。同誌は「三社の本業こそ不急視されるが，三社各々が持つ子会社は緊急事業を行つてをり，之の育成強化のために親会社を強力にする必要上から統合を行つたのだ」と判断し，「三社の統合によつて人的・物的・資金的に一大組織体となり，一元的機構により子会社を強力に育成しようと云うのが本来の狙いだ」と結論づけた[60]。

この時期の3社統合によって一元的機構が構築できるのかという疑問は残るが，3社統合の一因が軍需工場としての発展が期待される子会社の育成にあったとする判断は正しいだろう。大建産業の関係会社は国内外で103社に及んだ[61]。

さらに3社が1944～45年にかけて軍部からの受命事業を遂行するためには8000万円から1億円の資金が必要であるにもかかわらず，三興および呉羽紡績の借入金は資本金合計の2倍近い1億9000万円に達していた。そこで3社合併によって信用基盤を拡大するとともに増資によって必要資金を調達することが狙いであったというのが，『伊藤忠商事100年』が強調する3社統合の理由であった[62]。

❖ おわりに

1939年に大阪府が工業生産額全国一の座を東京府に譲り渡し，その後も戦時期を通して同府が工業生産額の対全国比を低下させたこと，大阪経済の「地盤沈下」が生じた最大の理由は，大阪府が「東洋のマンチェスター」として長らく繊維産業を中心とした産業構成をとっており，戦時期において民需から軍需への転換（「平和産業」から「時局産業」への転換）という高いハードルを越えなければならなかったからである。その点で東京府の機械器具生産が総生産高に占める割合は相対的に高く[63]，戦時期の「産業構造の機械工業化」，「機械工業の兵器工業化」の動きにより適合的であったといえる。

しかし繊維産業を中心とした産業構成という点では愛知県も同様であったが，愛知県の機械器具生産は三菱重工業などを先頭にして戦時期に急拡大し，愛知県全体の工業生産額の全国シェアを急速に高め，大阪府とは対照的な動きを示した。戦時期の当初において機械器具生産の比重が相対的に小さかっただけでなく，航空機や電波兵器のような先端的技術諸部門が少なかったことも大阪府

表1-14 三興の従業者数（1942年1月1日現在） (人)

店 別	役員	参事	社員（男）	社員（女）	嘱託	雇員（男）	雇員（女）	合 計
本 社	15	3	59	1	3	16	51	148
支 社	2		10			3	5	20
安土町	1	2	238	3	6	58	192	500
船 場			74	1		32	57	164
西長堀			44			8	28	80
本 町	1	1	241		1	130	138	512
尼 崎			9			7	7	23
京 都		2	199	6	8	203	210	628
名古屋		1	49	1	1	3	45	100
堀 留			43		1	20	29	93
丸ノ内			53			6	38	97
富澤町		1	104	3	1	52	48	209
京 城			28			23	13	64
合 計	19	10	1,151	15	21	561	861	2,638

店 別	役員	参事	社員	外国傭員				合 計
				日本人（男）	日本人（女）	外国人（男）	外国人（女）	
満 洲		1	55	5	23	55	3	142
華 北		1	135	26	26	162	2	352
華中南	1		95	14	15	142	14	281
バンコック			9			10	9	28
スマラン			1					1
サイゴン			7			26	5	38
その他外国			21					21
合 計	1	2	323	45	64	395	33	863

（注）兵役休職者471人，徴用休職者12人，出向者6人，病気休職者42人，合計531人の従業者が，表掲されていない。
［出所］「従業員表（昭和17年1月1日現在）」（アジア歴史資料センター，Ref. No. B08061182400，外務省外交史料館所蔵）。

には不利な点であった。さらに大阪は東京と比較して，生産額においても従業者数においても中小企業の比重の高い産業集積地であった。戦時期に入って戦時統制が進化し，官僚統制が深まると，「東京からの距離」が諸資源の配分に大きく作用し，しかも統制はその対象が少ないほど効果が見込まれるため，統制対象のユニットの大規模化をともなった。大企業重視に傾斜した戦時統制の面からも，大阪経済の不利は免れなかったのである。

しかし大阪の諸産業・諸企業は，「平和産業」から「時局産業」への転換を積極的に進めた。大阪機工，大阪機械製作所，発動機製造の例にみられるよう

に繊維機械，三輪自動車メーカーは軍需企業に急速に変貌した。アジア太平洋戦争期に入って長期的な設備投資が困難になると，既存資源の民需部門から軍需部門への強制的移転が行われるようになる。ただしその移転は，戦時統制機構が自動的に行ったものではない。工場を畳むしかないところにまで追い詰められた転業者・転業工場と，工場買収しか拡大の手段のない「時局」企業，「殷賑」産業関係者の利害が交錯するなかで強制的資源移転が進められた。

　「東洋のマンチェスター」を支えた関西五綿に代表される繊維系商社も戦時期の要請に対応しないかぎり存続の展望はなかった。繊維産業が急速に縮小するなかでの中国での収買活動，南方での受命事業といった拒否できない「国策的」事業に企業者的自由裁量の余地は少なく，軍需会社である関係会社，傍系会社を育成強化して戦時経済のなかでの存在感を高めることが，繊維系商社に残された数少ない「経営戦略」であった。

　著名な大規模軍需会社との好関係を構築することに成功する場合もあったとはいえ，関西五綿の軍需会社的関係会社，傍系会社は総じて規模の小さいものが多かった。関西五綿は投資会社化に活路を見出そうとしたが，その面でも限界があった。ここにも，大阪経済の戦時経済への適応の難しさを確認することができる。

注
1　商工省編『工場統計表』，商工省・軍需省編『工業統計表』各年版，同，別冊。
2　「昭和17年度 会社概況表」(陸軍兵器行政本部編『昭和十九年度改訂 現勢要覧』1944年5月) 1頁。
3　沢井実「戦時期」(伊藤元重ほか編『日本経済事典』日本経済新聞社，1996年) 55頁。
4　「昭和十六年度 工員年齢一覧表」昭和17年3月31日調 (陸軍兵器行政本部編『昭和十六年度 現勢要覧』昭和17年12月30日調製)。
5　管理工場と監督工場について，前者は「当時の財閥工場から，小さくても二流メーカーまでで，いやしくも軍の管理のもとに置かれる以上いうなれば有名メーカーばかりであ」ったのに対し，後者は「この有名メーカーの下請けの立場にあった小粒工場を軍がスカウトしたまで」であり，管理「工場には，軍の監督官が駐在して，幕僚の技師，技手，補助員が多数常駐していた」のに対し，監督「工場には検査の度毎に技手補助員が出張してきて検査済の刻印を打って廻るに過ぎなかった」との指摘がある (工藤茂『機械工具挿話』機械金属商工新聞社，1962年，139-140頁)。
6　兵政本「造兵廠設備空襲被害状況調書」昭和20年8月30日 (アジア歴史資料センター，Ref. No. C15011065300，防衛省防衛研究所所蔵)。
7　ダイヤモンド社編『錨鎖・歯車〈大阪製鎖造機〉』1969年，25頁，および巻末略年譜。
8　同上書，41-44頁。
9　以下，同上書，45-48頁による。

10 同上書, 49-50 頁。
11 同上書, 59-60 頁。
12 同上書, 60-61 頁。
13 同上書, 63-65 頁。
14 同上書, 66-70 頁。
15 沢井実『近代大阪の産業発展――集積と多様性が育んだもの』有斐閣, 2013 年, 67-68, 133, 138 頁。
16 大阪機工五十年史編纂委員会編『大阪機工五十年史』1966 年, 94, 100, 102 頁。
17 同上書, 114-116 頁。
18 同上書, 116-117 頁。
19 同上書, 117-118 頁。
20 大阪機械製作所大阪工場『現況報告書』昭和 18 年 10 月 1 日(アジア歴史資料センター, Ref. No. A03032023000, 国立公文書館所蔵)。
21 「大阪機械製作」(『東洋経済新報』第 1840 号, 1938 年 11 月 8 日) 44 頁。
22 「大阪機械製作所」(『東洋経済新報』第 1828 号, 1938 年 8 月 22 日) 20 頁。
23 大阪機械製作所大阪工場, 前掲資料。
24 ダイキン工業社史編集室編『ダイキン工業 50 年史』1974 年, 54-58 頁。
25 同上書, 79, 84-88, 91 頁。
26 同上書, 97, 105, 107-108 頁。終戦時の借入金は資本金の 1.5 倍, 約 9000 万円に上った。山田晁によると「この借入金は, もちろん私の考えによるものでもなく, 会社の方針によるものでもなく, 一に政府の指示によるものであった」(山田晁『回顧七十年』ダイキン工業, 1963 年, 178 頁)。
27 ダイキン工業社史編集室編, 前掲書, 118 頁。
28 同上書, 135-136 頁。
29 同上書, 138-139 頁。
30 同上書, 142-143 頁。
31 ダイハツ工業五十年史編纂委員編『五十年史』1957 年, 57-59 頁。
32 同上書, 67-71 頁。
33 同上書, 70-72 頁。
34 ニチメン社史編集委員会編『ニチメン 100 年』1994 年, 84 頁。
35 トーメン社史制作委員会編『翔け世界に――トーメン 70 年のあゆみ』1991 年, 58-59 頁。
36 ニチメン社史編集委員会編, 前掲書, 98 頁。
37 「再建に健闘する江商」(『東洋経済新報』第 2220 号, 1946 年 5 月 4 日) 16 頁。
38 同上。
39 ニチメン社史編集委員会編, 前掲書, 86-87, 96 頁。
40 同上書, 98-99 頁。
41 同上書, 102, 104 頁。
42 同上書, 111 頁。
43 トーメン社史制作委員会編, 前掲書, 61, 63 頁。
44 同上書, 64 頁から再引用。
45 同上書, 66-67 頁。
46 同上書, 71-74 頁。
47 同上書, 75-76 頁。
48 江商社史編纂委員会編『江商六十年史』1967 年, 299, 302-303, 306-308 頁。
49 「興亜鉄工株式会社工場要覧」 昭和 16 年 7 月(アジア歴史資料センター, Ref. No.

B08061281900，外務省外交史料館所蔵）。
50 興亜鉄工「資本金増加許可申請書」昭和 16 年 10 月 11 日，および興亜院華北連絡部「興亜鉄工株式会社増資承認ノ件」昭和 17 年 6 月 25 日（アジア歴史資料センター，Ref. No. B08061281900，外務省外交史料館所蔵）。
51 伊藤忠商事社史編集室編『伊藤忠商事 100 年』1969 年，40 頁。
52 同上書，140-141 頁。
53 丸紅社史編纂委員会編『丸紅通史——百五十年の歩み』2008 年，17-18 頁。
54 同上書，19-20 頁，および伊藤忠商事社史編集室編，前掲書，150 頁。
55 三興『三興株式会社要覧』1941 年 9 月（アジア歴史資料センター，Ref. No. B08061182400，外務省外交史料館所蔵）4，5 頁。
56 伊藤忠商事社史編集室編，前掲書，158 頁。
57 前掲『三興株式会社要覧』19-28 頁。
58 1920 年恐慌への対応策の一環として，伊藤忠商事の神戸支店と機械部，横浜，マニラ，ニューヨーク，シアトル，ロンドンの各店の営業を引き継いで，1920 年 10 月に発足したのが大同貿易であった（丸紅社史編纂室編『丸紅前史』1977 年，107-108 頁）。
59 伊藤忠商事社史編集室編，前掲書，162-163 頁。
60 「新設される大建産業——伊藤系三社の統合」（『東洋経済新報』第 2125 号，1944 年 6 月 3 日）13 頁。
61 丸紅社史編纂委員会編，前掲書，21 頁。
62 伊藤忠商事社史編集室編，前掲書，162 頁。
63 東京府の機械器具生産高が同府の総生産高に占める割合は秘匿生産額を含めて 1936 年で 24.7％ であったのに対し，大阪府は 16％ であった（商工省編『工場統計表』1936 年版および同編『工場統計表』別冊，1936 年版）。

第2章

大阪の産業復興政策
——1940年代後半期——

❖ はじめに

　戦災によって大きな打撃を受けた大阪経済の戦後復興を支援するためにいかなる産業政策が展開されたのか，このことを明らかにするのが本章の課題である。経済復興のための諸政策を立案するためには，まず戦災被害を正確に測定する必要があった。さまざまな実態調査が実施されたが，本章では，大阪市経済部が中小商工業の実態を把握するために商工組合中央会大阪府支部の傘下にある統制組合，施設組合に対して1946年6月に実施した調査を取り上げる。本調査は，繊維，化学，機械金属，食料品，燃料，木製品，紙製品，雑貨，その他雑業の9業種について，工業と商業に分けて実施されたが，本章では機械金属業界に対して行われた調査を取り上げる[1]。

　この調査票は1946年6月初旬に統制・施設組合へ送付され，7月20日までに回答を収集し，その結果が公表された[2]。機械金属関係29組合が調査対象となったが，22組合から手がかりを得たものの，そのうち3組合は戦災によって解散，3組合が転居先不明であり，結局，実際に調査票の回答を得たのは16組合であった。このこと自体が戦災の大きさを物語っていた。この16組合とは，大阪鍍金工業統制組合，大阪府民生機器工業統制組合，大阪府測量製図統制組合，大阪府機械器具工業統制組合，大阪加熱鋲螺釘工業統制組合，大阪府産業器具工業統制組合，大阪府アセチレン燈工業統制組合，大阪府農機具工業統制組合，日本金型工業統制組合大阪支部，中部造船統制組合，大阪府自動車整備統制組合，日本医科器械統制組合西部支部，大阪鉛錫精製施設組合，大阪

府野鍛冶施設組合，大阪府亜鉛精製施設組合，大阪府線材品施設組合であった。
　一方，大阪府では1946年3月に松井春生知事の提唱によって大阪府産業再建審議会が設置され，47年6月には同審議会を引き継ぐ形で大阪府産業再建推進本部が設置された。こうした終戦直後期の大阪府，大阪市の産業復興政策の実態を明らかにすることが本章の課題である。

1. 中小商工業調査からみた大阪府機械金属業界の実情

　表2-1に示されているように調査票を回収できた16統制組合・施設組合のうち，組合員数でみると大阪府機械器具工業統制組合（以下，機械器具組合と略記）と大阪府産業器具工業統制組合（以下，産業器具組合と略記）の組合員数が圧倒的に多く，次いで大阪府民生機器工業統制組合，大阪府野鍛冶施設組合であった。ただし機械器具組合と産業器具組合では業態が相当に異なり，前者は3178組合員のうち製造2623組合員，加工237組合員，修理318組合員であったのに対して，後者は1284組合員のうち製造660組合員，加工416組合員，修理208組合員であり，約半数が加工・修理に従事する小零細業者中心の統制組合であった[3]。
　表2-1によると，1946年5月時点で16組合合計5793組合員中営業を継続している者は3795人，営業休止は1998人であり，最大組合員数を擁する機械器具組合の場合，組合員3178人中営業継続は1817人，営業休止は1361人，産業器具組合の場合は1284人中744人が営業継続，540人が営業休止状態であった。
　産業機器組合の全体の状況が捕捉されていないなど不十分なデータであるが，工場数ベースの罹災状況をみた表2-1によると，16組合合計で無被害2169工場に対して，全焼2353工場，半焼558工場，全壊876工場，半壊331工場に達した。全半壊，全半焼を含めた罹災工場は全体の65.5％に及んだ。大阪の機械金属工業の戦後はここから始まったのである。
　しかし，一方で表2-1からは1946年5月までに復旧を完了した工場が1983工場あることが確認できる。復旧の中身は不明であるが，終戦直後の物資が極度に不足するなかでも復旧への動きは確実に始まっていた。45年3月から8月にかけて大阪は8回の大空襲を経験しており，表2-1の「終戦前」（45年3～7月）自体尋常な経済状態ではなかったが，この期間における1カ月平均生

産量と比較して,「終戦後」(45年8～46年2月)にはほとんどの組合が生産量を大きく減退させるなかで大阪鍍金工業統制組合,機械器具組合,大阪府線材品施設組合においては生産量を増加させた。46年3～5月期になると,「終戦前」と比較して生産量を増加させた組合は16組合中7組合で,機械器具組合の生産量は「終戦前」よりも低いレベルに後退しており,戦時から持ち越したストックを費消した後の本来の戦後復興の課題の大きさを予感させるものであった。

表2-2によると,16組合合計の事務員・労務者数は1945年7月末と比較してともに46年2月末には減少したが,同年5月末になると45年7月末を大きく上回った。しかし従業者数の動きは組合間で大きく異なり,機械器具組合の従業者数が45年7月末と比較して46年5月末には大きく上回っているのに対して,加工・修理が大きな割合を占める産業器具組合の回復の動きは弱く,46年5月末に至っても45年7月末水準を下回っていた。

また「終戦前」と比較して1946年3～5月期に生産量を2.9倍増加させた大阪鍍金工業統制組合の場合(表2-1参照),従業者数は45年7月末の2129人(労務者は1946人)が46年5月末には1566人(同1395人)に減少しており(表2-2参照),生産動向が従業者数に規定されていたわけではなく,手持ち資材,原材料確保の状況が生産のあり方を直接に支配していたことがわかる。

生産復興を阻害する要因は数多くあったが,調査票を整理した大阪市経済局商工課によると,もっとも大きな要因は「原材料不足」,「燃料不足」,「食糧不足」であり,次に「金融難」,「輸送機関不足」,「原材料騰貴ニヨル採算難」,「部品不良」であった[4]。

終戦後多くの組合員が軍需生産から民需生産への転換を図る必要があった。戦時中に「航空機,船舶ノ部品,其ノ他」を生産した大阪府民生機器工業統制組合は戦後は「生活用機械器具」生産に,「軍需品並ニ関連生産機器加工修理」の機械器具組合は「民需産業機器加工修理」,「軍需品」生産の産業器具組合は「国民生活必需品,農具,車輌部品」生産に転換していた[5]。

労務状況に関する大阪市経済局商工課の判断は,「真面目な職業に就くといふ考へのもとに就職するものが増加せし傾向は認めらるゝも又一面に於て所謂闇屋よりの転業も多く真の労働を理解せざるものも多く,一般に物価の昂騰と共に,賃金の封鎖支払による生活の困難により熟練工,扶養家族の多い労務者等は動揺を来し居り必然的に生産力の減退を招き新規採用にも影響を及ぼして

表 2-1　終戦後の大阪機械器具工業

組合別	組合員数	経営状況			罹災程度状況（工場数）				復旧状況（工場数）				生産率		
		営業継続	営業休止	全焼	半焼	全壊	半壊	無被害	完了	工事中	計画中		終戦前	終戦後	46年3-5月
鍍金工業	72	72		7	5		4	56	28	6	10		100	179	292
民生機器工業	412	341	71	112	3			370	16	14	57		100	85	100
調量製図	40	33	7	21	2			19	7	7			100	60	80
機械器具	3,178	1,817	1,361	1,548	462	871		1,167	1,779	232	311		100	117	96
加熱鋲螺釘	59	59		23	3		313		27	28	4		100	50	65
産業器具	1,284	744	540	518	22		5		108	81	351		100	43	66
アセチレン燈	12	9		5				7	2	2	1		100	不明	不明
農機具	127	127		12	3			106		17	3		100	70	160
金型工業	85	80	5	51	2		5	67	18	3	10		100	80	150
中部金型	45	45		20	8			20		23	5		100	10	80
自動車整備	79	79		16	46		1	14	3	4			不明	不明	不明
医科器械	21	21		5	2	5	2	15		1			100	95	100
鉛錫精製	18	18		2				257					100	25	75
野鍛冶	290	279	11	13					2				100	85	115
亜鉛精製	7	7						7					100	57	79
線材製品	64	64						64			11		100	130	255
合計	5,793	3,795	1,998	2,353	558	876	331	2,169	1,983	418	763				

（注）終戦前：1945年3月～7月、終戦後：1945年8月～46年2月。
（1）生産率：終戦前5ヵ月の1ヵ月平均生産量を100とした場合の、終戦後7ヵ月、1946年3～5月の1ヵ月平均生産量。
（2）大阪市経済部商工課『戦後大阪に於ける機械金属業界の現状』（1946年5月現在）、5-6、8、11-12頁。
[出所] 大阪市経済部商工課、前掲書、17頁。

表 2-2　終戦前後の従業者数　　　　　　　　　　　　　　　　　　　　　　　　　　（人）

組合別	1945年7月末			1946年2月末			1946年5月末		
	事務員	労務員	計	事務員	労務員	計	事務員	労務員	計
鍍金工業	183	1,946	2,129	164	1,428	1,592	171	1,395	1,566
民生機器工業	370	8,364	8,734	285	6,944	7,229	325	7,762	8,087
調量製図	95	735	830	57	441	498	76	588	664
機械器具	10,698	70,512	81,210	8,558	56,410	64,968	17,218	98,892	116,110
加熱鋲螺釘	666	4,182	4,848	450	2,044	2,494	548	3,320	3,868
産業器具	4,068	25,490	29,558	1,310	22,941	24,251	2,712	23,958	26,670
アセチレン燈	15	120	135	18	120	138	18	130	148
農機具	375	2,324	2,699	861	5,152	6,013	1,332	7,996	9,328
金型工業	162	1,359	1,521	134	975	1,109	152	1,093	1,245
中部金型	1,669	9,458	11,127	不明	不明	不明	1,497	7,013	8,510
自動車整備	不明	2,481	2,481	32	472	504	不明		2,897
医科器械	32	470	502	24			32	482	514
鉛錫精製	5	34		3	331	334	4	20	25
野鍛冶	3	340	343	3	331	334	4	386	390
亜鉛精製	3	11	14	11	14			11	14
線材製品	20	39	59	192	720	912	210	815	1,025
合計	18,364	127,860	146,224	12,072	98,013	110,085	24,303	156,758	181,061

[出所] 大阪市経済部商工課、前掲書、17頁。

表2-3 終戦後の大阪機械金属関係商業組合

組合別	組合員数	業態			罹災程度状況					休業中の組合員数		
		卸	卸小売	小売	全焼	全壊	半焼	半壊	無被害	終戦前	終戦後	46年3-5月
大阪府自転車配給整備統制組合	1,583		50	1,533	1,048		30	5	500	530	354	225
近畿ミシン商業統制組合	155		20	135	48	23	5	2	77	3	2	無
大阪府度量衡器計算器商業統制組合	751		35	716	503		3		328	無	81	2
大阪府鉄鋼製品配給統制組合	259	64	75	120	170		6		83	不明	不明	不明
日本建築金物商業施設組合	34	34			29		1		5	30	15	25
合　計	2,782	98	180	2,504	1,798	23	45	7	993			

(注) 罹災程度状況の合計数が組合員数と一致しないが，原資料のままとした。
[出所] 大阪市経済局商工課，前掲書，34-37頁。

ゐる」[6] というものであった。

　この調査では個別組合から生の声を聞いている。機械器具組合では，「原材料関係」について，「正規ルートによる配給量僅少，一般市場品の購入には封鎖支払不可能，少くとも三割方現金必要なるも適材適寸資材の価格等，資材価格の騰貴に依り入手難更に採算難を来し尚，配給申請手続複雑，並に遅延等に依り入手不能のものあり」，「労務関係」では「賃金封鎖支払，現物給与，給食の不可能等に依り熟練工動揺」，「金融関係」では「現金獲得のため手持資材の売渡し，封鎖小切手発行手続の複雑，銀行貸出制限に依り資金難のため戦災復興の拡張不可能となり生産意欲萎縮す」，「販売関係」では「預金封鎖に依る購買力低下のため製品ストック山積，註文生産品は総体的に封鎖，見込生産品は比較的に現金獲得可能」と回答しており，預金封鎖にともなう引き出し制限の影響が大きかったことがうかがわれる[7]。

　また機械器具組合は当局に対する要望として，「終戦後の諸機構の乱脈になりたる物資の需給面に於て改正を加へ，計画経済を強力なる統制下に実施し，経済面に於ける中央官庁の行政権限を地方に委し，諸手続を時間的にも徹底せる簡素化を計り現行公定価を地方事務並に末端需要者の意見を加案の上急速なる改訂を望む　大阪市に於ける商工行政の民間組織体（例之大阪市商工協会）を編成すること，大阪市に於て法定経済団体に金融機関を設定することを望む」[8] とした。

　一方，商業統制組合・施設組合に関しては5組合から調査票を得ることができた。表2-3にあるように5組合のなかでは組合員数1583人を数えた大阪府自転車配給整備統制組合（以下，自転車統制組合と略記）の組合員数がもっとも

多く，次に大阪府度量衡器計算器商業統制組合の751人，大阪府鉄鋼製品配給統制組合の259人が続いた。自転車統制組合のほとんどは小売商であり，卸小売商は50人であった。罹災程度をみると1583人中1048人が全焼と壊滅的な打撃を受けたことがわかる。それでも同組合の休業中の組合員数は「終戦前」，「終戦後」，「46年3～5月」と着実に減少しており，焼け野原のなかから復興に取り組んでいた姿が浮かび上がってくる。

　そうしたなかで「各組合共に諸物価の昂騰に伴ひ正規の配給品は僅少にして公定価格にての販売は利益僅少なるため，仕入販売共に困難を来して居る」[9]状態であった。産業復興策に関する自転車統制組合の要望は，「1. 製造業者価格ノ引下ゲ　生産価格ノ厳密ナル原価計算ニヨリ製造業者価格ヲ引下ゲルコト」，「2. 部品ノ製造　完成車ノ製造ハ不自由ナル資材ヲ活用スル途ニアラズ　寧ロ完成車ノ製造ヲ減少シ需要度多キ部品ノ製造ヲナサシメ遊休車ヲ活用スレバ今後少クトモ数年ハ耐ヘ得」，「3. 修繕料ノ適正化　修繕料ノ全国画一的トナサズ土地ノ事情ニ応ジ地方庁ニ於テ適正ニ決定セシム」であった[10]。

2. 大阪府産業再建審議会の活動

　1946年3月27日の大阪府産業再建審議会の発会式において松井春生知事は「産業再建なくして大阪の復興なく，大阪の復興なくして日本の復興，新日本の建設なし」[11]と呼びかけた。同審議会は会長に松井知事，委員に官公庁代表として中井光次大阪市長ほか7名，学界代表として八木秀次大阪帝国大学総長ほか3名，金融界代表として一万田尚登日本銀行大阪支店長ほか3名，経済団体代表として関桂三大阪商工経済会会頭ほか4名，財界代表として古田俊之助ほか16名，言論機関代表として野村秀俊朝日新聞大阪本社取締役ほか5名，労働代表として西尾末広ほか1名，合計47名が選ばれた[12]。したがって表2-4には53名の委員が示されているが，そのうちの6名は最終的には委員に就任しなかったものと思われる。

　さらに一般方策（部会長：古田俊之助），金融（野田哲三），運輸通信（田島正雄），労務住宅（西尾末広〔代理湯浅祐一〕），燃料電力（片岡直方），商業貿易（伊藤竹之助），中小工業（小畑源之助），機械金属（湯浅祐一），繊維（加藤正人），化学（堀朋近），雑貨（中山太一）の11専門部会の設置が予定されたものの，運輸通信，燃料電力の両専門部会は結局設けられず，一般方策専門部会も総会

が代替することになった。その他の8専門部会では十数回にわたる会議が開催されたが，一方で財界パージによって委員のなかで辞任を余儀なくされる者が続出した[13]。

8専門部会は審議の成果を答申の形で公表した。商業貿易専門部会答申のなかで「問屋制度は従来一部の人士により所謂搾取の根源として目されたるも実情を検討するにこれは必ずしもその全般の結論となし得ざる事情あり，しかれどもこれらの誤解を一掃し新しき問屋制度を樹立するため次の諸点の考慮をなすべきものとす ①問屋の株式を関係希望者え公開すること（問屋に関係する小売業，職先下請加工業者えの株式の分譲）②問屋の個々の損益計算を関係者え公表すること ③中小商工業者の育成機関として資材商品金融の合理的運営を任とする問屋制度を確立すること」[14]として問屋機能の積極的意義が強調された点が注目される。また中小工業専門部会答申では，原燃料問題，金融問題と並んで「工場診断」の役割が強調された。

表2-4 大阪府産業再建審議会委員

区分	役 職	氏 名
会長	大阪府知事	松井　春生
委員	大建産業㈱取締役会長	伊藤　竹之助
〃	法学博士	飯島　播司
〃	日本銀行大阪支店長	一万田　尚登
〃	大阪府農業会会長	磯村　弥右衛門
〃	大阪府会議員団経済調査会会長	稲葉　房蔵
〃	共同通信社大阪支店長	稲本　国雄
〃	大阪府漁業組合聯合会会長	池辺　由太郎
〃	大阪財務局長	石井　茂樹
〃	㈱野村銀行頭取	原　邦道
〃		西尾　末広
〃	日鉄化学工業㈱社長	堀　朋近
〃	関西配電㈱社長	堀　新
〃	㈱毎日新聞社取締役大阪本社代表	本田　親男
〃	大阪府内務部長	小幡　治和
〃		小畑　源之助
〃	近畿日本鉄道㈱社長	種田　虎雄
〃	大阪府教育民生部長	大塚　兼紀
〃	海陸協会会長	太田　万四郎
〃	大阪鉄道局長	岡田　五郎
〃	㈱三和銀行頭取	岡野　清豪
〃	近畿海運電気	渡辺　○○
〃	大和工業㈱社長	加藤　正人
〃	堺市長	河守　安之介
〃	大阪瓦斯㈱社長	片岡　直方
〃	工学博士	片岡　安
〃	経済学博士	菅野　和太郎
〃	大阪府学務部長	田中　猪一
〃	大阪商船㈱副社長	田島　正夫
〃	日本通運㈱大阪支店長	高木　正夫
〃		藤村　平蔵
〃	大阪商科大学学長	恒藤　恭
〃	大阪市長	中井　光次
〃	大阪府会議長	中田　守雄
〃	㈱中山太陽堂社長	中山　太一
〃	日本交易協会理事長	南郷　三郎
〃	㈱住友銀行頭取	野田　哲三
〃	㈱朝日新聞大阪本社代表取締役	野村　秀俊
〃	㈱栗本鉄工所取締役	栗本　順三
〃	大阪帝国大学総長	八木　秀次
〃	日本非鉄金属統制組合近畿支部長	松村　○○
〃	松下電器産業㈱社長	松下　幸之助
〃	㈱大阪新聞社社長	前田　久吉
〃		古田　俊之助
〃	日新化学工業㈱社長	小林　晴十郎
〃	大阪府食糧営団理事長	郡山　義文
〃		寺田　甚吉
〃	日本織物統制㈱社長	阿部　藤造
〃	近畿地方商工局長	赤間　文三
〃	大阪府経済部長	佐藤　勝也
〃	近畿地方行政事務局次長	里見　益次
〃	㈱大丸社長	里見　純吉
〃	湯浅蓄電池㈱社長	湯浅　祐一
〃	大阪商工経済会会頭	関　桂三

（注）○印は判読不能。

［出所］「大阪府産業再建審議会委員名簿」昭和21年（『知事事務引継書』昭和21年6月），大阪府公文書館所蔵。

第2章 大阪の産業復興政策

3. 大阪府産業再建推進本部の活動と大阪市の工場診断制度

(1) 大阪府産業再建推進本部の活動

　大阪府産業再建審議会の各専門部会答申は1946年度中に公表され，その内容を具体化していくための組織として47年6月に大阪府産業再建推進本部（以下，推進本部と略記）が設置されることとなり，6月13日に水谷長三郎商工大臣も参加して設立総会が開催された。

　表2-5にあるように推進本部は，貿易，商業，資材，指導，金融，建設の6班から構成され，外郭機関として大阪府総合科学技術委員会（委員長は眞島利行前大阪帝国大学総長）を設置した。また，経営指導，技術指導を担当する指導班は，工務課，商務課，大阪商工局，商工省大阪工業指導所，商工省大阪工芸指導所関西支部，大阪府工業奨励館，大阪府立繊維工業指導所，大阪府立産業能率研究所，大阪府科学技術館[15]，大阪市立工業研究所，大阪大学産業科学研究所，日本能率研究協会大阪支部，業界代表，学界代表から編成された[16]。

　各班のなかでもユニークな活動を展開した指導班について詳しくみてみよう。同班は1947年9月2日に第1回班会議が開催され，「中小企業指導要綱」を審議決定した。同要綱によると，「今後の指導により確実に技術及び経営の改善を期待しうるものを『研究工場』として選定」し，さらに指導の後このなかから「標準工場」を指定し，そのなかでもとくに優秀な工場を「模範工場」として指定するというものであった。こうした工場指導（診断）は9月3日の利器工業に対する指導から開始され，48年末まで33業種559工場に対して実施された[17]。

　表2-6にあるように1947・48年の大阪府下33業種の総工場数は3742工場であったから，14.9%の工場に工場診断を実施したことになる。指導班は559工場のなかから393工場を研究工場に選定し，そのなかからさらに29工場を標準工場としたのである。鍍金業界では「大阪府産業推進本部が研究工場制を実施し，ナショナル鍍金（株），（株）佐藤仙十郎工業所が優秀工場として選に入り，当組合（大阪鍍金工業協同組合，47年5月設立——引用者注）も又団体として唯一の団体表彰を受くる等大いに面目をほどこした」[18]。なお表2-6によると，鍍金工場のなかで「模範工場」となったのは1工場だけであった。

　工場診断を実際に担当したのは，府商工部職員，府工業奨励館，府立産業能

率研究所，府立繊維工業指導所，大阪府科学技術館，府立貿易館の職員であった。また高度な科学技術事項については，推進本部の外郭機関である大阪府総合科学技術委員会が担当し，推進本部と業者との連絡には大阪府工場協会が尽力した[19]。大阪府立産業能率研究所所長であった園田理一の回顧によると，「私は，ここにおいて経営診断の班長として，殆ど連日，所員同僚と共に焼け残りのトラックに便乗して，府下全地区に及ぶあらゆる業種について臨場診断に精魂を打ち込んだのであった」[20]。

1947年8月22日に第1回班会議を開催した金融班では貿易金融と中小企業金融を取り上げ，東京都および横浜市の信用保証協会に関する調査を踏まえて大阪府中小企業信用保証協会の設立を答申し

表2-5　大阪府産業再建推進本部の構成

班　別	室長・班長	役　職
推進本部事務局	佐枝　新一	商工部長
貿　易	田島　房太郎	府立貿易館長
商　業	北村　保	商工協同組合中央会大阪支部長
資　材	高久　恭太郎	大阪商工局大阪出張所長
指　導	島村　虎雄	工務課長
〃	磯野　太郎	商工課長
〃	小林　貞雄	
金　融	三宅　重光	日本銀行大阪支店次長
建　設	平尾　卓麿呂	計画課長

［出所］　大阪府商工部『大阪府産業再建行政の回顧』1949年，折り込み表。

表2-6　工場診断実施状況

業種別	府下総工場数	診断実施工場数	指定工場			
			模範	標準	研究	計
靴　下	94	16			16	16
メリヤス	520	13		4	9	13
皮　革	720	19			11	11
リードワイヤー	14	6			6	6
針　布	5	3			3	3
ワイヤーヘルド	8	7		1	15	16
木　管	24	10		1	8	9
児童乗物	48	9			5	5
歯科機械	7	6			4	4
自転車	157	12		5	7	12
ミシン	400	57		1	40	41
鋳物	450	71		5	29	34
利　器	168	18		3	7	10
農機具	163	33		1	25	26
作業工具	70	20			20	20
鍍　金	122	20	1	3	10	14
ゴム製品	150	8				0
セルロイド製品	177	60		2	38	40
魔法瓶	14	11		1	7	8
ラジオ	87	30			23	23
照明器具	24	12			6	6
配線器具	17	7			5	5
合　板	34	12			5	5
輸出鏡	23	6			5	5
人造真珠	43	9			9	9
ガラス釦	47	23			23	23
スライドファスナー	4	4		1	3	4
シャットル	8	8		1	7	8
時　計	5	5			5	5
印刷インク	40	12			10	10
金属雑貨	14	10			9	9
度量衡器	60	15			15	15
アイボリーナット釦	25	7			7	7
計	3,742	559	1	29	393	423

（注）　原資料の集計の誤りは訂正した。
［出所］　大阪府商工部，前掲書，22-24頁。

第2章　大阪の産業復興政策

た。48年7月に大阪府は同協会に対して損失補償基金3000万円を拠出することを正式に決定し，同協会は11月から活動を開始した[21]。

商業班は商業再建の具体的方策について審議し，結論として「中小商業対策要綱」ならびに同要綱実施要領を決議し，その実施機関として大阪府商業対策委員会を設置した。貿易班は民間貿易の再開に際して隘路となる諸問題を審議し，輸出見本製作資材の割当て，新規輸出品施策の助成，輸出許可事務の関西移譲，バイヤーとの接触などを行った。さらに建設班は港湾設備の改善，住宅建設などについて検討し，対策を決議するとともに関係方面にその善処を要請した[22]。

(2) 大阪市の工場診断制度

工場診断制度は，大阪府だけでなく大阪市においても産業復興政策の重要な柱に位置づけられた。大阪市では戦前から大阪市立工業研究所を中心にして工場診断が行われてきたが，戦後になると1948年8月に設立された中小企業庁の制度に準拠して実施された。中小企業庁は48年9月に「中小企業の審査及び実地指導要領」を作成して都道府県および五大都市を実施担当機関としたが，大阪市は大阪府とともに大阪中小企業指導協議会を設立して工場診断を一体として行おうとした。しかしその後大阪市は「本市独自の見解を以て，これを実施している」としたが，これは48年11月に中小企業庁が策定した「中小企業診断実施基本要領」に準拠しつつも，大阪市が49年12月に独自に策定した「大阪市中小企業実地指導要領」にもとづく実地指導を展開したことを指している[23]。これに対して大阪府の実施する業界診断は，49年度以降は中小企業庁診断として実施された[24]。

大阪市では1948年12月から工場診断の準備に着手し，49年2月の縫製品業種（37工場）を皮切りに工場診断業務を開始し，49年度中に電線（3工場），合成樹脂（5工場），ゴム（7工場），メリヤス（12工場），理化医薬用硝子器（6工場），鍍金（22工場），銅合金（10工場）の8業種，102工場の診断を実施した[25]。大阪市の工場診断では一部で資金，資材の斡旋も行われた。中小企業庁の「中小企業診断実施基本要領」でも説明されているように，資金，資材の斡旋は「診断に附随した副次的な効果であって，資金，資材の斡旋を行うために診断を行うものではない」と大阪市は念を押しているが[26]，このこと自体，工場診断の導入期には診断の意義が理解されず，資金，資材を斡旋してくれるな

らば診断を受けてもよいといった反応がみられたことの証左であるように思われる。

　大阪府の鍍金工業は生産量で全国第1位，業者数で東京都に次いで全国第2位に位置する重要中小工業の1つであった。大阪市では1950年1月から鍍金工場の工場診断に着手し，以後3月6日までに東成地区4工場，西成地区11工場，東淀川地区1工場，布施地区5工場，合計21工場の診断を行った[27]。21工場への診断の結果，診断班は鍍金業界に対して「経営部門に於て帳簿組織の整備が充分出来ていない，診断工場の大半が個人企業として従業員8,9名の小工場であり，経営者は技術のことは可成り詳しいが，経営経理は唯，勘のみに頼る極めて非能率的経営に終始し，経営の合理化はもとより税務の面に於いてもその対策を立て得ない状態である」，「メッキ業が加工業と云う極めて力の弱い産業であるので業者の群立が却って加工委託者による搾取の好餌となっている点が見受けられるので，その対策として小規模個人業者同志で同志的結合による地区別の協同組合組織が考えられ，組合を通じて組合員の金融打開策や税金対策が考えられるべきではないか」[28]と勧告していた。

　鍍金工場の「診断実況」を紹介すると，以下のようであった[29]。

　「先程も現場で申しました様に鍍金液の管理が不十分の様に思います。(中略)この液を完全なものにして置かないとピンボールやピッチングが起るもとになりますから少くもニッケルでは月に二回位はロカして戴きたいと思います」，「鍍金工場は腐蝕し易いので建物などは相当しっかりしたものが欲しいのですが，この工場は特にバラック建のような所があり，(中略)第二に廃品の整理整頓がまずい様ですが，これは作業能率に影響しますから一つ徹底的に整理して下さい。次にここは荷受場らしいものがありませんが，これも工程管理上，必要ですから早急に適当な場所を作って下さい。(中略)みがき場からメッキ場へ移る作業工程をもっと流れ式に配置する必要があると思います」，「これはどのメッキ工場にも言えるのですが，やはり除塵と採光，排水，配線がまだまだ不十分の様に思います」。

　以上のような改善提案をした後，設備資金の問題となり，診断する側から「設備資金の問題ですが現在の状況から推して融資斡旋は必要であろうと思います」，「それでは後日診断員全部で協議しまして総合診断書を作りまして早速融資斡旋方法を社長さんと御相談することに致します」との発言があった[30]。

　この診断を受けた後，追加的な資金を必要としない改善提案は問題ないとし

ても，何らかの資金的手当てを要する場合，診断業務は融資斡旋，資材斡旋の問題に踏み込まざるをえず，中小企業庁の「中小企業診断実施基本要領」の指示通りには動けない大阪市や大阪府の苦悩があったのである。

1950年3月14日の大阪市会経済委員会において，植田五一大阪市経済局長は100近くの工場診断を踏まえて，資材斡旋が10件，資金斡旋が3件，525万円，現在斡旋中のものが6工場，1137万5000円と説明した。植田経済局長は「診断開始後わずか一年でございますが，はじめのうちは事務の運営の不馴れから診断の効果がなかなか現れていませんでしたが，(中略)十三工場にこのような有形的な効果をあげましたことは注目すべきであると思うのであります」と診断1年を総括した[31]。

一方，鍍金工場を診断した大阪市立工業研究所のある所員は，診断工場から「先生方が毎年工場へ出向いて診断や指導してくれはるのは，うれしおまっせ，そやけど，あとが，かなワンワ，それはナア，とにかく先生方のいう通りやっていたら会社がつぶれまんが，(中略)金のかからぬ方法を，おしえてほしおまんな」といわれ，苦悩した挙句，「要するに今日の結果では，とにかく工場がきたない，特に窓が，あれでガラスとはいえませんネ，一度窓ガラス清掃日を作って掃除しなはれ，そしたらよーうわかりまっせ，うそと思ってやんなはれ」と提案したところ，後日おおいに感謝されたという[32]。ここにも，戦後直後の工場診断制度が直面した困難が集約されているように思われる。

4．大阪府工業奨励館堺分館の活動

堺市立金属工業研究所は1941年4月に大阪府工業奨励館に寄贈されて同堺分館となり，堺分館は終戦直後期から刃物，自転車など堺市の地場産業に密着した活動を展開した[33]。堺分館の職員数は10人弱であり，生産技術指導に注力した。表2-7に示されているように46～49年では刃物，自転車，浸炭および熱処理などに関する生産技術指導が目立った。「生産技術はそれを生産する者が一番詳しい。然し生産技術者は一般的に視野が狭く，改良研究の暇もない。彼等には多分に伝統的なものが多く且表裏がある。中小工業者には特に甚だしい」[34]とした上で，堺分館は自らの独自の意義を主張した。

1949年度の研究項目の説明においても，堺分館は「当分館の研究項目は堺市に生産する主なる金属産業を対照（ママ）として実施するを原則としてゐます」とし

表 2-7　大阪府工業奨励館堺分館の生産技術指導（1946〜49年）

分野別	技術指導内容	被指導工場	所在地
1. 刃物関係	A．山林用鎌製作	極東製作所	大阪市
		田嶋製作所外二	和歌山市
	B．一般用鎌製作	興亜製鍛㈱	大阪市
		日本冶金工業㈱	〃
	C．鋸鎌製作法	福岡県立浮羽工業学校	福岡県
		日本冶金工業㈱	大阪市
	D．鉛筆用刃物製作	大洋工業㈱	大阪市
	E．ベニヤ板切削鉋製作	東洋刃物製作所	大阪市
	羅紗切鋏	〃	〃
	ブローチ切鋏	〃	〃
	F．ゴム切包丁ペンチ製作	村上産業㈱	堺　市
	G．輸出用ポケットナイフ製作	ナイフ組合	大阪市
	H．刃物砥法の改良	組　合	
2. 自転車関係	A．チェーンの改良	大阪製鎖㈱	大阪市
	B．ハブ，ペタル心の改良	第一金属工業所	堺　市
		東亜自転車製作所	
	C．自転車及玩具の改良	明楽製作所	大阪市
	D．自転車ペタルの考案	泉州金属㈱	貝塚市
	E．自転車車体の製作法	新会社設立の予定	
	F．ハブ及ハンドルの製作法	〃	
3. 製造・製作関係	A．ガラス熔解用電気炉	吉村ガラス工場	府下信太山
	B．洋傘骨製作用ロール改良	田端工業㈱	佐野市
	C．クリップボールの改良	大住製作所	
	D．ハンマーの改良	津田製作所	
4. 浸炭及熱処理関係	A．針浸炭法	富田製作所	堺　市
	B．理髪器具の浸炭法及材料選定	石丸理髪器製作所	大阪市
	C．ペンチ歪ナシ焼入法	日鍛工機㈱	堺　市
	D．自動車部品焼入法	山合製作所	〃
	E．蹄鉄釘焼入法	湯浅製作所	三日市町
	F．トラベラー，ミシン部品浸炭焼入	村上製作所外三	堺　市
5. その他	A．洋傘骨製作法	羽衣興業㈱	高石町
	B．罹災工具の更生法	吉本工具製作所	大阪市
	C．罹災スプリングの更生法	車輌生産㈱	大阪市
	D．ミスロール材の適正使用法	大阪市農具組合	大阪市
	E．農具用発動機の修理	泉南郡一般	
		和歌山県北部一般	
	F．タビ抜型材の改良	飯野鉄工所	堺　市
		福助足袋㈱	〃
	G．織機用刃物の改良	シャットル組合	
	H．鋼管自動研磨機	試　作	

（注）　(1)　「3. 製造・製作関係」の「製作」は，新規に生産する場合．
　　　　(2)　吉村ガラス工場は特許出願を行った．
[出所]　大阪府工業奨励館堺分館「1946-1949年　生産技術指導の実態」昭和25年4月26日（『歴史的記録綴』所収，大阪府公文書館所蔵）．

た上で，①自転車，②刃物，③作業工具，④すべてに関連する重要技術である熱処理，着色塗装，鍍金，溶接などを取り上げることとした[35]。

自転車関係では，「自転車用車体の熔接」，「自転車用ハンドルの製作法」，「自転車回転部の改良」，「自転車及スクーター用チエンの改良」の4項目が取り上げられた[36]。そのうちの「自転車用車体の熔接」では，従来ガス，コークス加熱によるろう付法を採用してきたが，これには作業仕上りの点から欠点があるため，フラッシュバット溶接に切り替えることが予定された。

刃物関係でも多くの研究項目が取り上げられたが，「原材料の問題」では兵庫県の「三木町の試験場と連絡して神戸製鋼所にて試作してもらひそれに依る実験を行ふべく安来製鋼所とも連絡中」であり，「高速度に使用する刃物の切味の問題」では「材質試験は終り今は其角度等刃物の本質に就き堺市阪南工業株式会社と提携研究進行中」であった。また「金切鋸刃の研究」では「歯切，切削及着色も完了中間的工業化に移りつつあり」といった状況であった。また熱処理関係では，「焼入剤の研究」に関して「刃物焼入剤は完了し（特許申請考慮中）」ていた。堺分館は中小工場を指導するだけでなく，研究資源の不足を補うために，積極的に他県の公設試験研究機関や民間企業とも連携した共同研究を行っていたのである。

また興味深いのは「研究結果の発表講習会」に関して，堺分館は「堺市業者は大体中小工業者なる為，中小業者の通性でもあると思ふが非常に有名人でなければ一般的講習には甚だ無関心である。それ故全般的講習は中止して最も苦心してゐる問題をとらへ其製品別に研究して，それを耳と目より教へると同時に実際に行はしめる方法をとりて，より集まる人は少人数（設備等の都合にて）に限定されるも非常に効果的で，これを段々広めて行く方法が非常に良い影響を示す。即ち通り一片の講習会ではなく，後の育成に重点を置く方法は堺市にては最良なり」と指摘した。堺分館では一方通行的な講習会方式ではなく，少人数を対象にして受講者の抱える具体的課題に応えるような研究をともに行い，その成果を徐々に普及させていくという姿勢が貫かれていたのである。

5. 大阪府産業復興五ケ年計画の立案

先にみた大阪府産業再建推進本部は1948年度末をもって解散し，産業再建政策に関する調査立案作業は商工部商工調査班が担当することになったが，そ

の商工調査班も49年度末に廃止され、代わって50年4月に商工経済研究所が設置され[37]、同研究所は52年8月に大阪府立商工経済研究所に改組された[38]。

一方、1949〜53年度にわたる「大阪府産業復興五ケ年計画」(以下、五年計画と略記)の立案が48年11月から49年8月にかけて大阪府経済復興計画立案委員会によって進められた。同委員会は業種別部会として7部会を設け、傘下の専門委員会は43委員会、立案委員は380人に及んだ。審議立案の成果は大阪府経済復興計画立案委員会生産増強部会の審議を経て49年9月に『大阪府産業復興五ケ年計画の概要』として公表された[39]。

表2-8の上段のように五年計画の最終年である1953年において機械器具工業、化学工業、食料品工業の実質生産指数は戦前(1930〜34年平均実績)と比較して1.7〜1.9倍となることが見込まれているものの、繊維工業、製材・木製品工業、印刷・製本工業は戦前水準に回復していない。しかし同表の下段の部門別生産額構成をみると、機械器具工業と繊維工業の変化が対照的であることがわかる。「東洋のマンチェスター」大阪を代表する繊維工業の構成比が戦前には33.7％であったのが、戦時期を経た47年には8.8％にまで落ち込み、五年計画では繊維工業の復興が見込まれた結果、53年の構成比が21.9％にまで回復するとされている。この動きと対照的なのが機械器具工業であり、戦前期に11.2％であった構成比が47年には33.4％にまで拡大するものの、五年計画では生産拡大にもかかわらず53年の構成比は16.8％に後退するとされていた。五年計画は戦前への単純な復帰を意図した復興計画ではなかったものの、53年では繊維工業は化学工業と並ぶ重要産業に位置づけられていたのである。この両産業の対照的な動きと比較すると、戦前・戦中・戦後を通した金属工業と化学工業の構成比はそれほど大きなものではなかった。

五年計画では機械器具工業は「戦時体制に突入して軍需工場の東京都えの集中及び全国各地区における勃興によって当府の地位はようやく低下することになり、昭和17年には全国の14％となった。戦後(昭和22年)における地位も同じく14％であり東京都に次いで第2位となっている。(中略)国計画においても日本経済の安定樹立のためにはこの種工業の発展に特に重点をおいているが、当府においてもその将来性からみて特に次の業種の発展に期待し、目標年度(1953年度——引用者注)において基準年度の183％の計画となっている」[40]とされた(表2-8参照)。主要業種として挙げられたのが内燃機関、電動機・変圧器、ラジオ、蓄電池、作業工具、産業用機械器具、鉄道車輌、自転車、ミシ

表 2-8　大阪府部門別生産指数（実績・計画）および部門別生産額構成比
(%)

部門別	1930～34年平均実績	47年実績	48年実績	49年計画	50年計画	51年計画	52年計画	53年計画
金　属	100	32	43	57	68	81	95	104
機械器具	100	93	95	126	142	153	170	183
化　学	100	40	67	102	130	153	173	196
窯業・土石	100	42	38	52	50	80	96	108
繊　維	100	9	18	28	37	51	66	85
製材・木製品	100	51	48	62	63	67	68	73
食料品	100	17	43	76	115	130	145	172
印刷・製本	100	21	34	61	66	71	76	81
その他	100	45	73	96	102	131	152	178
合　計	100	31	45	65	84	95	110	126

部門別	1930～34年平均実績	42年実績	47年実績	48年計画	53年計画
金　属	20.8	22.4	19.6	22.0	19.2
機械器具	11.2	30.2	33.4	25.0	16.8
化　学	16.5	21.8	19.2	21.3	22.5
窯業・土石	2.9	2.3	4.8	3.7	3.9
繊　維	33.7	11.8	8.8	12.7	21.9
製材・木製品	1.9	1.8	3.2	2.4	1.3
食料品	6.1	3.9	6.0	6.3	8.6
印刷・製本	3.5	1.8	1.3	2.1	1.8
その他	3.4	4.0	3.7	4.5	4.0
合　計	100.0	100.0	100.0	100.0	100.0

（注）（1）上段は1930～34年平均を100とする実質生産指数（実績・計画値）。
　　　（2）下段は部門別構成比。
［出所］　大阪府『大阪府産業復興五ケ年計画の概要』1949年9月，第二表，第三表。

ンであり，電球，工作機械，農業機械，医療器械なども「適地産業」として有望視された[41]。
　繊維工業に対する五年計画の評価は「当府における繊維工業の将来性は，生産費指向の点からは他地方への離散傾向を示しているが，依然として商業的地位の優位性により次第に高級衣料品の生産に移りつつあり，また，新しく化学繊維の勃興もみられ決して悲観すべき状態に立ち至っていないので，目標年度の計画は基準年度の85％，昭和23年の475％と大幅に飛躍している」[42]といったものであった。
　先の『大阪府産業復興五ケ年計画の概要』は，「国経済再建の計画は，地方

の実情に即して具体化されなければならず，また，地方経済の活動は合理的，計画的な経済再建の目標に沿って国経済再建に貢献しなければならない。地方における経済復興計画こそは，この契をなすものであって，従来あまりにも貧困に過ぎた地方経済の自主的把握に必要な，資料整備態勢を早急に完成し，よりよき計画の実現に邁進しなければならない。この素朴な計画は，当府経済復興のためのよりよき計画出現の呼び水に過ぎないのである」[43]という言葉で結ばれている。

❖ おわりに

　戦後復興政策立案のための前提作業が戦災状況調査であり，大阪府・大阪市は精力的に被害状況の調査を進めた。そうした現状把握にもとづいて大阪府は1946年3月に大阪府産業再建審議会を設置し，その専門部会からの各答申を具体化するために47年6月に大阪府産業再建推進本部を設置した。推進本部の貿易，商業，資材，指導，金融，建設の6班は分野別の産業・インフラ再建のための諸方策を提言していったが，なかでも指導班は工場診断という手法を掲げて中小企業の再建に邁進した。財閥解体，独禁法制定といった政策環境のなかで中小企業への期待はひときわ大きかったのである。

　大阪府が実施した工場診断業務の担い手は，戦前から診断実績を積んだ大阪府工業奨励館や大阪府立産業能率研究所（以下，能研と略記）などであり，能研所長の園田理一が1948年8月に中小企業庁の初代指導局長に就任することによって，大阪府の実践は中小企業庁診断として全国化することになった[44]。

　一方，大阪市も戦前以来，大阪市立工業研究所を中心にして工場診断の経験を蓄積していた。中小企業庁は1948年9月に「中小企業の審査及び実地指導要領」を作成して都道府県および五大都市を実施担当機関としたが，大阪市は49年12月に「大阪市中小企業実地指導要領」を策定して独自に工場診断業務を展開した。

　しかし草創期の工場診断はさまざまな問題に直面した。診断員は中小企業の技術向上，経営近代化のためにさまざまな提案を行ったが，先にみた「先生方のいう通りやっていたら会社がつぶれまんが，（中略）金のかからぬ方法を，おしえてほしおまんな」という工場側からの切実な声にどう応えるかが大きな課題であった。中小企業庁は融資斡旋，資材斡旋を工場診断と一体のものとは位置づけていなかったが，診断の現場では改善提案を具体化するための資金的

手当て，工場の円滑な操業を担保する資材斡旋を求める声が強かったのである。大阪府，大阪市は融資斡旋ではなく，それぞれに大阪府中小企業信用保証協会および大阪市中小企業信用保証協会を設立して，中小企業金融の円滑化を目指した[45]。

また大阪府工業奨励館堺分館のような小規模な公設試験研究機関は，刃物，自転車，作業工具といった地場産業に密着した試験研究活動を展開した。中小工場を指導するだけでなく，自らの研究資源の不足を補うために他県の公設試験研究機関や民間企業とも積極的に連携して共同研究を行い，講習会のような一方通行的な場ではなく，少人数の受講者のために課題解決的な方法でその研究成果を普及させようと努力していた。

さらに1948年11月から49年8月にかけて大阪府経済復興計画立案委員会によって立案された「大阪府産業復興五ケ年計画」は戦後復興後の大阪経済，大阪の産業構造のあり方を描いた。戦時期における重化学工業化の進展を踏まえつつも，繊維産業の復活を想定した五年計画が朝鮮戦争前に立案されたのである。

注

1 本調査にもとづいて大阪府の機械金属工業の戦災および復旧状況を詳細に検討した研究として，田中幹大「戦後復興期大阪における中小機械金属工業の再集積」(『摂南経済研究』第1巻第1・2号，2011年3月）参照。
2 大阪市経済部商工課『戦後大阪に於ける機械金属業界の現状』1946年。
3 同上書，5頁。
4 同上書，13頁。
5 同上書，21-22頁。
6 同上書，22-23頁。
7 同上書，23-24頁。
8 同上書，30頁。
9 同上書，39頁。
10 同上書，46頁。
11 大阪府商工部『大阪府産業再建行政の回顧』1949年，1頁。
12 同上書，2頁。上田宗次郎は1940年に明治大学を卒業し，土屋喬雄の紹介と伊藤律の力添えで満鉄調査部に就職した。46年2月に帰国し，翌3月に豊崎稔の紹介で大阪府に就職する。上田は大阪府産業再建審議会および大阪府産業再建推進本部の事務局に勤務した（上田宗次郎「研究回顧録」，近畿大学『商経学叢』第35巻第3号，1989年3月，123-124頁）。
13 前掲『大阪府産業再建行政の回顧』3-4頁。
14 同上書，10頁。
15 大阪府科学技術館は1943年6月に十合百貨店の6〜8階を借り入れて開館した。45年11月に同百貨店が進駐軍のPXとして接収されたため，科学技術館の施設を大阪府工業奨励館に移して

事業を継続したが，52 年 4 月に科学技術館は大阪府工業奨励館に併合された（大阪府立工業奨励館編『伸びゆく工業奨励館——創立 30 周年記念』1960 年，111，115，117 頁）。
16　前掲『大阪府産業再建行政の回顧』折り込み表。
17　同上書，17，19，21 頁。
18　50 年記念史編集委員会編『組合 50 年史』大阪鍍金工業協同組合，1967 年，49 頁。
19　前掲『大阪府産業再建行政の回顧』24 頁。
20　園田理一「能率道回顧——能研生活の前後」(『産業能率』第 110 号，1966 年 5 月) 5 頁。
21　前掲『大阪府産業再建行政の回顧』35-39 頁。
22　大阪府商工部商工第一課『事務事業概要書』昭和 24 年 11 月（大阪府公文書館所蔵），19 頁。
23　大阪市経済局商工課『工場診断一年の回顧』1950 年，4-5 頁。
24　大阪府立産業能率研究所編『能研 50 年史』1976 年，81 頁。
25　前掲『工場診断一年の回顧』8 頁。
26　同上。
27　同上書，203 頁。
28　50 年記念史編集委員会編，前掲書，51-52 頁。
29　前掲『工場診断一年の回顧』213-215 頁。
30　同上書，216 頁。
31　「大阪市会経済委員会会議録（第二回）」昭和 25 年 3 月 14 日，196 頁。
32　50 年記念史編集委員会編，前掲書，134 頁。
33　前掲『伸びゆく工業奨励館——創立 30 周年記念』111 頁。
34　大阪府工業奨励館堺分館「1946-1949 年　生産技術指導の実態」昭和 25 年 4 月 26 日（『歴史的記録綴』所収，大阪府公文書館所蔵）。
35　大阪府工業奨励館堺分館「昭和 24 年度研究項目」昭和 24 年（同上資料所収）。
36　以下，同上資料。
37　商工経済研究所の初代所長には稲葉修三の推薦で元満鉄調査部次長押川一郎が就任した（上田，前掲論文，124 頁）。
38　寺岡寛「地方自治体と戦後中小企業政策の形成(1)——大阪府商工経済研究所の昭和 20 年代・30 年代の調査活動を中心として」(『中京経営研究』第 7 巻第 1 号，1997 年 9 月) 41-42 頁。
39　大阪府『大阪府産業復興五ケ年計画の概要』1949 年 9 月，2 頁。
40　同上書，16 頁。
41　同上。
42　同上書，25 頁。
43　同上書，36 頁。
44　沢井実「付論　ある能率技師の戦前・戦中・戦後——園田理一の活動を中心に」(『近代大阪の産業発展——集積と多様性が育んだもの』有斐閣，2013 年) 367-395 頁参照。
45　大阪市信用保証会は 1942 年 8 月に，大阪府中小企業信用保証会は 48 年 10 月に設立認可され，前者は 50 年 3 月に財団法人として，後者も同年 8 月に財団法人として設立認可された。両者は 2014 年 5 月に合併して大阪信用保証協会へと名称変更した。

第2章付論

機械器具工場の民軍転換・軍民転換に関する資料
―― 兵庫県の事例 ――

　戦前期に民需生産を行っていた機械器具工場が戦時期になると軍需生産に動員され，敗戦とともに今度は軍需生産から民需生産への再転換を余儀なくされた。このことは，よく知られた日本経済史・経営史上の事実である。そうした民軍転換および軍民転換の実態について，社史などを調査することで個別ケースの実態にふれることはできるが，ある地域に所在する機械器具工場全体が総体としていかなる軌跡を描いたかになると，その全体像を把握することは困難である。

　そうした研究史上の要請にある程度応えてくれる貴重な資料が，ここで紹介する兵庫県商工経済部編『工場現況調査』(1946年8月刊行，同年4月1日現在調査) である。同書の「はしがき」によると，調査対象は兵庫県下で「終戦時従業員五十人以上を収容して居た」工場589工場であり，同調査に対して資料を提出した工場は402工場であった。本調査では紡織，金属，機械器具，窯業，化学，その他，ガス電気の7分類が採用されているが，本付論ではそのうち機械器具工場169工場の転換動向が示されている。

　本調査でいう「戦時中」とはいつを指すのか明示されていないが，戦時中の労務状況では動員学徒を含んでいるため，アジア太平洋戦争後半期であることは間違いない。「戦前」(これもいつを指すのか明示されていない)，「戦中」，終戦から8カ月も経ていない「現在」の3時点における主要生産品目，「戦時中」と「現在」の男女別労務者数，「転換状況」，「戦災有無状況」，1946年4月1日現在での「生産阻害状況」を兵庫県全県ベースで教えてくれる本資料を検討することによって，民軍転換，軍民転換，さらに経済復興を開始するに当たって，機械器具工場が最初に直面した諸問題の実相について知ることができる。本資料は兵庫県に関するものであるが，隣接の大阪府の状況を考える上からも

貴重な資料といえる。

　最初に「生産阻害事情」からみると，ほとんどの工場が指摘するのが，燃料（石炭，コークス），資材・副資材，食糧，熟練工，事業資金の不足であり，ヒト，モノ，カネのすべての生産要素が欠乏している切迫した事情を伝えている。事業資金の調達難の一要因として，1946年2月に実施された金融緊急措置令による預金封鎖の影響が大きかった。また精機工業所においては「受注額見返ニ依ル対銀行融資方懇請中」（表付-10）といった指摘から，この時期の銀行融資獲得の難しさがわかる。武田化工機器製作所では「地方銀行支店ノ行キスギ措置」（表付-13）の実態はわからないが，金融不如意が大きな課題の1つであった。さらに輸送状況が悪いために疎開先から機械類を搬出できないといった事態も随所でみられた。戦時中に設備機械を疎開先に移送することも大きな困難をともなったが，戦後その機械を元に戻すことはそれ以上の困難だったのである。「食糧事情ノ逼迫ニ依リ農漁等或程度ノ自給自足ヲ目シ欠勤者続出」（表付-13）を訴える工場（但馬造船）もあり，食糧事情の悪さが欠勤率の高さに直結していた。

　戦災による被害だけでなく，1945年9月の風水害による被害も大きかった。また石原造船所では「治安不安定ニヨリ残業不能」（表付-3）が指摘され，三菱重工業においては「官庁間ニ於ケル枠及現物ノ奪合及事務渋滞」（表付-4）を指摘していた。陸海軍は消滅していたが，依然として「不足経済」下での資材をめぐる官庁間争奪が続いていたことをうかがわせる。さらに尼崎精工の「外註部品入荷不調」（表付-5），東播鉄工の「外註部品入手難」（表付-13）といったように，生産ネットワークの寸断が物不足の困難を倍化させていたのである。

　次に尼崎の特殊産業は「賠償用機械設備ノ範囲未確定」（表付-7），川西航空機は「賠償関係未確定ノタメ恒久企業ニ使用シ得ベキ場所，設備機械確定セサルタメ」（表付-8）といったように，賠償問題の未決着が復興の阻害要因となっていた。また賠償指定ではないが，鐘淵機械工業では「進駐軍宿舎及自動車修理工場トシテ接収サレ又軍政部駐在ノタメ全機械設備ノ移転ヲ命ゼラル」（表付-8），鐘紡ディーゼル工業は「昭和21年1月11日連合軍第一軍団司令部ヨリLG91号ヲ以テブルドーザーミッションヲ製作中ナリ」（表付-9），シエアリー産業は「米軍ニ接収サレ土地建物全部失ヒタリ」（表付-12）といったよう

に占領軍による接収，生産指示によって復興の方向性を決定づけられる場合もあった。

戦時動員に関してまず目につくのは，航空機部品，船舶・舶用機関部品生産，通信機関連，兵器生産の大きな拡がりである。戦前に家庭金物を作っていた金華電機工作所は戦時期に「電機，通信機部品」に転換し，戦後もラジオ部品，電機器具からスタートした（表付-1）。戦前に電気器具メーカーであった朝日工業所は戦時中に「航空機用発動機部品，艦船用電気機械部品」に転換し（表付-1），戦前に「ボールトナット，その他諸機械」生産の山陽製作所は戦時中に「潜水艦部品，内燃機部品，甲造船部品，乙種船部品」を生産し，戦後は戦前に回帰した（表付-2）。

戦前に漁業用船舶，内燃機の生産を行っていた塩野鉄工所は戦時中には「航空機部品」を主要生産品目に加え，戦後は「自動車部品」を手掛けた（表付-3）。戦前に有名な紡績部品メーカーであった日本内燃機（1941年4月に日本スピンドルと日本内燃機が合併して日本内燃機となる）[1]および第2章で先にみた紡績機械メーカーの大阪機械製作所は，戦時中に前者は「爆弾発火装置」，後者は「航空機用鍛造品」などを生産し，終戦後になると両社とも本業に回帰した（表付-4）。金井重要工業も戦前には紡績部品，トラベラーなどの著名なメーカーであったが，戦時中は「航空機部品」が筆頭生産品目であり，戦後直後には本業に回帰すると同時に農機具などの生産も行った（表付-5）。戦前にスピンドルを生産していた尼崎の久々知工作所は戦時中に弾丸，貯油槽などを作り，さらに戦争末期には松根油生産の急拡大[2]を反映して松根（乾留）釜を生産したが，戦後はスピンドルに回帰せず，主軸製品を模索中といったところであった（表付-6）。

表付-5に示している尼崎精工を1938年2月に設立したのが，三菱電機の技術者，川北電気工業の工場長を経験した杉山鷺一（1908年東京高等工業学校電気科卒業）であった。表付-5によると，同社は戦前に「信管部品，電気器具，マイクロメータ」を生産し，戦時中には「火砲部品，信管部品，弾○部品，電気高射標準具」などを生産し，46年4月現在では「電気コンロ，配線器具，電気扇，印刷機械，農耕用電動機」を生産した。戦時中の従業者数は2000人を超え，戦後もすばやく民需転換を実現して46年4月には700人を超える従業者がいた。創業者の息子であり，39年から同社人事課に勤務した杉山平一（37年東京帝国大学文学部卒業）は終戦の日に「『徴用解除や！』と喚呼の声を

あげて，寮の方へ駆けて行く徴用の人たちの姿が目に焼きついている。(中略) 終戦の翌日，おとなしい台湾の人が，社長室に入って，怒鳴りはじめたのに，びっくりした。この人たちの鬱屈した感情に，気づいていなかった」と回顧している[3]。

また，「撃墜した B29 から分捕ってきたという電気計算機を分解して研究をはじめ，その専門職人を採用したり，航空学科を出たため失業した東大生や京大生から，復員してきた技術将校まで採用した」尼崎精工は 1947 年より電気扇風機生産に注力し，電気機械輸出の先陣として AMACD 印扇風機を東南アジアに輸出した。しかし 50 年 9 月のジェーン台風によって工場が倒壊し，再建は困難をきわめた。54 年に同社は日本初の「還流式」洗濯機を製造したが，売れ行きは伸びず，56 年に倒産した[4]。

西宮の川崎電機工作所は戦前には扇風機，チエンブロックを生産していたが，戦時中は航空機部品を加え，戦後になると本業に回帰すると同時に小型モータや電熱器も生産した（表付-8）。土井正機製作所は戦前には粉砕機，製粉機，精白機を生産したが，戦時中は「輸送艇推進軸及付属品」などを生産し，戦後は戦前生産に回帰した（表付-9）。伊丹の鐘淵機械工業および神津製作所は戦前には前者は紡績部品，後者は紡績機械を生産し，戦時中は両工場とも航空機部品に転換し，戦後ふたたび本業に回帰するといった軌跡を描いた（表付-9）。戦前に繊維機械を生産した東亜金属工業は戦時中は船舶部品，航空機部品を生産し，戦後になると「抜根機」を生産した（表付-11）。

戦前にラジオを生産した山中電機は戦時中には通信機を生産し，1946 年 4 月現在では「電気製塩目下準備中」であった（表付-11）。河部農機は戦前に脱穀機，「中耕除草器」などを生産し，戦時中は舟艇部品，火砲部品生産に従事し，戦後は本業の農機具生産に回帰した（表付-12）。戦前に鍬などの「小農器具」を生産した八鹿鉄工は戦時中には「呉海軍工廠電気部分品」を生産し，終戦後は「小農器具」生産に回帰する（表付-13）。

1946 年 4 月という経済復興が緒に着いたとはとてもいえないような終戦直後期にあって，戦前からの安定的な本業製品がある場合は別として，多くの工場が急場凌ぎの生産品目に選んだのが，農器具，電熱器，機械器具・電気器具の修理，家庭用金物などであった。燃料不足を背景にした家庭における電熱需要の高まりが，電熱器生産の拡大を支えていた。しかしこうした生産，修理活動の過渡的性格は否めず，各工場が主軸となる製品を見出すまでにはまだ長い

年月を要することになったのである。

以上のいくつかの事例からもうかがえるように，戦前に民需品生産を行っていた中小企業の多くは戦時中には航空機部品，船舶部品，通信機，兵器部品などの生産に動員され，戦後は戦前の本業に回帰するものと本業に回帰せずに新たに他の分野に踏み出そうとするものに分かれた。両者にとって戦時生産の経験とは何だったのか。諸資源の不足が深刻化する戦時下にあって生産の現場に大きな負荷がかかり，不条理ともいうべき事態が随所で現出したことは事実である。しかし一方で，軍需品，航空機部品，通信機部品などの厳しい規格，要求内容を満たすために中小機械器具工場には大きな飛躍が求められた。その時の不条理と戦時合理化の二重の経験が，本業に回帰した，あるいは新たな分野

表付-1　兵庫県・機械器具工場の

地区別	会社工場名	公称資本金 払込資本金	主要生産品目		
			戦　前	戦時中	現　在
神　戸	川崎車輛㈱	30,000 30,000	機関車 客　車 電　車 貨　車 自動車 内燃機	同　左	機関車 電　車 貨　車 修繕機関車 修繕貨車
	金華電機工作所	500 500	家庭金物	電　機 通信機部品	パートランス ラジオ部品 電機器具
	川崎重工業㈱艦船工場	600,000 400,000	海軍艦艇 商　船 機械類 其ノ他	海軍艦艇 商　船 其ノ他	商船漁船造修
	㈴朝日工業所神戸出張所神楽工場	500 500	電気器具	航空機用発動機部品 艦船用電気機械部品	電気器具 電動機変圧器修理 機械修理
	㈱三俣鉄工所	163 163	自動車（トラック） リヤカー ホ　テ 船舶・諸機械修理	艦艇部品 大砲部品	乾燥機 ロッカー，金庫 家庭用品 パン焼竈 諸機械修理
	関西造船㈱	180 180		標準船 木発動艇	機帆船造修 漁船修造

に転進していった諸工場をどのように変化させていったのか。この問いに答えることは民軍転換と軍民転換の経済史分析にとって大きな課題の1つである。

注

1 この間の経緯については,沢井実「桑田権平と日本スピンドル製造所」(『大阪大学経済学』第61巻第2号,2011年9月)9-10頁参照。
2 1944年10月23日の閣議決定「松根油増産要綱」では,松根油の最終目標は10万キロリットルとされ,全国に1万4070基の乾留釜が設置されることになった(鳥居民『昭和二十年——首都攻防戦と新兵器の開発』第1部6,草思社,1996年,257頁)。
3 杉山平一『わが敗走』編集工房ノア,1989年,156-157,161,274頁。
4 同上書,275,279-280,287-292頁。

現況調査(1)(1946年4月1日現在)   (千円,人)

労務状況		転換状況	戦災有無程度	生産阻害事情
戦時中	現在			
3,831 310 4,141	2,059 118 2,177	転換済	機関設備 58.6% 建物 56.8%	燃料不足 熟練工不足 直接資材入手難
50 100 150	27 22 49	50%転換済 　　50	ナシ	材料不足
22,000 900 22,900	3,600 300 3,900	終戦後直チニ転換シ,現在計画ノ70%達成	被害程度 30%	資材不足 労務者ノ不足 事業資金ノ取得不円滑
65 36 101	18 9 27	転換済	3分の2焼失	材料入手難 主食糧及副食物配給ナキタメ工員ノ欠勤多シ 工具類入手困難
107 21 128	81 9 90	終戦後,乾燥機,パン焼電気製作中	被害アリシモ従業員ノ努力ニテ建築物復旧シ作業差支ナシ	資材入手難(鉄材,酸素,カーバイド皆無)ニシテ作業中止ノヤムナキニ至ル
37 0	34 0		事務所,発動艇,モーターボート,其ノ他	20年9月風水害ヲ蒙リ,資材設備ノ一部ヲ流出,

会社工場名	公称資本金 払込資本金	主要生産品目 戦前	主要生産品目 戦時中	主要生産品目 現在
				小型発動艇 製　材
㈱平井工作所	195 175.5		管曲ゲ 其ノ他部品	車輌部品 船舶部品
㈱東出鉄工所	500 500	船舶修理 補助給水ポンプ 脚荷水ポンプ 空機予熱機 同加熱構素 鋳造品	船舶修理 補助給水ポンプ 脚荷水ポンプ 空機予熱機 同加熱構素 鍛造品 鋳造品	船舶修理 補助給水ポンプ 工機予熱機 同加熱構素 鋳造品 合金鋳造品其ノ他 民需品
㈱神戸鋳鉄所 神戸工場	3,500 3,500	製鋼用鋳型 同付属品 鋳　鋼 一般鋳鉄品	製鋼用鋳型 同付属品 鋳　鋼 一般鋳鉄品	手廻製粉機 車輌用鋳鉄部品 一般鋳鉄品
日本制動機㈱	8,000 6,500	鉄道車輌用空気ブレーキ 自動車用油圧ブレーキ 自動三輪車 各種治具ゲージ 各種下請加工	空気ブレーキ 油圧ブレーキ 治具ゲージ 下請加工 電原発動機用発動機 航空機各種加工	空気ブレーキ 油圧ブレーキ 治具ゲージ
関西造船造機製作所	1,000 1,000		ボールトナット 船釘，座金 キリンキタック	ボールトナット 船釘，座金 キリンキタック 焼玉発動機

(注) (1) 労務状況：上段：男，中段：女，下段：合計。
　　(2) 戦時中の労働者数は，動員学徒を含む。
　　(3) 西宮地区：西宮市，芦屋市，有馬郡，武庫郡（山田村を除く）。伊丹地区：伊丹市，川郡，揖保郡，宍粟郡，飾磨郡，加西郡，神崎郡。豊岡地区：朝来郡，養父郡，美方郡，城崎郡，出石郡。
　　(4) ○印：判読不能。
[出所] 兵庫県商工経済部編『工場現況調査』昭和21年8月。

表付-2　兵庫県・機械器具工場の

地区別	会社工場名	公称資本金 払込資本金	主要生産品目		
			戦　前	戦時中	現　在
神　戸	兵庫造船㈱	180 180	各種船舶建造修理	各種船舶建造修理	
	三菱電機㈱ 神戸製作所	120,000 120,000	水車発動機 タービン発動機	戦車船舶用電装品 航空機用電装品	発電機 発車電動機

戦時中	現在	転換状況	戦災有無程度	生産阻害事情
37	34		道具類全焼失	破損シ生産大ニ低下セリ
63 1 64	72 2 74		被害程度　70％	資金ナキタメ工場給食出来ズ出勤率低下
208 8 216	89 18 107	転換ノ要ナシ	全　焼 資材ノ関係上木工場ダケ復旧	資材入手難
250 20 270	35 22 57	起重機，キュポラ，工作機ノ修理意ノ如クナラザルタメ転換進捗セズ	全　焼 復旧程度　30％	燃料不足
1,233 359 1,592	434 27 461	転換完了	被害規模　60％ 復旧規模　40％	資金調達意ノ如クナラズ 資材入手困難 食糧住宅難ノタメ優秀工員充足スル能ハス
80 20 100	137 17 154		全　焼 目下，工場事務所 5棟新築機械据付中	預金封鎖ニヨル事業資金ノ不円滑 復興資材入手難 燃料入手難

辺郡。明石地区：明石市，明石郡，美嚢郡，加西郡，印南郡。姫路地区：姫路市，相生市，赤穂郡，作用西脇地区：加東郡，多可郡，多紀郡，水上郡。洲本地区：洲本市，津名郡，三原郡。

現況調査（2）（1946年4月1日現在）　　　　　　　　　　　　　　　　　　（千円，人）

労務状況		転換状況	戦災有無程度	生産阻害事情
戦時中	現　在			
92 0 92	76 0 76		全　焼 復旧程度　70％	各種原材料入手難 有為労務者 食料不足
6,146 2,822	1,062 182	転換進捗 100％	工員不足 資材不足	

		其ノ他同期機 船舶用直流機 車輛用電気品 配電盤	配電盤 船舶用直流機 水車発動機 タービン発動機 其ノ他同期機	制御機 昇降機 補機（配電盤等）
原鉄工所	300 300	船舶艤装用品 農　具	船舶艤装用品 潜水艦	機関用品 農機具
㈱山陽製作所	300 300	ボールトナット 其ノ他諸機械	潜水艦部品 内燃機部品 甲造船部品 乙種船部品	建築用ボールトナット 車輛用ボールトナット 内燃機用ボールトナット
高祖鉄工所	300 300	航空機部品 精密捻子類	発動機用 板機器部品	精密螺子類 電機部分品
渡辺工作所	200 200		潜水艦海防艦ノ内部 構　造 船舶修理	鉄船舶修理 戦災復興鉄骨建築 修　理
菊水造船㈱	1,000 1,000		曳船修理 艀舶修理	曳船修理 艀舶修理
三和工業㈱	185 185	車輛部品 製　品	船舶無線部分品 車輛部品	営業用電熱器 電動機修理 変圧器修理 車輛部品
山陽内燃機関製作所	1,300 1,300	船用焼玉機関	船用焼玉機関	船用焼玉機関
阪神内燃機工業㈱神戸工場	6,000 6,000	陸船用デーゼル機関 焼玉機関	陸船用デーゼル機関	陸船用デーゼル機関
日本発動機㈱本社工場	4,000 2,000	船用焼玉機関 船用デイゼル機関 陸用焼玉機関	80馬力石油機械 中速型デイゼル機械 高速デイゼル機械 F型550馬力デイゼル機械	船用焼玉機関 転換ノタメ工場整備中 電動機直結高速 製粉機
日本発動機㈱兵庫工場	4,000 2,000	海軍航空機用爆弾本体 金　物	海軍航空機用爆弾本体 金　物	製糸工事 工作機械修理 発動機製作
鐘淵工業㈱	324,000		焼　玉	蒸気機械

8,968	1,244		資金不足	
10 2 12	15 0 15		第一工場健在 第二工場全焼	食糧不足ニテ労務者出勤率低下 燃料不足
58 23 81	26 8 34			原材料，燃料，機械油，切削油，其ノ他一般工具不足
34 7 41	16 2 18	約50％転換済	ナ　シ	機械類ガ疎開先ヨリ持帰リ出来ザルタメ材料燃料入手難
74 4 78	44 2 46		一部罹災 資材不足ノ為復興ナラズ	資材不足 熟練工不足
270 20 290	223 7 230	転換ヲ要セズ	3回戦災2回水害ニテ機械設備ノ大半焼失，流失セリ。復旧程度　40％	復旧工事ニ必要ナル軌条及枕木並船舶木材ノ入手難
45 52 97	24 5 29	100％転換	全　焼 現地復旧不可能ニテ仮工場ニテ70％復旧	資材入手難 仮工場ハ狭隘ニテ機械類設置不足ニヨル
140 50 190	89 7 96	戦時中ハ南方向け焼玉内燃機関ヲ軍納セルモ現在ハ近海漁業用及貨物船用内燃機関製作ニ転換セリ	ナ　シ	主要資材特ニコークス及油類ノ入手難 食糧事情及熟練工ノ入手難 戦時中増産ノタメ機械ノ消耗ノ個所多キタメ
1,001 91 1,092	733 50 783	完全転換済ミ	ナ　シ	主要副資材ノ入手難 食糧事情ノ悪化ニ依ル労働力低下
579 48 627	100 7 107	民需用焼玉機関ノ海務型指定アリ	二階建木造事務所一棟全焼等	原材料不足 従業員ノ不足
123 27 150	73 7 80	家庭用厨房器具ノ製作ヲ計画	ナ　シ	鉄鋼入手困難 コークス，石炭皆無
600	118	転換ヲ要セズ	復旧程度　85％	燃料（特ニコークス，石炭）ノ不足

地区別	会社工場名	公称資本金 払込資本金			
	神戸造機工場	324,000		デイゼル レシプロ	製粉機 鋳造

表付-3　兵庫県・機械器具工場の

地区別	会社工場名	公称資本金 払込資本金	主要生産品目		
			戦　前	戦時中	現　在
神　戸	㈱三光造船所 神戸工場	10,000 10,000	鋼製貨物船 船舶修理	鋼製貨物船 船舶修理	鋼製貨物船及漁船 各種船舶修理 製　材
	山陽電気鉄道㈱	30,000 22,500	車輛修繕 部分品製造	車輛修繕 部分品製造	車輛修繕 部分品製造
	㈱星野工作所	500 500			
	塩野鉄工所	190 190	漁業用船舶 内燃機	航空機部品 曲　軸 気筒胴 加工及治具金型	自動車部品
	㈱川西機械製作所 神戸工場	38,000 26,750	繊維機械 通信機 真空管 電　球 K線管球 衡器類	同　左	真空管 タングステン，モリブデン粉末 同上成品 工具類
	㈱大神鉄工所	195 195		内燃機関用部分品 船舶部分品	機関車用電気部分品 造船部分品
	入江工作所	500 500		油圧作動機 航空機部品	
	㈱浜田鉄工所	600 600	船舶修理	焼玉機関	船舶修理
	㈲奥井電気工作所	40 40	発電機 配電盤 電動機加工修理 陸船舶電気艤装工事	発電機 配電盤 電動機加工修理 陸船舶電気艤装工事	発電機 配電盤 電動機加工修理 陸船舶電気艤装工事

130	4			資金関係
730	122			

現況調査（3）（1946年4月1日現在）

（千円，人）

労務状況		転換状況	戦災有無程度	生産阻害事情
戦時中	現在			
500	130	転換ヲ要セズ	80％ノ焼失	労務者ノ不足
12	5		復旧工事大体完了セリ	食糧ノ不足
512	135			船価ノ決定セザルコト
				資材入手難
170	280	転換ヲ要セズ	明石工場破壊焼失	資材入手難
30	35			資金面封鎖
200	315			
180	27		和歌山工場全焼	油ノ配給皆無
65	6			食糧不足ノタメ工員出勤
245	33			者少キタメ
110	16	現在進捗中	被害程度　100％	工場建設資金・資材（木
60	3	5％転換済	復旧程度　30％	材・釘・セメント・鈑）・燃
170	19			料（石炭・コークス）運送
				関係
1,165	479	20〜40％転換済	建物ニ対スル被害　60％	生産資材ノ入手難
419	285			戦災工場復興資材入手難
1,584	764			
62	54	100％転換済	被害程度　10万円	食糧不足ニヨリ出勤率低
3	6		復旧程度　100％	下
65	60			資金関係ニテ資材入手難
200	13	転換計画中	全焼	資金難
70	7		復旧程度　80％	疎開地ト工場ナルタメ地
270	20			利悪シ
				従来ノ仕事ノ性質上資材
				難，生産品目ノ決定ツカ
				ズ
100	90		被害程度　30％	食糧事情（給食）ノ不足ニ
5	5		復旧程度　20％	ヨリ工員欠勤多キタメ
105	95			
37	49		資材倉庫二棟焼失	
12	9			
49	58			

会社工場名	公称資本金 払込資本金	主要生産品目		
		戦前	戦時中	現在
王子精機工業㈱	6,625 6,625	模型製作 プレス加工 ピッチ（船舶） ホーコン ダイカスト 諸機械修理	航空発動機部品 ピストンピン 惑星歯車軸 調整螺 油ポンプ 油圧切損弁 プレス加工	船舶用発動機部品 調整装置突金取付 燃料ポンプ ノズル ストラップピン 紡績機械部品 諸機械修理 プレス加工
㈱石原造船所	600 600	一般船舶 汽　機 汽　罐 内燃機 製造修理	一般船舶 陸軍舟艇 汽　機 汽　罐 内燃機 製造修理	一般船舶 汽　機 汽　罐 製造修理

表付-4　兵庫県・機械器具工場の

地区別	会社工場名	公称資本金 払込資本金	主要生産品目		
			戦　前	戦時中	現　在
神　戸	㈲東亜精機工作所	330 330	航空機部分品 高圧弁 船舶部分品	船舶部分品 航空機部分品 多種類生産ニ付記載不能	客車点灯用発電機 客車冷房装置
	中村鉄工所	300 300	機械部品 各種金型	航空機部品金型 クランク加工 新設機械ノ据付付属機械 ノ製作	機械部品 一定ノモノナシ
	三菱重工業㈱ 神戸造船所	10,000,000 7,500,000	新造船修繕船 船用主機・補機 発電機械 陸上機械 鉄構製品 其ノ他	新造船 修繕船 船用主機・補機 船用発電機 其ノ他	新造船修繕 電気ボイラー 蒸気タービン トラクター 冷凍機械 其ノ他
	岡崎車体製作所	500 500	自動車車体	兵器部品	車輛部品 人造肥料製造装置部品
	㈱前田鉄工所	1,300 1,300	内燃機関製造 （船用）	内燃機関製造	万能粉砕機
	帝国精密工業㈱	500	螺子類	螺子類	木工機械

労務状況		転換状況	戦災有無程度	生産阻害事情
戦時中	現在			
150 180 330	37 3 40	80％ 進捗中	中ノ島，松原分工場焼失	食糧難ニ依ル工員ノ作業能率低下 原料資材入手難
296 5 301	118 3 122	現在戦前ノ生産種目ニ復ス　但シ内燃機製造ハ工場焼失ニ付廃止	新在家，島上，本社溶接工場全焼	進駐軍ニ接収サレ生産シ得ズ 現金封鎖ニ依リ資材入手難 食糧不足ニヨリ能力低下 治安不安定ニヨリ残業不能

現況調査（4）（1946年4月1日現在）　　　　　　　　　　　　（千円，人）

労務状況		転換状況	戦災有無程度	生産阻害事情
戦時中	現在			
80 5 85	73 5 78	進捗率　95％	一部ノ分工場ニ被害アリ	高物価ニ伴フ給与上ノ施策 給食ノ不円滑 燃料不足 金融上ノ障害 インフレニ伴フ労務者ノ異動
50 1 51	10 0 10	四月一日操業開始ス	全工場15％ノ被害	給食ナキコト 物価区々ノタメ賃金ノ標準決定ニ困ル 労務者用住宅ナキコト 交通費高キコト
16,000 1,000 17,000	5,400 200 5,600	転換率　100％	被害率　26％ 復旧率　30％	資産ノ入手難 生産意欲減退 官庁間ニ於ケル枠及現物ノ奪合ト事務渋滞 輸送（燃料油）ノ困難 其ノ他
23 10 33	30 2 32	従来ノ作業継続中	工場ノ約70％罹災 約50％復旧	食糧及資材不足ノ為
220 30 250	25 5 30	終戦後一般民需用品製造ニ邁進	全　焼 現在工場建設中ナレド資材入手困難ノタメ復旧遅々トシテ進マズ	資材入手難 資金関係
750	253		60％　戦後残存機械ヲ以	事業資金難

地区別	会社工場名	公称資本金 払込資本金	主要生産品目		
			戦　前	戦時中	現　在
尼　崎	神戸工場	500	航空機部品 工作機械 兵器部品 其ノ他	工作機械 其ノ他	タレット旋盤 紡績機械
	日本造機工業㈱ 本社工場	10,000 10,000	1944年8月創立	発動機 給水ポンプ 消火ポンプ 電動発電機 交流発電機	メリヤス織機 相誘導電動機 交直発電機 発電機械 給水ポンプ 製粉機 金臼
	東和機械工業㈱	600 600	高速度直結ボール盤 紡績機械 同上・部分品	高速度直結ボール盤 砲架砲鞍 諸機械部品	食糧品加工機械 破損諸機械修理
	山岡内燃機㈱ 神崎工場	13,000 13,000	小型ヂーゼルエンジン 中型　〃 大型　〃	小型ヂーゼルエンジン 中型　〃 大型　〃	小型ヂーゼルエンジン 主要部分品
	日本内燃機㈱ 尼崎製造所	25,000 21,250	紡績用スピンドル リング ローラー	爆弾発火装置 燃料ポンプ 機関砲弾	紡績用スピンドル リング ローラー
	㈱大阪機械製作所 尼崎工場	20,000 20,000	紡績機械 鋼　球 鍛圧機械 鉱山機械 製缶工事 其ノ他	航空機用鍛造品 鍛圧機械 石油鑿井機 製缶工事 噴進製穀	紡績機械 農器具 鋼　球 鍛圧機械 製缶工事

表付-5　兵庫県・機械器具工場の

地区別	会社工場名	公称資本金 払込資本金	主要生産品目		
			戦　前	戦時中	現　在
尼　崎	日立製作所 尼崎工場神崎工場	700,000 437,500	起重機部品	起重機部品 電気機械修理	電気機械修理
	㈱浄水工業所	200 200	硬水軟化機 濾過機 連続缶水吐出装置 揚水機	硬水軟化機 濾過機 連続缶水吐出装置 揚水機	硬水軟化機 濾過機 連続缶水吐出装置 揚水機 抜根機

120 870	19 272		テ操業着手中	労務者食糧難 副資材取得難
1,166 230 1,396	301 49 350	転換済	被害程度　建物　50% 復旧程度　建物 2.3 割 新築中ナルモ資材難ノタ メ意ノ如クナラス	資金関係 資材，副資材入手難
241 2 243	38 0 38	適当ナル受注未ダ見付カラズ	工場内製品倉庫ノ一部焼失	資材及副資材入手難
1,080 145 1,225	141 4 145	100% 転換済	機械設備　37% 建物　59%	外註工場ノ未稼働 石炭，コークス不足 食糧不足ニヨル従業員募集難
600 900 1,500	111 58 169	約 90 台 (14% 操業) ノ機械数ヲ運転シ主トシテ修理等ノ生産ヲナス	ナシ	資材副資材等一部現金ヲ請求シ又封鎖預金引出困難ナルタメ正常運転困難 食糧不足ノタメ労務者充足困難
886 45 931	240 8 248	転換済	ナシ	従業員不足

現況調査（5）（1946 年 4 月 1 日現在）

（千円，人）

労務状況		転換状況	戦災有無程度	生産阻害事情
戦時中	現在			
80 16 96	46 11 57	転換済		揮発油其ノ他脂油類又綿糸ノ入手難 労務者加配ナキタメ作業衣入手難
16 5 21	28 7 35	従来ノ製品以外機械化農機具ノ製作ニ着手	全　焼	主資材，副資材入手難 工場未完

					機械器具
金井重要工業㈱ 尼崎工場	8,000 8,000	トラベラー 糸道類 針 リング 割 栓 其ノ他繊維製品	航空機部品 トラベラー 糸道類 針 リング 割 栓 其ノ他繊維製品	トラベラー 糸道類 針 リング 割 栓 其ノ他繊維製品 農機具其ノ他	
木村鉛鉄機 械工業所	2,500 2,500	蒸留機 回収機 反応機 結晶機 乾燥機 冷却機 耐酸ポンプ	小型容器 錫張製品 2t貯槽錫張 12屯車輛錫張 タンク錫張 鉛 管	鉛 管 鉛 板	
㈱関西鋳鉄 所	500 375	鉄道車輛部品 ジャッキ チェンブロック 船舶部品	船舶部品 舷窓バルブ 車輛部品 ジャッキ	鉄道車輛部品 農機具 トラクター部品 鍬, 鋤, 家庭用錻 ミンチ・メリヤス機械	
東亜バルブ㈱ 立花工場	5,000 5,000	弁及嘴	弁及嘴	弁及嘴	
橋本機工㈱	195 195	自動車部分品	船舶用バルブ 自動車部分品	ラジオ部分品 電気器具 自動車部分品	
東邦輪送㈱	1,000 1,000	エレベータ コンベヤー	エレベータ コンベヤー	エレベータ	
三和特殊製 鋼㈱	2,900 1,750	耐酸ポンプバルブ類 セメント, 硫安肥料 製造用耐酸機器類	耐酸ポンプバルブ類 セメント, 硫安肥料 製造用耐酸機器類	セメント製造用キルン 部分品 耐熱特殊鋳鋼 硫安化学肥料用 耐酸ポンプバルブ 一般化学工業用機械	
尼崎精工㈱ 本社製造所	10,000 10,000	信管部品 電気器具 マイクロメータ	火砲部品 信管部品 弾○部品 電気高射標準具 其ノ他	電気コンロ 配線器具 電気扇 印刷機械 農耕用電動機	

201 108 309	104 56 160	65％転換	僅少部分焼失	燃料不足 溶接用・焼入用酸素ノ不足
264 23 287	146 15 161	転換ヲ要セズ	一棟全焼 現在鉛板工場増築中	鉛板工場増築中ナレ共諸資材不足ノタメ円滑ニユカズ工具不足
120 50 170	105 15 120	終戦後無休 転換操業続行中	大阪本社 尼崎工場 　全　焼	石炭入手困難
450 50 500	110 4 114	転換ヲ要セズ	10％ノ被害アリタルモ現在ハ復旧ス	燃料不足 労務不足（特ニ木製工，鋳物工，仕上工） 輸送能力不足
20 5 25	15 5 20	100％転換済	ナシ	操業資金ノ運用困難 材料工具類ノ入手難
185 24 209	97 8 105	転換ヲ要セズ	ナシ	各種資材入手難
138 6 144	53 3 56	戦前ノ約35％程度操業中ナルモ諸条件不備ノタメ復旧遅シ	被害程度　15万円余	事業資金抑制 炉修理用資材其ノ他機械入手難 各部門労務員不足 石炭，コークス等燃料
1,663 385 2,048	498 225 723	転換完了ス	建物22棟，機械設備875台焼損セルモ大凡復旧セリ	食糧不足 資金封鎖ノタメ原材料入手難 熟練工不足 外註部品入荷不調

表付-6 兵庫県・機械器具工場の

地区別	会社工場名	公称資本金 払込資本金	主要生産品目		
			戦　前	戦時中	現　在
尼　崎	㈱久保田鉄工所 武庫川工場	63,000 42,750		平削盤 ロール旋盤 縁削盤 瓦斯弁 特殊弁 鉱山機械 ローラー輸送	粉砕機 瓦斯弁 制水弁 製材機
	特殊発條興業㈱	150,000 150,000	ば　ね ばね座金	ば　ね ばね座金	現在ハ機械輸送中 ナリシタメ見ルベキ 生産モナカリシ
	久々知工作所	300 300	スピンドル	弾丸 貯油槽 オイルブローカー 松根釜	油入遮断器 〃部品 車輛部品
	大和金属工業㈱	3,000 3,000	高圧ガス容器	高圧ガス容器 航空機搭載用小型高圧ガス容器 砲弾搾出加工	高圧ガス容器
	㈱旭金属工業所	500 500	洋燈口金 自転車中袋 空気弁 自動車中袋	信管部品 自転車中袋 空気弁 自動車中袋	自動車中袋空気弁 自転車中袋空気弁 地下足袋コハゼ
	日本鍛工㈱ 尼崎工場	30,000 25,125	自動車用部品 車輛部品 其ノ他一般（各鍛造品）	航空機部品 魚雷部品 其ノ他兵器（各鍛造品）	自動車用部品 農用発動機部品 其ノ他型鍛造品
	電熔工業㈱ 神崎工場	6,000 6,000	各種金属切削工具 特殊鋼	各種金属切削工具 各部兵器部品 特殊鋼	各種金属切削工具 各種農工機具 特殊鋼
	大同製鋼㈱ 尼崎工場	132,000 82,500	空爆ニヨリ書類焼失	特殊鋼鈑 普通鋼鈑 普通鋼丸鋼 丸打 特殊鋼丸鋼 亜鉛鉄鈑	特殊鋼鈑 普通鋼鈑 丸打 亜鉛鍍金洗面器 亜鉛鉄鈑
	東洋鋼業㈱	500 500	鋼材圧延 粉砕用ボール 鉄道車輛部品	魚雷付属鋼材圧延 航空機用部分品鋼材圧延 航空機用部分品型打鍛造	粉砕用ボール 農機具及工具 鋼材圧延

現況調査（6）（1946年4月1日現在） （千円，人）

労務状況 戦時中	労務状況 現在	転換状況	戦災有無程度	生産阻害事情
386 17 403	141 6 147		鋳物工場 7割ノ被害，機械工場ハ被害僅少ニシテ復旧作業中	コークス入手難ニテ銑鉄鋳物入手難 工員住宅不足ノタメ熟練工ノ吸収出来ズ
114 31 145	21 8 29	60% 転移中 60% 完了ス	ナ　シ	疎開機械輸送困難ノタメ 工員給食事情 部分品工具等購入難
114 55 169	61 2 63	100% 完了	ナ　シ	工員不足 資材不足 燃料不足
246 60 306	64 8 72	100% 完了	ナ　シ	水圧プレス工場操業ニ対シパッキング類ノ入手難 機械油ノ不足
190 412 602	38 64 102	転換程度　80%	被害　90%	食　糧 資金関係 資材入手難
1,029 120 1,149	42 0 42	転換ヲ要セズ	被害程度　5% 復旧完了	資材（就中石炭油脂ノ入手困難） 労務者ノ充足意ノ如クナラサルタメ
460 270 730	102 0 102		被害程度　設備ノ50% 復旧程度 製鋼部門　20% 其ノ他　10%	燃料（石炭，コークス）入荷不足 売掛金等ノ債権未収入 資材入手難 食糧不足ニヨル労力ノ不足
1,200 50 1,250	664 66 730	転換ヲ要セズ	被害　40% 復旧程度 製釘工場　20% 其ノ他金工場復旧完了	食糧事情ノ悪化 措置令ニヨル資金的障害 石炭入手難 従業員ノ生活難
120 0 120	45 6 51	1月10日付民需転換許可ヲシタルモ石炭等，配給皆無ニシテ転換進捗セズ	被害ナシ 但シ風水害ニテ資材流失浸水ニテ多大ノ損害蒙レリ	鋼材入手難 燃料配給ナキタメ生産出来得ズ

地区別	会社工場名	公称資本金 払込資本金	主要生産品目		
					其ノ他鍛造型打
			自動車自転車用部品 其ノ他鋼造型打	鉄道車輛部品 機械器具 粉砕用ボール	其ノ他鍛造型打
	金井重要工業㈱ 立花工場	8,000 8,000	鉄　　線 鋼　　線 針布線 真中線	鉄　　線 軟鋼線 高炭素鋼線 針布線 バネ用鋼線 ピアノ線	鉄　　線 真中線 軟鋼線 針布線 ピアノ線 電熱線

表付-7　兵庫県・機械器具工場の

地区別	会社工場名	公称資本金 払込資本金	主要生産品目		
			戦　前	戦時中	現　在
尼　崎	㈱梶原金属 製錬所	150 150	車輛部分品 諸機械用部品 半　田	諸機械用部品 非鉄金属製錬	車輛部分品 半　田 諸機械用部品 非鉄金属製錬
	旭架線金具 製造㈱	300 300	ケーブルハンガー 架線金物	ケーブルハンガー 架線金物 ステアータイト	ケーブルハンガー 架線金物
	㈱中山製鋼所 尼崎工場	90,000 60,000	薄鋼板 亜鉛引鉄板 ブリキ板	薄鋼板 亜鉛引鉄板 鋳　物 薄鋼板第二次製品	休止中
	阪神電気鉄道㈱ 車輛修理工場	75,000 75,000	電車ノ修理	電車ノ修理	電車ノ修理
	阪神電気鉄道㈱ 浜田車庫	95,000 75,000	電車ノ修理		電車ノ修理
	鐘淵機械工業㈱ 尼崎工場	15,000 3,509	精紡機部分品 ハイスピード機	山砲及部品 実包検定機 啣口棹 発動機部品	精紡機 ハイスピード機
	㈱中島製作所 杭瀬工場	2,000 2,000	蓄電池機関車 蓄電池運搬車 電気自動車	蓄電池機関車 蓄電池運搬車 電気自動車	電気自動車
	東洋精機㈱ 鉏工場	4,500 4,500	鉄工用炉	鉄工用炉	鉄工用炉

労務状況		転換状況	戦災有無程度	生産阻害事情
戦時中	現在			
184 71 255	68 17 85	60％転換済	ナシ	労務不足 副資材入手難

現況調査（7）（1946年4月1日現在）

（千円，人）

労務状況		転換状況	戦災有無程度	生産阻害事情
戦時中	現在			
57 8 65	43 5 48	100％転換済	ナシ	事業資金現金引出困難 燃料 労務者用主食副食物配給ナキタメ 原料
17 25 42	61 32 93	大阪築港工場ノ機械引取約50％整備復旧済	当工場7％焼失	金融措置令ニヨル主タル原材料以外ノ買付資金不円滑 燃料及ビ油類買入困難
420 36 456	76 2 78		ナシ	
220 27 247	265 19 284			
36 2 38	38 2 40	転換ヲ要セズ		
522 7 529	361 91 452		組立工場，倉庫，油倉，事務所，宿舎等全焼	倉庫焼失ニヨル手持資材ノ不足 資材購入ノ困難 宿舎焼失ニヨル工員ノ減少
200 20 220	236 25 261	商工省ヨリノ指示ニヨリ電気自動車生産中	被害僅少ニシテ生産ニ支障ナキモ修繕ニ用フル資材入手難ニシテ当分ノ間修繕セズ	鉄鋼類ノ入手難 燃料 タイヤ 電線 食糧不足
52 18	16 8	転換ヲ要セズ	被害程度 20％	資材及ビ副資材共ニ入手困難

会社工場名	公称資本金 払込資本金	主要生産品目 戦前	主要生産品目 戦時中	主要生産品目 現在
東亜鋳鋼㈱ 神崎工場	1,200 1,200			鉄道車輛部品 電車モーター部品
㈱帝国鋳鋼所 神崎鍛造工場	6,500 6,500		兵器部品	林業部品 石炭用機器
㈱日立製作所 杭瀬工場	700,000 700,000			
延原製作所 神崎工場				
特殊産業㈱ 尼崎製作所	7,000 7,000	高圧空気喞筒 航空機油圧部品 型鍛造	型鍛造	
㈱大阪電機製作所 武庫川工場	250 250	電圧計 電流計 アスター	電圧計 電流計 アスター	電圧計 電流計 アスター

表付-8　兵庫県・機械器具工場の

地区別	会社工場名	公称資本金 払込資本金	主要生産品目		
			戦　前	戦時中	現　在
西　宮	鐘淵機械工業㈱ 西宮工場	15,000 15,000		航空機主脚 〃 尾脚	ナ　シ
	㈱國森製作所	1,500 1,500	船舶用冷凍機 船舶修理	船舶修理 冷凍機	冷凍機 自転車ポンプ 電気アイロン 電気洗濯器 バリカン 電熱器 氷削器
	菅原電機㈱ 作業部工事係	750 750	電気設備施工請負工事	電気設備施工請負工事	電気設備施工請負工事
	㈱川崎電機工作所	2,000 2,000	扇風機 チエンブロック	航空機部品 チエンブロック 送風器	扇風機 小型モーター 電熱器 チエンブロック

労務状況		転換状況	戦災有無程度	生産阻害事情
70	24			
	51			副資材入手困難
	24			求職支給困難
	75			
160	10	目下進捗中	50% 完了	食糧，油，石炭不足
25	2			
185	12			
		全焼ノタメ転換困難ヲ極メ居レリ	全　焼	
16		賠償用機械設備ノ範囲未確定ナルタメ現在専ラ伊丹本社工場ニ於テ作業ヲシツツアリ	寄宿舎，教室，倉庫及工場ノ一部ヲ焼失	燃料（コークス）入手困難
0				
16				
108	94			
60	44			
168	138			

現況調査（8）（1946年4月1日現在）　　　　　　　　　　　　　　（千円，人）

労務状況		転換状況	戦災有無程度	生産阻害事情
戦時中	現　在			
550	33	昨年9月進駐軍宿舎及自動車修理工場トシテ接収サレ又軍政部駐在ノタメ全機械設備ノ移転ヲ命ゼラル	ナシ	左記事情ニヨリ目下生産中止中
350	4			
900	37			
106	210	転換届提出済	本社工場3割被害	主資材及副資材ノ入手難
13	36		神戸工場10割被害	金融関係
119	246		復旧済	食糧事情
				通信交通機関ノ復旧遅延
175	86		復旧，鳴尾製作所附近ニ設置営業中	現在ノ処ナシ
5	3			
180	89			
460	97		被害程度　100%	資材入手難
315	24		復旧程度　約20%	食糧事情切迫
775	121			経済事情ノ不安定
				其ノ他人心動揺等重大ナル原因アリ

会社工場名	公称資本金 払込資本金	戦前	戦時中	現在
日本産業機械㈱	500 450	一般化学機械 醸造用機器並ビニ修理	砲弾加工並ビニ航空機用 合成ゴム製造機器	一般化学機械 鉄道省車輛及部分品
川西航空機㈱ 本社	60,000 37,500	本社業務	本社業務	印　刷 病　院 工務店
川西航空機㈱ 鳴尾製作所	60,000 37,500	大型飛行機 木製プロペラ 機械部品 動力銃架其ノ他	局地戦闘機 木製プロペラ	米　櫃 車　輛 車輛モータ修理 自動自転車 小型発動機 歯　車
川西航空機㈱ 甲南製作所	60,000 37,500		中型攻撃機 大型飛行艇	米　櫃 盆 煙　管 下　敷 バックル スキ焼○ 電気製塩
川西航空機㈱ 宝塚製作所	60,000 37,500		補機部品（ポンプ類） 銃　架 機械部品	自動三輪車・自転車試作中 小型発動機 歯　車 電気暖炉 電熱器
日本水力工業㈱	5,000 5,000		タービンポンプ 渦巻ポンプ	タービンポンプ 渦巻ポンプ
㈱中田製作所 三田工場	1,000 1,000	鉄道車輛 （鉄道信号保安装置）	鉄道車輛 （鉄道信号保安装置）	鉄道車輛 （鉄道信号保安装置）

表付-9　兵庫県・機械器具工場の

地区別	会社工場名	公称資本金 払込資本金	主要生産品目		
			戦　前	戦時中	現　在
西　宮	㈱土井正機製作所	2,000 2,000	粉砕機 製粉機 精白機	輸送艇推進軸及付属品 上陸用機械部品 手巻上錨機 粉砕機	粉砕機 精白機 粗砕機 製粉機
	甲南製材工	2,500	製材用丸鋸機	金切丸鋸機	製材用丸鋸機

90 15 105	50 0 50	工場一部復旧成リ	工場全焼敷地面積 1865.3 坪	主要資材並ニ副資材ノ 入手隘路ニ依ル
3,150	281			
21,450	219	連合軍ノ工場保全命令 ニヨリ機械施設ノ使用不能 トナリシタメ計画変更シ 目下申請中	有 75%	賠償関係未確定ノタメ恒 久企業ニ使用シ得ベキ場 所, 設備機械確定セサル タメ
7,084		操業程度 15%	相当ノ被害ニシテ 完全ナル建築物ナシ	
14,614	178	電気暖炉, 電熱器, 電気 厨房器具ハ試作完了シ, 製造免許申請中	被害 80%	転換許可未着
125 115 240	148 55 203		被害 50%	生糸(ママ)素材料ノ取得難 銑　鉄 コークス
70 45 115	95 2 97		戦災被害ハ僅少ナルモ 風水害被害ハ金額 25万円程度ニテ目下復旧 事業中	資材入手難 銑　鉄 コークス 諸油類 其ノ他雑品不足

現況調査（9）（1946年4月1日現在）　　　　　　　　　　　　　　　（千円, 人）

労務状況		転換状況	戦災有無程度	生産阻害事情
戦時中	現　在			
280 45 325	120 6 126	50% 転換	全　焼 復旧程度　50%	資材, 副資材入手難 輸送ノ不円滑 工員給食不足ニヨル欠勤 工員支給品ノ不足
189	91			

	具製作所	2,500	〃弓鋸機 〃丸鋸 〃帯鋸 金切弓鋸刃	〃帯鋸機 〃円鋸刃 〃帯鋸 〃弓鋸 製材用丸鋸	〃帯鋸機 〃丸鋸 金切弓鋸刃 〃円鋸刃
	関西製作所	1,000 1,000	重板発條 自動車部分品 付属品	航空機用軸受 鋼材熱処理 重板発條 自動車部分品付属品	農機具 スプリング
	東京芝浦電気㈱ 神戸工場	622,000	船舶用無線電信 装置修繕	船舶用無線送信機	漁業用無線機 拡声装置 測定器類
	旭工機製造 ㈱	712 712	貯蔵槽 家庭向厨房用品 化学器械	厨房用品 化学機械	農機具 浴槽 厨房用品
伊　丹	鐘淵機械工 業㈱	15,000 15,000	スピンドル リング ローラー トラベラー 其ノ他	航空機部品（発動機） 主要部分品	スピンドル リング ローラー トラベラー
	㈱神津製作 所	4,000 4,000	紡績機械 （糸巻機械）	航空機部分品	紡織機械 建築資材 木工機械
	昭和精機工 業㈱	400 400		航空機用発動機部品 プロペラー部品 機体部品 整備用工具	自動車，三輪車用 トランスミッション 紡織機部品
	金井重要工業㈱ 伊丹工場	8,000 8,000	綿紡針布 毛紡針布 其ノ他針布	綿紡針布 毛紡針布 航空機部品 燃料槽 防弾槽	綿紡針布 毛紡針布 其ノ他針布
	㈱鐘紡ディ ーゼル工業 伊丹製作所	750 750	堅型フライス盤 横中グリ盤	海軍特攻兵器 減速装置	ブルドーザー ミッション
	日本精密工 具㈱	2,000 2,000		タップ ダイス ゲージ	タップ ダイス 歯　器
	三菱電機㈱ 伊丹製作所	120,000 120,000	航空計器 無線機 送配電器具	航空無線機 航空計器 変圧器	変圧器 電車用制動機 蓄電器

78 267	25 116			
230 120 350	68 15 83	転換完了	ナシ	主要資材入手難 素材入手難
156 53 209	54 22 76	転換ヲ要セズ	焼失建物6棟	資金面 資材入手難 労務者ノ住宅，食事情
210 20 230	156 24 180		住宅2棟，寮1棟， 倉庫1棟，焼失	燃料不足（特ニ石炭） 食糧不足
200 300 500	198 91 289		被害ナシ	食糧，労務不足 主資材（銑鉄，鋼材，特殊鋼 ノ不足） 副資材（鋳造用コークス，石炭， 機械油ノ不足）
822 617 1,439	127 4 131	建築資材並木工機械ハ続々 生産中 紡織機械ハ試作程度	被害ナシ	資材入手不円滑
231 139 370	176 5 181	30%転換	ナシ	運転資金調達難 労務者給食ノ困難
120 60 180	39 39 78	20年10月ヨリ21年4月マデ 進駐軍全工場ヲ使用シ居レ リ	被害ナシ	終戦後熟練工ノ不足ニ依リ 目下旧経験工ノ復帰ヲ勧誘 シツツアリシモ充分ナル成果 ヲ見ズ 目下，養成ヲナシツヽアリ　従 ッテ之レガ指導者ノ不足ヲ来シ 居ル現況ナリ
280 8 288	87 0 87	昭和21年1月11日連合軍 第一軍団司令部ヨリLG91号 ヲ以テブルドーザーミッション ヲ製作中ナリ	戦災ナシ	
360 160 520	135 25 160		ナシ	熟練工員ノ不足 機械油，軽油，切削油 等ノ配給ナキタメ
3,000 600 3,600	1,114 196 1,310	転換済	ナシ	燃料及副資材入手困難

第2章付論　機械器具工場の民軍転換・軍民転換に関する資料

| | | | 電車用電動機
〃制動機 | 送配電器具
水銀整流器
電気炉溶接機
電車制動機，制御器 | 電解槽
送配電器具
電車用電動機
溶接器 |

表付-10　兵庫県・機械器具工場の

地区別	会社工場名	公称資本金 払込資本金	主要生産品目		
			戦　前	戦時中	現　在
伊　丹	大阪機工㈱ 猪名川製造所	66,000 35,250		工作機械 電動機 陸軍砲 海軍砲 砲弾	紡機修理 電動機
	㈱精機工業所	1,000 1,000	歯車減速装置 歯　車	航空発動機用歯車 歯車減速装置	歯車減速装置 歯　車
	伊丹産業㈱ 本社工場	5,000 5,000	農具機械 紡績機械	爆弾外殻	鋤 支那鍋 フライパン 自転車空気入 ストーブ
	㈱精機工業所	1,000 1,000	歯車減速装置 歯　車	航空発動機用歯車 歯車減速装置	歯車減速装置 歯　車
	城岩軽合金㈱	800 800	家庭器物 車輛部品 紡績器具	航空機部品 其の他車輛部品	家庭器具 電気器具 紡績器具
	日鉄工業㈱	4,000 4,000	銑　鉄 鋳　物	銑　鉄 工作及鍛圧機 鋳　物 船舶用プレス機	製粉機鋳物 制輪子 トロッコ用車輪 農耕用物 プレス機用発動機部品
	特殊産業㈱ 伊丹製作所	7,000 7,000	高圧空気喞筒 航空機用部品	製粉機 空気喞筒 缶切器	
	月國工業㈱ 神崎製作所	108,000 54,000		航空発動機	電車車体修理
明　石	日本工具製作㈱	2,000	シャベルスコップ	シャベルスコップ	シャベルスコップ

現況調査（10）（1946年4月1日現在）　　　　　　　　　　　　　（千円，人）

労務状況		転換状況	戦災有無程度	生産阻害事情
戦時中	現在			
3,600 130 3,730	760 65 825	紡績機械製造及修理ノ転換ハ略完了シタルモ別記隘路ノタメ製造約20%修理約90%ナリ	従業員食料問題 輸送難 石炭，コークス等燃料不足 資金調達難	
568 105 673	150 0 150	転換済	被害ナシ	受注額見返ニ依ルル対銀行融資方懇請中 特ニ工場給食復活願ヒタシ
916 221 1,137	101 15 116	20%転換 主要生産品計画中ニシテ 資材部品集荷中ナリ	倉庫一棟全焼 復旧工事実施シオラズ	資材原料ノ調達難 資金調達難 輸送困難 労務者調達難
568 105 673	150 0 150	転換済	ナ　シ	事業資金，特ニ新円不足ニ依ルモノ 労務要員ノ不足 工場給食ノ休止
160 90 250	119 64 183	転換済	本社工場一部罹災 東京工場全焼 大阪工場全焼	事業資金ノ封鎖 燃料不足 食糧不足
144 31 175	375 45 420	転換済	製材工場　全焼 倉庫　1棟全焼	ナ　シ
40 220 260	40 95 135		ナ　シ	資材入手難
926 642 1,568	83 24 107	50%転換	30% 復旧程度　0%	食糧事情ニヨリ工員ノ勤労低下 優秀工員ノ募集難 燃料不足 資材不足（強制買上ノタメ）
250	240	第三工場ハ民需ニ転換	一部罹災	主要資材タル硬鋼板ノ生

会社工場名	公称資本金 払込資本金	主要生産品目（戦前）	主要生産品目（戦時中）	主要生産品目（現在）
第一・第二・第三工場	2,000	農機具 土工具 ツルハシ 木柄 鋼塊	農機具 土工具 航空機部品治具 ツルハシ 木柄 鋼塊	農機具 ツルハシ 土工具 木柄
多木農工具㈱	300 300	シャベルスコップ 人力脱穀機 製縄機 鋤鍬 唐鍬	シャベルスコップ 人力脱穀機 製縄機 農用旋風機	シャベルスコップ 人力脱穀機 製縄機 農用旋風機 鋤鍬 唐鍬
大和製衡㈱	3,000 750	小型自動秤 普通台秤 特殊秤量機 各種試験機	戦前ト同ジ	小型自動秤 普通台秤 特殊秤量機 各種試験機
明石自動車工業㈱	180 180		自動車修理加工	自動車修理加工 各種機械部分品

表付-11　兵庫県・機械器具工場の

地区別	会社工場名	公称資本金 払込資本金	主要生産品目		
			戦　前	戦時中	現　在
明　石	鐘淵工業㈱ 高砂造機工場	324,000 266,120	綿布	F6型ヂーゼル主機械	500馬力3ERS型主機械 同上主復水器 織機修理
	㈱川西機械製作所 大久保工場	38,000 26,750		通信機 真空管 化学薬品 其ノ他	送信用真空管 X線管 超短波応用機器 短中波送受信機
	東亜金属工業㈱ 魚住工場	16,500 16,500	繊維機械	船舶部品 航空機部品	抜根機
	三木重工業㈱	3,000 3,000	車輛並部品 海軍部品	陸軍 車輛並部品 海軍部品 船舶用主機並補機	船舶用部品 農機具 機械修理 ラヂエーター
	㈱神戸製鋼所 大久保工場	700,182 700,182		切削工具類 瓦斯分離装置	切削工具類 瓦斯分離装置 窒素（時価ニ依ル肥料製造用）

100 350	30 270	申請中	復旧作業中	産低下，石炭及コークス入荷皆無 工具類等金融関係ニ依ル入手難等
80 15 95	90 61 151	従来ヨリノ製造品継続中	ナ　シ	適資材入手困難 資材ノ入手時期ノ不適正
299 35 334	98 7 105	100％転換	有　40％被害 木材及硝子不足ノタメ 復旧意ノ如クナラズ	資材入手難 工場土建関係復旧ノ不如意 食糧事情
25 0 25	53 1 54	100％転換	全　焼	資材入手困難 封鎖支払ノタメ

現況調査（11）（1946年4月1日現在）　　　　　　　　　　　　　　　　（千円，人）

労務状況		転換状況	戦災有無程度	生産阻害事情
戦時中	現　在			
544 490 1,034	233 98 331		ナ　シ	技術工員ノ不足
3,402 3,631 7,033	1,000 600 1,600	70％転換済	水害ノタメ機械等ノ被害甚シ 復旧程度　60〜70％	原材料不足 （タングステン，モリブデン） 燃料（石炭）不足 硝子吹込工ノ不足
450 150 600	60 6 66	進捗率100％	魚住工場　建物5％ 仲戸工場　建物設備100％ 復旧率　0％	コークス，カーバイド，酸素等副資材入手難 直接資材入手難 復旧資材入手難
271 57 328	142 9 151	完全転換	ナ　シ	資材不足
1,403 735 2,138	354 94 448	転換操業中	ナ　シ	工具部門ハ素材ノ入手不如意 機械部門ハカーバイド不足 転換用機器ノ不備

㈾大庫機械製作所	186,000 151,000	製肥機 製紙機 紡績機 其ノ他化学工業用機械	発動機分解台 工場用発動機工具 野外用発動機工具 飛行機特殊器具	化学肥料機 紡績機 農機具 和洋家具 製粉機
大和製衡㈱	3,000 750	小型自動秤 普通台秤 特殊秤台機 各種試験機	同　左	小型自動秤 普通台秤 特殊秤台機 各種試験機
東亜金属工業㈱ 土山工場	5,016 5,016	軽合金鍛造品 軽合金鋳造品 工作機械	軽合金鍛造品	円板ハロー 円板犂 小農機 電熱器 電熱線
印南産業㈱	1,200 1,200	バルブコック ボルトナット 一般部品	バルブコック 切換弁 航空機機体金属部品	浄化装置 バルブコック 水道用品 暖房用品
川崎重工業㈱ 二見工場	300,000 150,000	東洋紡績ヨリ紡績業	航空発動機	
振興工業㈱	2,500 2,500	高射砲弾		
鐘淵紡績㈱ 明石造機工場	2,800 2,800	焼球機関 蒸気機関 其ノ他舶用機械	焼球機関 蒸気機関	工場閉鎖
田熊汽罐製造㈱	15,000 15,000	蒸汽罐 つねきち罐 八紘罐	船甲種 つねきち罐 八紘罐	蒸汽罐 つねきち罐 八紘罐 竪型罐
日本造機工業㈱ 古川製作所	10,000 10,000	牽引車 発着兵器		鉄道車輛部品 農耕機
山中電機㈱ 明石工場	2,000 2,000	ラヂオ受信機	通信機	電気製塩目下準備中

102 58 160	58 4 62	100% 転換済	ナ　シ	金融関係ニテ資材入手至難
299 35 334	98 7 105	100% 転換済	被害程度　40% 資材入手難ニテ復旧意ノ如くナラズ	資材入手難 工場土建関係復旧ノ不如意 食糧事情
471 363 834	443 31 474		被害　40% 復旧　70%	副資材入手難 直接資材（薄鉄板，亜鋼）入手難 工場復旧建設資材入手難
500 120 620	30 0 30		神戸市内外浜工場 加古川工場全焼	資材入手難 燃料入手難
3,804 412 4,216	13 0 13	東洋紡績ニ工場返還ノタメ転換セズ		
750 280 1,030		専用設備ニ付転換出来ズ目下休止中		
1,200 40 1,240	394 9 403	100% 転換済	尼崎工場　被害100% 播磨工場　ナ　シ 神戸工場　100%	電圧ノ低下 コークス，油類等副資材ノ不足 輸送ノ渋滞
216 112 328	272 15 287	100% 転換済		コークス石炭 其ノ他副資材ノ入手困難 熟練工不足
27 33 60		70% 転換済	工場一部戦災 復旧程度　80%	

表付-12　兵庫県・機械器具工場の

地区別	会社工場名	公称資本金 払込資本金	主要生産品目		
			戦　前	戦時中	現　在
姫　路	日本電研工業㈱ 飾磨工場	300 300	電動機 変圧器 電気器具製作	電動機 変圧器 航空機用電気部品 特攻兵器部品	電動機 変圧器 其ノ他電導工具 電熱器具
	㈱神戸鋳鉄所 播磨工場	3,500 3,500	鋳型並定盤	鋳型並定盤	鋳型並定盤 車輛用鋳物
	㈱國栄機械 製作所	1,500 1,500	船舶用補機類	商船用3ERS型500馬力 ピストン主機械	商船用3ERS型500馬力 ピストン主機械
	川西航空機㈱ 姫路製作所	60,000 37,500		局地戦闘機	金属家庭用品 自動車修理
	河部農機㈱	550 550	脱穀機 中耕除草器 毛羽取器	舟艇部品 火砲部品	脱穀機 粗砕機 農用車 粉砕機
	㈱山本鉄工所	800 800	船舶用諸機械及部分品 製紙用諸機械及部分品 紡績用諸機械及部分品 醸造用諸機械及部分品	船舶用諸機械及部分品 舟艇用部分品	万能粉砕機 押麦ロール機 各種製材機
	青木鉄工所	800 800	船舶部品 土木建築 橋架瓦斯 鉄　塔	軍, 商, 船舶内火機部品	船舶部品 農用機械器具
	家島内燃機㈲	114.5 114.5	舶用内燃機関製作修理	舶用内燃機関製作修理	舶用内燃機関製作修理
	山本電機工業㈱	120 120	船舶用発電機 〃配電盤	船舶用特殊スイッチ 電機部品加工 船用発電機 〃配電盤	電動機修理 トランス修理 無線機修理 船舶用発電機 〃配電盤 電機部品加工
	㈱尾上機械 製作所	500 500	製塩用諸機械	製塩用諸機械	製塩用諸機械

現況調査（12）（1946年4月1日現在） (千円, 人)

労務状況		転換状況	戦災有無程度	生産阻害事情
戦時中	現在			
40 32 72	90 48 138	尼崎工場設備中ニシテ 未ダ進捗程度20%	ナシ	資金調達ノ不円滑 資材入手難
640 160 800	169 22 191	戦時中ト何ラ変化ナシ	ナシ	コークス不足
198 99 297	120 14 134	該当セズ	建物　60% 機械　40% 現在疎開工場ノ生産 機能ヲ主体トシ復興 設備ノ拡充中	事業資金不円滑 生産設備ノ跛行的不備 資材所要量ノ不足 熟練工ノ払底
1,431	250	進捗程度　40%	全焼	保守ノ指令ヲ受ケ工作機械 ノ移動使用ヲナシエズ
503 288 791	438 56 494	戦前ヨリ農機具ノ製作ニ 従事セシタメ転換ノ要ナシ	ナシ	資材入手困難 輸送困難
132 19 151	67 0 67	100%転換	本社工場全焼	主材料の入手難 熔解用ノコークスノ入手難 カーバイド入手難 マシン油等入手困難ニシテ 機械運転不能
150 10 160	46 2 48	50%進捗		燃料不足 材料不足
10 0 10	24 0 24			電動力, 燃料, 食糧, 作業衣不足
110 16 126	47 5 52		全焼 復旧程度　三棟ノ内 二棟竣工ス	資金不足 資材入手難 （新円払ノタメ）
69 2 71	80 0 80		ナシ	職工主食ノ欠乏 （特ニ労務者加給米ノ欠如） 材料購入ニ際シテ現金不足

会社工場名	公称資本金 払込資本金			
東京芝浦電気㈱ 網干工場	622,000 466,500		直流発動機 配電盤 電気炉 溶接機 磁気選別機	開閉器 家庭用電熱器 農工用誘導電動機 電車モーター 足踏機
日本機械製鎖㈱ 播磨工場	1,500 1,500	錨鎖付属品	錨鎖付属品	農機具
シエアリー 産業㈱	4,500 4,500	冷凍器	海軍用爆弾	
㈱神戸製鉄所 播磨工場	350 350	鋳 型 定 盤	定 盤	鋳 型 定 盤
㈱播磨造船所 (松浦工場ヲ 含ム)	6,000 3,750	新造艦船 修繕艦船 其ノ他 主機補機 缶, 其ノ他	新造艦船 修繕艦船 其ノ他 主機補機 缶, 其ノ他	新造船 修繕船 其ノ他

表付-13　兵庫県・機械器具工場の

地区別	会社工場名	公称資本金 払込資本金	主要生産品目		
			戦　前	戦時中	現　在
豊　岡	豊岡重工業 ㈱	198 198		舞鶴工廠受註品	大阪鉄道局ブレーキ シュート車輛部品 鋤先及一般農具 魚吊リ重リ一般漁具
	郡是工業㈱ 養父工場	23,667 23,667	生　糸 副蚕糸	木製航空機補助翼	製糸機械 家具類
	郡是工業㈱ 八鹿工場	23,667 23,667	生　糸	航空機部品	製糸機械部品 鍋 フライ鍋 洗面器 弁当箱
	八鹿鉄工㈲	90 90	小農器具 (鍬其ノ他)	呉海軍工廠電気部 分品	小農器具 (鍬, 備中其ノ他)
	但馬鉄工㈱	1,980 1,980	各種機械器具 製作組立修理	発動機分解台及ビ 航空機部品	農器具 (鋤, 鍬, 脱穀機, 除草機等)

労務状況		転換状況	戦災有無程度	生産阻害事情
1,501 1,014 2,515	1,483 158 1,641			資材，燃料ノ不足 適応機械ノ不足 熟練工員ノ不足 資金関係
130 15 145	68 8 76	転換中		特殊鋼ノ不足 副資材及石炭ノ不足
2,457 217 2,674	30 0 30	昨年9月米軍ニ接収サレ土地建物全部失ヒタリ依而旧大阪陸軍造兵廠白浜製造所ニ於テ民需転換スベク申請中	左ノ通リナレバ記入スベキ事項ナシ	
640 160 800	175 31 206	戦時中ト設備ソノ他変化ナシ	ナ シ	コークス不正ノ為
19,482 1,233 20,715	3,556 292 3,848	松浦工場ハ戦時中商船ヲ建造セシモ目下薄鋼板製品，製釘，製鋲，農機具，鉄骨橋等ノ製造ニ転換中	被害程度　10%	主要資材，補助材料等ノ不足 主食，副食物ノ不足

現況調査（13）（1946年4月1日現在）

（千円，人）

労務状況		転換状況	戦災有無程度	生産阻害事情
戦時中	現在			
30 9 39	33 3 36	100％ 転換済	ナ シ	コークス入手難
90 320 410	75 200 275	100％ 転換済	ナ シ	資材不足 主食配給ナキタメ
663 1,292 1,955	99 92 191	設備機械ニ依ル転換率 65％	ナ シ	粗材入手難
53 21 74	49 5 54		ナ シ	燃料不足 副資材中ベルト不足
70 9	66 2	100％ 転換済	ナ シ	金融措置令ニヨル事業資金払出難並諸物資購入難

					船舶部品	各種機械器具製作組立修理
	但馬造船㈲ 津居山工場	196 196			標準型計画木造船	漁業用発動機船並農業用小舟艇
	武田化工機器製作所	850 500	耐酸耐熱特殊機器 和飲食器		陶製手榴弾 耐酸耐熱化学磁器 丼	電気用器具 配線器具 和飲食器
西　脇	東播鉄工㈱	198 198			航空機 整備兵器	農機具 家庭用品 一般機器 修理加工
	播磨工業㈱	180 180			計器部品 発動機部品	家庭器物 農機具 池上コクネトー
	東洋電機㈱ 石生工場	2,000 2,000	絹織物		1943年12月迄絹織物 44年1月ヨリ特殊電磁開閉器	
	㈱大島製作所	198 198	教練銃 木　銃 銃　剣		BA底板 機関銃部品	ベルトハンマー 研子機
	川崎航空機工業㈱ 北條工場 （播州歯車製作所）	300,000 300,000	秋田製織会社ニ依リ織布業		航空発動機用歯車	紡織機用歯車 自動車用歯車 機関車用歯車 漁船用歯車 農機具用歯車 一般機械用修理歯車
	大興通信機㈱ 社工場	198 198	鉄道保安装置及部品 電話機交換機及部品 有線無線通信機及部品		船舶無線通信機及部品 電波器箱体及部分品	鉄道用通信機保安装置及部品 通信機及部品 建築用戸車其ノ他生活必需金物

79	68			薄鋼板入手難
				カーバイド入手難
				資材輸送難
56	32		ナ シ	食糧事情ノ逼迫ニ依リ農
2	0			漁等或程度ノ自給自足ヲ
58	32			目シ欠勤者続出
				尚長時間ノ作業ニ耐エズ能率
				低下
45				封鎖現金入手不可能
18				地方銀行支店ノ行キスギ
63				措置
90	55			事業資金ノ不円滑
30	0			資材ノ入手難
120	55			外註品部品入手難
33	36	100% 転換済	ナ シ	主資材及ビ副資材入手
14	12			困難ノタメ生産稍ヤ不充分
47	48			ナル傾向アリ
20	40	完 了	ナ シ	材料入手ルートノ不明
96	12			資金難
116	52			鋳物工場（下請）ノ怠業
24	26	転換進捗中ナルモ所要資材	ナ シ	資材及副資材ノ入手困難
24	7	入手困難ナルタメ 100% 操		ナリ及資金現金化出来ザル
48	33	業ニ至ラズ		タメ生産阻害ス
2,020	69	転換ニ許可セラレタル機械	ナ シ	各種油類及燃料入手至難
504	4	設備ハ 90% 整備完了セリ		住宅ノ不足
2,524	73			
215	63	100% 運転中	大阪本社工場戦災ニヨリ	主要資材ノ入手不能ノ為ニ
186	11		全焼	二ヶ月後ノ操業見込ナシ
401	74			副資材ノ入手不能
				労務者不足

表付-14 兵庫県・機械器具工場の

地区別	会社工場名	公称資本金 払込資本金	主要生産品目		
			戦　前	戦時中	現　在
西　脇	山陽利器㈱	1,500 1,500	播州鎌 機械鉋 皮革ナイフ	播州鎌	播州鎌 機械鉋 皮革ナイフ
	田中栄吉製作所 金星工場		各種鉋 剪定鋏 木　鋏 池の坊鋏 丁　鍬	鉋	剪定鋏 木　鋏 池の坊鋏 鉋 丁　鍬
	東洋電気㈱ 成松工場	2,000 2,000		配電盤 変圧器 箱開閉器	電気コンロ 電気アイロン 二易スイッチ 刃型開閉器
	藤井鉄工所	200 200	紡績機装置製作	船舶用内燃機部品 航空機部品	自転車部品 自動車部品
	丹波産業㈱	400 400		建設中	粉砕機 脱穀機 押麦機 運搬車
	帝国精密工業㈱ 野村工場	5,000 5,000	ナ　シ	中島歯車筐 手動歯車筐	紡績機械部品 工作機械部品
洲　本	淡路産業㈱	2,000 2,000		航空兵器 其ノ他兵器	紡績機械 農器具 精米機 家庭用品
	淡路製釦㈱	180 180	支那ドブ貝	木　釦 椰子釦 貝　釦	木　釦 椰子釦 貝　釦
	三和製作所		工業用ミシン部品	工業用ミシン部品	工業用ミシン部品
	日本喞筒製造所	180 180	電動ポンプ 電動機修理	発電機械	汎用電動ポンプ 精米機 農機具
	九添工業㈱ 洲本工場	160 160	電気配線器具	電気配線器具	電気配線器具

現況調査（14）（1946年4月1日現在）　　　　　　　　　　　　　　　　　　（千円，人）

労務状況		転換状況	戦災有無程度	生産阻害事情
戦時中	現在			
1,257	1,730	転換率　80%	ナシ	主要資材及副資材ノ
298	119			入手困難
1,555	1,849			
45	40			
20	20			
65	60			
174	134			資材入手難
851	95			外註部品ノ加工遅延
1,025	229			輸送難
15	15	転換程度　50%	ナシ	食糧事情
0	0			燃料
15	15			潤滑油，切削油
59	111		全焼	食糧問題
65	24		復旧見込ナシ	金融問題
124	135			資材入手難
				住宅難
235	166	生産程度　65%	戦災ヲ蒙ラズ	資材副資材ノ入手困難
60	10			
295	176			
321	170		ナシ	食糧不足ニ依ル工員吸収難
215	6			資材配給ノ正規ルート
536	176			確立ナキコト
67	57	転換済	ナシ	高級資材主貝（南洋沖縄産）
230	176			ドブ貝等輸送関係ニテ入手
297	233			困難
47	15			
23	5			
70	20			
	85	転換率　80%	ナシ	コークスノ不足
	3			
	88			
70	46		本社ハ全焼セルモ工場ハ	
150	61		異状ナシ	
220	107			

第3章

大阪府総合科学技術委員会の活動
―― 1940年代後半・50年代 ――

❖ はじめに

1947年9月に大阪府産業再建推進本部の外郭機関として大阪府総合科学技術委員会が設置された。同委員会は学識経験者約40名をもって構成され、同委員会の下には産官学の科学技術者約20～30名からなる専門部会が設置された[1]。

戦時期には戦争遂行のためにさまざまな共同研究の場が設けられたが[2]、大阪府総合科学技術委員会は大阪府が主導して戦後復興のために設けた共同研究組織であり、専門部会では個別テーマに関して民間企業、国立研究所、公設試験研究機関、大学などの科学技術者が実践的な共同研究を展開し、大きな成果を上げた。研究開発をめぐる資源制約が厳しい戦時期、戦後復興期において産官学連携の共同研究はそうした制約を乗り越えるための重要な手法として注目されたが、大阪府総合科学技術委員会は大阪という地域における共同研究を体現する組織であった。

戦後改革期における財閥解体の影響もあって、戦後復興の担い手として中小企業が注目され、連合国軍最高司令官総司令部（GHQ/SCAP）も中小企業振興を鼓舞していた。こうしたなかで技術的基盤の弱い中小企業の限界を産官学連携にもとづく共同研究によって突破しようという試みとして、大阪府総合科学技術委員会は中小企業からも大いに期待された。民間部門、とくに中小企業における資源制約を克服するために設置された大阪府総合科学技術委員会は活発な活動を展開した。本章では戦後復興期を中心として同委員会の軌跡を追跡し、

戦後中小企業政策の特質を考察する。

1. 大阪府総合科学技術委員会の設置

本節においては，大阪府工業奨励館[3] 研究科長の石田制一が大阪府当局に強く働きかけた結果，赤間文三知事，大塚兼紀副知事，佐枝新一商工部長らの賛同を得て[4]，1947年9月に大阪府産業再建推進本部の外郭機関として大阪府総合科学技術委員会（以下，科学技術委員会と略記）が設置されたことをみてみよう。

この委員会の設立に先立って，石田は1946年10月に「大阪府総合科学技術振興委員会（仮称）設置の必要性に就て」と題する文書を関係者に配布した。本文書のなかで石田は「財閥の解体賠償等によって，我が国の工業力，経済力は貧弱となり，戦前の様な方法によって工業立国策は全く不可能で，殊に再建が我が国に許された中小工業によるとすれば，従来の様な中小工業では決して我が国の再建は覚束ない」とした上で，中小工業の技術向上のために「大阪府総合科学技術振興委員会（仮称）の設置を主張したい。これは敗戦後弱体化し各層に散在する僅少な研究陣，教育陣を有機的に総合結合し，研究の無駄を省き，各研究成果の速かな交流を図り，産業の能率を向上し，生産を強化し，以て中小工業の弱点を補い，諸外国の研究陣に対抗する」ものであるとした。さらに石田は「戦時中この種のものは文部省，陸，海軍省に於いて行われたが，戦争目的のためのものであり，いわゆる東京中心主義であり，京阪の技術者でありながら京阪の工業を省みなかったというような京阪の工業の為には感心しない処が多かった」として，戦時中の軍官産学共同研究とこれからの中小企業育成のための産官学連携にもとづく共同研究の違いを強調した[5]。

以上のように科学技術委員会の目的は大阪府の諸工業，とくに中小企業の戦後復興を技術面から支援することであり，事務局は大阪府工業奨励館が担当した。予算額からみても，科学技術委員会の運営は大阪府工業奨励館の最重要業務であった[6]。

科学技術委員会の初代委員長に就任したのは元大阪帝国大学総長の真島利行であり，大阪府工業奨励館の三戸文男館長代理（のちに次長）が1947年から58年まで事務局長を務めた[7]。50年3月に同工業奨励館に企画課が設置されると，同課員が事務局職員を兼務した[8]。常任委員会で決定された専門部会（の

ちに専門委員会と改称)の部会長就任懇請に際して,真島は必ず自らが動き,専門部会の円滑な設置に貢献した。

科学技術委員会は各官公私立研究所および委員会に関係ある官公衙職員(甲種委員)と各専門技術者団体および各産業団体から選出された者(乙種委員)から構成された[9]。同委員会の下に専門部会が設置され,委員会の具体的な活動は専門部会が担った。

表3-1にあるように1947年設置の研磨専門部会から62年設置の「急速変形の工業的応用」専門部会までで設置された専門部会は62部会を数え,延べ約2000人の委員が参加した[10]。また設立当初の科学技術委員会では「当時の委員というものは手べん当で(笑),おそらく代償を求めるなんて委員はいなかったのではないかと思います」[11]といった状況から開始された。

2. 大阪府総合科学技術委員会の活動

科学技術委員会は,「中小工業の分野に大学か,研究所の研究者の手持ちの技術を投入して,速急に生産に役立てようとしたねらいがよかった」[12]と称されるような実践的な活動を続けた。「学界の方々はともかくとして,会社の方々もよく出てこられ,資料を出したり全く犠牲をはらっていただきました」[13],「一つの委員会(専門部会——引用者注)には10万もない予算でしたが,何十万円もするものを寄付して下さったりしていただきました」[14]といった発言からうかがえるように産官学連携の共同研究では,参加した民間企業からの人的・資金的援助が大きな役割を果たした。

戦後復興期には繊維・雑貨製品の輸出振興がもっとも重要視されており,科学技術委員会でも主要原材料の統制下にあって製品品質の向上に資する研究が優先された。その後,朝鮮戦争ブームを経て重化学工業品の生産拡大が展望できるようになると,家電を中心とした弱電製品の研究開発も急がれるようになり,科学技術委員会の研究テーマもシフトしていった[15]。

3. 専門部会の活動

(1) 人造真珠

第1次世界大戦期にヨーロッパ製品の代替品としてアメリカ市場に進出した

表 3-1　大阪府総合科学

部　会　名	期　間	専門部会長
研　磨	47～49年	大阪大学産業科学研究所長　青　　武雄
鋳　物	47～49	山川プレス工業㈱会長　田辺　友次郎
薬粧品	47～49	㈱中山大陽堂専務　福井　達郎
人造真珠	47～49	元大阪市立工業研究所長　高岡　斉
合　板	47～49	大阪大学教授　熊谷　三郎
鉛　筆	47～53	大阪工業試験所長　市瀬　元吉
熱処理	47～53	大阪大学教授　多賀谷　正義
針	47～49	〃　　　上田　太郎
木　管	48～51	京都大学木材研究所長　梶井　茂
塗　装	48～53	総合塗装文化研究所長　大島　重義
硝　子	48～52	徳永硝子㈱研究所長　中西　健治
油　脂	49	大阪府立工業奨励館長　佐藤　正典
織機機械	49～52	大阪市立大学教授　吉本　源之助
銑鉄鋳物改善	50	山川プレス工業㈱会長　田辺　友次郎
セルロイドの加工および研磨	50～51	大阪大学教授　青　武雄
自動車用電装品	50～52	大阪大学教授　山口　次郎
真珠様人造箔	50	元大阪市立工業研究所長　高岡　斉
木工品電気処理	50～51	大阪大学教授　熊谷　三郎
鋼線改善	50～51	〃　　　上田　太郎
繊維油剤	50～51	大阪府立工業奨励館長　佐藤　正典
貝　釦	51～52	元大阪市立工業研究所長　高岡　斉
鍍　金	51～59	大阪府立大学教授　石田　武男
高速台車振動防止	51～53	京都大学教授　国井　修二郎
高周波熱処理	51～54	〃　　　西村　秀雄
動力計測装置改善	51～52	大阪府立大学教授　西山　卯二郎
伸　線	52	大阪大学教授　上田　太郎
騒音防止	52～54	大阪市立衛生研究所　庄司　光
新耐火物の試験とその利用	52～54	大阪大学教授　青　武雄
テレビジョン部品	52～54	〃　　　熊谷　三郎
ワイヤロープ抽伸	53	〃　　　上田　太郎
小型高速内燃機関	53～54	大阪府立大学教授　西山　卯二郎

［出所］「大阪府総合科学技術委員会のあらまし」(『工業の進歩』1963年1月号)　号) 34-35頁。

人造真珠は内需を欠く, まったくの輸出専業雑貨品であった[16]。人造真珠業界は硝子生地業者, 原玉製造業者, 原玉ブローカー, 塗装仕上業者から構成された[17]。硝子生地業者は大阪府下泉北郡信太村付近に集中し, 原玉製造は農家副業として行われ, 1950年代半ばで原玉製造従事者(原玉職人)は約6000人ともいわれた。原玉職人と塗装仕上業者との間には原玉ブローカーが介在し, 50年代半ばにはその数約200人ともいわれた。1塗装仕上業者には2, 3人の原

技術委員会・専門部会一覧（1947～62年）

部会名	期間	専門部会長
目鏡レンズ	54～55年	近畿大学教授　中西　健治
作業工具	54～55	大阪府立工業奨励館　高瀬　孝夫
炉気制禦	54～55	大阪大学教授　足立　彰
鋳鉄用塗装剤	54～57	大洋鋳機㈱常務取締役　武内　武夫
カントメータ	54～55	大阪大学教授　渡瀬　武男
工作機械	54～55	〃　津枝　正介
真空蒸着	54～57	〃　田中　晋輔
高周波蠟付	55～56	京都大学教授　西村　秀雄
アランダムおよびカーボランダム系耐火物	55～57	大阪大学教授　青　武雄
魔法瓶	55～58	〃　田中　晋輔
簾	55～56	元大阪市立工業研究所長　高岡　斉
シリンダライナ	55～58	日立造船㈱取締役　岡村　正家
合成樹脂軸受	55～56	立命館大学教授　杉本　豊
工作機械性能改善	56～58	大阪大学教授　津枝　正介
小型電動機	56～58	〃　山口　次郎
ガス鋳型	57～58	京都大学教授　森田　志郎
溶射	57～58	大阪大学教授　多賀谷　正義
真空冶金	57～59	京都大学名誉教授　西村　秀雄
工作機械装備機器	58～59	大阪大学教授　田中　義信
トランジスタの工業的応用	59～60	〃　山口　次郎
蛍光染料	59～60	大阪府立大学教授　小西　謙三
発動機消音器	59～60	大阪大学教授　竹内　竜一
歯車の騒音防止	60～61	〃　田中　義信
タップの熱処理改善	60～61	京都大学名誉教授　西村　秀雄
自溶ニッケル合金溶射	60～61	大阪大学教授　多賀谷　正義
繊維および可燃物の静電気除去	61～62	桜井　良文
高バナジウム鋼研削	61～62	大阪大学助教授　津和　秀夫
絞り加工油	61～62	大阪市立大学教授　古市　亮蔵
切削工具の表面処理	62～63	京都大学名誉教授　西村　秀雄
電子薄膜部品	62～63	大阪大学教授　菅田　栄治
急速変形の工業的応用	62～63	大阪府立大学教授　西山卯二郎

44-45頁，「大阪府総合科学技術委員会専門委員会・専門部会の変遷」（同上誌，1967年3月

　玉ブローカーがおり，原玉ブローカーは20～30人の原玉職人を動かしていると評された。生産組織の要に位置する塗装仕上業者数は49年に23人，56年に73（うち大阪府下60人），60・61年に100人を超えた[18]。

　1946年度の人造真珠連の輸出は7万本，100万円であったのが，49年度には956万本，3億570万円と急増したものの，アメリカ製品と比較して技術的課題が多く，そうした問題を解決するために47年に人造真珠専門部会（高岡

斉専門部会長）が設置され，48年4月から研究を開始した[19]。また専門部会委員は通産大臣から日本工業標準調査会委員を委嘱され，輸出検査規格の制定に協力した。

人造真珠の乾燥方法は炭火，練炭，電熱，蒸気などがあり，小規模メーカーは炭火，練炭を使用し，大中メーカーは蒸気乾燥を採用していた。また電熱は一部7色真珠の乾燥に限られ，一般人造真珠には使われていなかった[20]。こうしたなかで，専門部会は赤外線乾燥方法の採用を慫慂した。

その他にも専門部会では，①ガラス原核のアルカリ溶出量について研究を行い，製品の老化変色防止に役立てた，②真珠色塗料，真珠色効果の研究により塗料溶剤を改善した，③魚鱗虹胞の組成形状を明らかにしてパール・エッセンスの精製法を確立し，合成パール・エッセンス製造研究の端緒を開いた，④非金属薄膜形成による虹彩色効果の研究により，天然に近い真珠色の発現を試みる，といった研究成果を挙げた[21]。

1953年の人造真珠の輸出額は18億5000万円に増加し，大阪府はその78%を占めた。仕向地はアメリカが全体の85%を占め，次に香港，カナダなどが続いた[22]。

(2) 鉛　筆

ドイツ製に匹敵する品質の鉛筆を開発し，戦後停滞していた鉛筆輸出の振興を図ることが，本専門部会設置の狙いであった[23]。本専門部会には大阪大学理学部仁田研究室，京都大学化学研究所，同木材研究所，同工学部化学機械科教室，工業技術院大阪工業試験所，大阪市立工業研究所，大阪府工業奨励館などの科学技術者が集まり[24]，延べ7年に渡る研究の成果は世界的にも高く評価されるものであった。まず削りやすく書き心地のよい鉛筆の科学的条件を知るために芯の物理的性質などに関する基礎研究が進められ，その結果，書き味，彎曲度などに関する試験機が考案され，これらはJIS規格に活用された。また塗料に関してはシゴキ塗料装置に適した高粘度，ハイソリッド，速乾性の塗料などの研究が進められ，鉛筆用塗料の標準配合が決定された。研究期間中には研究成果を活用した"Osaka pencil"が試作されたものの，経営的に弱体だった大阪のメーカーはこれを商品化できず，研究成果のすべてが東京の有力メーカー製品の品質向上に寄与したといわれた。

大阪府工業奨励館での取組みも早く，1949年度には①芯押出用ダイスの研

究，②芯の材料に関する実験，③黒さの光学的測定などが行われた。芯押出用ダイスの研究では，従来の水晶製ダイスは耐久力が悪いため，これに代わるものとしてタングステン・カーバイド製，人造サファイア製ダイスが作成された[25]。

(3) 熱処理

表3-1にあるように熱処理専門委員会は1947年度から53年度まで活動しており，専門委員会の構成は表3-2の通りであった。戦後の混乱期には，材料の混入が激しく，工場では特殊鋼，炭素鋼，肌焼鋼などの仕分けをすることが当然といった状態であったため，熱処理専門委員会では織機，ミシン，自転車などの工場に対して材料の簡易識別法の実施を提唱し，数回にわたって講習会を行った。また熱処理資材も不足していたため，木炭の代わりに亜炭を用いて滲炭する方法が生み出された[26]。

その後，高周波焼入れ，ガス滲炭，無酸化熱処理などの新技術の実用化が進んだため，1951年に熱処理専門委員会から高周波熱処理専門部会[27]が独立し，さらに同専門部会から54年に炉気制禦専門部会が独立した。

(4) 塗　装

1948年から53年まで続いた塗装専門部会は，当初，鉛筆専門部会の研究課題のうち鉛筆塗装方法の改良に協力することから活動を開始した。同専門部会

表3-2　熱処理専門委員会の構成（1951年）

区　分	氏　名	所属・職名
委員長	多賀谷　正義	大阪大学・教授
委員	茨木　正雄	〃
〃	林　守雄	発動機製造㈱
〃	落合　健	三菱電機㈱
〃	岡本　五郎	大阪府工業奨励館
〃	若本　洋之助	〃
〃	川本　良吉	昭和精機㈱
〃	川崎　貢	東洋金属熱錬工業所
〃	高瀬　孝夫	大阪府工業奨励館
〃	高尾　善一郎	㈱神戸製鋼所
〃	谷口　悟	発動機製造㈱
〃	田中　四郎	大阪熱工㈱
〃	土屋　謙二	日本スピンドル製造㈱
〃	筒井　信市	東洋金属熱錬工業所
〃	那部　良二	明和自動車工業製作所
〃	上田　太郎	大阪大学・教授
〃	釘町　義雄	日本熱錬工業㈱
〃	山本　信公	新扶桑金属工業㈱
〃	前川　良雄	光洋精工㈱
〃	小柴　定雄	日立製鋼㈱
〃	寺内　要	大阪冶金工業㈱
〃	足立　彰	大阪大学・助教授
〃	荒木　透	大阪特殊製鋼
〃	安藤　四郎	鐘淵機械工業㈱
〃	斎藤　省三	浪速大学・教授
〃	坂口　亮三郎	大阪府工業奨励館
〃	岸本　浩	岸本金属研究所
〃	水馬　克久	高周波熱錬㈱
〃	柴田　貞吉	旭精工㈱
〃	日置　一作	東洋ベアリング製造㈱

［出所］　大阪府総合科学技術委員会『熱処理専門委員会研究報告（第2報）』1951年9月，見返し。

には総合塗装文化研究所長の大島重義を部会長に，大阪府工業奨励館次長の三戸文男，塗装課の高見九蔵，成川誠一郎を中心として，川上塗料，大信ペイント，東亜ペイント，関西ペイント，日本ペイント，日本油脂，神東塗料，大橋化学工業，大日本塗料の技術者が参加した[28]。専門部会委員は生産工場の現場を見学して実情を調査し，改良審議の上試作塗料を持ち寄り，大阪府工業奨励館塗装課において塗装方法，工程基準を定め，生産工場で実際に塗装を行い，その結果をみてさらに改良を行うプロセスを重ねた。

塗装専門部会が取り扱った対象は，鉛筆，歯科医療器械，注射器目盛，ミシン，紡績木管，毛糸紡績用紙管，クロム鍍金表面の防錆用透明塗装，亜鉛鍍金鉄板，自転車，真空蒸着用塗料，耐湿性真空蒸着用塗料，洋傘骨の銀色塗装，輸出用ミシンテーブルなど多岐に渡った。たとえば輸出用ミシンテーブルの検査は通産省工業品検査所の委嘱を受けて名古屋以西は大阪府工業奨励館が担当したが，大阪府下の製品には塗装面での欠陥が多く，その改良についてミシンテーブル工業会から専門部会に研究依頼があった。それを受けて大阪府下の大阪テーブル，光洋木工，浜松の日本楽器，名古屋の日本ミシン製造（1962年にブラザー工業に社名変更），愛知工業（「トヨタミシン」を販売）などを実地調査した結果，下塗塗料，目止剤の欠陥が判明した。専門部会は数回に渡って試作品を提供し，大阪府工業奨励館および大阪テーブルでの実地試験によって，最終的には標準塗装工程を作成して研究を終了した。

鉛筆の塗装の場合，日本ペイント，関西ペイント，東亜ペイントの3社5種の下地塗料を使って，プラトン鉛筆工場において鉛筆業者，塗料製造業者，専門部会委員立ち会いの下で実地塗料試験が行われ，意見が交わされた[29]。

歯科医療器械の塗装については，高温多湿の赤道圏諸国への輸出品に塗膜の粘着性が生じないようにするための研究が大阪府工業奨励館で行われた。そのための対策が確立されたものの，日東歯科器械工場，福井工機工場が倒産したため，新しい塗料を実地に使用する機会はなかった[30]。

(5) 鍍　　金

鍍金専門部会は1951年4月に設置され，59年まで続いた（表3-1参照）[31]。1956年時点の専門委員会の構成員は表3-3の通りである。占領下にあった当時軍需用物資の使用には厳しい使用制限が課せられており，朝鮮戦争の影響を受けてメッキ業界では主要資材であるニッケルの使用制限令が適用されていた。

そうしたなかで，ニッケル・メッキに代わるメッキが強く求められていたのである。

大阪鍍金工業協同組合理事の佐藤仙十郎（佐藤仙十郎工業所）と伊藤宗太郎（ナショナル鍍金）は大阪府工業奨励館に三戸文男次長を訪ね，専門部会の設置を要望した。当初の委員は大学，研究所の研究者，組合理事，自転車関係技術者など少数であったが，その後は箱根以西の主なメッキ研究者，業者が委員となった。鍍金専門委員会の構成員の拡大は表3-3からも，うかがえる。京都，兵庫，岐阜，愛知，名古屋，静岡，岡山，広島，福岡の公設試験研究機関の研究者が多数参加しており，鍍金専門委員会は正しく「箱根以西」の関係者の集まりに成長した。

専門委員会発足の当初の目標がニッケル代用のクロム下地メッキの開発であったため，第1目標として青化銅メッキ（とくに高温で使用する高能率の青化銅メッキ）を設定し，研究を開始した。その結果，液中の不純物によるピットの発生の防止，メッキ面のざらつき対策などの技術課題が解決されていった。「この時代は実験室で考案された事項は部会で発表されると直ちに工場実験に移され，その

表3-3 鍍金専門委員会の構成（1956年）

区　分	氏　名	所　属
委員長	石田　武男	大阪府立大学工学部
委員	桑　義彦	〃
〃	小西　三郎	〃
〃	西　朋太	京都大学工学部
〃	日根　文男	〃
〃	川崎　元雄	大阪府立工業奨励館
〃	福塚　敏夫	〃
〃	大形　昌平	〃
〃	水田　和男	〃
〃	野田　保夫	大阪市立工業研究所
〃	中川　融	〃
〃	鏡島　正円	〃
〃	長浜　頼之	〃
〃	吉野　弘	大阪造幣局
〃	友野　理平	京都府立機械工業指導所
〃	谷口　清水	兵庫県中央工業試験所
〃	土肥　信康	兵庫県中央工業試験所
〃	宮永　喜一郎	兵庫県機械金属試験場
〃	船橋　渡	工業技術院名古屋工業技術試験所
〃	林　禎一	〃
〃	伊藤　禎一	〃
〃	原田　直忠	名古屋市立工業研究所
〃	渡辺　泰光	岐阜県金属試験場
〃	兼松　弘	愛知県工業指導所
〃	丸山　謙次	静岡県静岡工業試験場
〃	岡田　武	福岡県金属試験場
〃	東　正十郎	広島県立呉工業試験場
〃	尾枝　清治郎	大阪市立工芸高等学校
〃	高杉　和夫	岡山県立倉敷工業高等学校
〃	桑原　哲	堺市役所商工課
〃	伊藤　宗太郎	ナショナル鍍金㈱
〃	緒方　正明	緒方鍍金工業㈱
〃	佐藤　仙十郎	㈱佐藤仙十郎工業所
〃	上村　広士	㈱上村長兵衛商店
〃	武田　泰	米田電鍍薬品㈱
〃	高津　栄二郎	㈱大洋工作所
〃	大曲　誠治	㈱高木鉄工所
〃	鮫島　壮太	三菱電機㈱伊丹製作所
〃	塩谷　貞男	村田産業㈱
〃	金子　健児	三井金属鉱業㈱
〃	伊藤　安太郎	伊藤鍍金工業㈱
〃	柄沢　恭朗	住友金属鉱山㈱

［出所］　大阪府総合科学技術委員会『鍍金専門委員会研究報告（第3報）』1956年11月，2-3頁。

成否はまた翌月の部会で発表されるという具合に産学協同がきわめて見事に行われ，短期間のうちに青化銅メッキの工業化は実施された」[32]。従来のクロム鍍金の場合，素材に対してニッケル・メッキ→銅メッキ→ニッケル・メッキ→研磨→クロム・メッキの各工程を必要としたが，青化銅メッキではニッケル・メッキを省略することができたのである[33]。

　メッキ業界では大阪鍍金工業協同組合が1947年1月に設立され，組合員の2世たちによって鍍友会が結成された。同会の活動が組合に刺激を与え，48年7月に組合の別働隊として鍍金技術研究会が組織され，技術講習会などを開催した。青化銅メッキの分野では京都府立機械工業指導所において52年に光沢青化銅メッキが発明され，光沢メッキ技術の向上に取り組んでいた業者にいち早く取り入れられた[34]。51年の鍍金専門部会の設置は，こうした業者間の活動を踏まえて実現したものであった。

　鍍金専門部会ではメッキ用薬品，表面活性剤の応用，活性炭処理，浴の空気攪拌，不純物の電解除去，隔膜の使用，浴の加熱と保温などが検討され，これらの技術はニッケル，亜鉛，クロム・メッキの改善にも適用された。専門部会の活動は「今日の近代的な科学的管理に基づくメッキ法の基礎をつくった」[35]と高く評価された。

　大阪鍍金工業協同組合の緒方正明（緒方鍍金工業）によると，「大阪府というよりは，箱根以西の優秀な研究者が，石田武男先生を中心にして，この部会に協力された」，「一般業者は，既に専門部会の設けられた当初からこの部会に注目し，その研究成果の発表を待ち切れず，一部の業者は専門部会の傍聴を希望し，その数は逐月増大の傾向をたどった。また，傍聴にあき足らず，進んで中間実験の領域を担当する希望者もあった」といった状況であった[36]。その結果，1955年にメッキ業者，研究者，メッキ材料業者を構成員とする電気メッキ研究会が専門委員会の外郭団体として誕生し，大阪府と鍍金業界の連携がより強固なものになった。こうしたなかで同鍍金専門委員会に対して業者からの研究課題が数多く寄せられるようになり，その解決に何年を要するのか見当もつかないといった状況が続いた。同専門委員会が9年間も続いた背景には，こうした事情があったのである。

　1951年4月の設置から56年10月までの活動実績は，鍍金専門部会・委員会59回，研究発表1305件，新製品紹介718件，講習会4回に上った[37]。

(6) 作業工具

ペンチ，モンキレンチ，スパナ，ドライバなどの作業工具には炭素鋼，特殊鋼が用いられ，滲炭，焼入れなどの操作が製品品質に大きな影響を与えることから，作業工具専門委員会の設置が業界から強く要望された。同専門委員会の構成は表3-4の通りである。

作業工具専門委員会では各工場から提供された製品である作業工具を材料面から調査し，適正な熱処理方法について指示を与えた[38]。またボロン鋼について応用実験を行い，作業工具にボロン鋼を使用する場合の指針を検討した。さらに工具鋼，高速度鋼の切削性能，耐久性向上，硬度の向上，寸法変化の減少などを目的として，新しい熱処理技術であるサブゼロ処理を高速度鋼に応用した。

表3-4に登場する業界関係者は作業工具業界を代表する人物である。宮川工具製作所の宮川作次郎（1892年生まれ）は1925年に宮川工具研究所を設立し，輸入工具の手回しグラインダの国産化に乗り出した[39]。宮川は27年にトーチランプ，29年にオスター型パイプねじ切機の国産化に成功して業容を拡大した。宮川は49年の関西作業工具協同組合の設立に際して業界の最長老として奔走した。福田慶三（1898年生まれ）は23年の日本理器設立と同時に常務取締役に就任し，バリカン販売のために全国を飛び回った。28年にオールドドロップ・フォージング（金型打ち鍛造）のモンキレンチの製作に成功した福田は続いてプライヤ，パイプレンチのドロップ化を図り，トップ企業としての地歩を固めた[40]。46年7月に社長に就任し，関西作業工具協同組合の初代理事長，52年設立の全国作業工具

表3-4 作業工具専門委員会の構成（1955年）

区 分	氏 名	所 属
委員長	高瀬 孝夫	大阪府立工業奨励館
委 員	多賀谷 正義	大阪大学工学部
〃	足立 彰	〃
〃	横山 武人	浪速大学工学部
〃	若本 洋之助	大阪府立工業奨励館
〃	岡本 五郎	〃
〃	天野 誠	〃
〃	浅村 均	〃
〃	岡田 善男	〃
〃	秋山 毅	大阪府商工部商工第1課
〃	前田 秀夫	〃
〃	丹羽 成徳	兵庫県機械金属試験場
〃	荒木 透	大阪特殊製鋼㈱
〃	小柴 定雄	日立製作所安来工場
〃	井藤 三男	関西作業工具協同組合
〃	道本 佐一郎	大阪ペンチ㈱
〃	山内 小兵衛	花園工具㈱
〃	広田 重吉	三木熱錬工業所
〃	川上 清一	東邦工機㈱
〃	福田 慶三	日本理器㈱
〃	竈 利二	日鍛工機㈱
〃	中口 好一	京都機械㈱
〃	田口 儀之助	日本捻廻㈱
〃	佐々木 清一	㈱佐々木製作所
〃	増田 駿一	㈱増田製作所
〃	宮川 作次郎	宮川工具製作所
〃	室本 和三郎	㈱室本鉄工所

［出所］ 大阪府総合科学技術委員会『作業工具専門委員会研究報告』1955年5月，見返し。

協同組合連合会の初代理事長にそれぞれ就任した。

　川上清一（1901年生まれ）は17歳で来阪し，鉄工所を転々としたのち1926年に川上鉄工所を設立した。35年には作業工具の製造に乗り出し，38年に東邦工機を設立した。51年に日立製作所安来工場の小柴定雄博士（表3-4参照）の指導によって，モンキレンチの材料として特殊合金鋼（クロモリ鋼）の採用に踏み切り，これが新製品「ヒットロイ」の開発に繋がった。田口儀之助（1901年生まれ）は16年に田口鉄工所を設立し，ドライバの国産化に乗り出した。48年に日本捻廻（62年にベッセル工具に社名変更）を設立し，ドライバ業界における「ベッセル王国」の地位を不動のものにした。田口は関西作業工具協同組合の初代副理事長に就任した[41]。

　道本佐一郎（1902年生まれ）は14歳で来阪し，6年間の修業を終えて23年に兄とともに道本鉄工所を設立した。44年に企業合同によって同業3社と合併し，大阪ペンチを設立した。戦後逓信省からペンチ類の納入要請があり，逓信省の蛭間技師の指導と協力によって逓信省規格が完成し，大阪ペンチは同省の指定工場となった[42]。

　戦後には戦時中のJESに硬さ，強さを加えた日本作業工具工業会（1947年8月設立）規格を作成することになり，同工業会は規格原案作成のためのいっさいを大阪府商工課に依頼した。作成のための委員会の委員長には吉本源之助大阪理工科大学教授が就任し，吉本委員長の下で大阪府工業奨励館の安富茂科長，広瀬順一係長，岡田善男主事，大阪府商工課金属係の秋山毅係長などが中心となって委員会が組織され，1年あまりで原案が作成された。このように作業工具専門委員会が組織される前から規格制定をめぐって関係業者，大阪府工業奨励館，大阪府商工課の連携が進んでおり，こうした活動を踏まえて作業工具専門委員会が設立されたのである[43]。

（7）魔法瓶

　魔法瓶工業は硝子生地，真空加工，ケース，および組立の4部門から構成されていた。表3-5で示しているように，1955年には魔法瓶工場のほとんどは大阪市内に立地していた。54工場の内訳は組立販売業者（瓶とケースを仕入れて，魔法瓶を組み立てて販売する）21工場，組立販売兼ケース製造業者8工場，組立販売兼真空瓶製造業者1工場，真空瓶製造業者6工場，硝子生地製造兼真空瓶製造業者8工場，ケース製造業者7工場，硝子生地製造業者3工場であっ

た。そのうち，組立販売業者がもっとも多かった[44]。

魔法瓶の中瓶の加工室の室温は摂氏40度を超える環境であり，こうした灼熱の重労働に耐えることのできる技能者は限られていた。しかも腕のよい職人でも中瓶加工は1日に400〜800本が限度といわれ，大量注文に応じることは難しかった。また手吹き作業であるため，品質が一定しなかった。こうした課題に直面していた魔法瓶業界の要望に応えて，1955年6月に魔法瓶専門委員会が設置された[45]。同専門委員会の構成は表3-6の通りである。最初に関係諸工場の系列診断が行われ，同専門委員会から改善すべき諸点が指摘された[46]。同専門委員会では以後59年3月まで業界の指導に努めたが，後半の2年間は業界からの強い要望によって全国魔法瓶協同組合の研究会として継続された。同専門委員会の活動の成果としては，割れにくい魔法瓶といった品質向上，自動真空排気装置，連続予備乾燥装置，鍍銀液注入装置の導入による製造工程の機械化などがあった。また魔法瓶には従来から並質ガラスが使用されてきたが，専門委員会での検討の結果，硬質ガラスが使われるようになり，その結果，全製造工程の不良率が3〜4割から1割前後に低下した。

科学技術委員会では工業技術院に対して魔法瓶の自動排気機の補助を申請し

表3-5 魔法瓶工場の分布（1955年）（人）

地区	工場数	経営形態		従業員数
		法人	個人	
大阪市	49	22	27	664
堺市	1	1		56
布施市	1		1	
河内市	1	1		20
京都市	2	1	1	20
合計	54	25	29	760

［出所］ 大阪府商工部商工第二課『魔法瓶工業の概況』1955年10月，2頁。

表3-6 魔法瓶専門委員会の構成（1959年）

区分	氏名	所属
委員長	田中 晋輔	大阪大学工学部教授
委員	永田 三郎	大阪大学工学部助教授
〃	中西 健治	近畿大学工学部教授
〃	三戸 文男	雑貨検査協会
〃	安富 茂	大阪府立工業奨励館
〃	龍門 寛	
〃	小川 吉克	
〃	石原 一三	通産省工業品検査所大阪支所
〃	相原 剛	〃
〃	川田 邦雄	通産省工業品検査所神戸出張所
〃	木原 正雄	大阪硝子工業協同組合
〃	岡田 達三郎	イーグルマホー瓶㈱
〃	西岡 鶴雄	ナショナル魔法瓶工業㈱
〃	大崎 為之	ピーコック魔法瓶工業㈱
〃	田村 留吉	敷島マホー瓶㈱
〃	磯部 金吾	ダイヤモンド魔法瓶㈱
〃	沢田 又一	宝マホー瓶㈱
〃	蛭間 政一	我孫子魔法瓶製作所
〃	小川 英太郎	キャッスルグラス㈱
〃	葭谷 孝三郎	葭谷金属製作所
〃	野上 秋太郎	神戸工業㈱機械部

［出所］ 大阪府総合科学技術委員会『魔法瓶専門委員会研究報告』1959年3月，2頁。

た結果，これが採択され，機械を神戸工業に製作依頼した[47]。この自動排気機を使って同専門委員会では排気研究を行い，中瓶ガラス生地の自動化によってはじめて自動排気機を十分に活用できるとの結論に達した。続いて中小企業庁の輸出振興技術研究費補助金によって鍍銀の自動化が実用化され，乾燥機を備えることができた。

さらに同専門委員会の大きな成果として自動真空装置の導入があった。従来の乾燥炉は固定式のコンクリート製，あるいは鉄板製の箱形炉に棚を設けて，下部からガス焔によって炉内温度を上げるものであったが，自動真空装置によってはじめて円型連続乾燥器が製作され，これによって製品品質，生産スピードが大きく向上した。

❖ おわりに

1947年に設立された科学技術委員会の目的は産官学連携の共同研究を行うことによって，技術者，資金などの諸資源の不足に悩む中小企業に対して有効な技術的改善策を提言し，戦後復興，輸出振興に貢献することであった。研究開発部門など存在しない，あるいは存在してもそこに多額の資源を投入することのできない中小企業，とくに輸出中小企業にとって産官学連携から得られる技術情報は貴重であった。

大阪府工業奨励館が事務局を担当し，当事者である民間企業だけでなく，公設試験研究機関，国立研究機関，大学などの科学技術者が各専門部会・委員会に集まり，各業界から提出される具体的な技術的課題の解決に向けた共同研究を展開した。民間企業だけでなく，研究所，大学の施設を利用して推進された共同研究の成果はただちに民間企業の現場でテストされ，次の共同研究の方向性が見つけ出されていった。

中小企業と公設試験研究機関，国立研究所，大学などとの研究開発力の格差が大きければ大きいほど，科学技術委員会の役割は大きかった。また共同研究の成果が各業界の特定企業に傾斜的に配分されないように，研究テーマの選定，研究成果の共有において各工業組合が大きな役割を果たした。大阪府工業奨励館が事務局を務める科学技術委員会の「中立性」は，各工業組合が研究課題を提案し，研究成果を工業組合全体でシェアするという中小企業団体の行動によって担保された。

科学技術委員会というプラットフォームの活動に支援されながら，各中小企

業はそこから先の各製品の独自性，販路開拓において鎬を削った。もちろん市場開拓自体が大阪府立貿易館のような公設機関に支援される場合もあったが，当然のことながら商品に独自性を付与するのは各社の役割であった。しかし輸出中小企業がその販路を拡大する上で，資源制約の厳しい1950年代には，各社に不足する技術諸資源を補完する科学技術委員会の活動は固有の意義を有したといえよう。

注

1 「大阪府総合科学技術委員会のあらまし」（『工業の進歩』1963年1月号）44頁。
2 沢井実「第7章 戦時期における研究開発体制の変容——科学技術動員と共同研究の深化」（『近代日本の研究開発体制』名古屋大学出版会，2012年）165-206頁参照。
3 1952年7月に大阪府立工業奨励館と改称。
4 佐藤正典「大阪府総合科学技術委員会の思い出」（前掲『工業の進歩』）6頁，および「座談会 大阪府総合科学技術委員会に思う」（前掲『工業の進歩』）11頁。なお佐藤正典は終戦時には満鉄中央試験所所長であり，1947年3月に引き揚げ，帰国後は引揚げ科学技術者を中心とした総合的研究機関を創設する計画を持っていた。しかし結局これは実現せず，48年6月に大阪府工業奨励館所長に就任した（佐藤正典『一科学者の回想』私家版，1971年，260-264頁）。
5 石田制一「大阪府総合科学技術委員会創立20周年に当りて」（『工業の進歩』1967年3月号）3頁。
6 三戸文男「大阪府総合科学技術委員会の思い出」（前掲『工業の進歩』1963年1月号）8頁。
7 前掲「座談会 大阪府総合科学技術委員会に思う」10頁，および大阪府立工業奨励館編『伸びゆく工業奨励館』1960年，115頁。
8 前掲『伸びゆく工業奨励館』115頁。
9 大阪府商工部編『大阪府産業再建行政の回顧』1949年，30頁。
10 前掲「座談会 大阪府総合科学技術委員会に思う」10頁。
11 富久力松委員（東洋ゴム工業社長，1962年現在）の発言（同上）。
12 三戸，前掲記事，8頁。
13 田中晋輔委員（大阪大学名誉教授）の発言（前掲「座談会 大阪府総合科学技術委員会に思う」11頁）。
14 三戸文男（元大阪府立工業奨励館次長）の発言（同上）。
15 「初期の総合科学技術委員会」（前掲『工業の進歩』1967年3月号）4頁。
16 1960年代の動向については，三宅順一郎「人造真珠」（大阪府立商工経済研究所編『大阪の中小企業——20年の歩みと当面する問題』新評論，1970年）参照。
17 大阪府商工部商工第二課『人造真珠工業の現状について』1954年6月，3頁。
18 三宅，前掲論文，402頁。
19 高岡斉「人造真珠（ならびにガラス細貨）専門部会」（前掲『工業の進歩』1963年1月号）40-42頁。戦前の大阪市立工業研究所所長時代の高岡の活動については，沢井実「第9章 戦間期の大阪市立工業研究所」（『近代大阪の産業発展——集積と多様性が育んだもの』有斐閣，2013年）288-319頁参照。
20 一ノ瀬茂夫（一ノ瀬真珠工業所）「人造真珠専門部会の回顧」（前掲『工業の進歩』1963年1月号）42頁。
21 前掲「初期の総合科学技術委員会」5頁。

22　前掲『人造真珠工業の現状について』2頁。
23　以下，前掲「初期の総合科学技術委員会」4頁による。
24　大阪府総合科学技術委員会『鉛筆専門委員会研究報告（第1報）』1949年，1頁。
25　大阪府工業奨励館編『事務概要』1950年8月，「主要研究成果概要」頁なし。
26　大阪府総合科学技術委員会『熱処理専門委員会研究報告（第2報）』1951年9月，1頁，および前掲「初期の総合科学技術委員会」7頁。
27　高周波熱処理専門部会については，青木洋「日本における高周波加熱技術の発展と産官学連携──高周波焼入技術を中心に」（『経営史学』第48巻第2号，2013年9月）15-17頁参照。
28　以下，大島重義「塗装専門部会」（前掲『工業の進歩』1963年1月号）37-39頁による。
29　大阪府総合科学技術委員会『塗装専門委員会研究報告（第1報）』1950年，1頁。
30　同上書，4頁。
31　以下，石田武男・川崎元雄・桑義彦「鍍金専門部会」（前掲「座談会　大阪府総合科学技術委員会に思う」）32-34頁による。
32　同上記事，33頁。大阪府工業奨励館の川崎元雄研究課長は，鍍金専門部会の「研究成果を基とし一部の進歩的工場が採算を度外視して新技術の工業的実験に協力したことが，今日の進歩をもたらした」とした（川崎元雄「メッキ技術最近の進歩について」，『工業の進歩』1956年4月号，3頁）。
33　森靖雄「電気めっき」（大阪府立商工経済研究所編，前掲書）126頁。
34　同上論文，127，133頁。
35　石田・川崎・桑，前掲「鍍金専門部会」，33頁。
36　以下，緒方正明「鍍金専門部会への感謝」（前掲『工業の進歩』1963年1月号）35頁による。
37　大阪府総合科学技術委員会『鍍金専門委員会研究報告（第3報）』1956年，2頁。
38　以下，大阪府総合科学技術委員会『作業工具専門委員会研究報告』1955年5月，2頁による。
39　以下，井藤三男『日本の作業工具』（私家版），1991年，42-44頁による。
40　同上書，45-47頁。
41　同上書，48-49頁。
42　同上書，53-55頁。
43　同上書，72-73頁。
44　大阪府商工部商工第二課『魔法瓶工業の概況』1955年10月，3頁。
45　田中晋輔「魔法瓶専門部会」（前掲『工業の進歩』1963年1月号）23-24頁，および「日本の魔法瓶」編集委員会編『日本の魔法瓶』1983年，74頁。
46　大阪府総合科学技術委員会『魔法瓶専門委員会研究報告』1959年，1頁。
47　以下，西岡鳴雄（ナショナル魔法瓶工業社長）「魔法瓶専門部会によせて」（同上書）24-25頁による。

第4章

特需生産から防衛生産へ
――大阪府の場合――

❖ はじめに

　日本経済がドッジ不況に喘ぐなかで突如，朝鮮戦争が勃発し，アメリカ軍がもたらす特需によって日本経済は特需景気を謳歌し，復興から成長へのきっかけを手に入れたことはよく知られている。

　「平和国家」を標榜した戦後日本が特需[1]という名の軍需によって本格的復興の契機を手に入れたことは，さまざまな社会的軋轢を生んだものの，経済界・産業界の一部は特需に大きな期待を寄せた。1951年2月9日に経済団体連合会に日米経済提携懇談会（長崎英造委員長）が発足し，さっそく3月15日に「日米経済の協力態勢に関する意見」，5月21日に「機械工業を中心とする別需受入態勢中間報告」を発表した[2]。

　1951年10月1日に特需自動車工業会が発足し（59年4月解散），52年3月8日に連合国軍最高司令官総司令部（GHQ/SCAP）は兵器製造の許可を指令した。4月9日には武器，航空機等の生産制限に関する4省共同省令改正（武器生産の例外許可）が行われ，サンフランシスコ講和条約発効後の7月1日に兵器生産協力会（53年10月3日に日本兵器工業会と改称）が発足する。7月16日には航空機製造法，翌53年8月1日には武器等製造法が公布され，52年8月1日に関西特需協力会が発足し，8月12日には日米経済提携懇談会が経済協力懇談会に改組され，その下に防衛生産委員会（郷古潔委員長）が設置された[3]。

　こうしていったん特需生産，軍需生産への傾斜を深めた日本経済であったが，朝鮮戦争の終結，その後の相互安全保障法（Mutual Security Act: MSA）協定

による援助，アメリカ軍の域外調達によっても多くを期待できないことが明らかになった。一方，防衛庁（1954年7月保安庁を改組して設置）向けの防衛生産は限定された規模であったため，日本経済は全体として軍需から民需生産へ再転換し，高度経済成長の本格的始動の時代を迎えるというのが通説的理解であろう[4]。

マクロ的観点から1950年代における日本経済の動向を以上のように理解することは基本的に正しいと考えるが，経営史的・社会史的視点からみると多くの検討すべき課題が残されているように思われる。

第1に，戦後直後にはタブー視されていた兵器生産，軍需生産を民間企業が開始するということは具体的にいかなる事情によるものであったのか。社会的に必ずしも認知されていなかった兵器生産を推進することにともなう社会的軋轢とは具体的に何であったのだろうか。

第2に，特需生産の関係者も特需が特需であるかぎりいつまでも続くとは考えていなかった。朝鮮戦争後の「新特需」が期待するほどのものではなく，防衛庁装備品がそれまでの特需・新特需を代替するほどの規模でないことが明らかになったとき，遊休化した設備を抱えた特需関連企業にはどのような選択肢，将来構想があったのだろうか。特需生産から防衛生産への転換のプロセスが微視的・経営史的に具体的に明らかにされる必要がある[5]。

第2の論点と深くかかわるが，第3に民需品の生産拡大によって企業のなかで防衛生産の比重が急速に低下するとき，防衛生産を中止するか継続するかの判断はいかにして行われたのか。民需品生産が急速に拡大するなかで，兵器生産を継続することの意義をその担い手たちはどのように納得したのであろうか。

本章ではこうした問いを念頭に，主として関西において特需生産，防衛生産を担った諸企業の1950年代における動向を検討してみたい。

1. 特需生産と大阪府の位置

表4-1で示されているように，特需は米軍による「狭義特需」と，それに在日米軍の軍人やその家族の日本国内における個人消費を含めた「広義特需」に区分できるが，「狭義特需」についてみると，全国受注高に占める大阪府の割合は1951～54年で毎年1割台であり，55年実績では4.7%であった。また表4-2に示されているように，「狭義特需」のうち兵器関係の割合は約1～3割で

表 4-1　特需受注高に占める大阪府の割合　　（1,000 ドル，%）

年次	全国受注高				大阪府受注高			
	広義特需	狭義特需	うち物資	うちサービス	狭義特需	うち物資	うちサービス	対全国比
1950	148,889	191,356	127,327	64,029				
51	591,667	353,640	254,506	99,134	57,305			16.2
52	824,168	306,623	185,943	120,680	30,924			10.1
53	809,478	443,863	260,794	183,069	46,750	41,028	5,722	10.5
54	596,163	255,453	122,916	132,537	33,180	31,397	1,783	13.0
55		177,869	66,793	111,076	8,359	6,187	2,172	4.7

（注）（1）1950 年は 7〜12 月実績。
　　　（2）1950 年の「広義特需」と「狭義特需」の数値は原資料のまま。
［出所］　大阪府商工部商工第一課・大阪府中小企業特需協議会編『特需の概況』昭和 30 年 12 月，1 頁，および同編『特需について』昭和 31 年 3 月，4, 10, 12 頁。

表 4-2　特需契約に占める兵器関係の割合
（1,000 ドル，%）

年次	兵器および関係品	同左・修理	小計 (1)	特需契約高 (2)	(1) / (2)
1951	14,939	24,544	39,483	329,922	12.0
52	30,730	34,834	65,564	331,520	19.8
53	63,795	30,028	93,823	476,426	19.7
54	66,260	22,950	89,210	295,620	30.2
55	7,257	10,821	18,078	185,064	9.8

［出所］　前掲『特需の概況』昭和 30 年 12 月，34-35 頁。

あった。

　一方，1952 年 5 月から 53 年 6 月期間の特需兵器受注状況をみると，表 4-3 の通りであった。受注高の企業別ランキングをみると，小松製作所 2415 万ドル，神戸製鋼所 1762 万ドル，大阪金属工業 1114 万ドルと 3 企業の存在感がきわめて大きく，表 4-1 から受ける印象とは異なる。特需兵器の圧倒的割合を占めるのが砲弾類であり，その根拠として「砲弾生産の近畿地区の比重が頗る大きいことは旧大阪造兵廠を中心とした戦時中の砲弾生産系列の下請工場が残存していたからである」[6]との指摘がある。

　大阪府における砲弾生産の盛況は関連下請企業に大きな影響を与えただけでなく，関連諸産業の技術開発にも影響を及ぼした。たとえば 1953 年に電元社製作所（川崎市）が砲弾弾体底板用のシリーズ・シーム溶接機を製作し，続いて東亜精機（大阪市），大阪電気（大阪市）も同様の抵抗溶接機を製作した[7]。

表 4-3　特需兵器受注状況（1952 年 5 月～53 年 6 月）

品　目	数　量	金　額 （千ドル）	受注者
4.2 インチ迫撃砲運搬車	600 台	53	愛知富士
発射薬	1,650 t	6,461	旭化成
4.2 インチ迫撃砲	528 門	167	大阪機工
同部品	—	23	〃
手榴弾	4,000 発	20	〃
同部品	—	2	〃
手榴弾	675,000 〃	365	〃
〃	300,000 〃	156	〃
大阪機工・小計		733	
81 ミリ迫撃砲弾	30,000 発	2,790	大阪金属工業
〃　〃	20,000 〃	184	〃
〃　〃	720,000 〃	6,386	〃
同練習弾	47,000 〃	399	〃
57 ミリ無反動砲弾	111,000 〃	715	〃
2.36 インチロケット弾	125,000 〃	511	〃
81 ミリ練習弾弾体	10,000 〃	11	〃
〃　〃　弾尾	10,000 〃	11	〃
〃　迫撃砲弾	9,000 〃	135	〃
大阪金属工業・小計		11,142	
105 ミリ榴弾	450,000 発	10,038	神戸製鋼所
〃　〃	200,000 〃	4,460	〃
〃　発煙弾	20,000 〃	518	〃
〃　榴弾	80,000 〃	2,607	〃
神戸製鋼所・小計		17,623	
81 ミリ迫撃砲弾	324,500 発	3,017	小松製作所
〃　発煙弾	70,000 〃	1,039	〃
4.2 インチ迫撃砲弾	363,000 〃	7,622	〃
155 ミリ榴弾	200,000 〃	5,184	〃
〃　発煙弾	6,000 〃	88	〃
4.2 インチ迫撃砲弾	270,000 〃	5,646	〃
155 ミリ榴弾	60,000 〃	1,551	〃
小松製作所・小計		24,147	
60 ミリ迫撃砲	54 門	27	佐世保船舶工業
同部品	—	3	〃
佐世保船舶工業・小計		30	

品　目	数　量	金　額 (千ドル)	受注者
75ミリ無反動砲弾	198,000 発	2,900	住友金属工業
60ミリ迫撃砲弾	200,000 発	856	大同製鋼
〃　〃	65,000 〃	276	〃
80ミリ迫撃砲発煙弾	11,700 〃	75	〃
60ミリ迫撃砲練習弾	21,000 〃	8	〃
大同製鋼・小計		1,215	
5.5ミリ銃弾	4,596,000 発	92	東洋精機
5.5ミリ照明弾	32,000 発	520	日平産業
銃　剣	20,000 本	59	〃
3.5インチバズーカ砲	7,656 門	320	〃
同部品	－	22	〃
81ミリ照明弾	18,000 発	290	〃
対戦車用地雷	24,000 〃	261	〃
銃　座	475 基	26	〃
同部品	－	1	〃
12.7ミリ銃弾	10,362,000 発	411	〃
7.7ミリ擲弾発射器	46,000 基	30	〃
日平産業・小計		1,940	
3.5インチロケット弾	50,000 発	393	日本建鉄
同練習弾	20,000 〃	1,238	〃
3.5インチロケット弾	225,000 〃	1,763	〃
日本建鉄・小計		3,394	
銃　座	1,500 基	133	日本製鋼所
57ミリ無反動砲	837 門	111	〃
無反動砲付属品	－	122	〃
日本製鋼所・小計		366	
地雷用バースター	100,000 発	34	日本冶金工業
手榴弾	400,000 発	98	豊和工業
〃	92,500 〃	45	〃
〃	700,000 〃	363	〃
豊和工業・小計		506	
合　計		70,636	

（注）　合計金額が原資料では 73,327 千ドルとなっている。
［出所］　「兵器工業」（大阪商工会議所編『大阪経済年鑑』昭和 29 年版, 1953 年）264 頁。

2. 大阪府における特需生産の推移

(1) 小松製作所

　旧大阪陸軍造兵廠枚方製造所に注目した小松製作所[8]では，1951年に入ると顧問の倉富重郎らを中心にして枚方製造所の賠償指定解除と払下げについて当局と折衝を重ねた[9]。旧造兵廠の払下げが実現しないまま，52年春に入札に参加した小松製作所は6月の第1次・第2次分だけで在日調達本部（Japan Procurement Agency: JPA)[10] から迫撃砲弾46億2503万6000円を受注した[11]。受注に先立つ52年3月に神奈川県勤労会館において17単組，合計3295人の「特需労働者」が「特需労働組合連合会」の結成大会を挙行し，特需生産の遂行を側面から支援していた[12]。

　弾体搾出のための専用工場として枚方製造所の入手を急いだ小松製作所は，河合良成社長が先頭に立って払下げ交渉を進めるとともに，加工工程を委託する下請工場との連携を図った[13]。1952年10月には中宮地区と甲斐田地区の払下げが内定したが，払下げ価額は9億4285万円，頭金20%を契約時に支払い，残額は9年賦であった[14]。53年3月の増資によって約5億円の手取金を見込んだ小松製作所は，そのうち3億円を新規事業計画の設備資金に充てる予定であり，大阪工場には払下げ代金の一部として8000万円，建屋補修，機械装置修理購入，排水土木工事用資金として1億3000万円を見込んだ[15]。

　旧枚方製造所を改称した大阪工場は1952年10月13日に発足し，砲弾作業の中心は中宮地区であった。鋼材から弾体を搾出し，一部の大口径のものを除いて大部分を外注機械加工に出し，それらを大阪工場で組み立て，さらに信管組み込みや火工作業などを外注して完成納入した[16]。旧枚方製造所は陸軍の大中口径砲弾の7割以上を生産したため，多数のプレスを備えていた。52年の大阪工場発足時の従業者は約300人，53年春には700人となり，54年からは1000人を超えていた。

　1953年初めに河合は自らの国防観を開陳しつつ，「軍需産業を盛んにするということは，これによつて第一，日本の予備隊に供給する，第二に，東洋の平和又世界の平和というものを目標とするものであるから，いわゆる兵器によつて平和を招致しようというのが目標であります。だから兵器は凶器と言いますけれども，例えば戸締りを作つて，そうした強盗を防ぐということが大事であ

ると同じ意味に於て，兵器産業というものは大事である，これを国民諸君が深く考え，御理解を願いたい」[17]と訴えた。

1953年2月時点で小松製作所は受注した弾体加工の約80%を7下請企業に包括外注し，残りの弾体加工を自社工場で行い，弾体の部品についてはその大半を3, 4の下請企業に出していた[18]。主要下請企業としては，弾体加工は加地鉄工所，新明和興業，寿工業など，信管加工は中部工業，東京製作所，新中央工業，英工舎，帝国精工など，火薬は日本油脂，三菱化成，燐化学，装塡は日本冶金工業，泰道化学，梱包は千代田梱包，京浜梱包などであった[19]。また小松製作所と第一次下請メーカーとの間には貿易商社が介在して金融疎通の役割を担った。第一次下請メーカーと貿易商社との関係は，寿工業─高島屋飯田，英工舎─不二商事，東京製作所─東亜貿易，新明和興業─東京貿易，新中央工業─大倉商事，帝国精工─東京セールス，加地鉄工所─丸紅であった[20]。

第一次下請メーカーに対する商社金融の意義は大きく，小松製作所の場合，砲弾受注高約50億円に対して，商社の下請関係に対する資金手当ては20億円といわれ，これらは銀行から商社に融資された資金であり，商社の下請に対する金利は銀行金利よりもはるかに高く，下請企業の間では銀行からの直接融資を希望するものが多かった[21]。

しかし一部の下請企業にとって，砲弾加工は困難な作業であった。帝国精工は1952年10月に信管13万個（加工賃470円），弾体切削6万個（同277円），弾尾6万個（同88円）を引き受け，従来の従業者150人に加えて180人を新規に採用したものの，53年3月にその大部分の生産を返上した[22]。また52年8月に小松製作所から迫撃砲弾（発煙弾）の製造を受注した加地鉄工所では，材料支給の途切れによって円滑な作業進行ができなくなり，また米軍仕様書の解読不十分のために外注した羽根ダイカストの思惑が外れるなどの問題も発生した。これ以上の生産続行は経営危機に繋がると判断した加地義弘取締役は，53年4月の受注責任量の合格を機に製造をいっさい中止し，砲弾製作用治具を新規に製造を開始することになった大阪金属工業淀川工場に譲渡した[23]。

JPAが発注した特需兵器の工事管理や製品検査を担当したのが，東京兵器補給廠（Tokyo Ordnance Depot: TOD）だった。TODは陸軍造兵廠跡にあり，検査本部もそのなかに設けられていた。検査の最高責任者は少数の米軍士官と文官であったが，日本側の首席は相馬六郎元海軍中将，次席が堀光一元海軍技術大佐（終戦時は豊川工廠機銃部長）と小野秀夫元陸軍大佐であった。注文は

JPAが行い，契約書に準拠して日本人検査官が発注先の民間工場で工事の監督と製品検査を行った。日本人検査官は初期には100人程度，最大時には150人位に及んだ。仕様書には米軍検査規格であるANR, MIL, JAN, PAIPD, QOなど多数の規格によって検査することが示されていた。抜取り検査をはじめ，検査は厳しかったが，この厳しい検査をクリアするための努力が，受注企業に技術水準の向上，大量生産方式の整備をもたらすことになった[24]。

1953年2月時点の小松製作所の資金繰りも苦しかった。巨額な受注金額に比して自己資金は数％にすぎず，生命保険各社より受注総額の3，4％に当たる融資を受けたが，貿易手形割引の適用を受ける銀行からの融資額は受注総額の二十数％にとどまった。原料鋼材の購入代金が銀行融資金額の約60％に当たり，自社工場における運転資金，外注製品の受け取り後納入までのつなぎ資金を差し引けば金融的にほとんど余裕がなかった。そのため外注先への前渡金は，火薬2社，機械加工1社，信管加工1社に限定されていた[25]。

しかし1953年7月の朝鮮戦争休戦協定の締結以後も新特需のうちの兵器特需（砲弾が中心）発注は増加を続け，米軍を経て保安隊（52年10月に警察予備隊を改組して設置）・自衛隊（54年7月設置）を中心に備蓄された[26]。52〜55年における小松製作所の砲弾受注額は4478万ドル（約160億円）に上り，全砲弾受注額の約4割を占めた。同期間における砲弾を含む全兵器特需は1億6132万ドルであり，兵器特需生産に占める小松製作所の比重は大きかった。

砲弾特需は生産では1954年上期，売上では55年上期を頂点に56年上期まで続いた。55年上期の総売上高61億5000万円のうち砲弾が45億1000万円と73％にも達した。内灘試射反対闘争が展開された53年6月までの数ヵ月間，砲弾の試射，納入ができず，小松製作所は資金繰り難に直面したが，住友銀行，北国銀行などを中心とした銀行団による協調融資9億5000万円で切り抜けることができた。

(2) 大阪金属工業

特別調達局へのフレオン・ガスの納入代行を行っていた国際物産交易から，米軍内部で完成兵器を日本国内で調達する計画があるらしいとの情報を大阪金属工業が得たのは，1951年8月であった。当時の大阪金属工業は3回の人員整理を終え，まだ銀行管理の状態にあった。国際物産交易から入手した英文の技術資料を翻訳して見積もりを行い，単価を算出した。山田晁社長は29年の

37ミリ速射砲用薬莢受注時の状況を思い出していた。52年5月9日に開催されたJPAの入札説明会によると，81ミリ迫撃砲弾62万5400発の数量であり，前渡金がまったく支払われないというものであった。大阪金属工業は戦時中は軍管理工場であり，旧軍関係の仕事では前受金が大きな意義を持っていたことを認識していたため，今回の特需を引き受けるためには設備投資資金の手当てが課題であった[27]。

兵器生産の開始については，社内外の反対も激しかった。淀川製作所が所在する味生村議会は，1952年7月24日に大阪金属工業の米軍砲弾生産の中止を要請する議決を行っている。こうしたなかで大阪金属工業は従業者・工場の安全を考慮して，職場防衛隊を編成した[28]。社内でも山田社長の方針に対して，重役の間に異論があっただけでなく，銀行からの反対もあった。こうした反対を押し切っての特需獲得であった。こうしたなかで，労働組合の全面的な協力を得られたことが大きな支援となった。組合執行部は6月末に「米軍砲弾特需の生産納入については積極的に協力する」旨の決議を行った。しかし3度にわたる人員整理を行った大阪金属工業では正規作業員の増員に踏み切れず，作業員は臨時工募集を第一とし，それでも不足する場合は外注加工に依存した[29]。

山田社長の陣頭指揮の下，総合企画室（八木英男主査）が事務局として，砲弾生産の経験者と戦後入社の技術者を集めて検討を重ねた結果，81ミリ迫撃砲弾62万5400発を1発当たり10ドルで応札することとした。総額22億5144万円の大きな仕事であった。入札には大阪金属工業のほかに小松製作所，神戸製鋼所，住友金属工業，新大同製鋼など15社が参加し，大阪金属工業は小松製作所とともに落札候補者に選ばれた。この間約3億円と試算された所要資金の融資を大阪銀行（1952年12月に住友銀行に行名復帰）に申請したものの，銀行からは5000万円が限度であるとの回答が寄せられた[30]。

このような状況のなかで住友金属工業との資本提携復活の動きが起こった。大阪金属工業と住友金属工業は1933年以来提携関係にあったが，財閥解体によって自然消滅の形になっていた。52年8月末には提携復活が内定し，同年12月に4500万円の資本金の3倍増資を行った大阪金属工業に対して，住友金属工業は増資額の約22％に当たる40万株を引き受けた。この提携を機に住友金属工業の取締役製鋼所所長土屋義夫が代表取締役専務として派遣され，同所からは迫撃砲弾12万発の弾体が供給されることになった[31]。

住友銀行，住友金属工業だけでなく，住友商事も大阪金属工業の特需生産を

支援した。火薬製造メーカーは日本油脂1社しかなく，戦時中の弾丸原価構成では金属関係3分の2，火薬関係3分の1が常識であったが，今回，日本油脂は半々を要求していた。この状況を住友商事を介して6対4に変えることができただけでなく，大阪金属工業は材料購入と製品納入の窓口として住友商事と国際物産交易を選び，製品代金の入金時に材料費を支払うという形で商社金融にも支えられたのである。また小松製作所同様に大阪金属工業も旧陸軍造兵廠の「遺産」の一部を継承することになった。大阪金属工業は迫撃砲弾製造設備の整備のために石見江津の元陸軍造兵廠の薬莢製造設備，倉吉の元神戸製鋼所の兵器製造設備，および小倉陸軍造兵廠の機械設備の払下げに参加し，倉吉の設備の大半と小倉のクランク・プレス5台を落札し，これらを淀川製作所に搬入した[32]。

設備投資資金の制約を勘案して大阪金属工業は，当初の62万余発の全量納入を辞退して30万発を申し出た結果，残りの32万余発は小松製作所に発注された。1952年6月24日に1発当たり9ドル30セント（3348円）で正式契約が結ばれ，納入は契約後6カ月目に開始，13カ月間に完納という条件であった。信管生産は堺製作所，弾体・薬莢生産は淀川製作所が分担し，火薬製造は日本油脂，塡薬は帝国化工品製造（日本油脂の子会社）に発注した。また材料に関して，弾体製造は12万発分が住友金属工業，18万発分が小倉製鋼，主要金属材料のうち快削鋼は新大同製鋼，鋼板は日亜製鋼であった。設備投資には総額6500万円が投入されたが，そのなかには多刃旋盤や高周波加熱炉が含まれていた。砲弾口締に高周波を利用したのは大阪金属工業が最初であり，加熱スピードが格段に上昇した[33]。

堺製作所について「『しろうとでも二時間で仕事ができるようになる』というのがこの工場の自慢だそうですが，なるほど，従業員の大部分は少年工と女工さんで，工具自身の熟練より，機械の精密な作用によって仕事が円滑に運ばれていました」，淀川製作所に関しては「ここでは生産の合理化と機械化がさらに徹底しています。プレス，加熱炉，工作機，焼入装置——これらが工程順にずらりと三列縦隊に並び，特に切削加工の能率を挙げるために多刃旋盤（中略）が何台も採用されています」との指摘がある[34]。

1953年2月時点で大阪金属工業ではすべての弾体加工を自社工場で行い，同部品のほとんどを10下請企業に発注していた[35]。大阪金属工業は53年2月15日に最初のロット30発を完成させ，同年12月に追加注文2万発を含む32

表 4-4 大阪金属工業の砲弾受注・生産・販売高　　　　（千円）

区分	品目	1952年度上期	下期	1953年度上期	下期	1954年度4～7月	合計
受注高	各種砲弾（火薬を含む）	995,684		2,989,372	230,414	2,226,624	6,442,094
生産額	各種砲弾（火薬を含まない）		44,655	541,151	818,837	607,762	2,012,405
販売高	各種砲弾（火薬を含む）			648,562	1,137,030	1,060,511	2,846,103
生産総額			249,390	342,421	996,568	1,378,427	1,035,178	4,001,984

（注）各種砲弾（火薬を含まない）は，弾体組立品，信管，爆管その他を指す。
［出所］大阪金属工業株式会社『新株式発行目論見書』昭和28年10月20日，21，23頁，および同『増資目論見書』昭和29年10月20日，16-19頁。

万発を完納した。この第1回81ミリ迫撃砲弾の性能が良好であったため，その後大阪金属工業は81ミリ迫撃砲弾72万発（1発当たり8ドル80セント），81ミリ演習用迫撃砲弾4万7000発，81ミリ重榴弾1万8000発，さらに57ミリ無反動砲弾11万930発，2.36インチロケット砲弾12万5000発，また住友金属工業の下請加工として75ミリ無反動砲弾19万8000発も受注した[36]。

大量の追加発注を得たため，淀川製作所に薬莢専門工場が増設され，1953年12月には2倍増資が実施された結果，資本金は2億7000万円となった。弾丸，薬莢，信管を1社で総合生産できる設備と技術を有した特需企業は大阪金属工業のみであった。53年10月時点で大阪金属工業は砲弾製造設備資金として1億7721万円を予定しており，その内訳は自己資金111万円，増資6610万円，日本開発銀行借入金8000万円，住友銀行借入金3000万円であった[37]。結局，日本開発銀行からの借入は7000万円が実現し，そのうち4000万円が特需関係の設備資金に充当された[38]。住友銀行を除く市中借入が難しいなかで，開銀融資が大きな意義をもったのである。

表4-4に示されているように，大阪金属工業では1953年度には砲弾生産額は総生産額の57.3%に達した。54年4～7月期においても58.7%の割合を維持したものの[39]，54年6月の発注を最後に米軍特需はなくなった。工場での生産は56年3月まで継続し，52年6月以来の特需受注総額は約67億円に達した[40]。

(3) 大阪機工

1952年6月23日に，大阪機工は日本駐留米軍から4.2インチ迫撃砲528門

および予備品を受注し，完成兵器受注第1号として注目された。その後も6月30日に手榴弾8120発，信管・付属品，53年2月18日に手榴弾67万5000発を受注し，同年5月には手榴弾弾体の量産のために伊丹鋳造工場が新設された。また猪名川製造所には赤外線乾燥設備を設けて，手榴弾弾体の塗装乾燥を行い，火薬の装填は日平産業に外注した。しかし，特需生産においては入札による落札決定後に米軍係官から単価引下げの「ネゴシエーション」が行われるなど，国内入札では経験しないような苦労もあった[41]。

MSA協定締結の遅れ，JPAの既発注機種に対する原価監査の遅れ，銃弾の場合のJPA予定価格と日本側見積価格の大きな開きなどの要因によって，1953米会計年度（52年7月〜53年6月）予算によるJPA兵器発注が遅延したが，これが特需企業に大きな影響を与えた。この追加発注の遅れのために大阪機工は臨時工を200人から140人に削減するとともに生産を猪名川工場に集中し，加島工場を売却した。加島工場では戦時中は爆雷，魚雷が生産され，戦後は紡機，量水器などが生産された[42]。

(4) 特需関係経済団体の結成

本項では，大阪における特需関係の経済団体をみてみる。大阪には，関西特需協力会，大阪府中小企業特需協議会，および兵器産業懇話会の3団体があった。関西特需協力会は1952年8月1日に大阪工業会，大阪商工会議所，関西経営者協会の3団体によって設立された。吉野孝一会長（大阪工業会理事長）の下に5名の副会長（小田原大造久保田鉄工所社長，星住鹿次郎大阪機工社長，松原与三松日立造船社長，町永三郎神戸製鋼所副社長，鈴木庸輔島津製作所社長）がおかれ，会員企業は約150社であった。特需動向だけでなく，保安隊や警備隊（52年8月設置，海上自衛隊の前身）の調達状況の把握にも努め，さらに53年7月以降は受注活動に即応した生産系列体制の整備を進め，MSA特需に関する情報の収集・普及も行った。同会の事務局は大阪工業会におかれた[43]。

大阪府下の中小企業に対して特需を確保し，斡旋・指導するために，1952年8月26日に大阪府中小企業特需協議会（大森通孝会長）が設立された。事務所は大阪府商工部商工第一課内におかれ，54年8月現在の団体会員は43団体，法人会員は92社であった。一方，54年7月に兵器産業懇話会（仮称）が発足した。同会は小松製作所，住友金属工業，大阪金属工業，神戸製鋼所，および大同製鋼の5社で構成され，各社社長，専務，常務クラス2名を会員とし，月

1回開催の会合を通して協調態勢を整えようという趣旨であった。これは小松製作所の河合社長の提唱によるものであり，当初，消極的な態度をとっていた住友金属工業，大阪金属工業が6月29日に参加を決定したため，翌月に設立をみた[44]。

3. 特需生産の縮小と防衛生産の始まり

(1) 特需生産の縮小とその対応策

表4-5にあるように，1954米会計年度（53年7月～54年6月）に181億円を記録した米軍からの砲弾発注は55米会計年度に10億円，56年米会計年度に7億円に激減した。こうしたなかで神戸製鋼所受注の105ミリ榴弾と，小松製作所受注の4.2インチ迫撃砲弾の製作納入がそれぞれ100万発に達したのを記念して，55年11月1日に日本工業倶楽部においてパーティが開催された[45]。挨拶に立った河合小松製作所社長は，以下のように述べた[46]。

「弊社がこの弾薬の生産に宛てました工場を政府から引き受けました時は，（中略）成人は，小松製作所は果たしてこの事業を完遂し得るや否やを疑ったものであります。特に，共産主義者の煽動を受けた民衆は，私共を目して『死の商人』と呼び，銀行家は私共の事業に融資することを遅疑したのであります。一方，政府においても赤，当時にあつては積極的な援助の点で欠けるものが有つたのであります。加うるに，年間七千万ドルの割で発せられておりました域外発注も，現在では日本側における防衛態勢整備の緩徐さの故に中絶の状態に陥つている次第であります。勿論，私共と致しましては，現在の政府は遅滞なく防衛態勢を確立すべきことを信じて止まないのであります（後略）。現在では，わが社単独の力を以てしましても，大口径砲弾を年間百万発以上生産するのは容易のわざであり，いざ鎌倉の有事の際には，五百万発を作り出すことも敢て不可能事ではありません。

こと弾薬に関する限り，私共は平時におけるわが国の防衛需要を充たした上に，東南アジア諸国の要求にも応じ得るのであります。（後略）私共はこの事業に従事したことに聊かの後悔も持たないばかりか，日本にとつて莫大な輸出産業を完成したのであります。膨大な勤労者に対しては働くべき職を与え多数の中小企業には仕事を提供し，遂には我が祖国の防衛の一端を確立致したのであります」。

表 4-5　米軍特需武器発注額・防衛庁主要武器発注額　　（100万円）

区　分	52米会計年度	53米会計年度	54米会計年度	55米会計年度	56米会計年度	57米会計年度			
武　　器	5,518	20,771	22,857	2,092	810	22			
うち砲弾	5,396	15,232	18,097	959	651				
	52年度	53年度	54年度	55年度	56年度	57年度	58年度	59年度	60年度
武　　器	2	109	134	797	1,220	2,036	2,278	2,926	3,856
うち銃砲弾		109	55	55	104	946	1,131	1,208	1,417

（注）（1）　米会計年度は前年7月～本年6月。
　　　（2）　特需武器は，銃・砲・爆発物発射機・銃弾・砲弾・爆発物・砲弾および爆発物部品・その他・火薬。
　　　（3）　防衛庁主要兵器は，火器・爆発物発射機・戦闘車両・銃砲弾・爆発物・指揮装置。
［出所］　日本兵器工業会編『日本の防衛産業』日本兵器工業会，1961年，110-115頁。

　河合のこのスピーチを聞いたTODの堀は「話を聞きながら胸の中がすっとした。聞きしに優る大経済人大経営人と思った。その直後，自分達の席にも挨拶に来てくれた同社長に，心からの謝意と敬意を表したことを今でも鮮やかに覚えている」[47]と語っている。

　表4-5に示されているように，米軍発注が激減するなかで防衛庁からの砲弾発注は文字通り桁違いに少なく，「内需」が特需に取って代わることはなかった。そこで期待されたのが東南アジアへの武器輸出であり，上のパーティでの席上，神戸製鋼所の浅田長平社長も「今後も引続き契約の残量生産に努力する傍ら，米軍及び我国防衛庁の新規需要に応じ，或は又進んで東南アジア諸国への兵器輸出にも寄与致し度いと念じている次第であります」[48]と述べた。

　1954年後半以降の特需砲弾（弾薬）発注の激減への対応策が経済団体連合会（以下，経団連と略記）でも模索された。防衛生産委員会は55年3月29日に「弾薬類の継続生産に関する緊急要望意見」を取りまとめたが，その主な内容は，「(一) 日本政府としても，アメリカ側関係当局に対し弾薬の継続発注を要請すること。(二) 長期防衛計画をすみやかに策定するとともに，三一年度以降自衛隊の常時の演習弾薬類を，アメリカ軍の援助に頼らず自主的に防衛庁予算をもって自己調達する方針を確立すること」の2点であった。4月4日には石川一郎経団連会長，植村甲午郎同副会長，堀越禎三同事務局長，郷古防衛生産委員長が高碕達之助経済審議庁長官，石橋湛山通産相，杉原荒太防衛庁長官を歴訪して意見書の趣旨を説明するとともにその実現方を強く要請した[49]。

1955年4月下旬，日本の防衛生産態勢とアメリカの域外発注の問題について政府関係者と話し合うために，アーヴィング・ロス（アメリカ国防省予算局次長）およびウィリアム・デーヴィス（国防省域外調達部長）らが来日した。経団連では防衛生産委員会役員会に両名を招いて意見交換した。その席上，ロスは「米国の特需発注を通じて日本の防衛産業を育成するため，いわば呼び水としての役割をこれに期待していたのであるが，遺憾ながら日本の政府は怠慢で，これを自分の問題として扱おうとしない。突然発注を打ち切られては困るというが，自ら助け，自ら努力するという日本政府としてのなんらかの意思表示が示されぬ限り，米政府としては非常に苦しい立場に立たされる」[50]として，日本側にいっそうの防衛努力を促したのである。

　防衛生産委員会ではアメリカに対する継続発注の要請と並行して，生産完了にともなう遊休施設問題を兵器委員会と火薬委員会が中心となって検討した。防衛生産委員会は通産省および防衛庁と数次にわたって折衝を行い，1955年9月16日に試案「弾薬等製造設備維持要領案」を作成し，政府に提出した。この試案は「機械および装置は，原則としてその全部を政府所有に移し，当該企業に必要経費を支払ってその維持管理を委託する」という「国有民営」論であった[51]。

　この時期「財界筋では上述の如き国有民営を段階的に採用し，兵器産業を再編して大口径弾1乃至2系列，中口径弾1系列，銃弾1系列とする整備総合案が打ち出された」[52]。一方，通産省ではこの設備国有化案を検討した結果，買上げならびに設備管理基準を作成した。同省では設備買上費27億円，維持管理費9400万円と試算した。結局，通産省は1955年10月に買上げ措置実施機関として「武器生産設備維持審査会」を設置する案を策定し，設備買上げ対象として表4-6に示された各社が想定されていた。買上げ・維持費合計額が1億円を超える企業は，大阪金属工業，小松製作所，神戸製鋼所，高野精密，旭大隈工業，東洋精機の6社であった。なお，55年5月末現在の各社の兵器（銃・砲弾）受注残高は表4-7の通りであった。

　通産省案は銃砲弾の年間平時需要量を，海上・陸上自衛隊分約1万5000tと見込み，これに米軍の域外買付けをある程度織り込んだ上で総需要を想定し，これを充足できるだけの生産能力（設備）を温存しようというものであった。この方針にもとづいて弾体については1弾種1系列の基準で能率のよい設備から採用し，薬莢，信管，火薬その他の火工品なども弾体の設備能力に見合った

表 4-6　兵器生産設備買上計画　（千円）

種別	メーカー	買上費	維持費	合計
弾体	大同製鋼	40,804	10,034	50,838
	大阪金属工業	90,922	8,097	99,019
	神戸製鋼所	191,943	21,362	213,305
	小松製作所	192,445	18,188	210,633
	日本建鉄	53,586	9,674	63,260
薬莢	大同製鋼	42,082	1,333	43,415
	大阪金属工業	80,141	5,828	85,969
	神鋼金属	71,852	3,158	75,010
信管	英工舎	9,962	2,670	12,632
	大阪金属工業	23,380	2,431	25,811
	三桜工業	39,818	6,552	46,370
	東京製作所	8,373	1,854	10,227
	新中央工業	2,917	1,510	4,427
	愛知時計電機	19,916	3,611	23,527
	高野精密工業	215,434	16,002	231,436
銃弾	旭大隈工業	750,577	13,615	764,192
	東洋精機	443,807	16,843	460,650
砲	日本製鋼所	590	8	598
	大阪機工	1,272	8	1,280
クリッピング	山川プレス	95,000	1,745	96,745
火薬・爆薬		532,626	154,140	686,766
火工品		191,411	80,698	272,109
合計		3,098,858	379,361	3,478,219

（注）　原資料の集計ミスは訂正した。
［出所］　前掲『特需の概況』昭和30年12月，42-44頁。

分を買い上げることにした[53]。

こうした通産省案に対して，大蔵省は難色を示した。大蔵省は具体的な数字は上げず，買上げ対象を砲弾，弾薬，迫撃砲などの緊急を要する部門に限定する，設備買上費・維持費を1956年度以降の財政負担の許す限度にとどめる，財源は民間に払い下げた旧軍施設代金回収分で賄うというものであり，国有民営方式の採用には反対であった。一方，防衛庁買付けが従来の特需を代替できる規模では到底ないこと，「砲弾などは米軍の自衛隊に対する既供給分が倉庫に収容し切れないほど余っている」[54]現状に鑑み，防衛態勢を常時整備するためには国有民営方式が妥当というのが通産省の主張であった。しかし兵器生産の縮小にともなう従業者の他業種転換にともなう費用をどうするか，民間からの設備買上げ申込みが殺到した場合の財政負担をどうするかなどが問題となった。国有民営方式を採る場合，まず必要なことは日本が将来どの程度の質量の防衛産業を保持するべきかの基本構想を確立することであり，長期防衛計画が決定していない現在，全般的な防衛生産のあり方を結論づけることは早計である，国有民営方式を採用する場合，どの省が所管するのか等々の理由から，大蔵省は国有民営論に対して反対の立場を維持した[55]。

こうした経緯のなかで1955年内に政府は防衛問題に対する基本方針を決定

表 4-7　兵器(銃,砲弾)特需各社別受注残高(1955年5月末)

社　名	主要品目	金額 (100万円)	最終納期 (年月)
小松製作所	155ミリ榴弾 4.2インチ迫撃砲弾	2,502	1956.1
住友金属工業	75ミリ無反動砲弾	531	1955.10
神戸製鋼所	105ミリ榴弾	9,498	1956.12
大阪金属工業	81ミリ迫撃砲弾 57ミリ無反動砲弾	1,064	1955.8
大同製鋼	60ミリ迫撃砲弾	93	1955.6
高野精密工業	105ミリ時計信管	3,061	1956.12
旭大隈工業	ライフル徹甲弾 カービン普通弾	1,953	1956.5
豊和工業	手榴弾 81ミリ迫撃砲弾	112	1955.7
愛知時計電機	75ミリ発煙弾	16	1955.6
大阪機工	4.2インチ迫撃砲 手榴弾	105	1955.10
新明和興業	3.5インチロケット砲	120	1956.3
東洋精機	0.3インチ銃弾	1,208	1956.8
旭化成工業	発射薬	269	1955.10
日本油脂	〃	200	1956.1
三菱化成	爆薬	600	1956.4

(注)　2品目受注企業の受注残高,最終納期は2品目合計。
〔出所〕　大阪商工会議所編『大阪経済年鑑』昭和31年版,1955年,305頁。

することはできず,56年1月下旬に自民党が応急措置として提案した国庫債務負担行為による56年度買上げ案も通産省と大蔵省の意見の不一致などから実現せず,結局56年度予算では何らの措置も講じられないことになった。そこで防衛生産委員会が政府および自民党と折衝を行った結果,56年2月上旬に自民党国防部会内に政府および業界からなる防衛生産連絡協議会が設置され,同協議会は3月に「防衛生産施設維持に関する臨時措置法案要綱」を取りまとめ,政府提案として第24通常国会に提出することとなった。この法律案の内容は防衛計画が策定され,弾薬の補給計画が立案されるまでの臨時措置として,設備を維持させようとするものであり,通産省内に大臣諮問機関として「武器等生産施設維持審査会」を設置して維持すべき生産施設を政令で指定しようと

するものであった[56]。

　しかしこの案も結局提出されることはなく，議会は1956年6月3日に閉会となった。そこで通産省では57年度予算要求に先立って，防衛生産設備臨時措置法案および維持要綱等を策定し，7月18日の武器生産審議会で説明を行った。この通産省案に対して，防衛生産委員会は，①臨時措置に続いて施設の国有化を原則とする本格的な維持対策を講ずる，②転用不可能な施設の全面的買上げ措置，③稼働率が著しく低下したり，生産が中止した場合，日本開発銀行融資を受けた企業に対して償還の一時停止，融資期間の延長等の措置を講ずる，といった条件を付して諒承することとした。これを受けて通産省航空機武器課（赤沢璋一課長）は維持費の計上を決定し，大蔵省と折衝を重ねた結果，難航したものの結局，57年度には平年度4カ月分として7045万円の予算計上が認められた[57]。

　一方，保科善四郎（元海軍省軍務局長）自民党国防部会長は「各自衛隊の装備は，みずからの手によって，その大部を生産し，補給を持続し得るのでなければ，自衛隊は決して強靱にして信頼し得る防衛力とはなり得ないのである。（中略）防衛産業は原則として民有民営の経営形態とすべきであるが，これは高度の生産技術を必要とするのみならず，それ特有の政治的，経済的危険性があるから，国として資金，税制，技術，設備等の各般に亘って特別の育成措置を講ずる必要がある」[58]との意見を開陳していた。

　同時期，大阪金属工業社長の山田は「最近の米軍需要激減に伴い折角(せっかく)米軍及び我民間の企業努力によって培われた武器生産設備並に技術は再び崩壊の危機に直面している」とした上で，「文明諸外国に於ては，この種企業に対しては国有国営，国有民営或いは，その他何等かの強力なる助成策を講じて，自国防衛に必要なる防衛産業の保護育成に努めている」のに対し，「平和憲法を標榜する我国の現状よりして，防衛産業が民間企業を中心として行われざるを得ないものであり，またその再開が各私企業の危険に於てなされたものであるが故に，これらの助成策は"企業救済"であるという近視眼的反対論は，国家百年の計を誤まるおそれなしとしない。（中略）勿論安定した需要のもとに継続的生産を確保して企業採算ベースにのせ得るものであれば国家の助成策は，何等必要としないのであるが，我国の防衛需要のみでは到底この条件を満し得ないのではないかと考えられる」として防衛産業を維持するために国家の強力な助成策を求めた[59]。

一方，防衛生産設備維持に関する法律案については1957年2月中旬に閣議決定を経て国会に提出される予定であったが，次官会議の直前になって大蔵省側から法律による維持費の支給は時期尚早であり，補助金として支出すべきとの意見が出された[60]。結局，維持対策は補助金によることとなり，法律による防衛産業施設の維持は見送られることになった。3月1日，鈴木義雄重工業局長は植村経団連副会長，郷古防衛生産委員長の両名に対して業界の意見を求めたものの，経団連側もこれをやむなしとした[61]。3月8日の武器生産審議会の議を経て，1957年度から補助金交付が実施されることになった。

(2) 防衛生産の始まり

　警察予備隊が保安隊になり，警備隊とさらに航空部隊を加えて，陸・海・空の3自衛隊に編成されるのが1954年7月であった。しかし国防会議の設置は遅れ，発足は56年7月であった。国防会議は57年6月に「防衛力整備目標について」を決定し，第1次岸信介内閣の閣議了承を得た。これが第一次防衛力整備計画（一次防）であり，58～60年度を対象とし

表4-8　防衛産業施設（砲弾弾体）維持補助金交付状況
（千円）

会社工場名	57年度	58年度	59年度
大阪金属工業淀川製作所	3,836	7,330	3,375
小松製作所大阪工場	3,827	5,946	3,141
神戸製鋼所本社工場	1,911	3,212	2,115
日本建鉄船橋製作所	453	750	236
大同製鋼高蔵工場	3,215	7,264	1,661
合　計	13,242	24,502	10,528

（注）（1）　大阪金属工業淀川製作所は，砲弾薬莢，砲弾信管向け補助金を含む。
　　　（2）　大同製鋼高蔵工場は，砲弾薬莢向け補助金を含む。
[出所]　前掲『日本の防衛産業』150頁。

表4-9　弾薬生産メーカー一覧（1961年）

区　分	会社名
砲弾・中型弾体	○大阪金属工業 小松製作所（枚方工廠転用） 大同製鋼（高蔵工廠転用） 住友金属工業
砲弾・大型弾体	○神戸製鋼所 ○小松製作所
ロケット弾弾体	大阪金属工業 日本建鉄
砲弾用信管・普通信管	○大阪金属工業 ○高野精密工業 愛知時計電機 三桜工業 新中央工業 英工舎 同和金属 尼崎精工
同・時計信管	高野精密工業
電機特殊信管	○日本電子機器
砲弾用薬莢・大型	○大阪金属工業 神戸製鋼所
砲弾用薬莢・中型	○大阪金属工業

（注）（1）　○印は自衛隊より受注中。
　　　（2）　日本建鉄，新中央工業，英工舎，同和金属，尼崎精工は製造中止。
[出所]　前掲『日本の防衛産業』29-31頁。

た。しかし前掲表4-5にあるように一次防で拡大したとはいえ，特需生産で急膨張した弾薬生産設備（銃弾，砲弾弾体，砲弾薬莢，砲弾信管，砲弾塡薬，火薬）を維持できるだけの防衛庁発注はとうてい見込めず，通産省は先にみたように57年12月～59年3月まで特定業者に対して施設を最低限維持するに必要な経費として総額1億3700万円を交付した[62]。このうち砲弾弾体生産会社5社（大阪金属工業，小松製作所，神戸製鋼所，日本建鉄，大同製鋼）[63]に対して，表4-8に示されているように総額4827万円の補助金が交付された。しかしこの補助金は，59年度で打ち切られた。

　補助金が打ち切られ，防衛庁からの発注が期待したほど伸びないなかで，表4-9にあるように砲弾用普通信管メーカーの撤退が相次いだ。1961年度の弾薬生産能力は月換算1300t程度，特需生産当時の能力の34％に落ち込んでいた[64]。

4. 高度成長の開始と防衛生産の帰趨

　高度成長は，防衛生産企業（砲弾）のなかにおける兵器（防衛装備品）の生産割合に大きな変化をもたらした。大阪金属工業の場合，1961年下期の生産実績は75億2223万円であったが，そのなかで砲弾生産額は1億5243万円と全体の2％であった。61年下期の各種砲弾生産能力は月7万発であったが，『有価証券報告書』では「現在防衛庁よりの少量受注により一部稼働しているに止っているので金額表示はしなかった」とされている[65]。冷凍機やフロンガスなどの急速な生産拡大によって，大阪金属工業は防衛生産企業から民需生産企業へと転換していった。しかし他の多くの砲弾・信管メーカーが兵器生産から撤退するなかで，大阪金属工業は社内生産比率を大きく落とすとはいえ防衛生産を維持し続けた。

　1957年7月に大阪金属工業は75ミリ榴弾1万発の口頭内示を防衛庁から受け，58年2月に1万発を9700万円で正式に契約締結し，淀川製作所で生産を開始した[66]。以後も，防衛庁が一次防にもとづいて調達する弾薬の大部分は，大阪金属工業が受注した。特需生産と比較してその規模を縮小したとはいえ，大阪金属工業は防衛生産のなかの砲弾生産系列として位置づけられたのである。

　1969年4月の定期採用者入社式において，山田稔専務取締役は同社の特機部門の意義について，以下のように述べた[67]。

「当社は過去において軍需生産を行ってきた会社です。31年の進駐軍向け砲弾特需の終了に伴い，その設備で現在も淀川製作所で防衛のための砲弾を造っております。(中略)国家が独立国家である以上，国防ということは絶対無視できません。現在いろんな議論があります。しかし，独立国家である以上，自分たちが自分自身の民族を最終的に守らなければなりません。(中略)われわれは経済力にあった防衛力を，日本民族として当然持つべきだという信念を持っております」。

一方，小松製作所への砲弾特需発注は1955年8月が最後となった。河合社長は54年10月に渡米して砲弾特需の前途を直接打診し，特需発注の終了を見越して55年5月に対応策の検討を開始した[68]。その後大阪工場ではさまざまな製品を手掛け，58年4月からは粟津工場から移管されたブルドーザの生産が開始された。

しかし，その後も表4-9にあるように小松製作所は防衛生産の一翼を担った。また1955年末には自走無反動砲車の試作を完了させ，川崎工場で生産を開始した[69]。1960年下期・61年上期の生産実績をみると，「各種プラント工事，電子工業材料，電子工業機器装置，特装車輌」から構成される「その他」の生産額が11億2379万円であり，生産総額の3.3％を占めた[70]。

❖ おわりに

ドッジ不況によって経営不振に陥った機械金属関連企業の一部が，特需砲弾生産を手掛けるようになった。しかし，経営困難に直面したすべての企業が特需生産を担うことができたわけではない。大阪金属工業の場合は戦前・戦時中の砲弾生産の経験が大きかったし，小松製作所や大同製鋼の場合は旧陸軍造兵廠施設の払下げを受けて砲弾生産を開始することができ，大阪金属工業でも旧陸軍造兵廠の設備の払下げを受けた。戦後日本における兵器生産の再開に際して，陸軍造兵廠という「遺産」が大きな役割を果たしたのである。

しかし1950年代前半に兵器生産を担うということは，大きな社会的軋轢を生んだ。工場が立地する地域住民からの強い反対にもかかわらず，また社内での反対も抑えつつ，労働組合の同意を取り付けつつ特需生産を始めるためには，河合や山田のような経営者の強力なリーダーシップが必要であった。また多くの金融機関が特需生産に距離をおくなかで，小松製作所や大阪金属工業にとって，住友金属工業，住友銀行，住友商事，さらに日本開発銀行の支援はありが

たかった。

　特需が終焉し，それを代替することを期待された防衛庁からの需要が小規模なものにとどまったとき，生産を継続するためには特需企業の選択肢として砲弾輸出[71]と防衛庁需要の拡大しかなく，一部の企業は兵器生産から撤退した。防衛生産の一翼を担う生産系列に位置づけられた企業には設備維持のための補助金が交付されたが，その規模は事態を改善させるほどのものではなかった。このとき後から「高度成長」と呼ばれることになる民需品需要の急拡大に直面した各社は民需生産を急増させつつも，そのなかの一部の防衛生産企業は社内生産比率を急速に低下させた防衛生産を手放すことはなかった。防衛生産を手放さなかったことの背景には，防衛生産を国の基本と考える経営者の判断だけでなく，出血受注を防ぎつつ，防衛力強化への協力を呼びかける防衛生産企業を所管する通産省，防衛装備品ユーザーである防衛庁，経団連防衛生産委員会などからの強力な働きかけがあったものと想像されるが，その詳細の解明は今後の課題である。

注

1　当初は，「別途需要」，「別需」とも呼ばれた。
2　経済団体連合会防衛生産委員会編『防衛生産委員会十年史』同会，1964年，290頁。
3　同上書，291-296頁。
4　中村隆英「日米『経済協力』関係の形成」（近代日本研究会編『年報・近代日本研究』4，山川出版社，1982年），大嶽秀夫「日本における『軍産官複合体』形成の挫折」（同編著『日本政治の争点』三一書房，1984年），浅井良夫『戦後改革と民主主義——経済復興から経済成長へ』吉川弘文館，2001年，243-248，270-277頁，有田冨美子・中村隆英「戦後兵器産業の再建過程」（中村隆英・宮崎正康編『岸信介政権と高度成長』東洋経済新報社，2003年），および石井晋「MSA協定と日本——戦後型経済システムの形成（1）・（2）」（学習院大学『経済論集』第40巻第3号，2003年10月，同第40巻第4号，2004年1月）参照。
5　特需生産から防衛生産への推移を概観したものとして，永松恵一『日本の防衛産業』教育社，1979年，51-68頁，富山和夫『日本の防衛産業』東洋経済新報社，1979年，26-45頁，および新治毅「防衛産業の歴史と武器輸出3原則」（『防衛大学校紀要』社会科学分冊，第77号，1998年9月）参照。
6　「兵器工業」（大阪商工会議所編『大阪経済年鑑』昭和29年版，1953年）265頁。
7　溶接五十年史編纂委員会編『溶接五十年史』産報，1962年，70頁。
8　同社社長の河合が旧陸軍造兵廠枚方製造所に注目したのは，栗本勇之助から引き受けて経営する意思はないかと打診されたのがきっかけだという説もある。また「神戸製鋼所と大谷重工業が播磨工廠の争奪戦でシノギをけずりあっていた」，それが幸いして小松製作所が枚方製造所の払下げを受けることができたとの指摘もある（「河合良成と小松製作所」『財界』第2巻第10号，1954年10月，52-53頁）。
9　以下，小松製作所編『小松製作所五十年の歩み』1971年，79-81頁による。

10 朝鮮戦争勃発によって第八軍が朝鮮に進駐したため，第八軍調達部は在日兵站司令部調達部（Procurement Section Headquarters Japan Logistical Command: JLC）と改称し，同時にその権限が大幅に強化された。1951年11月，JLCの改組によってJPAが新設され，JLCの付属機関として日本における円・ドル両建て調達の統括処理機関となった（ダイキン工業社史編集室編『ダイキン工業50年史』1974年，211頁）。

11 合計75万7500発の迫撃砲弾の納期は「契約日より240日を始期とし390日を最終期として6次に亘り納入する」というものであった（小松製作所『新株発行目論見書』昭和28年2月22日，18頁）。

12 組合二十年史編纂委員会編『組合二十年史』小松製作所労働組合川崎支部，1966年，59頁。

13 1952年6月25日には朝鮮事変勃発二周年・枚方工廠再開反対市民大会が開催された。その前夜祭として24日夜に徹夜のキャンプ・ファイアを行い，その間に別動隊が枚方製造所に時限爆弾を仕掛けるという計画があった。この計画が事前に漏れたため，実行隊4人と見張隊6人が23日夜に京阪電鉄牧野駅近くの片埜神社に集まり，実行隊は甲斐田工場の第4搾出工場に入って時限爆弾を仕掛けた。爆弾一発が爆発して屋根や窓ガラスの一部を破壊し，もう一発は不発だった。また25日午前2時頃，行動隊が小松正義方を襲撃して玄関とガレージに火炎びん数本が投げ込まれたが，家人が消し止めて大事に至らなかった。小松は小松製作所と直接の関係はなかったが，工場誘致委員とも親しく，小松製作所誘致にも協力的であったため，小松製作所社長・重役と誤解されていたのである。またこの枚方事件と同日に吹田事件が起こった（枚方市史編纂委員会編『枚方市史』第5巻，1984年，173-244頁参照）。

14 払下げについて国会の場で何回か取り上げられた。衆議院大蔵委員会（1953年7月2日開催）において，日本社会党の井上良二は「払下げ物件は，政府の査定いたしております九億四千万円くらいの価格からいいますと，それよりはるかに厖大な金額になると推定いたしております。これは私現実にあの工場を見てまわつて参り，また工場内で働いている人から聞いて来てあります」として払い下げ価格を問題にした（『第十六回国会衆議院大蔵委員会議録第十三号』昭和28年7月2日，11頁）。井上は7月8日の大蔵委員会でもこの問題を取り上げ，払下げ価格の根拠について質問し，小笠原三九郎大蔵大臣は「算出した方法はきわめて適正な方法をとつておる」と答弁した。しかし井上はこれに対して「工場が，入りましてすぐ運転ができるような事態になつておる土地柄というものと，付近の農作物を耕作しておりますにんぱ（ママ），畑と同じ地価標準で押えるという根拠はどこに一体ありますか，そんなべらぼうは話が」と反論した（『第十六回国会衆議院大蔵委員会議録第十七号』昭和28年7月2日，2，4頁）。

15 前掲『新株発行目論見書』25頁。

16 以下，前掲『小松製作所五十年の歩み』81-82頁による。

17 河合良成「これからの軍需産業」（『経済人』第7巻第1号，1953年1月）5頁。

18 大阪府立商工経済研究所『兵器産業における下請工業』1953年7月，13頁。

19 前掲『新株発行目論見書』16頁。

20 前掲『大阪経済年鑑』昭和29年版，266頁。

21 遠山円造「兵器産業の企業系列と軍需融資の態勢」（『防衛と経済』第2巻第9号，1953年3月）50頁。

22 前掲『大阪経済年鑑』昭和29年版，269頁。

23 加地テック社史編纂委員会編『株式会社加地テック百年史——モノづくりにこだわり続けて100年』2006年，17頁。

24 堀光一「海軍技術物語（15）——特需兵器生産検査の回想」（『水交』第378号，1985年9月）22-23頁。

25 前掲『兵器産業における下請工業』25-26頁。

26 以下，前掲『小松製作所五十年の歩み』82-84頁による。

27 前掲『ダイキン工業50年史』210-211頁。
28 同上書, 217頁。
29 山田晃『回顧七十年』ダイヤモンド社, 1963年, 260-261頁, および前掲『ダイキン工業50年史』216-217頁。
30 前掲『ダイキン工業50年史』212-214頁。
31 前掲『回顧七十年』265頁。
32 前掲『回顧七十年』261, 266頁, および前掲『ダイキン工業50年史』214頁。
33 前掲『ダイキン工業50年史』214頁, および前掲『回顧七十年』268-270頁。
34 松本一郎『兵器』岩崎書店, 1954年, 148頁。
35 前掲『兵器産業における下請工業』13頁。弾尾は中西金属と村田金属, 弾体切削は三国紡機に下請外注した（前掲「兵器産業の企業系列と軍需金融の態勢」48頁）。
36 前掲『ダイキン工業50年史』218-219頁, および前掲『回顧七十年』278頁。
37 大阪金属工業『新株式発行目論見書』昭和28年10月20日, 19頁。
38 「大阪金属へ七千万円融資　開発銀行」（『朝日新聞』1954年3月17日）。
39 1954年7月に大阪金属工業は弾薬100万発納入記念パーティを日本工業倶楽部で開催した（エコノミスト編集部編『戦後産業史への証言　三　エネルギー革命　防衛生産の軌跡』毎日新聞社, 1978年, 240頁）。
40 前掲『回顧七十年』281頁, および前掲『ダイキン工業50年史』219頁。
41 大阪機工五十年史編纂委員会編『大阪機工五十年史』1966年, 183-184頁。
42 大阪商工会議所編『大阪経済年鑑』昭和30年版, 1954年, 319頁。
43 同上書, 321-322頁, および前掲『防衛生産委員会十年史』59頁。
44 前掲『大阪経済年鑑』昭和30年版, 322頁。
45 千賀鐵也防衛生産委員会元事務局長は後年, 大阪金属工業の100万発納入記念パーティとともに,「結局, このパーティも特需の発注を今後も続けてくれという一つのデモンストレーションでしょうな」と言及した（前掲『戦後産業史への証言　三　エネルギー革命　防衛生産の軌跡』240頁）。
46 前掲『防衛生産委員会十年史』82-83頁。
47 堀, 前掲記事, 24頁。
48 前掲『防衛生産委員会十年史』82頁。
49 同上書, 129-130頁。
50 同上書, 130頁。
51 同上書, 132頁。
52 以下, 大阪商工会議所編『大阪経済年鑑』昭和31年版, 1955年, 305頁による。
53 大阪府中小企業特需協議会・大阪府商工部商工第一課『特需の概況』昭和30年12月, 40-41頁。
54 同上書, 45頁。
55 同上書, 46-47頁。
56 前掲『防衛生産委員会十年史』133頁。
57 同上書, 133-134頁。
58 保科善四郎「長期防衛生産計画の樹立と政府機構の改革」（『日本兵器工業会会誌』第100号, 1956年10月）13頁。
59 山田晃「防衛産業の保護育成は企業救済ではない」（同上誌）36頁。
60 前掲『防衛生産委員会十年史』135頁。
61 3月5日に防衛生産委員会と日本兵器工業会によって「防衛生産設備に関する懇談会」が開催され,「事態已むを得ざるものと認め, この上は諸般の準備を促進し, 補助金の確実なる交付を

期待するの外なき旨申し合せた」(「防衛生産設備に関する懇談会」『日本兵器工業会会誌』109号, 1957年3月, 38頁).

62 日本兵器工業会編『日本の防衛産業』1961年, 9頁.
63 大同製鋼高蔵工場は旧名古屋陸軍造兵廠高蔵製造所であり, 同製造所は戦災を受けることなく完全な形で温存されていた. 新大同製鋼 (1953年3月に大同製鋼に商号復帰) が52年12月に東海財務局からの払下げに成功し, JPAから60ミリ迫撃砲弾26万5000発を受注した. 高蔵製造所の払下げに際して, 中部重工業懇談会 (村岡嘉六会長) が結成され, 新大同製鋼を中心に大隈鉄工所, 新愛知時計電機, 新愛知起業, 豊田自動織機製作所, 豊和工業, 刈谷工機などが協力して払下げの促進と米軍からの特需受注を期待した. 高蔵製造所の払下げは, 中京財界一丸となった運動の成果であった (大同製鋼編『大同製鋼50年史』1967年, 215-216頁). 大同製鋼の特需砲弾生産は1956年末まで続くが, その後は民需転換し, 61年頃からは大阪金属工業から防衛庁向けの砲弾弾体素材鍛造品を少量ながら継続受注した (同上書, 491-492頁).
64 金沢洋「日本の軍事力と防衛産業」(『経済評論』1962年6月号) 111頁.
65 以上, 大阪金属工業『第45期有価証券報告書』44-45頁による.
66 前掲『ダイキン工業50年史』279-280頁.
67 同上書, 168-169頁.
68 前掲『小松製作所五十年の歩み』95頁.
69 同上書, 87, 98頁.
70 小松製作所『第78期有価証券報告書』10, 14頁.
71 「MSA自体が過剰兵器の放出としての意味をもち, とくにタイ, フィリピンへの米国製武器の援助は, 米国の日本に対する域外調達を縮減するばかりか, 通産省が将来の市場として期待していた東南アジアの兵器市場から日本をしめだす役割を演じた」(大嶽, 前掲論文, 56頁) といったなかで, 砲弾輸出の展望は急速に潰えた.

第5章

船場八社の再編と関西五綿の総合商社化
―― 1950年代 ――

❖ はじめに

　1950年時点で船場八社の資本金は岩田商事3000万円，竹中500万円，竹村綿業430万円，田附1000万円，豊島1300万円，又一1000万円，丸永6500万円，八木商店500万円であったのに対し，関西五綿の場合は丸紅1億5000万円，伊藤忠商事1億5000万円，日綿実業1億円，東洋棉花1億1500万円，江商1億円と大きな違いがあった[1]。ともに関西系繊維商社でありながら，両者のその後の軌跡は大きく異なった。

　船場八社の場合，1951年に豊島から大阪豊島が分離し，54年4月に丸永が日綿実業に吸収合併され，岩田商事が仲間取引の清算不能を契機に同年6月に倒産する。さらに60年に田附が日綿実業に吸収され，竹村綿業は帝人商事と合併して竹村帝商（64年に帝人商事に改称），又一は三菱商事系列の金商と合併して金商又一となり，竹中は62年に大阪財界の代表的存在の1人であった竹中雄三社長が没した後63年に住友商事に吸収される。船場八社のなかでは，八木商店（89年ヤギに商号変更）のみが現存企業である[2]。

　一方，関西五綿は非繊維部門の割合を高めて1960年代初頭にはいずれも「総合商社」としての内実を確立する[3]。また1950年代前半には関西五綿のなかで伊藤忠商事・丸紅の両社と三綿（日綿実業，東洋棉花，江商）の取扱高格差が拡大する。1950年代における関西系繊維商社の動向を検討する場合，船場八社と関西五綿を分けたものは何かという問いに答えるとともに三綿と伊藤忠商事・丸紅を分けた要因についても考察する必要がある。船場八社の挫折には

153

繊維・非繊維取引の双方にかかわる要因があるはずであるし，関西五綿の総合商社化プロセスにおける取扱高格差の顕在化にも，同様に繊維・非繊維取引の両部門に起因する要因が働いていたはずである。

本章では船場八社と関西五綿の違い，関西五綿の2グループへの分岐といった2つの論点に留意しつつ，1950年代における関西系繊維商社の変貌過程を検討する。

1. 繊維商社の経済的打撃と救済策

よく知られるように朝鮮戦争ブームは糸へん景気を現出したものの，早くも1951年3月以降海外からの引合いに対するキャンセルの続出，内外綿糸布相場の低落，さらに輸入物資等に対する思惑的先物買いの失敗等が貿易商社に大きな打撃を与えた。

1950年12月〜51年5月期の商況を丸永の『営業報告書』は「米国が本年（1951年——引用者注）一月末強力な物価凍結を実施して重要物資の価格を釘付けにし一方戦略物資の買付を手控えたのを契機として海外諸国の思惑買いが一服し海外物価は本年二月を最高にして一斉に反落に転じたのであります。この海外物価下落の傾向は四月以降海外からの需要減退を齎す結果となり我国輸出商品の国際的割高と相俟つて輸出市況は漸次閑散化の一途を辿り」，一方「国内業界も（中略）三月初旬には事変勃発以来二度目のブームを現出した」ものの，その後「繊維品下落傾向と相俟つてやがて三月中旬の国内一斉反落を齎し，その後市場は軟化の一途を辿り物価も漸次低落し期末に至るまで市況閑散」と報じた[4]。こうした振幅の激しい市況にもかかわらず，50年12月〜51年5月期の丸永の売上高は前期に比して約2倍の237億円に達し，利益金も資本金6500万円の約1.7倍の1億1005万円を記録した。また丸永は51年4月7日の臨時株主総会において資本金の6500万円から1億5000万円への増資を決定し，増資新株85万株のうち65万株は1対1で株主割当を行い，残り20万株は役員，従業員，縁故者に割り当てることを決定した[5]。

また1950年10月〜51年9月期の商況について，又一の『事業報告書』は輸出市場に関して米綿収穫の大増収予想を受けて「相場続落し輸出市場は益々委縮した。（中略）その後（中略）綿花の低落は阻止され反騰に転じたので海外市場は見直し引合は漸増を示した。化学繊維製品，繊維製品も大同小異の市況

を辿つた。機械金属，雑貨も上半期の商盛に反し下半期は沈滞した」，輸入市場は「一，二月は最商盛を示した。その後，主要商品の崩落となつたので国内に於ける既約定品の受渡困難となり，特に皮革油脂の滞荷が増大し金融難を招致し」，国内市場では「今春以来の相場崩落により市況は沈滞した」と報じた。しかしこうした状況においても，1950年10月～51年9月期の又一の純益金は1333万円を記録した[6]。

しかし繊維商社の好調もここまでであった。1951年1～3月の新三品輸入実績は151億3931万円（皮革類39億2516万円，ゴム類106億4109万円，油脂類5億7306万円）に上ったが，値下り時の推定額は87億8231万円（同22億3858万円〔51年5月〕，同63億2850万円〔9月〕，同2億1523万円）とされ，推定損失額（輸入実績－値下げ時推定額）は63億5700万円に及んだ。同じく綿糸値下り損失推定額（20番手換算）は19億5465万円（51年2月の高値と12月の安値の差額×12月時点での商社在庫量），綿製品損失推定額（細布120本換算）は130億5140万円（同上）に達した。以上の新三品，綿糸布合計の損失推定額は213億6305万円になる[7]。

こうした大きな痛手は1952年3月期決算において明らかにされたが，同期における上位貿易商社70社中，利益を計上したものは30社，損失を計上したもの40社（合計損失額55億1216万円）であった[8]。いま主要商社20社の動向をみると，表5-1の通りであった。関西五綿も日綿実業を除いて大きな損失を計上しており，丸永，又一，岩田商事，田附も大きな打撃を受けていた。又一と丸永の損失額は日綿実業を上回る規模であった。

又一の社長阿部藤造は阿部房次郎の婿養子であり，房次郎の長男阿部孝次郎

表5-1　主要商社20社の利益金・損失額

（千円）

会社名	1951年9月期 利益金	1952年3月期 損失額
伊藤忠	10,173	515,031
丸紅	81,467	518,405
東洋棉花	56,663	348,248
日綿実業	92,305	173,394
江商	12,010	547,607
兼松	9,790	644,006
岩井産業	136,542	73,898
丸永	8,211	292,894
高島屋飯田	41,679	70,822
第一通商	15,737	94,092
極東物産	3,889	32,469
又一	13,331	480,251
岩田商事	116,153	99,751
田附	2,365	128,922
伊藤万	12,554	89,113
田村駒	31,856	120,591
蝶理	111,878	148,269
野崎産業	25,262	57,895
興服産業	104,525	44,237
新興産業	11,128	69,392
合計	897,518	4,549,287

〔出所〕公正取引委員会事務局編『再編成過程にある貿易商社の基本動向』公正取引協会，1955年，36頁。

（東洋紡績社長）の妹が妻であった。藤造は東京帝国大学法学部政治学科卒業後，内務省に入るが，1921年に又一取締役に転じ，46年から同社社長を務めた。46年10月から50年10月まで大阪商工会議所副会頭として活躍し，その他に経済団体連合会理事，関西経済連合会常任理事，国鉄監理委員，日本貿易会常任理事なども務めた。1953年には「現在資本金二億四千万円の又一も，かかる氏の意向に率いられて進む限り，五大商社の列に入る可能性十分とみる。少なくとも金融界方面の氏に対する信用は絶大である」と評された又一であったが，1951年の打撃は深刻であった[9]。

こうした打撃の結果，繊維商社は紡績，銀行に対して巨額の債務を負うことになった。日本銀行（以下，日銀と略記）の斡旋によって棚上債務のなかで紡績と銀行の折半という形で解決された分は，1951年末で銀行88億円，紡績41億円合計129億円といわれた[10]。しかし52年に入っても内外市場の沈滞はより厳しくなり，操短は繊維だけでなく，パルプ，ソーダ，ゴム，油脂，皮革，紙などに拡大した。こうしたなかで52年4月末に一万田日銀総裁が大阪を訪問し，その結果，関西五綿と船場八社に兼松と高島屋飯田を加えた15社の銀行，紡績などに対する負債のうち80億円が2～5年半を期限として棚上げされることになった[11]。

商社に対する政策的救済の典型例を，表5-1にあるように関西五綿のなかで最大の損失を計上した江商の場合にみることができる。棚上額14億円の内訳は銀行融資9億円，メーカー棚上分5億円であり，銀行融資の金利は日歩1銭7厘（年利6.2％）で，しかもこの9億円については各市中銀行が江商に融資した単名手形を担保に，日銀が日歩1銭8厘の逆ザヤで市中銀行に貸し付けるという内容であった[12]。返済スキームは，①6億6000万円を52年10月から58年3月まで毎月利益のなかから1000万円ずつ返済，②残りの7億4000万円は58年3月末までに不動産処分，こげつき債権の回収，ストックの売捌き，増資によって返済するというものであった。しかし年間の金利は対銀行分5600万円，対紡績分4500万円，あわせると1億円を超える計算になった。元本返済，金利負担の問題以上に重要なのが，江商が「つぶれたら大変とばかり銀行や紡績の監視も並み並みならぬもの」[13]といった状況下におかれた点であった。

政府および日銀はデフレ政策の一環として1954年初めから貿易商社の強化統合に乗り出していたが，日銀大阪支店の斡旋で日綿実業（資本金4億円）と丸永（資本金1億5000万円）の合併が内定し，3月30日に仮調印が行われた。

この吸収合併の条件は，①丸永の負債13億円余とその他の不良資産は別に整理会社を設立してこれに当たらせ，新会社には不良債務や取引先をいっさい持ち込まないこと，②棚上げ債務15億円は銀行団（三和，三井，第一，富士など）に半額，紡績各社（東洋紡，日紡，鐘紡，大和紡，敷紡，日清紡，富士紡）に半額とすることであったが，のちに13億円余に減少した。また棚上げ債務に対して，低利融資や日銀の高率適用除外は行わないとされた[14]。

丸永の従業者750人に対して1954年4月26日に第一次197人の人員整理が実施され，最終的には丸永から日綿実業に引き継がれる人員は約200人にとどまった[15]。ここに船場八社の一角が消滅することになったのである。

続いて岩田商事（資本金1億5000万円）が，東西交易との仲間取引を機に1954年6月28日に整理を発表した。8月26日には第3回債権者会議が開催され，6月26日現在の資産は7億3284万円（東西交易への債権1億8000万円を含む），負債は24億7736万円，差引き純負債額は17億4452万円であり，債権者への返済率は29.5％とされた。また人員整理に関しては約半数の220人を整理し，本社に150人，岩田貿易に70人を残すこととなった[16]。

さらに1954年7月には伊藤忠商事に5億円，又一に8億円，蝶理に8億円，田村駒に5億円の救済融資が行われた。貿易商社の整理統合に関して通産大臣，大蔵大臣，日銀総裁との間で基本方針が決定され，7月16日に愛知揆一通産大臣の談話が発表された。8月31日には有力9社社長間で綿糸布輸出過当競争防止を申し合わせるものの，翌日の又一の安値契約によって申合せの実効性が疑問視され，9月1日には田附への協調融資4億円が決定された。9月24日には又一が第3回目の人員整理（合計160人）を行い，同月には東洋棉花も65人の人員整理を行った[17]。

1955年に入ると1月14日に17商社社長と通産省の懇談会が開催され，通産省は統合を前提とした優遇策を語り，商社側は貿易管理の再検討を要望した。1月20日には田附が三和銀行審査部次長を現職のまま迎え，1億5000万円の単名融資を受けた。同日，元住友銀行支店長が竹中の取締役経理部長に就任する。2月12日に三菱，住友両銀行が又一に対して棚上げ債務10億円の金利免除，元金に関しても10年の長期棚上げ措置を決定した。2月28日には東京銀行の指導で江商の経営合理化案が成立し，東銀は同月に江商に対して9億円の単独融資を行った[18]。

2. 船場八社と関西五綿を分けたもの

　1952年3月期に顕在化した船場八社および関西五綿の経済的打撃はともに大きく，両者の間で質的な違いがあったわけではない。その結果「二七年以降商社救済のために銀行および紡績業者により債権の棚上ならびにいわゆる再建整備融資が行われた。（中略）この強力な資金面からの支持によって，患部の膿を相当程度に出すことができた。この援助はさらに最近は金利負担低減のために思い切つた利率引下げ措置をとるにいたつている」，しかし「銀行あるいは紡績業者の支持をうるにいたらない商社は，抜本的な措置を講じえないままに，一時を糊塗しつつ現在におよんでいる」というのが55年末の状況であった[19]。51年反動および53年秋以降のデフレからの回復に際する銀行と紡績業者の支援において，船場八社と関西五綿では大きな差があるという指摘である。

　関西五綿に関しては「たとえ損失が大きく出ても，紡績も銀行も，あるいは㈲手形，再建整備借入金，あるいは整理融資というように救済の手を重点的に差しのべた」と指摘される一方，岩田商事，丸永倒産の後の「船場六社」は「第一に，糸商という名で一括されているように，国内綿糸取引比重が最も高い。（中略）ところがこの綿糸商内こそ紡績のしわを最も直接的に受ける部分なのである。（中略）第二に，貿易比重が低く，最近の内需不振のはけ口も狭いわけである。（中略）繊維商社の苦悩はこのクラスに最も強く，且典型的にみられる」と評された[20]。

　関西五綿に比しての船場八社の相対的劣位を銀行および紡績業者との関係から説明するこうした指摘に対して，船場八社の弱体化の根本要因を，相場商法の限界と「財閥解体で総合商社がなくなり，小規模の商社が，それぞれ同じスタートラインに並んだために，総合商社化競争がおこり，そのあおりをくった」点に求める見解もある。建値販売を行う「合繊が力を強めて来ると，相場商法は行き詰まる。それに総合商社化競争で，大小問わず，非繊維部門に力を入れたのが，逆にこたえた。いわゆる新三品―ゴム，皮革，大豆（ママ）の大量輸入と暴落で，糸商の中には手痛い打撃を受けたものも出てきた」という説明である[21]。

　以上のような商社と銀行・紡績業者との関係，および商社間競争の激化から船場八社の相対劣位を説明する見解は首肯できるが，さらに商社間競争の具体

的様相，換言すれば関西五綿にできて船場八社にできなかった繊維・非繊維部門での営業の実態が問われる必要がある。

3. 関西五綿発展の一要因──機械取引

(1) 東洋棉花

東洋棉花（以下，東棉と略記）は1950年5月の増資目論見書において「当会社は従来繊維原料，繊維製品が主たる取扱品であつたが貿易再開後は所謂ゼネラルマーチャントとして再出発し紡織，機械，金物，セメント・鉄板，紙パルプ，木材，食品，砂糖，塩，油脂，穀肥，窯業品，石炭，染料其の他雑貨の輸出入にも従事してゐる」[22]として取扱い内容の「総合性」を強調した。

しかし，表5-2に示されているように1950年代の東棉の売上高に占める機械金属の割合はもっとも高い1957年度でも14.8%であり，繊維部門がはじめて半分を割り込むのは62年度であった。ただし依然としてその構成比は小さいものの，機械ビジネスは東棉の取扱商品多角化を牽引する役割を果たした。

東棉では1948年6月に本店機械部を設置し，8月には東京支店に機械部東京支部を設置，さらに49年2月に本部を東京に移して機械部大阪支部，同名

表5-2 東洋棉花の商品別売上高

(100万円，%)

年度	繊維	機械	金属	建設・木材物資	食糧	化学品・石油	その他	合計	繊維比率	機械・金属比率
1950	38,685	2,622	機械に含む	3,060	2,274			46,641	82.9	5.6
51	60,957	10,322	機械に含む	7,815	6,049			85,143	71.6	12.1
52	49,644	11,436	機械に含む	8,579	8,579			78,238	63.5	14.6
53	66,237	3,525	4,536	6,313	11,212			91,823	72.1	8.8
54	65,057	7,972	機械に含む	8,925	14,580			96,534	67.4	8.3
55	77,198	7,035	機械に含む	12,935	16,237			113,405	68.1	6.2
56	99,235	8,120	10,114	13,683	16,224	1,400		149,784	66.3	12.2
57	103,417	12,639	11,827	14,611	16,129	3,144	4,004	165,771	62.4	14.8
58	107,534	12,409	11,591	16,756	17,502	3,617	4,780	174,189	61.7	13.8
59	129,118	11,560	16,470	20,675	20,093	6,016	4,971	208,903	61.8	13.4
60	163,133	21,622	26,417	20,741	34,678	9,080	2,127	277,798	58.7	17.3
61	181,027	40,991	33,613	33,099	56,428	12,904	1,107	359,169	50.4	20.8
62	172,402	49,343	33,164	31,044	70,539	15,611	710	372,813	46.2	22.1

[出所] トーメン社史制作委員会編『翔け世界に──トーメン70年のあゆみ』トーメン，1991年，134, 238頁。

古屋支部の構成とした。当初，機械部門の主な仕事は東南アジア向け紡織機械プラント輸出であり，プラント輸出の場合は，買い手の希望する生産量や糸の番手をもとにして，必要機種・台数，レイアウト・プランなどを提示しなければならなかった。この点で，戦前に上海紡織など関連紡績会社の技術者が引き揚げてきて東棉に在籍していたことが，大きな競争力優位の源泉となった[23]。

　繊維機械と並ぶ機械ビジネスのもう1つの柱が工作機械であった。アメリカの有力工作機械メーカーであるシンシナチ・ミリング社が中心となって，競合関係にないアメリカの大手工作機械メーカー13社が輸出市場での販売，アフターサービスの効率化をねらってアマツール・サービス社を組織し，ヨーロッパ，ブラジル市場に次いで日本への進出を計画，販売代理店を探していた。この動きをいち早く察知したのが，戦前からアメリカの工作機械を取り扱っていた乾善雄であった[24]。乾からその情報をもたらされた東棉は，1950年に乾を嘱託（のちに輸入機械部長に就任）として迎え，翌51年にアマツール社の輸入総代理権を獲得する[25]。

　アマツール・グループの輸入工作機械の取扱高は1952年9月期に前期の4倍，6億1000万円，全国取扱高の50％を達成し，「工作機械の東棉」の名を確立する原動力となった。東棉ではセールス・エンジニアを養成するために社員をアマツール・グループのメンバー・メーカーの工場に派遣し，52年3月に最初の実習生を送り出した。同年秋，東棉はアマツール・グループの工場視察団（アマツール・トラベル・グループ）を組織して派遣，京都大学，東京工業大学の教授各1名のほかに，東洋工業，日立製作所，川崎重工業，神戸製鋼所，日立造船，三菱造船，三菱電機，東京芝浦電気，光洋精工など大手メーカー27社が参加，大成功を収めた。本田技研工業の本田宗一郎も参加して同社の設備増強を図った。この視察団は4回実施され，多いときは参加人員が70名を超えた。このアマツール社との関係を武器に1950年代後半から60年代前半にかけて工作機械輸入は全盛を誇り，担当部門は東棉のなかの「もうけ頭」であった[26]。

　また1952～53年に東棉は西ドイツのカールマイヤー社の繊維機械（トリコット）を輸入したが，その後この機械は爆発的な売行きを示し，「外貨割り当ての時代で枠がないと輸入できなかったが，買い手が殺到し，何カ月待ってもいいからと現金を積む状況」が続いた。当時，東棉はシー・イリス商会を通じての輸入であったが，1956～57年にかけて同機の取扱い実習のために担当者

をカールマイヤー社に派遣して実習させた[27]。

非繊維担当の初代駐在員がインドネシアに派遣されたのは，1956年5月であった。その後同国に対して日本の賠償が始まるが，商社としての賠償関係の取引の主体は紡績プラントであった[28]。

1955年3月に機械金属部は機械金属部と輸入機械部に分割した。続いて56年1月に機械金属部は新設の金属鉱産部に金属関係を移管し，機械部と改称した。さらに59年10月，アマツール・グループの工作機械を取り扱っていた輸入機械部輸入機械一課の業績が向上したため機械第一部に昇格し，輸入機械部輸入機械二課と機械部を改編して機械第二部および機械第三部とした。機械第二部は航空機に取り組み，これが61年のヒューズ社からのヘリコプターの輸入代理権獲得につながった。また57年10月には機械部東京本部にプラント課を設置して，プラント事業への本格的取組みを開始した[29]。

(2) 日綿実業

日綿実業（以下，日綿と略記）も1951年5月の増資目論見書において「昭和22年貿易再開に伴ひ直ちに従来の海外得意先関係との連絡を復活しましたのみならず進んで海外各方面との各種商品の直取引を開始し，また海外各地の需要状況の変遷に伴ひ機械金属類，化学工業品等取扱品目を増加し現在取引網は殆んど世界各国に及んでいます」[30]として，取扱商品が重化学工業品に及んでいることを指摘した。また51年上期の日綿の対応に関して，「当社は既に本年頭初より各商品界の行過ぎを警戒してゐましたので最近の値下りにより被る損失は約93百万でありまして，それも当期三月末決算に全部整理の予定であります」[31]とした。

日綿の非繊維部門強化策のなかで先兵の役割を果たしたのが，機械部門であった[32]。1948年12月に機械金属部を発足させた同社の機械取引では繊維機械のウエイトが大きかった[33]。繊維機械輸出は50年から本格化し，インドネシアの国営チラチャップ紡績工場向け3万錘の紡機設備の輸出を契約した。この輸出は紡機メーカーの技術者による技術指導をも含む「セミ・ターンキー方式」と呼ばれるプラント輸出の先駆けとなるものであった。続いて韓国の泰昌産業に，紡機5万錘を含む紡績プラント一式550万ドルを輸出し，これは戦後最大の繊維機械輸出といわれた大型商談であった。こうした繊維機械の輸出ブームは1960年代まで続き，日綿は商社のなかでトップクラスの実績を占め，

たとえば59年の日本の繊維機械輸出総額は123億円であったが，日綿はパキスタン，インドネシア，南ベトナムなど9億2000万円の実績を上げていた[34]。

戦後，「機械の引き合いがくると，電話帳でその機械のメーカーを探し，カタログを取り寄せることから商談を始め」[35]た日綿であったが，山岡孫吉社長らトップとの緊密な関係にもとづいて日綿はヤンマーディーゼルとの提携に成功し，そのことが機械ビジネスの基礎を築く上で大きな役割を果たすことになった。インドが食糧増産政策のために灌漑ポンプ用原動機を求めているとの情報を入手した日綿はこれをヤンマーディーゼルに紹介し，同社のエンジンの大量輸出が実現することになった。その後，ベトナム，タイなど東南アジア諸国向けにヤンマー・エンジンの輸出が増大しただけでなく，舶用・陸用エンジン，農業機械と取り扱うヤンマー製品が拡大していった。61年7月にヤンマーは農業機械の販売事業を独立させるためにヤンマー農機を設立し，日綿もその新会社に出資した[36]。

日綿が，機械部を新設した1953年，同部は繊維機械，ヤンマー製品に次ぐ第3の柱として船舶輸出に取り組んだ。神戸の船舶ブローカーである浜崎商店と日綿の提携が成立した。翌54年には米国ニチメン経由で在米ギリシャ船主に播磨造船所の3万2000tタンカー3隻を1100万ドルで輸出した。日綿が仲介ブローカーであり，造船所は日本輸出入銀行（輸銀）の融資を引当てにした契約であり，中小造船所に対しては商社が輸銀の窓口になることもあった。しかし58年になると大手造船会社は海外駐在員を続々と派遣するようになったため，商社が介在する余地は失われた[37]。

一方では，輸入機械の主力商品となったのが，フランスの繊維機械メーカーARCT社の仮撚機であった。日綿がARCT社と提携する契機は，1961年に同じ三和グループで関係の深かった日本レイヨンがナイロン技術をスイスのインベンタ社から導入した際，ドイツ・ニチメンの駐在員がARCT社の情報を得たことであった。日綿はARCT社の輸入総代理権を獲得し，その後ナイロンとポリエステル用として「ARCTブーム」を巻き起こし，62～65年に550台（1台約3000万円）の仮撚機を輸入した[38]。

1963年4月に日綿は三和銀行[39]の斡旋で機械商社・高田商会と合併した。1881年に高田慎蔵が創設した高田商会は，工作機械，精密機械，車輌原材料などを取り扱い，イギリス，フランス，スイスなどの海外有力メーカー約50社の販売代理権を有していた。この高田商会の合併は，日綿にとって輸入機械

の国内販売面で大きな意義を持った[40]。

(3) 江　商

　江商は1949年8月10日の増資目論見書において「機械類（輸出及国内卸売）」について，「従来は雑貨と共に国内販売を主としていたが，昨年来繊維機械類発動機等の輸出が著増し当社取扱額の大部分が輸出となるに至つた」とし，インド，パキスタン，その他南方諸地域向けの綿紡機，織機，その付属品，発動機輸出を挙げていた[41]。また国内卸機械類としては，繊維機械，自動車部品，鉱山用機械，食品加工機械，その他産業機械が挙がっており，49年2月の機械類取扱高（輸出および国内卸売）8805万円は総取扱高の25.1％，同年3月の1億6862万円は同36.3％を占めた[42]。

　一方，1951年4月28日の増資目論見書によると，最近4カ月間の商品別取扱比率は絹人繊糸布38％，綿糸布29％，毛麻糸布15％，繊維製品5％，鉄鋼機械13％であった[43]。しかし，新三品暴落の影響は江商にとってひときわ厳しかった。江商自らが「新三品の暴落により各商社も多大の損失を蒙った。当社もこの例にもれず莫大の損失を蒙り，この重圧は永く当社に累を及ぼし，これに適切なる対策の断行をゆるがせにした過誤を犯し後々までも一大禍根として残した」[44]と語るような事態が続いたのである。

　1960年時点での江商の機械部門は，繊維機械，一般産業機械，建設機械，電機，内燃機，農機具，車輛，船舶，工作機械，各種プラントを取り扱った[45]。

(4) 伊藤忠

　1949年12月，再発足後，伊藤忠商事（以下，伊藤忠と略記）の鉱工品部に機械課，輸出機械課，工具課の3課が設置され，50年4月に鉱工品部が機械金属部に改称され，機械部門は繊維機械課，産業機械課，軸受工具課，車輛課の4課となった[46]。

　1953年4月時点で伊藤忠の営業部門は綿糸布，人繊，絹人絹，毛麻，内地織物，綿花，機械金属，物資（木材，パルプ，紙，ゴム，セメント，窯業製品，化学薬品，染料，農水産物，鉱産物，その他雑貨），穀肥の9部門に分かれていた。しかし，1952年4～12月総販売高に占める各部門の割合は綿糸布26.8％，人繊4.3％，絹人絹8.6％，毛麻8％，内地織物2.5％，綿花17.7％，機械金属5.3％，物資3.9％，穀肥22.9％であり，機械金属の割合はまだまだ小さかった[47]。

伊藤忠は民間航空の再開とともに，1952年7月に東京支店に航空機課を新設した。一方，繊維機械は50～51年頃から取扱高が増加し，取り扱う機械も繊維機械以外に産業機械，動力機械，土木建設機械，車輛，モーター，小型舟艇などに拡大し，53年4月に機械金属部から機械部が分離独立し，同時に航空機課も航空機部に昇格した。また機械取引においては繊維機械を除いて営業の重点を次第に東京に移していったが，機械メーカーとの関係はまだ強固なものでなく，53～54年不況期には関係メーカーの行詰りによって損失を計上することになった[48]。

　しかし1950年代半ば以降の高度成長の進展とともに，伊藤忠の機械ビジネスも拡大を続け，59年4月に機械部を機械第1部（重機械，化工機，動力建設関係）と機械第2部（繊維機械，軽機械関係）に分割し，60年4月には航空機部と原子力部を一体化して機械第3部とした。続いて62年4月に輸出機械部を設置し，64年4月に機械第2部を繊維機械部と化学機械部に分割した[49]。

　主力の繊維機械では伊藤忠は1952年にアメリカのアボット・マシン社の自動ワインダー（経糸巻機）に注目し，その後同社のキラー（自動緯糸巻機）も取り扱い，両機は紡績工程の自動化・合理化に貢献した。自動ワインダーに関して伊藤忠は55年4月に村田機械に対してアボット・マシン社との技術提携を斡旋したが，これが繊維機械分野における戦後初の技術導入であった。また61年にはキラーに関する技術提携を石川製作所に斡旋した。54～58年に伊藤忠はアメリカのクロンプトン・アンド・ノールス社の毛織機，サコ・ローエル社の各種紡機，ドレーパー社の綿織機などを大量に輸入し，その後，平岩鉄工所，豊田自動織機製作所，石川製作所にそれぞれ技術提携を斡旋した[50]。なべ底不況を経て59～61年には繊維機械の需要はふたたび活発になり，二次加工部門を含む合成繊維関係の機械発注が著増した。この時期，伊藤忠の繊維機械取扱高の全国シェアは約20％と業界首位を確保した[51]。

　化学機械設備の取扱いは1951年から開始され，60年4月の機構改革によって紙パルプ関係は機械第1部，その他の化学機械は機械第2部の取扱いとなり，62年以降は両者とも機械第2部の所管となった。56年に日本パルプ工業向けに小林製作所製長網式パルプマシンを受注したが，これが伊藤忠にとって大口紙パルプ・プラント受注の第1号であった。59年に伊藤忠は大機ゴム工業と業務提携し，同社の紙パルプ漂白装置の総代理店となった。紙パルプ機械は装置機器であり，1件の契約金額が数億円に達するものが大半であり，紙パルプ

機械の伸長が機械部門の売上高増加を牽引した[52]。

輸入機械に関して，伊藤忠は1957年にアメリカのコルゲーテッド・ペーパー・マシナリー社の総代理店となり段ボール機械を輸入し，64年には石川製作所と同社の技術提携を斡旋した。また57年にアメリカのクーパー・ベッセマー社のガスエンジン・コンプレッサーの総代理権を取得し，これが伊藤忠の石油化学工業向け機械取扱いの基盤となった。さらに61年にはクーパー・ベッセマー社と神戸製鋼所の技術提携を斡旋した。化学機械の取扱いは伊藤忠にとって新分野であったが，納入先の日本瓦斯化学工業と呉羽化学工業からの支援が大きかった。伊藤忠の機械ビジネスでは技術提携の斡旋が大きな意義を有しており，海外技術の国産化を支援するとともに，国産化したメーカーの製品の販売総代理権を獲得しつつ新分野での商権を拡大した[53]。

製鉄機械に関して伊藤忠は1957年4月に製鉄機械取扱いの専門課として重機第1課を設け，川崎製鉄千葉に高炉関連設備，原料運搬設備，製鋼設備，化成品設備など総額数十億円の機械設備を納入した。また59年には西ドイツのオフ社と提携して合弁会社日本オフを設立し，加熱炉，均熱炉を取り扱い，大手鉄鋼会社に販路を開拓した[54]。

工作機械も伊藤忠にとって新分野であったが，1954年10月にはフランスのベルチェ社，H.E.B.社，およびジャンドルン社の3社とそれぞれ輸入総代理店契約を締結することができた。55年5月の東京国際見本市にはベルチェ社の立旋盤，ジャンドルン社の研削盤，H.E.B.社の自動旋盤，カズヌーブ社の高速旋盤を出品してフランス製品を紹介した。続いて55年7月にはイタリアのイノセンチ社と総代理店契約を締結し，同社の大型横中ぐり盤が三菱造船・長崎造船所に納入された。一方，伊藤忠の斡旋でベルチェ社の立旋盤は芝浦機械製作所，ジャンドルン社の研削盤は豊田工機に技術導入され，伊藤忠は両社の国内総代理店となった。またカズヌーブ社と技術提携関係にあった昌運工作所とも販売特約店契約を結んだ。国内販売では昌運工作所，日平産業，三井精機工業，会田鉄工所（プレス機），吉田鉄工所，大阪機工，大阪工作所などの製品を取り扱った。61年の伊藤忠の工作機械取扱高の全国シェアは7％，輸入では5％であった[55]。

伊藤忠は1956年4月に動力機械の横山工業（66年11月に川崎重工業と合併）の経営に参加して動力機器分野を開拓する一方，土木建設機械，運搬・輸送機，環境衛生機器などでも販路を拡大した[56]。

伊藤忠の機械ビジネスのなかで注目すべきものに航空機があった。伊藤忠は1952年にイギリスのハンドレイ・ページ社の販売代理権を取得し，同年下期にはアメリカのビーチ・エアクラフト社の総代理店メトロポリタン・エイジェンシーズ社と提携した。続いて53年10月にはアメリカの航空機補機部品および電子機器メーカーであるベンディックス社の販売代理権を取得し，54年4月にはビーチ・エアクラフト社と直接，総代理店契約を締結した。さらに伊藤忠はダグラス社と密接な関係を構築し，53年度の航空機輸入総額の6割強を伊藤忠が占め，54年にダグラス社との間で販売総代理店契約を締結した[57]。

　伊藤忠の機械輸出は再発足時1949年12月の10人体制からスタートした。インドのカルカッタから綿紡設備1万錘プラントの引合いがあり，通信だけで豊和工業製綿紡績プラントを成約した。これが伊藤忠のプラント輸出第1号であった。50年6月からパキスタンでOGL（包括的輸入許可制）が実施され，51・52年にはパキスタンの繊維機械買付けが最盛期を迎えた。伊藤忠ではカラチに事務所を開設して絹人絹織機プラントを中心に業界をリードする輸出実績を上げた。56年にはメキシコの国営紡績アヤトラ・テキスタイル社向けに豊田自動織機製作所製紡機2万錘，織機500台の売込みに成功した。これがメキシコ向け延払輸出の第1号であった。57年からはフィリピン向け繊維機械輸出が活発となり，香港がそれに次ぐ市場となった。61年にはインドネシア賠償によって同国向け3万錘の綿紡績工場建設契約が成立した。これは豊田自動織機製作所製綿紡織機を主体にした総額13億7000万円に及ぶプラント輸出であった[58]。

　伊藤忠では1954年に東京支社機械部の輸出機械課に船舶係員をおいて船舶輸出への取組みを開始した。60年には川崎重工業と業務提携し，同社から出向社員数名迎え入れるとともに船舶課を設置した[59]。

(5) 丸　紅

　丸紅の機械部門の売上は1954年3月期で10億円弱であったが，53年4月には丸ノ内支店に航空機課を設けて航空機の取扱いを開始した。55年9月に丸紅は高島屋飯田を合併して丸紅飯田となるが[60]，高島屋飯田の1955年3月期の年間売上高は318億円で，非繊維が56％（丸紅は74％）を占めた。高島屋飯田は鉄鋼の国内取引に強固な地盤をもち，羊毛，原皮，油脂などの輸入においても国内1，2位のシェアを有していた[61]。

高島屋飯田との合併を前に，機械金属部は1955年4月に金属部と機械部に分割された。1955年度の機械部売上高は73億円（全社売上高の3.7%）であったが，60年度には610億円（同10%）に著増した。車輌輸出ではアルゼンチン側と丸紅飯田との間で相互に5000万ドルの買付けをする相互取引商談が成立した。また，60年に電車150輌，61年に電車200輌，客車200輌を成約した。繊維機械の輸出は57年から本格化した。同年にフィリピンのリラグ・テキスタイル社向けに京都機械製染色仕上機械および織機450台，58年にはアラブ連合共和国向けに紡機3万錘を成約した。61年にはソ連機械輸入公団向けに京都機械製染色仕上機械104万ドルを成約し，丸紅飯田のソ連向けプラント輸出の第1号となった。発電機などの重電機輸出の開始は55年であり，同年にアルゼンチン向けに明電舎のディーゼル発電機および東芝製タービン発電機を約80万ドルで成約した[62]。

　一方，1956年にはスイスのフォン・ロール社が開発した塵芥焼却炉「デ・ロール炉」の総代理店契約を締結した。また56年10月にアメリカから技術者を招聘してトランジスタ製造機械輸入の方途を探り，これは後年の国内家電メーカーへのトランジスタ関係機器の大量納入に繋がった。機械部門の取扱高増加に対応して56年5月から64年4月にかけて機械部は何度か分割され，機械第一部から機械第六部までの6部編成となった[63]。

　1958年7月に丸紅飯田は航空機部を設け，9月にロッキード社と日本における総代理店契約を締結した。この時期，第二次防衛力整備計画における航空機種選定が大きな課題となっており，ダグラス社，ノースロップ社，グラマン社，ロッキード社が鎬を削っていた。結局，丸紅の推したロッキード社F104が次期主力戦闘機に選定され，60年4月に丸紅飯田は3000万ドルに及ぶロッキード社との納入代行契約を締結し，67年までには240機のF104が納入されることになった[64]。

4．関西五綿における格差拡大要因

　1951～55年の5年間で関西五綿のうち伊藤忠が2期，丸紅飯田が3期，日綿が6期，東綿が8期，江商が9期無配を記録した。1950年代前半は船場八社だけでなく，三綿にとっても厳しい時期であった。56年3月期の関西五綿の取扱高に占める繊維原料・製品の割合は68%と，52年頃とほとんど変化が

表 5-3 関西五綿の取扱高 （100万円）

会社名	1952年3月期 (A)	1956年3月期 (B)	(B) − (A)
伊藤忠	55,501	106,205	50,704
丸紅飯田	44,358	112,187	67,829
日 綿	35,009	67,772	32,763
東 棉	42,446	68,495	26,049
江 商	29,243	40,780	11,537
合 計	206,557	395,439	188,882

（注） 江商の取扱高は社内振替高を含まない。
［出所］ 「綜合商社への脱皮の計る関西五綿」（『財界観測』第14巻第1号，1956年7月）47頁。

なかった[65]。しかし表5-3にあるように，1952年3月期と56年3月期を比較すると伊藤忠・丸紅飯田と三綿との間の取扱高格差は大きく拡大していった。表5-4からも明らかなように，両者の売上高格差が顕在化するのは1953年度以降であった。55年頃からは総資産格差も拡大し，当期利

表 5-4 関西五

期 別	資産合計（100万円）					資本金（100万円）				
	丸 紅	伊藤忠	東 棉	日 綿	江 商	丸 紅	伊藤忠	東 棉	日 綿	江 商
1950年上	9,642	11,517	7,523	5,985	4,645	150	150	115	100	98.309
下	25,125	26,732	19,446	18,748	16,538	150	150	115	100	98.309
51年上	23,947	23,562	17,153	14,106	12,009	300	150	115	200	100
下	17,964	23,046	20,544	17,437	14,462	300	150	115	200	100
52年上	22,814	28,304	20,125	16,812	14,694	300	150	115	200	400
下	28,438	26,652	23,426	18,407	18,779	300	150	345	200	400
53年上	32,966	32,140	22,608	18,126	19,373	600	600	345	400	400
下	29,392	36,576	26,820	24,193	18,117	600	600	345	400	400
54年上	27,649	33,196	23,669	21,366	15,920	600	600	345	400	400
下	31,704	37,453	26,302	23,212	17,506	1,500	600	345	430	400
55年上	47,036	43,093	28,585	27,373	19,168	1,600	1,200	395	1,075	400
下	52,038	47,786	29,754	28,563	20,989	1,600	1,200	987.5	1,075	400
56年上	69,946	58,043	32,752	34,976	23,909	1,600	2,400	1,000	1,075	400
下	77,366	72,055	42,225	38,399	28,719	3,200	3,600	1,000	2,150	1,000
57年上	77,908	74,416	43,083	40,140	28,849	3,200	3,600	2,000	2,150	1,000
下	71,272	74,999	42,246	37,624	27,836	3,200	3,600	2,000	2,150	1,000
58年上	73,740	75,879	42,917	39,744	29,646	3,200	3,600	2,000	2,150	1,000
下	75,142	78,733	40,200	37,713	28,868	3,200	3,600	2,000	2,150	1,000
59年上	91,148	91,625	42,957	46,153	32,103	3,200	3,600	2,000	2,150	1,000
下	109,712	110,362	52,801	57,283	35,904	5,000	3,600	2,000	2,150	1,000
60年上	125,728	119,750	57,777	65,386	38,462	5,000	5,400	4,000	3,675	2,000
下	152,912	141,820	78,372	86,698	47,467	5,000	5,400	4,000	3,675	2,000

（注） 丸紅は1955年9月に高島屋飯田を吸収合併して丸紅飯田となる。
［出所］ 三菱経済研究所編『本邦事業成績分析』各期。

益金では 50 年代初頭から両者に大きな格差があった。

　1957 年 1 月に『東洋経済新報』は「丸紅飯田と伊藤忠は営業規模も大きく，総合商社への脱皮にも積極的（中略）日綿，東棉，江商も有力メーカーへの食込み，専門商社との業務提携などを通じ，金属，機械その他の取扱の拡張を狙っている」[66] として関西五綿の動きを伝えた。丸紅飯田は「両社（丸紅飯田と伊藤忠——引用者注）は，いわば兄弟でありながら，競争は熾烈をきわめている。しかし，現在では，伊藤忠を決定的に引きはなした。この差をうんだ原因は，いうまでもなく，三十年九月高島屋飯田を合併し，従来もつとも弱点といわれていた羊毛及び金属部門を強化したからである。これは，当社が総合商社として進出する大きな端緒を作つた」[67] と評され，伊藤忠は「総合商社への意欲は強い。その方策の一つは系列会社の育成で，関係会社や準関係会社として

綿の経営動向

売上高（100 万円）					当期利益金（千円）				
丸　紅	伊藤忠	東　棉	日　綿	江　商	丸　紅	伊藤忠	東　棉	日　綿	江　商
15,205	22,646	15,061	12,800	10,381	146,397	145,734	137,534	120,230	111,015
35,446	47,839	31,823	33,457	25,018	525,063	655,999	316,651	256,526	245,645
52,107	78,890	42,782	47,492	38,337	81,467	10,175	56,663	92,305	12,010
44,402	55,501	42,510	63,634	29,343	−518,354	−515,032	−348,248	−173,394	−547,607
43,114	62,504	34,399	92,363	29,707	18,842	163,632	−176,218	−333,536	−179,238
46,262	58,229	39,489	76,359	28,440	257,548	514,148	−195,018	17,942	30,917
62,096	71,536	41,527	49,188	40,656	165,428	317,931	83,357	154,330	124,883
72,948	87,959	50,422	58,751	48,996	130,313	251,791	60,546	62,973	132,155
60,493	76,917	49,415	59,305	40,815	100,468	186,584	−96,800	−74,055	−97,845
65,214	69,179	48,223	46,846	38,027	152,476	211,833	116,972	68,963	20,700
99,459	84,654	53,538	56,121	39,608	260,401	241,860	126,201	102,422	23,668
112,507	95,684	59,935	67,794	40,902	344,883	300,426	129,161	124,442	60,872
146,489	119,098	68,972	85,719	50,985	525,668	511,055	195,184	236,430	81,574
177,434	159,888	80,643	96,698	56,386	615,575	658,010	211,495	409,764	94,432
170,777	166,146	86,645	89,476	56,804	516,323	545,736	−64,288	187,452	45,466
152,645	141,247	79,264	89,853	51,320	501,526	372,429	141,018	228,846	25,194
151,035	129,188	77,999	85,972	52,166	513,729	406,642	148,417	254,907	37,039
153,618	131,293	76,117	89,946	47,984	511,952	518,308	165,117	263,030	41,135
190,109	156,055	83,175	106,892	53,298	682,857	779,586	254,755	344,695	101,585
233,077	208,249	100,205	124,729	61,151	917,185	987,961	272,635	370,197	121,628
291,500	236,570	125,931	143,901	65,913	921,482	834,453	414,422	415,391	142,220
323,315	253,454	151,981	162,292	75,951	1,244,073	1,065,389	469,562	480,799	189,669

第 5 章　船場八社の再編と関西五綿の総合商社化

表 5-5 関西五綿の売上高構成

(100 万円, %)

企業別	分野別	1958 年 9 月期		1959 年 3 月期	
		売上高	構成比	売上高	構成比
丸紅飯田	繊維	91,217	56	83,421	50
	非繊維	71,740	44	83,095	50
	うち機械・金属・鉱産	28,465	17	31,677	19
	合計	162,957	100	166,516	100
伊藤忠	繊維	93,457	65	91,401	62
	非繊維	50,557	35	55,415	38
	うち機械・金属・鉱産	20,850	15	21,675	15
	合計	144,014	100	146,816	100
日綿	繊維	55,445	65	53,373	59
	非繊維	30,371	35	36,506	41
	うち機械・金属	9,900	12	15,900	18
	合計	85,816	100	89,879	100
東棉	繊維	55,525	64	52,009	63
	非繊維	30,937	36	30,938	37
	うち機械・金属	12,989	15	11,011	13
	合計	86,462	100	82,947	100
江商	繊維	38,104	73	33,519	70
	非繊維	13,905	27	14,332	30
	うち機械・金属・鉱産	4,800	9	5,400	11
	合計	52,009	100	47,851	100

［出所］「丸紅の非繊維拡大進む」,「積極的な日綿の非繊維拡大」(『東洋経済新報』1959 年 6 月 13 日号) 142, 144 頁, および前掲『翔け世界に――トーメン 70 年のあゆみ』134 頁。

とくに密接な関係にあるものだけでも三十社に上り,自動車,石油,製紙,木材,鉄工,機械,線材,航空整備,水産,紡績織布,縫製など広汎な分野にわたつている」[68]と指摘された。

1959 年には「近来,とみに積極性を増している丸紅飯田では,関西五綿などと称されることを嫌い,三M（三井,三菱,丸紅）と称して,比較の対象を物産,商事に求めている」[69]といわれた。

関西五綿の売上高構成をみた表 5-5 によると,1959 年 3 月期において丸紅飯田の非繊維比率は 50％ に達しており,他社と大きな差を示していた。同期

表 5-6　商社の投融資総額

企業別	投融資総額（100万円）		B/A	対総資産比（％）	
	1956年9月期 (A)	1960年3月期 (B)		1956年9月期	1960年3月期
三　井	3,549	9,867	2.8	3.8	5.7
三　菱	715	5,688	8.0	0.9	3.5
丸　紅	2,418	7,248	3.0	3.5	6.6
伊藤忠	2,980	8,522	2.9	5.1	7.6
日　綿	775	3,018	3.9	2.2	4.9
東　棉	677	2,130	3.2	2.1	4.0
江　商	375	827	2.2	1.6	2.3
日　商	824	1,821	2.2	3.4	3.8
住　友	933	4,043	4.3	4.0	8.2
安　宅	712	1,497	2.1	3.4	3.9
岩　井	597	2,122	3.6	4.6	9.1
合　計	14,555	46,783	3.2	3.1	5.4

（注）　投融資額は各社の固定資産中の投資額合計。
［出所］　「有力商社の系列化を探る」（『東洋経済新報』1960年7月9日号）53頁。

の非繊維比率は日綿 41％，伊藤忠 38％，東棉 37％，江商 30％ であるが（表5-5参照），表5-6に明らかなように60年3月期の投融資額において丸紅飯田，伊藤忠の両社と日綿，東棉，江商の3社の格差は圧倒的であった。丸紅飯田と伊藤忠の投融資額は三菱商事を上回り，日綿，東棉，江商の3社のなかでは江商の投融資額の小ささが目立った。系列化，メーカーとの関係の密接化推進の一手段である投融資における関西五綿の二極化は総合商社化の潜在力の格差を物語っていたといえよう。

丸紅では，1956年4月の本社部長会において市川忍社長が「生産会社の経営に参画して売り上げを増やすようにすべし」との方針を提示し，関連企業との提携，系列会社の育成・強化に注力した[70]。メーカーへの経営参加を補強したのが，企業集団内メーカーとの取引であった。55年の高島屋飯田と合併を機に富士銀行グループに入った丸紅では，59年下期の機械取扱高の約3分の1が富士銀行融資系列に属する機械メーカー24社との取引であった[71]。

❖ おわりに

新三品および綿糸布価格の大幅下落による打撃が公表されたのは，1952年3月期であった。同期には関西五綿も日綿を除いて大きな損失を計上し，丸永，

又一，岩田商事，田附も大きな打撃を受け，又一と丸永の損失額は日綿を上回る規模であった。52年4月末に一万田日銀総裁が大阪を訪問した。その結果，関西五綿と船場八社に兼松と高島屋飯田を加えた15社の銀行，紡績業者などに対する負債額のうち80億円が2～5年半を期限として棚上げされることになった。デフレ政策の一環として政府，日銀は54年初から貿易商社の強化統合に乗り出したが，日銀大阪支店の斡旋によって日綿と丸永の合併が決定した。54年6月に岩田商事が整理に踏み切り，7月には伊藤忠，蝶理，田村駒に対して救済融資が行われた。商社と銀行，紡績の関係の強弱，商社間競争の激化によって，50年代半ばまでに船場八社と関西五綿の間には大きな格差が生じることになった。

　さらに関西五綿発展の要因として非繊維取引の拡大があった。アマツール・グループの輸入工作機械を軸とした東棉の工作機械取扱高は1952年9月期に全国シェア50％を達成して「工作機械の東棉」の名を確立した。日綿は61年にフランスの繊維機械メーカーARCT社の輸入総代理権を獲得し，「ARCTブーム」を巻き起こした。1950年代半ば以降の伊藤忠の機械ビジネスの拡大は著しく，59年4月に機械部を機械第1部と機械第2部に分割し，60年4月には航空機部と原子力部を一体化して機械第3部とし，62年4月には輸出機械部を設置し，さらに64年4月に機械第2部を繊維機械部と化学機械部に分割した。鉄鋼の国内取引に強固な地盤をもつ高島屋飯田との合併によって丸紅飯田の非繊維取引は加速し，58年7月に航空機部を設けた丸紅飯田は同年9月にロッキード社と日本における総代理店契約を締結した。

　1951～55年の5年間で関西五綿のうち伊藤忠が2期，丸紅飯田が3期，日綿が6期，東棉が8期，江商が9期無配を記録した。1950年代前半は船場八社だけでなく，三綿にとっても厳しい時期であり，50年代半ばには伊藤忠，丸紅飯田と三綿の取扱高格差が拡大していった。60年3月期の投融資額では丸紅飯田，伊藤忠と三綿の格差は圧倒的であり，総合商社化への道においても大きな格差が生じたことを物語っていたのである。

注

1　日本繊維協議会編『繊維年鑑』昭和26年版，繊維年鑑刊行会，1950年，340，344，349-350，352，355，359-361頁。

2　石黒英一「"船場"に生きる人々」(『財界』1964年9月15日号) 34頁，および冨澤修身「戦前期大阪の繊維関連問屋卸商について」(大阪市立大学『経営研究』第65巻第3号，2014年11

月）37-39 頁。また 1950 年代前半期の船場八社および関西五綿の動向については，内田勝敏「戦後の日本貿易と貿易商社（3）――朝鮮動乱ブームの反動と貿易商社の再編」『同志社商学』第 22 巻第 4 号，1971 年 1 月）8-14 頁参照。

3 　丸紅の総合商社化については，黄孝春『専門商社から総合商社へ――丸紅における事例研究』臨川書店，1992 年参照。関西五綿の総合商社化については，辻節雄『新版 関西系総合商社――総合商社化過程の研究』晃洋書房，2000 年参照。
4 　丸永『第参拾弐回営業報告書』（昭和 26 年上期）1-3 頁。
5 　同上書，3-6，8 頁。
6 　又一『第三十期事業報告書』（昭和 26 年度），「営業概況」および「損益計算書」。
7 　公正取引委員会事務局編『再編成過程にある貿易商社の基本動向』公正取引協会，1955 年，35 頁。
8 　同上。
9 　舜堂生「又一株式会社社長　阿部藤造氏」（『日本経済新報』第 6 巻第 4 号，1953 年 2 月）23 頁。
10 　公正取引委員会事務局編，前掲書，37 頁。東棉の関係者は「朝鮮戦争後の綿糸布相場の暴落です。買い手がみな引き取らないものだから，紡績と滑った転んだとやったわけです。その結果，契約価格と売値の差損の 3 分の 2 をメーカーが，3 分の 1 を商社が負担するということに決まり，各社は泣く泣く，といっても当時は非常に喜んで，その取り決めに応じたんです」と証言した（トーメン社史制作委員会編『翔け世界に――トーメン 70 年のあゆみ』1991 年，111 頁）。
11 　大阪商工会議所編『大阪経済年鑑』昭和 28 年版，1952 年，198-199 頁。
12 　同上書，199 頁。
13 　同上。
14 　『朝日新聞』1954 年 3 月 29 日，および大阪府立商工経済研究所『繊維商社の分析――弱体化過程を中心に』1955 年，108 頁。
15 　『朝日新聞』1954 年 4 月 28 日，5 月 1 日。
16 　前掲『繊維商社の分析――弱体化過程を中心に』108 頁，および『朝日新聞』1954 年 8 月 27 日。
17 　前掲『繊維商社の分析――弱体化過程を中心に』108-109 頁。また「岩田商事の倒産は或意味では日銀の商社救済の機を作つたといえよう。即ち 7 ～ 8 月頃から日銀の下支えによる市銀側の積極的な救済態度が表面化し（中略）資金繰りの窮迫に支援をうけた商社は 5 棉船場 6 社を中心として 10 数社に上つた」（大阪商工会議所編『大阪経済年鑑』昭和 31 年版，1955 年，80-81 頁）との指摘がある。
18 　前掲『繊維商社の分析――弱体化過程を中心に』109-110 頁。
19 　「繊維産業の資金事情　その 2」（『金融財政事情』第 7 巻第 4 号，1956 年 1 月）29 頁。
20 　前掲『繊維商社の分析――弱体化過程を中心に』98，100 頁。
21 　前掲「"船場"に生きる人々」34-35 頁。
22 　東洋棉花『増資目論見書』昭和 25 年 5 月 1 日，5 頁。
23 　前掲『翔け世界に――トーメン 70 年のあゆみ』98，136 頁。
24 　戦前・戦中の乾および乾商事の活動については，沢井実『マザーマシンの夢――日本工作機械工業史』名古屋大学出版会，2013 年，139，152，439 頁参照。
25 　前掲『翔け世界に――トーメン 70 年のあゆみ』136-137 頁。
26 　同上書，136-137，183 頁。
27 　同上書，137-138 頁。
28 　同上書，138 頁。
29 　同上書，139-140，187 頁。
30 　日綿実業『増資目論見書』昭和 26 年 5 月 25 日，8 頁。

31 同上書，16 頁。
32 ニチメン社史編集委員会・社史編集部編『ニチメン100年』1994 年，181 頁。
33 同上書，134 頁。機械金属部から機械部が独立したのは 1953 年 3 月であった（同上書，566 頁）。
34 同上。
35 同上書，183 頁。
36 同上書，183-184 頁。
37 同上書，186 頁。
38 同上書，181-182 頁。
39 日綿は総合商社化戦略推進のための多額の事業資金を三和銀行系金融集団から調達した（辻，前掲書，171 頁）。
40 前掲『ニチメン100年』186-187 頁。
41 江商『増資目論見書』昭和 24 年 8 月 10 日，19 頁。
42 同上書，20 頁。
43 江商『増資目論見書』昭和 26 年 4 月 28 日，19 頁。
44 江商社史編纂委員会編『江商六十年史』1967 年，338 頁。
45 同上書，357 頁。
46 伊藤忠商事社史編集室編『伊藤忠商事100年』1969 年，319 頁。
47 伊藤忠商事『新株発行目論見書』昭和 28 年 4 月 1 日，11 頁。
48 前掲『伊藤忠商事100年』319-320 頁。
49 同上書，320，323 頁。
50 伊藤忠は導入技術によって生産された繊維機械の販売権を取得しただけでなく，繊維機械で培った技術導入に関するノウハウを機械取引の他分野での商圏拡大に活かした（辻，前掲書，71 頁）。
51 前掲『伊藤忠商事100年』321-322 頁。
52 同上書，323-324 頁。
53 同上書，325-327 頁。
54 同上書，329 頁。
55 同上書，330-332 頁。
56 同上書，333-336 頁。
57 同上書，339-340 頁。
58 同上書，344-346 頁。
59 同上書，354 頁。
60 丸紅にとっての高島屋飯田合併の意義，とくに鉄鋼取引における意義については，黄，前掲書，144-145 頁参照。
61 丸紅社史編纂委員会編『丸紅通史』2008 年，41，46 頁。高島屋飯田との合併の意義を，『読売新聞』は「羊毛関係では業界第一といわれた兼松（月商推定三十億円）をしのぎ機械，金属部門も合わせて総合商社への基盤が繊維商社の中で真先に確立された」と評した（「中小商社の影響大　総合商社の基盤を確立」『読売新聞』1955 年 2 月 19 日）。
62 前掲『丸紅通史』49-50 頁。
63 同上書，50 頁。
64 同上書，54 頁。
65 「綜合商社への脱皮を計る関西五綿」（『財界観測』第 14 巻第 1 号，1956 年 7 月）47-48 頁。
66 「大阪繊維商社の動向」（『東洋経済新報』1957 年 1 月 19 日号）63 頁。
67 「丸紅飯田」（同上誌）61 頁。

68 「伊藤忠商事」(同上誌) 62 頁。
69 「丸紅の非繊維拡大進む」(『東洋経済新報』1959 年 6 月 13 日号) 142 頁。
70 前掲『丸紅通史』56 頁。
71 黄，前掲書，186-188 頁。

第6章

堺泉北臨海工業地帯造成の歴史的意義

◆ はじめに

　戦時期から主張されるようになった大阪経済の「地盤沈下」論は，戦後復興が終わる頃からふたたび議論されるようになった。1950年代に入ると商業，繊維産業に傾斜した大阪経済の弱点を補強しつつ大阪経済，関西経済の飛躍を図るさまざまな議論が登場するが，そうした大阪商工会議所などを中心とした従来の議論と断絶した形で，大阪港，堺港を埋め立てて鉄鋼業，石油精製，石油化学，化学などの集積する臨海型コンビナートを造成する構想が出現した。この頃全国各地で臨海工業地帯造成構想が進展していたが，そうした構想が関西でも登場したのである。

　素材型装置産業を中心とした新鋭重化学工業の一挙的建設をバネにした大阪経済，関西経済の浮揚策が語られるようになった。しかし堺沖，さらに泉北沖に拡大して建設され，堺泉北臨海工業地帯と称せられるコンビナートや製鉄所のその後の帰趨は，高度成長期における日本経済の全体動向，コンビナート間競争，大企業の企業内工場配置政策などさまざまな要因に規定されることになった。

　本章では，臨海工業地帯造成構想登場の背景，大阪府会での審議状況，堺泉北臨海工業地帯の形成プロセス，1970年代初頭に全容を現す堺泉北臨海工業地帯の全国的な位置，さらに公害問題の発生状況を検討した後，高度成長期を体現した堺泉北臨海工業地帯造成の歴史的意義について検討する。

　高度成長期には「産業構造の高度化」，「重化学工業化」がバズワードであっ

たが，高度成長末期からは「高度化」の内実が臨海工業地帯，コンビナート推進者側からも問われるようになる。もちろん公害問題の深刻化によって生存そのものが脅かされるに至った地域住民にとって，コンビナート造成路線の変更は議論の対象ではなく，自らの地域の生存をかけた問いかけであった。

1. 臨海工業地帯造成構想の登場

　1952年1月に杉道助大阪商工会議所会頭の強いリーダーシップの下で，大阪経済振興審議会が設置された。会長に杉会頭，副会長に大森通孝大阪府副知事，中馬馨大阪市助役，鈴木剛住友銀行頭取の3名が就任した同審議会の委員は120名に及び，1年近い審議を経て52年12月18日の審議会において大阪経済の振興策が可決された[1]。大阪経済衰退の原因が政治的・政策的・社会的原因，経済的原因，主体的原因に分けて詳細に検討された。経済的原因の筆頭に指摘されたのが，「第一に商業，とくに卸売商業の比重が高いこと，第二に繊維をはじめ輸出産業のウエートが大で，基礎産業を欠き，消費財産業に依存していること，第三に中小企業が多く，設備，技術の後進性が目立ち依然安物生産を続けていること。要するに概ねこの三点が今日では大阪産業構造の脆弱点となつている」という意味での「産業構造の脆弱性」であった[2]。
　こうした現状認識を踏まえて打ち出された「大阪工業振興対策」では興味深い議論が展開されている。「戦後流行語となつている日本の工業の重化学工業化促進問題にも，大阪工業にとつてその立地的な歴史的な諸条件よりそう簡単に適応することが出来ない。重化学工業化と云つても今更大阪の地に銑鉄生産や化学原料生産の工業を興すべき諸条件は全く備わつて居ないのである。(中略) 大阪の重化学工業と雖も中間原料，中間製品を仕入れてこれを完成品に仕上げる消費財の加工業としての色彩が濃厚である。この大阪工業の根本的な構造，特色は今後と雖もその立地条件よりして早急にこれを改めることが困難である。(中略) 大阪工業の根本的な転換策と云つても，その立地条件そのものまで変更してしまう訳にはいかず，従つて立地条件よりする加工工業としての根本的な性格は変えようもないので，むしろこの根本的な性格を内外情勢の変化に適応した方向に更に発展さすべきである。結局大阪工業は，消費財，生産財共に加工工業として徹底的な向上，加工度の向上を図るより外に途はないのである」というのが提言の骨子であった。そのためには「大阪に真に高度の加

工工業を発展させるためには，大阪市を中心にその周辺の衛星都市及びそれにつらなる郡部を含めた総合的な工業立地条件の整備，強化を図る必要がある」とされた[3]。

大阪市を中心にその衛星都市，郡部を含めた総合的な工業立地条件の整備・強化を要望した振興策から約3年後の1956年1月に開催された大阪の財界人による座談会において，各人から大阪経済の「地盤沈下」が危機感を持って語られた。

堀田庄三住友銀行頭取は「産業のバラエテイが少ないということだ。余り繊維中心になりすぎている。どうしてもこゝにもう少し各種の産業を集中させるような方策を考えなければ」と指摘し，駒村資正江商社長の「大阪の中小企業の実体は，もう古すぎており，漠然として統制がない」，太田垣士郎関西電力社長の「繊維がよくなれば非常に栄えるだろうという考え方が僕はいかんのじゃないか，むしろそれに代わるべき産業をもつと伸ばしていかなければいかんのじゃないか」，松原与三松日立造船社長の「重化学工業方面にもう少し生産の中心をおかなければ，今後大阪としては発展はむつかしいと思う」といった発言が続いた[4]。この座談会では重化学工業化推進の具体的方策について踏み込んだ議論は行われていないが，総合的な工業基盤の整備強化については参加者の間で合意があったものと思われる。

一方，1953年8月に港湾整備促進法が制定され，全国各地において本格的な臨海工業地帯造成の機運が高まった。こうしたなか大阪府は戦争によって中断していた工事の再開・推進を目的[5]として，54年に港湾整備促進法にもとづいて堺港整備計画を策定した。同計画は戦時中に造成されていた第二区の嵩上げ事業，および事業途中で放置されていた第三区の埋立てを合わせて造成面積約42万坪の事業であった。事業費6億1600万円は全額起債で賄う計画であった。しかし起債については自治大臣の許可が必要であり，事業の着実な推進のため，57年9月の定例府会において大阪府特定港湾整備事業特別会計の設置が議決された[6]。

1957年12月に閣議決定「新長期経済計画」が重化学工業化推進のための臨海工業地帯造成の必要性を指摘し，大阪府では58年9月定例府会で「堺臨港工業地の造成および譲渡の基本計画」が議決され，造成地は第一区，第二区の140万m^2に第四区および第五区の235万m^2を加えて375万m^2とし，工事期間は1957〜62年度，事業費42億6800万円とされた。事業費のうち13億

4900万円は起債で，29億1900万円は造成地売却などの事業収入で賄うとされた。造成地の分譲は競争入札制度ではなく，府議会の議決を要しない知事の随意契約によるとされた[7]。

　以上のように，堺臨海工業地帯の造成は昭和20年代までの大阪財界に支持された大阪経済の振興策の延長線上に登場したものではなかった。1952年の「大阪工業振興対策」では「大阪工業の根本的な転換策と云つても，その立地条件そのものまで変更してしまう訳にはいかず，従つて立地条件よりする加工工業としての根本的な性格は変えようもない」とされていたのに対し，大阪府が提起した案はまさに立地条件そのものを変更する内容であった。堺泉北コンビナートの開発過程・開発効果を詳細に検討した中村剛治郎は，この変化を「既成工業地帯と密接な関係にある加工型（組立型をふくむ）重化学工業から，既成工業地帯と必ずしも直結しないより広域を対象とする素材型重化学工業コンビナート誘致への転換」[8]と特徴づけた。

2．大阪府議会での議論

　「堺臨港工業地の造成および譲渡の基本計画」が提案された1958年9月定例府会において，泉本克美議員（日本共産党）は「府民の財政を，さらに大阪府も政府のまねをして独占資本や大企業にほり込む，こういうふうな性格を持つたのがこの事業の本質」とした上で，「この事業の目的，内容，計画をわれわれはつぶさに検討したしますと一そう明らかであります。明らかに大資本家どもにとつて奉仕する政策だと断ぜざるを得ません」，「四十二億六千八百万円という莫大な金を府費単独で支出して百二十万坪の海を埋めてしまう」，「あんたの好きな所へ，議会に相談も報告も何もせなくて，勝手に随意契約で売れる」，「今度の府会で，各派の先輩，同僚諸君がこの問題について一言も触れられないのを奇怪に思つております」，「三二号議案（基本計画の件――引用者中）の持つおそろしさ，危険さ，こういうものをわれわれ府会が認めたならば，大阪府会の私は恥辱やと思う。将来に悔いを残します。（中略）知事に要求いたします。この案は撤回してもらいたい，廃案にしてもらいたいということを強く要求いたします」と主張した[9]。

　この厳しい要求に対して，赤間文三大阪府知事は「日本のような土地の狭いところにおきましては，土地を広げるということが目下の一番重要なことと考

えております。大阪府のみならず，各府県とも，この埋立てということについては全力を尽しております。で府といたしましても，ひとつでき得る限り埋め立てを促進する，そうして大阪の繁栄をもたらしまするためにりっぱな工場をどんどん引き入れていく（中略）大阪の繁栄という考え方を持つておって，他意がないのです。大阪にひとつ大いに工場を誘致して，もつと府の収入もふやそう，それからまたそれによつて地方の繁栄をきたそうという心持からきております」として理解を求めた[10]。

　また1959年3月7日開催の定例府会で，丹羽卯三郎議員（自民党）が堺臨港工業地帯と大阪市が進める南港工業地帯[11]の関連性について質問したが，これに対して赤間知事は「臨海工業地帯の造成は，重化学工業振興のために欠くことのできない偉大な事業であって，大阪市南港，堺港両地域合せて大体四百万坪を造成し，日量四十三万トンの工業用水の布設，北港貨物線，城東貨物線，堺臨港線を敷設開通して，有機的一体の大臨海工業地帯にすべく工場を進めている」と答弁した[12]。

　堺臨海工業地帯造成構想は膨張を続けた。「堺臨港工業地の造成および譲渡の基本計画」は数回にわたって変更された。1959年10月10日の府議会議決によって，埋立面積が変更され，第6区が追加された結果，埋立面積は743万4600 m^2，工事期間は57〜63年度，事業費138億1800万円となった。また60年10月10日の府議会では第7区の追加が可決され，埋立面積は1234万8600 m^2，工事期間は57〜66年度，事業費345億円と膨れ上がった。さらに61年9月24日の府議会において新たに「泉北臨海工業地帯等造成および譲渡の基本計画」（埋立面積613万2000 m^2，工事期間は61〜66年度，事業費267億）が可決された[13]。

　1959年9月の定例府議会において小林巌議員（公正会）が八幡製鉄へ坪単価4800円で売却したのに対し，隣接のセントラルガラスや久保田鉄工への売却価格が1万500円であるのはなぜかとの質問を行ったが，これに対して三宅静太郎土木部長は「八幡製鉄の第二区は今後更に埋立護岸，工業用水設備の必要があり，それらの工事を八幡側でやるとのことで，その分だけ原価で差し引いた坪四千八百円とした。相当大きな開きがでているが，実質的には何らの差別をしていない」と回答した[14]。

　1961年3月8日の府議会で湯浅松太郎議員（日本社会党）は「公害防止措置として，造成地の各企業にガス廃液浄化装置，集じん装置，防煙，騒音防止な

どを義務づけるべきである」として公害対策の実施を求めた。これに対して左藤義詮知事は事業場公害防止条例による事前届出制度を活用し，4月から公害を専門に担当する課を設置するとした[15]。

また1961年9月22日の府議会において中林進議員（日本社会党）は「本年七月八日，三井系グループが七区を嫌って大阪には行かないと主張しているとき，急遽八，九区の埋め立てについて三井系幹部と東京で知事，企業局長，商工部長が会見し，三井系グループの強制に屈して遂に議会を無視するがごとき発言をしている。それは当時の各社の新聞が報じている。八，九区を埋め立てて三井グループのきげんをとるために，知事は，政治生命をかけて九月府会で承認をとると広言している点である。これほど明確な議会軽視と独占奉仕の言動はない。この点についての見解はどうか」と質問した。これに対して高田敏一副知事からは「すぐれた立地条件を持つ大阪湾沿岸に進出を希望する企業が極めて多く，堺臨海工業用地の計画面積だけでは需要に応じ切れない状態である。従って，堺とともにすぐれた工業立地条件を持っている泉北海岸一帯に臨海工業用地を造成して，重工業を計画的に誘致し，本府産業構造の高度化並びに府下中小企業への関連効果をはかろうとしておるのである。（中略）本事業は知事が大阪産業の高度化と中小企業の発展という効果を期待して計画したものである。決して一部の方から圧迫されたとか，そういったものでは全くない」との答弁があった[16]。

1962年3月9日の府議会において三谷秀治議員（日本共産党）は「知事と三井グループとの間に明らかに契約ができておって，これに土地を提供するために泉北一区の埋立計画を進めていると報道している。（中略）三井系企業との協定書が存在するならば発表せよ」と迫った[17]。これに対して左藤知事は「私ども臨海工業地帯の持つ意義は大きいと思うのでございます。私ども軍艦と大砲によって殖民地を持つのではなくして，大阪町人の土性骨と申しますか，勤勉努力によって，世界中から原料資源を運んで優秀な製品を世界へ伸ばしていくことによって初めて日本の繁栄があり，また世界の経済に貢献していくわが民族の力が発揮できると信ずるのでございまして，たとえば製鉄が一つできますれば，機械工業，造船工業，自動車工業，その下請けの二次産業，三次産業，さらに副産物加工工業，そうすれば商売は繁盛して，私は中小企業全体に，府民全体に均霑するような総合的な発展を期待いたす次第でございます。決して私は一，二の独占資本のために府民の膏血を犠牲にしておるつもりはございま

せんし，また絶対さような結果にならないように今後信念を打ち込んで努力いたしたいと存ずる次第でございます」と答弁した[18]。

3．堺泉北臨海工業地帯の形成

(1) 八幡製鉄堺製鉄所

八幡製鉄では1957年4月から堺第2区埋立地を中心に大阪南港埋立予定地，大浜地先埋立予定地の状況調査を行い，工場建設予定地として堺第2区埋立地がふさわしいとの感触を得ていた。しかし同社は一方で，名古屋・四日市地区の調査も継続しており，また中山鋼業の堺進出構想も進行していた。ところが57年6月に中山半中山鋼業社長が急逝し，同社の構想が立ち消えとなったため，大阪府では堺臨海工業地帯造成計画の成否を握るものとして八幡製鉄に対する誘致活動を積極化し，1958年初頭に大塚兼紀副知事を会長とする八幡製鉄堺製鉄所誘致協議会を設置した[19]。

八幡製鉄では堺第2区埋立地における製鉄所の実現に向けて，大阪府と交渉に入り，その前提となったのが1958年2月に計画部が立案した「堺地区埋立地計画検討資料」であった。同計画では第1期として日産700t高炉1基の建設を予定した。八幡製鉄は58年3月6日に赤間知事に対して正式に意思表示を行い，大阪事務所を窓口にして具体的な条件の打ち合わせに入った[20]。もっとも難航したのは譲渡価格であり，妥結に約1年を要した。府会で問題視された譲渡価格であり，それは，八幡製鉄と大阪府の交渉では埋立地の地盤改良の必要性をめぐって評価が分かれていたのである[21]。

高度成長期の鉄鋼需要の急増に対応して八幡製鉄堺製鉄所の生産規模も増大し，1959年7月策定の堺建設基本計画では1963年度に第1高炉（日産1800t），65年度に第2高炉（同左），67年度に第3高炉（同左）を完成させて，粗鋼年産200万t強の体制を目指すことになった[22]。電力について当初は銑鋼一貫体制確立までは関西電力からの買電により，その後は高炉ガスと転炉ガスを活用して自家発電設備を新設し，買電と併用する計画であった。しかし関西電力側から共同火力方式の示唆を受けた八幡製鉄では，61年8月に堺共同火力設立に関する協定を関西電力との間で締結した[23]。「せっかく大都会に出てきて周囲に一流の専門会社がある。その知恵をもらうし，資金も助かる。有効な資金効率をあげて電力は関西電力にお願いする。コークスも大阪ガスへお願いして，

こっちは正味だけいただく。こういうねらいです。なお，工場の修繕，整備は日立造船にお願いして，うちはそういう施設は一切持たない」[24] というのが八幡製鉄の狙いであった。

(2) 石油化学コンビナートの形成

八幡製鉄の場合は競争相手はいなかったが，第5・6区については，三井グループ12社，住友グループ12社，三和グループ（1960年に丸善石油，宇部興産，新日本窒素，積水化学，大阪曹達，帝人などが関西経済開発連合を設立）12社に中小企業グループを加えた96社が申請し，希望面積は埋立地の2.2倍となった。最初に名乗りを上げたのが三井グループで，三井石油化学工業，東洋高圧，三池合成，三井化学工業，三井鉱山，三井金属鉱業，ゼネラル物産，ゼネラル瓦斯，三池製作所の9社連合が主力となって，敷地30万坪，資金525億円を想定した。地元の住友グループは化学，金属，石炭，機械，商事，銀行の6社を中心に120万坪に1100億円を投下する予定であった。三和銀行の融資系列を中心とした12社（丸善石油，丸善石油化学，味の素，帝国人絹，大阪曹達，積水化学，新日本窒素，宇部興産，東洋ゴム，日立造船，日綿実業，関西電力）が丸善石油を中心にして石油精製，石油化学のコンビナートを構成し，第5・6区で100万坪，第7区で157万坪の申請を行った[25]。

杉本茂丸善石油化学副社長は1961年の座談会で，「われわれには財閥会社のような血のつながりは少ないのだから一つの連合体として，同一利益を考える一つの団体をつくった方がいいのではないかというわけで関西経済開発連合と名づけて出発した」，「財閥会社があちらこちらでコンビナートをつくってくれるので，一本刀の股旅者同士は血の関係はないだけに，かえっていいたいこともいいあっていいのじゃないかと思います。コンビナートというのは，ある一面では冷たい関係から始めなければならないのじゃないか。お互い同士長期の取り引きの安定化なのですから，そういう意味では非常に冷たいところから話し合う」と発言し，非財閥系コンビナートの存在意義を強調した[26]。

用地取得の競争は激しく，1961年2月の決定予定が，左藤知事の外遊を理由に6月末まで延期されたが，それでも決まらず，実質的な決着は7月末，払下げ地割りが発表されたのは10月11日であった[27]。結局，住友グループは住友金属工業のみが第5区に決まり（石油化学コンビナートとしては進出を断念）[28]，三井グループは泉北臨海工業地帯に進出することになった。その結果，先にみ

た丸善石油を中心とする12社によって構成される関西経済開発連合を推進母体とする三和・関西グループは第6・7区に建設されることになった（表6-1参照）[29]。ただし三和・関西グループの中核となるはずであった丸善石油が，62年末の経営難の顕在化[30]もあって，すでに進行していた千葉計画に集中することになり，丸善石油が担当するはずであったナフサセンターは宇部興産，新日本窒素，積水化学，帝人，東洋ゴム，日綿実業，大阪曹達，日立造船，丸善石油，日本通運の10社が共同出資して64年7月に設立した関西石油化学が継承することになった[31]。

通産省は三井グループと三和グループが別々に計画を進めると重複投資となり，ナフサ分解の会社を国際的規模に近づけるという政府の方針にも反するため，一本化しなければ認可しないというスタンスであり，1964年9月に両グループの計画の統合を指示した。これを受けて三井化学工業（25％），東洋高圧（25％），関西石油化学（50％）の共同出資によって65年2月にナフサ分解を担当する大阪石油化学が設立された。共同出資によるナフサセンターは日本初のものであり，その後エチレン30万tプラントの設立に際して負担軽減の手法として一般化していった。こうして堺泉北臨海工業地帯での石油化学計画が具体化していったのである[32]。

堺泉北臨海工業地帯に進出を予定していた石油精製所は，関西グループの丸善石油（堺地区）と三井グループのゼネラル石油精製（泉北地区）の2社であった（表6-1参照）。ゼネラル石油精製が予定通り1965年から操業を開始したのに対し，経営難から千葉に集中せざるをえなかった丸善石油の計画は，日立造船，宇部興産，関西電力，大阪ガス，住友化学工業，八幡製鉄などの共同出資によって64年4月に設立された関西石油に継承された[33]。三和・住友グループの協調としての関西石油の誕生には，太田垣の強力な働きかけがあった。関西石油は66年に日産6万バレルの堺製油所の建設に着手し，68年10月に操業を開始した[34]。

（3） 関西電力堺港発電所

関西電力は南泊地に面した堺地区第5・6区に約73万m²の用地を確保すると，1962年4月から第1期1・2号機の建設に着手し，64〜67年にかけて25万kW4機の運転を開始した。続いて65〜69年に着工された25万kW4機が71年までに稼働すると，堺港発電所は総出力200万kWの関西電力最大の火

表 6-1 堺泉北臨海工業地帯・分譲した企業一覧（1970年）

(m²)

地区名		会社名	敷地面積	工場建設状況	地区名		会社名	敷地面積	工場建設状況
堺地区					泉北地区				
第2区	1の1	新日本製鐵(株)	3,838,853	操業中	泉北1区	70	ゼネラル石油精製(株)	746,898	操業中
	2の1	大阪瓦斯(株)	441,305	〃		2の2	大阪瓦斯(株)	236,143	建設中
	3	堺共同火力(株)	69,398	〃		71	エッソスタンダード石油(株)	22,193	操業中
第3区	4	久保田鉄工(株)	51,025	〃		72の1	三井東圧化学(株)	1,359,492	〃
	5	八幡高炉コンクリート(株)	18,198	〃		73	大日本インキ化学工業(株)	198,873	計画中
	6	小野田セメント(株)	20,507	〃		74の1・2	日本亜鉛石油(株)	298,914/662,625	操業中
	7	セントラル硝子(株)	73,470	〃		12の2	日本瓦斯化学工業(株)	330,642	〃
	8の1	協和発酵工業(株)	7,333	〃		75	日本エコンシスチール(株)	61,696	計画中
	9	日本ノボパン工業(株)	58,638	〃		76	八幡エコンシスチール(株)	91,905	操業中
第4区	10の1	三井物産(株)	22,148	〃		72の2	三井東圧化学(株)	69,820	〃
	11	日本石油瓦斯(株)	10,065	〃		77	岩谷産業(株)	69,446	〃
	12の1	日本石油(株)	33,063	〃		78	森臨工機(株)	16,600	〃
	13の1	(株)栗本鉄工所	56,164	〃		79	豊国石油(株)	16,648	〃
	14	日本橋梁(株)	31,312	〃		80	日商岩井(株)	67,836	〃
	15	松尾橋梁(株)	49,576	〃		81	丸金醤油(株)	24,835	〃
	16	日本機械(株)	34,646	〃		82	麻生コンクリート工業(株)	21,825	〃
	17	奥村組土木興行(株)	26,446	〃		83	日本セメント(株)	37,175	〃
	18	菅地サルベージ(株)	16,501	〃	泉北4区	13の2	(株)栗本鉄工所	33,292	計画中
	10の2	三井不動産(株)	20,660	〃		84	日新運輸倉庫(株)	10,022	操業中
	19	平和鋼板(株)	9,935	〃		85	大淀鋼業(株)	11,033	〃
	20	大和ハウス工業(株)	57,497	〃		86	原田鋼管(株)	11,032	〃
	21	堺コンクリート工業(株)	23,900	〃		87	福山通運(株)	16,080	〃
	22	興国金属(株)	23,284	〃		88	丸菱油化工業(株)	14,580	計画中
第5区	23	住友金属工業(株)	147,229	〃		89	明治商事(株)	33,285	操業中
	24	イケダ鋼板(株)	73,663	〃		90	近畿輸送倉庫(株)	21,481	建設中
	25	(株)酒井鉄工所	76,843	〃		91	谷本鉄鋼(株)	26,214	〃
	26	住友セメント(株)	22,881	計画中		92	泉尾田中平鉄(株)	10,082	操業中
	1の2	新日本製鐵(株)	107,301	操業中		93	真壁組	17,323	〃
	27	大阪製鋼(株)	33,058	〃		94	(株)吉田組	10,517	〃
	28	(株)日本造船所	21,459	〃		95	三菱セメント(株)	10,745	〃
	29	日昌興産(株)	50,810	〃		96	三菱運輸(株)	3,149	計画中
	30	日新製鋼(株)	224,480	〃		97	中谷石油(株)	1,008	〃
	31	大阪鋼業倉庫(株)	2,269	〃		98	三菱運輸(株)	36,296	操業中
	32	明光陸運事業協組	13,106	〃		99	大同化学工業(株)	10,757	〃
	33	阪南運輸(株)	6,971	〃		100	北坂石油(株)	9,681	〃
	34の1	泉南運送(株)	14,000	〃		101	岸部石油(株)	3,210	〃

186

区	No.	会社名	数値	状態
第5・6区	35	大陽酸素(株)	27,501	〃
	36	新日本パイプ(株)	136,353	〃
	37	堺鋼板工業(株)	7,975	〃
	38の1	宇部興産(株)	76,323	〃
	39	丸一鋼管(株)	123,142	〃
第5区	40の1・2	関西電力(株)	658,532/76,278	〃
	41	丸紅飯田(株)	105,450	〃
	42	(株)横河橋梁製作所	90,835	〃
	43	日本リケナイト(株)	74,956	計画中
	44	リケナイト(株)	33,347	操業中
第5・6・7区	45	関西石油(株)	1,066,112	〃
第6区	46	日立造船(株)	799,948	〃
	8の2	協和発酵工業(株)	31,648	〃
	47	(株)ジーヤンリング工場	31,317	〃
	48	東洋工業(株)	39,135	〃
	49	昭和アルミニウム(株)	33,415	〃
	50	日本鋼管鉄鋼倉庫(株)	96,216	〃
	51	大阪塗料溶剤協業組合	6,692	〃
	52	(株)大阪製油所	62,963	建設中
	53	堺臨海化学工業協同組合	102,389	〃
	54	堺鉄工団地協同組合	39,538	〃
第7区	55	味の素(株)	187,115	計画中
	56	帝人(株)	249,381	〃
	57	大阪曹達(株)	44,024	操業中
	58	三菱商事(株)	43,080	〃
	59	ライオン油脂(株)	82,645	〃
	60	内外輸送(株)	19,092	〃
	61	永大産業(株)	72,518	〃
	62の1・2	丸善石油(株)	36,687/207,290	計画中
	63	積水化学工業(株)	68,412	〃
	64	チッソ(株)	68,603	〃
	65	関西石油化学(株)	209,872	計画中
	66	日粕実業(株)	56,996	〃
	67	東洋ゴム工業(株)	33,474	操業中
	68	ユニチカケミカル(株)	55,825	〃
	69	信越酢酸ビニル(株)	34,292	〃
	38の2	宇部興産(株)	666,772	〃
	102	(株)港南石油商会	6,471	〃
	103	豊国製油(株)	7,949	建設中
	104	阪本薬品工業(株)	8,186	操業中
	105	新開運輸倉庫(株)	17,211	〃
	106	西岡金属(株)	15,270	〃
	107	(株)大辰船渠	17,252	〃
	108	(株)広野鉄工所	13,928	〃
	109	四日市倉庫(株)	9,733	建設中
	110	(株)額田製作所	9,433	〃
	111	丸全昭和運輸(株)	6,170	操業中
	112	藤本化学製品(株)	15,957	〃
	113	山本容器(株)	8,708	〃
	114	協和商工(株)	3,262	〃
	115	幸和産業(株)	6,350	〃
	34の2	泉南運送(株)	1,972	操業中
	116	堺化学工業(株)	8,921	〃
	117	関西ドラム(株)	25,072	〃
	118	南海通運(株)	7,109	〃
	119	明成工業(株)	4,151	〃
	120	(株)森吉倉庫	4,964	〃
	121	名鉄運輸(株)	4,540	建設中
	122	大洋毛糸紡績(株)	3,300	計画中
	123	西田信毛織(株)	3,306	〃
	124	大阪コーデンサンド(株)	3,306	操業中
	125	許洋海運(株)	3,305	〃
	126	町出石油(株)	1,649	計画中
	127	森口毛織(株)	1,649	〃
	128	橘本繊維(株)	1,649	操業中
	129	橋本化成工業(株)	24,838	建設中

[出所] 大阪府編『堺・泉北臨海工業地帯の建設』1970年、口絵。

力発電所となった。また4号機では関西電力ではじめてとなるLNG燃焼が行われた。さらに69年夏のピーク需要に対応するため、69年7月に堺共同火力の3号機建設用地に三宝発電所（15.6万kW）も建設された[35]。

(4) 資金調達

自己財源のない臨海工業地帯造成事業にとって、造成地の分譲代金が入ってくるまでは起債が唯一の財源であった。そこで、こうした資金的制約を解決するために採用された手段が一般会計からの一時的なつなぎ資金の借入、予約分譲した企業から土地代をあらかじめ収納する「予納金方式」であり、それでも足らない資金の制約を突破する上で大きな役割を果たしたのがマルク債の発行であった[36]。

マルク債発行計画は、吉田茂元首相と赤間参議院議員（大阪府元知事、知事就任期間は1947年4月～59年3月）の会談にもとづいて、60年3月、来日中の、K.アデナウアー西ドイツ首相との会談で提案されたという[37]。赤間府政を継承した左藤知事は「アデナウアー首相を国賓として大阪に迎えたとき、短時間ではあったが、"経済地盤の回復"に、必死の意気ごみが、おのずから老首相の胸にひびいたと信じる」と語り、その後アデナウアーの側近でありドイツ銀行のH.J.アプス頭取が来阪して、府市の港湾ならびに土地造成事業を視察した[38]。

提示した事業計画は1300億円、そのうち4億マルク（約360億円）の外債発行をドイツ側に希望した。1962年には大阪府市顧問の渡辺武前世界銀行理事が渡独して、第1回分として1億マルク（利率6.5％、5年据置、15年償還）を府市折半で売り出すことを決定した。同年2月、左藤知事とアプス頭取との間で正式に調印された[39]。以後、1億マルクずつ合計4回にわたって大阪府市債がドイツで発行された[40]。

4. 堺泉北臨海工業地帯の全国的位置

(1) 八幡製鉄堺製鉄所

八幡製鉄堺製鉄所は1965年6月に第一高炉の火入れによって銑鋼一貫製鉄所として操業を開始した。第一高炉は世界最大級の高炉であり、日産最高4000tの能力であった。続いて67年7月に第二高炉の火入れが行われ、68年

の堺製鉄所は年産粗鋼400万tの能力を有した。さらに第一高炉の改修が70年に完了し，450万t体制が完成した。しかしオイルショックの影響から，73年度の粗鋼生産442万tが75年度には311万tに減少した[41]。

八幡製鉄では1968年に君津製鉄所の第一高炉が火入れし，同製鉄所は関東地区の拠点として拡充を続け，堺で操業するはずであった工場が次々と君津で稼働していった。その結果，堺製鉄所では厚板工場，冷延工場の建設は見送られ，関西で需要が多い線材についても線材工場は君津に設置されることになった。こうして，大形工場と冷延設備を持たないストリップ工場に依拠した堺製鉄所は，H型鋼にほぼ特化したきわめて限定された製品しか生産しない製鉄所となったのである[42]。

(2) 大阪石油化学コンビナート

大阪石油化学コンビナートでは，1970年4月にエチレン・プラントが完成した。しかし通産省の30万t基準のもとで72年までに全国で9基のエチレン・プラントが稼働すると，市場は一挙に飽和状態になった。そうしたなかで関西石油化学の30万t計画は立ち消えとなった。大阪石油化学コンビナートはエチレン設備を1基しか持たないことになり，誘導品にポリエチレンを持たない唯一の石油化学コンビナートとなった。オイルショック直前の大阪石油化学コンビナートは，全国で競争力のもっとも弱い石油化学コンビナートとなっていたのである[43]。

5. 堺泉北臨海工業地帯と公害

1970年3月に，吉田久博堺商工会議所会頭が「公害を起こす企業はこれ以上臨海工業地帯に来ないようにしてもらいたい」と語ったことが，大きなセンセーションを巻き起こした。4月28日に堺商工会議所は左藤知事宛要望書のなかで「進出企業は大阪府御当局の献身的な御努力にもかかわらず，公害発生要素を多分に有する基幹産業でありまして，これらの企業から排出されるガス・粉塵・汚水等が集積されて相乗的悪効果を生み，地域公害を加重いたしておりますことは歴然たる事実であります」とした上で，「(1) 堺・泉北臨海工業地帯に今後進出する企業は公害発生源となりやすい重化学工業的企業は誘致しないこと。また既進出企業の増設についても原則として認めないこと。(2)

堺・泉北臨海工業地帯に誘致する企業は比較的公害をともなうことの少ない機械器具製造関係などの企業で，かつ既存の地元中小企業にたいする経済的波及効果の高いものとすること」などを要望した[44]。

この要望書自体が，堺泉北臨海工業地帯造成を進める大阪府が強調してきた地元中小企業への波及効果が十分でなかったことを示しているばかりか，公害という負の効果が耐えがたいものになっていたことを如実に物語っていた。先の要望書は「わが堺市の公害問題は抜本的・基本的な対策を講じなければ，堺市もまた四日市・尼崎・川崎等の諸都市の轍を踏み，生活環境の悪化は市民の生存さえおびやかすに至る」として大阪府当局の速やかな対応を求めていた[45]。

公害発生の可能性を認識していた大阪府は 1962 年 3 月に大阪府事業場公害審査会（のちに大阪府公害対策審議会に吸収）に対して，排出物規制に関する指導基準を諮問し，そのなかで操業開始前の事前指導の重要性を指摘した。しかし答申が出たのは 67 年 4 月であり，事前指導はほとんど行われず，しかも指導基準は煙突高度の規制のみにとどまった[46]。すでに 63 年時点で工場造成地帯周辺の騒音，振動，煤煙，粉塵，ガス，廃液による被害の訴えが年々増加していることが指摘されていた。また大阪府公害課の調査によると亜硫酸ガス濃度が年々増加傾向にあり，風向きを考えると将来，工場地帯東南部の住宅地はもちろん，丘陵部団地にも被害が拡大することが懸念されていた[47]。

6. 堺泉北臨海工業地帯の評価

朝日新聞大阪本社経済部編『関西経済の主役——そのアイデアと行動』（科学情報社，1970 年，79 頁）において，伊部恭之助住友銀行専務取締役は以下のように語った。

「石油精製，石油化学，鉄鋼のような装置産業は本来，都市型の工業ではない。土地や水に制約があり，人口密度の高いところに装置産業を持ってきたところに時代的なズレがあった。いまにして思えば，堺なんかの臨海工業地帯の造成に使った金は，道路，港湾などの流通機能を近代化するとか，近代的な機械工業を育てるとかに使うべきだった」。

この発言を受けて，上野幸七関西電力専務取締役も次のように語っている。

「あのころは，鉄や石油などの装置産業がくれば経済が繁栄する，と無条件で信じられていたんだ。科学的・合理的な検討もせず，ムード的にそう信

じていた。装置産業というのは加工度の少ない産業で、決して高級な産業ではないんだが……（笑い）」[48]。

　伊部は1933年に東京帝国大学経済学部を卒業後、住友合資会社に入社、後に住友銀行に移り、73年に同銀行の頭取に就任した。上野は57〜60年に通産省事務次官を務め、退職後、関西電力に入社した。堺泉北臨海工業地帯造成の牽引役であった関西電力と住友グループの代表者たちが、70年には同工業地帯造成の「時代錯誤」を語っている。

　需要地に近くより大規模な君津製鉄所が拡大するなかで、堺泉北臨海工業地帯の牽引役であった堺製鉄所の過渡的性格が顕在化し、限定された製品の生産にとどまったこと、さらに結果としてオイルショック直前の大阪石油化学コンビナートは全国で競争力のもっとも弱い石油化学コンビナートとなっていたことなどは、堺泉北臨海工業地帯造成を推進する側にとって大きな誤算であった。

　また大阪府は、大阪工業の体質改善のためには「今後精密機械工業、電子工業、自動車工業等の機械工業の躍進とともに戦後消費地への立地指向を示してきた鉄鋼、石油工業の受入れを急ぐことが最も急務」した上で、「機械工業の大半は、府下では淀川左岸・右岸及び大阪市外周に連なる新しい工業地帯に新設されていく公算が大き」く、臨海工業地帯には「石油、鉄鋼、窯業、化学、非鉄金属等」が立地することになるとしていた。臨海工業地帯造成の直接的効果は「近代的雇用機会の増大」と「相当な生産額」であり、間接的影響としては「金属機械工業の原料源としての鉄鋼、非鉄金属の供給、化学工業の原料源としての石油等有機製品の供給、また凡ゆる産業の燃料、動力源としての石油、ガス、電力の供給を地元生産によつてかなり有利に転換せしめうることである。また重化学工業が装置工業である点から各種下請利用による中小企業への大きな影響は当然加算されねばならぬ」とした[49]。機械工業と「石油、鉄鋼、窯業、化学、非鉄金属等」などの大規模装置・素材産業の立地を想定し、後者が雇用・生産額の面だけでなく、装置産業を支える下請中小企業に対して大きな効果があるとしたのである。

　この装置産業を支える地元企業という産業連関論は、「堺臨海工業地帯を形成する工場の多くが大規模な装置型工業であり、しかも超高温、超高圧を駆使する高精度のプラントにより生産を行うことである。したがって、従来大阪工業において発展がおくれ、あるいは欠落していた装置製造工業とこれに付帯する機械、電気機器、計測機器、自動制御装置、電子機器の発展と発生を促すと

ともに，高度な材質と，高精度の加工技術を要請することにより，工業の一般的水準を引き上げることになろう。堺臨海工業地帯は大阪工業の成長の中核をなすとともに，大阪工業を質的に高めつつ全体的な成長を促進する」[50] としてさらに積極的に主張されることになった。

しかし1960年代前半期に主張されたこうした堺泉北臨海工業地帯の直接的・間接的効果は，事実において裏切られることになった。装置産業であるがゆえに雇用面での貢献は想定されたほどでなく，堺泉北臨海工業地帯で生産された鉄鋼，化学製品が大阪圏で消費される割合も想定された割合よりはるかに小さいものであった[51]。装置産業を支える地元中小機械工業，さらにはそうした装置・機械器具生産を通じた中小企業の技術水準の向上といった想定も大きく裏切られることになったのである。

❖ おわりに

これから堺泉北臨海工業地帯の造成に乗り出そうとする1961年時点においてさえ，関西経済同友会の山本勝男事務局長は「重化学工業を誘致する場所が，なにも堺でないといかんということはない」と主張した。その背景には「関西経済同友会の開発構想によれば，基幹産業は太平洋ベルト地帯，とくに瀬戸内海沿岸へ分散配置し，これにつづく高次の加工段階をうけもつ産業は，阪神都市圏を中心として，近畿広域圏に拡散させる。そして阪神都市圏そのものは，今後の飛躍的な産業規模の発展に対応して流通機能を高めるようにする」，「同友会は，阪神地区にたいして，工業生産司令部と流通センターの役割を期待している」といった立地構想があった[52]。基幹産業，素材装置産業は太平洋ベルト地帯，瀬戸内沿岸にゆだね，阪神地区は工業生産の司令塔的存在，流通の結節点になるという構想は，その10年後の伊部や上野らの議論の先駆となるものであった。先にみた議論ののち，上野は「素材産業はなるべく辺地に持って行く。部品工業のような中間的な工業は農村または内陸部に配置して，それを大阪と組合わせるのがいい。ただ，大阪には自動車のように部品を各地から集めて組立てる産業がないし，これらも育つとは思われない。そこで，中枢管理機能をこれからどうつかむか非常にむつかしいが……」[53] と続けた。

一方，大阪府元企業局長からは，1981年時点においても「産業の発展段階なり臨海性という立地条件を考えますと昭和三十年代の高度成長を引っぱった鉄鋼等を中心としたいわゆる装置産業の立地を単純にいかんときめつけるわけ

にはいかないと思います。ただ，公害への敏速な対応であるとか，新しい産業の発展段階の機敏な対応が充分であったかどうかという議論はあるでしょうが」（田中啓二：在職期間69年8月～71年8月），「臨海の三井東圧にしましても宇部興産にしましても，その会社で堺の工場が基幹工場になっています。それで会社がもっているという……。それともう1つは，たとえば大阪ガスのLNGの基地ですが，これは奈良，平城から草津までガスを供給しています。ですから，臨海工業地帯のエネルギー中継基地としての機能は大阪だけではなしに，もっと広い範囲にずいぶんと貢献しているわけですから，そういう点はもっとPRをすべき」（中川和雄：在職期間75年5月～76年6月）といった意見が出されていた[54]。

堺泉北臨海工業地帯造成の推進者たちにとって，自らが推進した事業の価値が減ずるように映ずる大型プロジェクトの意図と結果の大きなずれを認めることは難しかったのかもしれない。しかし事後的な評価ではなく，事前的な視点からみても，堺泉北臨海工業地帯造成事業はそれ以前に大阪で積み上げられてきた「地盤沈下」対策とは一線を画し，全国的な臨海コンビナート構想に大阪府が呼応し，コンビナートを必要とする重化学工業企業の要請に応えたものであった。生存そのものが脅かされる公害問題への対応が後手に回ったことはぬぐいようのない事実であり，高度成長期以後はこの問題に正対することを求められたのである。

注

1　大阪経済振興審議会「大阪経済の振興対策」（『Chamber』第49号，1954年2月）12頁。同審議会の大阪経済振興策の内容を検討したものとして，中村剛治郎「コンビナート地域開発」（宮本憲一編『大都市とコンビナート・大阪』筑摩書房，1977年）50-51頁参照。

2　前掲「大阪経済の振興対策」28頁。

3　同上記事，42-43頁。

4　座談会「新年の大阪経済を語る」（『Chamber』第70号，1956年1月）3-4頁。

5　大阪府は1936年6月から堺港修築工事に着手し，43年に第一区埋立地（2万7192坪）および第二区埋立地（19万4853坪）の事業が完成したものの，44年に建設工事は中止された。戦後も埋立地は地盤が低く，利用価値が低かったため半ば放置された状態であった（吉田久博「阪堺工業地帯の展望」『経済人』第14巻第7号，1960年7月，12-13頁）。

6　大阪府議会史編さん委員会編『大阪府議会史』第5編，1980年，125-126頁。

7　同上書，126頁。

8　中村，前掲「コンビナート地域開発」57頁。

9　『昭和三十三年九月定例大阪府会会議録』第4号，1958年10月1日，243-245頁。

10　同上書，252頁。

11 大阪市も大阪府と同様に1957年以降大阪南港工業地帯を造成し，石油化学コンビナートを計画した。60年12月には石油精製部門としてアラビア石油の進出が決まった。しかし結局石油業法による設備規制，通産省のコンビナート政策，コンビナートを構成する企業の誘致が進まないなどの理由から進出は中止となり，65年9月には土地の譲渡契約が解除され，南港埋立地は埠頭用地やニュータウンなどに転換利用されることになった（大阪市港湾局編『大阪築港100年――海からのまちづくり』中巻，1999年，178-181頁）。
12 大阪府議会史編さん委員会編，前掲書，1045-1046頁。
13 大阪府議会史編さん委員会編『大阪府議会史』第6編，1983年，71-71頁。
14 同上書，275, 278, 281頁。
15 同上書，584, 587頁。
16 同上書，694-696頁。
17 同上書，814頁。
18 『昭和三十七年二月定例大阪府議会会議録』第4号，1962年3月9日，270頁。
19 新日本製鐵編『堺製鐵所二十年史』1984年，8-10頁。
20 堺泉北臨海工業地帯造成の牽引車であった大阪府企業局の初代局長湯川宏は，「八幡製鉄（社名変更後新日本製鉄㈱）が大阪にくるか，こないかという話が小島新一さんという八幡製鉄の社長と赤間さんとの話で決まったわけです」と証言している（大阪府企業局編『新都市の創造――ニュータウンと臨海工業地帯』1982年，405頁）。
21 新日本製鐵編，前掲書，12-15頁。
22 同上書，18-19頁。
23 同上書，40-41頁。
24 吉田実八幡製鉄常務・堺建設副本部長の発言（「座談会　堺臨海工業地帯と関西経済」『化学経済』第8巻第11号，1961年11月，33頁）。
25 林哲男「堺臨海工業地帯」（『経済セミナー』第57号，1961年6月）50頁，および北条仁（大阪府商工部振興係長）「堺臨海工業地帯の概要」（『工業の進歩』1962年1月号）17頁。
26 前掲「座談会　堺臨海工業地帯と関西経済」30, 35頁。
27 三井グループと三和グループの調整が難航した背景には，「（大阪府商工部――引用者注）は新井（真一――引用者注）部長が通産省出身であることから，本省の意向に近く，総合石油化学で実績のある三井グループへ払い下げることを主張し，府民の税金で埋立てを行なうのであるから，払い下げ価格が高いという三和グループを，無理に誘致する必要はないという線をだした。一方の企業局は，大阪府の将来から，堺を重化学工業のセンターにすべきであるが，その際，地元資本との協力関係を中心に考えている三和グループを誘致すべきであり，そのためには払い下げ価格も，出血しない程度でもよいではないかと主張して，商工部と対立した。三和グループの『関西経済開発連合』は，自らの特色を『周辺地区に存在する関連産業ないし下請企業にも広く門戸を開放する』総合コンビナートと規定しているが，この府側の注文に意識的に答えている点が，企業局の心をとらえたのであろう」といった事情があった。結局，三井グループは埋立完了の時期を第5～7区と同じ1963年度中にすることを条件に，泉北1区への引越しを承諾することになった（野口雄一郎「堺に明日をかける関西経済界」『エコノミスト』1961年12月19日号，55-56頁）。
28 「会社診断　強引な積極策に賭ける丸善石油」（『週刊東洋経済』1961年3月25日号，63頁）は，「住友化学に当初の石油精製計画から手を引かせて，これを丸善一本にしぼるといった調整工作も一応成功している」と報じた。
29 加藤一「堺臨海工業地帯の未来図」（『ダイヤモンド』1961年12月4日号）25頁。
30 払下げ地割り決定直後の丸善石油の経営難の顕在化は，大阪府にも大きな衝撃を与えた。左藤知事は太田垣関西電力会長と松原日立造船会長に相談し，さらにこれに渡辺忠雄三和銀行会長

と上枝一雄頭取が加わり、関西財界の協力で丸善の再建を進める一方、丸善石油と丸善石油化学に代わる会社として1964年に関西石油と関西石油化学が設立されることになった。関西石油には日本興業銀行のほか、大阪に本店を置く三和、住友、大和の3行が出資し、協調融資体制をしいた。また三和系企業だけでなく、関西電力、大阪瓦斯、住友化学工業など関西の有力企業が株主となった（日本経済新聞社編『関西経済の百年』日本経済新聞社、1977年、91-192頁）。関西石油の代表取締役には松原、3人の相談役には太田垣、土井正治住友化学会長、井口竹次郎大阪瓦斯会長が就任した（『読売新聞』1964年3月11日）。

31　高松亨「堺泉北コンビナートと公害問題」（中岡哲郎・吉村励監修『大阪社会労働運動史──高度成長期（下）』第5巻、1994年）287頁。
32　「堺臨海工業地帯」（『財界展望』第9巻第1号、1965年1月）53頁、工藤晃「堺臨海工業地帯（下）」（『前衛』第235号、1965年4月）94頁、および高松、前掲論文、287-288頁。
33　高松、前掲論文、289頁。
34　日本経済新聞社編、前掲書、192頁。
35　二十五年史編集委員会編『関西電力二十五年史』関西電力、1978年、211-212、303-304頁、および関西電力五十年史編纂事務局編『関西電力五十年史』2002年、410、412頁。
36　横田茂・水口憲人「コンビナートと開発行財政制度──企業局方式の検討」（宮本憲一編、前掲書）111-117頁。
37　同上論文、118頁。
38　左藤義詮『知事説法』創元社、1962年、142頁。
39　同上書、142-145頁。
40　左藤によると、調印式の後の記者会見において大阪府市関係事業の見通しに関する質問が続出したが、その際アプス頭取から「交渉に先だって過去の実績を調べたが、およそ国際債務の遂行において日本ほど忠実正確だった国はありません」との発言があったという。また帰国後そのことを津島寿一に報告したところ、津島から関東大震災の当日が英貨債の利払い日であったが、日本政府はロンドン、ニューヨークに打電して遺漏のない支払い方を督励し、そのことが巨額の復興債消化を促進したことを聞かされたという（左藤義詮『因縁の糸』創元社、1966年、38-39頁）。
41　日向野大太郎「鉄鋼・非鉄金属」（中岡・吉村監修、前掲書）61-62頁。
42　高松、前掲論文、290頁。
43　同上論文、291頁。
44　堺商工会議所創立百周年記念出版委員会編『堺商工会議所百年史』1982年、600-602頁。
45　同上書、601頁。
46　高松、前掲論文、294-295頁。
47　東田敏夫・細川汀・若野六花技「堺臨海工業地帯」（『公衆衛生』第27巻第11号、1963年11月）9-10頁。
48　2つの引用は、加茂利男「コンビナートと都市政治」（宮本編、前掲書）275頁からの再引用。
49　新井真一（大阪府商工部長）「臨海工業地域の造成と近畿経済」（『経済人』第14巻第10号、1960年10月）39頁。
50　北条、前掲論文、19頁。
51　1971年度の堺泉北コンビナート港湾の移出先構成に占める関西の割合は、石油製品で44.5%、化学薬品で13.4%であり、川崎コンビナートでは関東の割合は石油製品で50.5%、化学薬品で51.6%であった。また宇部興産堺工場の総搬出量（1971年度）41万964tのうち53.1%が輸出、関西以外の地域に30.7%が移出され、関西向け移出量は1割程度であった（中村、前掲「コンビナート地域開発」87-89頁）。
52　野口、前掲記事、57頁。

第6章　堺泉北臨海工業地帯造成の歴史的意義

53 朝日新聞大阪本社経済部編『関西経済の主役——そのアイデアと行動』科学情報社, 1970年, 82頁。
54 大阪府企業局編, 前掲書, 402, 416頁。

第7章

高度成長期における産業集積地の発展
──布施市・高井田地区を中心に──

❖ はじめに

　1967年2月の布施市，河内市，枚岡市の3市合併によって東大阪市が誕生した。東大阪市は東京都大田区などと並んで典型的な大都市型産業集積地として注目され，1990年代以降，日本の「ものづくり」を支える基盤技術の拠点として紹介されてきた。しかし東大阪市における事業所数のピークは1985年の5701事業所（従業者数4人以上）であり，2014年には2595事業所と約30年間で半減した。73年の5197事業所までほぼ一本調子で増加した後，74年に5162事業所と純減を記録し，その後の変動を経て85年のピークに至るが，東大阪市の工場数の動きは，高度成長期の増加，その後の増加テンポの低下，80年代半ば以降の減少と要約できる[1]。

　本章では，高度成長期の布施市・東大阪市を取り上げ，そのなかでも工場集積密度のとくに高い高井田地区の動向を検討する[2]。最初に高度成長期前夜の布施市の機械金属工業の動向を概観し，次に高度成長期の同市の工業発展を検討する。続いて個別経営の経営発展とそこから独立していった人びとの動向を跡づけ，布施市の工業発展のミクロ・ベースの内実を明らかにする。

　さらに考察の対象を高井田地区に絞って，1957年，63年，69年の3時点の機械金属工場の状況を比較し，参入，退出，経営発展の動向を検討する。続いて独立＝新規参入のコストを引き下げる上で大きな意味を持った貸工場の状況ならびに高井田地区の大中規模工場の動向を考察することによって，布施市・高井田地区における機械金属工場の経営発展の動態を明らかにしたい。

1. 高度成長前夜

　布施市，とくに高井田地区における機械金属工業の発展は戦時期の急速な発展を前提としたが，戦後は当然ながら軍需から民需への転換を経なければならなかった。いま布施市のある機械工場の変遷をみると，戦時期には軍監督工場として工作機械生産に従事し，設備工作機械も1942年には30台を有した。戦後の45・46年にはアルミ製鍋釜，46・47年には製粉，精米機を製造し，47年に発動機製造の下請として発動機部品を製作し，48〜50年には寿工業の下請として紡機を生産する一方，木工機，紙用裁断機を製造するとともに撚糸機の賃加工を行った。51〜54年には帝国車輛工業の下請としてディーゼル部品，さらに木工機の製造，工作機械の修理を行った[3]。

　布施の中小零細機械工場はこうしたさまざまな機械製造，修理を行いながら，昭和20年代を乗り切ったのである。戦時期の集積だけでなく，中古機械商の集積地であった谷町筋が戦災によって大きな打撃を受けたため，戦後になると高井田地区に近い東成区今里本町筋に多くの鉄鋼問屋，機械商，工具商が集まり，この商業集積が布施市，とくに高井田地区における工業集積の形成を加速させることになった[4]。

　1954年9・10月に実施された大阪府立商工経済研究所の調査（従業者規模30人未満の小零細工場98工場対象）によると，布施市で営業する91工場（鋳物15工場，釘・針金10工場，鋲螺9工場，金網8工場，自動車部品9工場，ミシンおよび同部品10工場，紡機8工場，工具8工場，機械加工全般[5] 14工場）の経営者の前職をみると，同業職工が57人，先代の継承者10人，商業9人，工業6人，官公吏3人，その他6人であった。たとえば鋳物工場主の15人では同業職人が13人，銑鉄問屋1人，鉄道省の鋳造関係の役人1人であった[6]。

　表7-1は上の調査工場のなかの工作機械修理3工場，「長屋工場である小鍛冶屋」10工場，溶接工場5工場の状況を示したものである。大阪府立商工経済研究所の報告書は工場番号4番から13番までの10工場を「純然たる町工場」と呼び，「これらの町工場は分散的な『拾い仕事』を主とせざるを得ず，部分的にやや固定した得意先をもつとはいえ，それに対しては極度に加工賃の累積についても警戒的だ。したがつて，『拾い仕事』の受注はブローカーによる問屋の廻し仕事（No.5特殊ボルト），あるいは昔なじみの知人や同業者の間

表 7-1 布施市「町工場」の状況（1954 年）

(千円)

工場番号	従業者数	創立年	加工品目	受注額(月)	借入先	借入額
1	21	1930	工作機械修理, 歯切賃加工	700	富士銀行	600
2	9	1933	工作機械修理, 木工機製作	350	知人	3,000
3	2	1928	工作機械修理	100	大阪相互銀行, 友人	1,500
4	21	1918	歯切賃加工	1,300	知人	500
5	5	1946	特殊ボルト製作	100		
6	5	1950	旋盤賃加工	150	知人, 信用金庫, 互助会	550
7	6	1951	切削加工	200	親戚	515
8	2	1946	旋盤加工	100	知人	70
9	2	1947	〃	50	知人, 信用金庫互助会	150
10	2	1952	〃	26	友人	200
11	1	1954	切削加工	15	兄	50
12	1	1950	歯切加工	18		
13	1	1947	平削加工	10	国民金融公庫, 互助会	150
14	5	1950	溶接賃加工	300		
15	3	1950	〃	100	互助会	70
16	3	1961	〃	75		
17	1	1948	〃	160		
18	1		〃	15	友人	80

［出所］ 大阪府立商工経済研究所編『デフレ下の金属機械小工業の実態——衛星都市布施を中心として』1955 年, 105, 107, 114 頁.

を歩き廻つて仕事のおこぼれを貰う（No. 7, 9, 10, 11），だが拾い仕事は焦つて取引先を駆け廻ると足許をみられることとなり，下請単価はともかく，手間賃の回収が悪く，時には貸倒れになる懸念さえあり，先方から持ち込まれる仕事のみをこなしている町工場（No. 8, 13）が多い」[7]とする。

2. 高度成長期における布施市の工業発展

表 7-2 に示されているように 1950 年から 65 年までの 16 年間において布施市の工場数は 51 年を除いて増加を続け，従業者数も 65 年を除いて同様の動きを示し，1950 年の 1 万 6615 人から 65 年の 4 万 7424 人に急増した[8]。また注目すべきは従業者数 3 人以下の零細工場・事業所がほぼ五百～六百数十存在し，1955 年では全工場数の 41%，65 年でも 21% を占めたことである。工場主 1 人で，あるいは家族従業者とともに事業を開始し，将来の飛躍を展望する零細

表 7-2 布施市の工場数・従業者数・製造品出荷額の推移

(人, 100万円)

年次別	工場数 事業所数	従業者数	製造品 出荷額	加工賃 収入	工場数 事業所数	従業者数
1950	1,407	16,615	9,243	366	779	1,998
51	1,389	17,666	14,789	708	550	1,246
52	1,419	18,239	17,748	830	574	1,283
53	1,424	20,127	20,494	1,050	604	1,424
54	1,429	20,332	21,967	1,083	621	1,504
55	1,436	21,386	25,546	1,148	589	1,450
56	1,494	26,032	36,453	1,567	537	1,327
57	1,565	28,633	41,295	1,924	529	1,291
58	1,621	30,448	43,824	1,747	558	1,429
59	1,633	33,601	52,829	2,716	556	1,457
60	2,042	40,229	72,427	3,565	679	1,733
61	2,115	43,040	96,724	5,398	688	1,767
62	2,151	44,816	101,477	5,671	668	1,695
63	2,595	48,544	111,633	7,344	576	1,307
64	2,688	48,981	128,500	9,416	596	1,398
65	2,802	47,424	131,948	9,733	599	1,355

(注) (1) 1957 年より事業所数。
 (2) 右 2 列は従業者数 3 人以下の工場・事業所数。
 (3) 布施市誕生以前に旧 6 町村で営業を開始した工場が含まれる。
[出所] 大阪府編『大阪府統計年鑑』各年版。ただし、1959 年および 58〜65 年の従業者数 3 人以下事業所の従業者数は、大阪府編『工業統計調査結果表』各年版による。

工場群がある厚みを持って存在していたのである。

　1957 年 8 月に実施された調査から、高度成長開始期における布施市の労働者の状況をみてみよう。車輛工場 1 工場, 電気機械工場 4 工場, ミシン工場 4 工場,「全工業」[9] 124 工場を対象とした調査によると,「全工業」工員（男）553 人の学歴構成は小学校・高等小学校・新制中学校卒が全体の 77%, 旧制中学校・新制高等学校卒が 19% であり, 旧制高等専門学校・大学・新制大学卒は 2% にとどまった[10]。また転職の回数は,「全工業」工員（男）553 人の場合,「記入無」および転職無が 251 人, 1 回が 77 人, 2 回が 80 人, 3 回が 64 人, 4 回が 19 人, 5 回以上が 47 人, 不明 15 人であった[11]。前職事業所の所在地は「全工業」工員（男）257 人の場合, 大阪市内 100 人, 布施市内 79 人, 大阪府下 33 人, 京阪神 15 人, 他府県 30 人であり, 前職事業所の従業者規模は「全工業」工員（男）239 人の場合, 30 人未満が 132 人, 30〜199 人規模が 76 人, 200 人以上が 31 人であった[12]。「全工業」工員（男）が代表する布施市中小工

場の場合,前職から現職への移動は30人未満層からの移動がもっとも多く,200人以上層からの移動は限定的であったことがわかる。

布施市内では均等に工場が集積していたわけではない。大阪市に隣接する布施市西部に位置する高井田,その北の森河内,高井田の東の御厨,産業道路を挟んで高井田の南に位置する長堂といった布施市北西部の諸地区が最大の工場集積地であった。しかも1960年代後半の高井田,長堂には鋳物,鋲螺,電気機器,一般機械,化学,御厨には鋳物,機械,ミシン,森河内にはミシン関連の工場が多く立地した[13]。

表7-3は,1968年現在で高井田・長堂・御厨・森河内の4地区に所在する365工場

表7-3 創業年別・布施市内での営業開始年別工場数（1968年）

時期別	創業年別	布施市内での営業開始年別
明 治	13	—
大 正	30	6
1926〜44年	60	37
1945〜50年	48	40
1951〜55年	59	44
1956〜60年	56	70
1961〜65年	47	86
1966年以降	37	68
不 明	15	14
合 計	365	365

（注）(1) 高井田・長堂・御厨・森河内所在工場の合計。
(2) 東大阪市全体の有効回答数は852工場。

［出所］ 東大阪市・東大阪商工会議所『東大阪における工業の立地条件』1968年,35-36頁。

（布施市全体では852工場）の創業年別・布施市内での営業開始年別工場数の内訳を示したものである。戦前・戦時期に創業した工場が103工場であるのに対して,同時期に布施市内[14]で営業を開始した工場は43工場にとどまる。布施市西部地区の産業集積化の大きな要因は,1931年から開始され39年に完成した耕地整理事業（127 ha）の進展にともなう大規模な工場用地の出現および36年の府道今里枚岡線（通称,産業道路）の開通であった[15]。大阪市内に直通する産業道路の南北に位置する長堂,高井田,御厨,高井田の北の森河内などが開発されることになったのである。したがって,先にみた103工場のうち60工場は布施市以外（ほとんどは大阪市内）で創業し,戦後になって布施市西部地区に移転してきた工場であった。1968年時点で創業年不明工場を除くと,現存工場350工場のうち戦前・戦時期創業工場は103工場と全体の約3割であった。

表7-4は,1960・65年の布施市の部門別事業所数の分布を示したものである。金属製品,機械,電気機械器具,輸送用機械器具が多いだけでなく,繊維,衣服・その他繊維,化学工業なども数多くあり,布施市における工業展開の多様性を物語っていた。また表掲された産業部門のなかで60年と比較して65年に

表7-4 布施市の部門別事業所数
（1960・65年）

部門別	1960年	1965年
食料品	65	62
繊維	115	110
衣服・その他繊維	87	137
木材・木製品	64	75
家具・装備品	45	66
パルプ・紙・紙加工品	68	112
出版印刷	33	79
化学工業	45	108
石油・石炭製品	2	
ゴム製品	14	21
皮革製品	26	58
窯業・土石製品	22	26
鉄鋼業	76	97
非鉄金属製造業	53	62
金属製品	459	645
機械	339	473
電気機械器具	112	174
輸送用機械器具	80	100
計量器・測定器・その他	25	29
その他の製造業	312	368
合計	2,042	2,802
法人組織	939	
個人組織	1,103	

［出所］ 大阪府編『大阪府統計年鑑』各年版。

工場数を減少させている部門は食料品，繊維，石油・石炭製品の3部門である。60年代前半期には布施市の多様な諸部門が全般的にその工場数を増加させていたことがわかる。

1968年に東大阪市に所在する鉄鋼業，非鉄金属，金属製品，機械の4部門の622工場の製品等販売先・原材料等仕入先別業種別工場数を示した表7-5によると，全体に占める東大阪市・大阪府（東大阪市を除く）の割合は，前者で66％，後者で87％であった。製品等販売先では関東が大阪府を除く近畿を上回っていたのに対し，原材料仕入先では東大阪市を含めて大阪府が圧倒的割合を占めていたことがわかる[16]。その後の動向として，1970年代以降受注先としての大阪市のウエイトが低下する一方，外注先・発注先としての東大阪市の比率が上昇することが指摘されている[17]。高度成長の終焉とともに東大阪の工場はより広域から仕事を受注し，より狭い東大阪に仕事を出す傾向を強め，その意味で産業集積としての機能がより高度化したといえるのかもしれない。

3. 布施発条工業所からの独立創業

次に，具体的に布施発条工業所とそこからの独立創業の経緯をみていこう。

1916年に奄美大島に生まれた作田忠雄は31年に大阪に出て中村金物店に勤め，44年に徴用のため造船所で働いた。42年に奄美大島出身の永田タカキと結婚した作田は戦後46年に布施市御厨でバネ製造業「バネ作」を個人創業した。2階建ての自宅の1階が工場であった。50年11月に布施市川俣に工場を建設して布施発条工業所（資本金20万円，従業員8人）とし，翌51年3月に大

表7-5　製品等販売先・原料等仕入先別業種別工場数（1968年）

業種別	東大阪市	府下(東大阪を除く)	近畿(大阪府を除く)	関東	中部	中国	九州	その他	合計
鉄鋼業	6	151	31	18	10	5	0	3	224
非鉄金属	2	30	3	8	4	1	0	2	50
金属製品	7	297	48	68	23	6	2	4	455
機械	8	149	37	45	13	4	0	1	257
計	23	627	119	139	50	16	2	10	986
鉄鋼業	39	133	10	2	5	2	1	7	199
非鉄金属	4	32	5	1	0	2	1	3	48
金属製品	104	279	18	9	11	1	4	0	426
機械	46	162	22	4	6	1	2	1	244
計	193	606	55	16	22	6	8	11	917

（注）　上段は製品等販売先，下段は原料等仕入先。
［出所］　東大阪市・東大阪商工会議所『東大阪における工業の立地条件』1968年，39頁。

阪市南区桃谷に2階建家屋を借りて谷町営業所を開設した。布施発条工業所は52年7月に資本金を70万円，60年6月に同260万円，62年10月に同650万円，71年9月に同1250万円にそれぞれ増資し，66年8月にフセハツ工業に社名変更した[18]。

1962年3月末に15歳の山本晶が佐賀県から集団就職で来阪し，布施発条工業所に就職した。山本の伯父が中村金物店で番頭をしており，その関係で布施発条工業所を紹介されての入社であった。この頃15人ほどが住み込みで働いていたが，「ほとんどが奄美大島から大阪にきた人々であった」[19]。

布施発条工業所（フセハツ工業）からは58〜78年にかけて判明するかぎりで10人が独立して自らの事業を創業している。その独立創業の経緯を追跡してみよう。

独立第一号は裏野春夫で1958年に26歳で独立して東洋発條製作所を設立した。裏野は「バネ作」の近在の農家の息子で48年から勤務したが，作田社長から「独立してみてはどうか」と声をかけられた。続いて谷町営業所の2代目所長の藤井章が59年に独立，東京発条を創業した[20]。64年に越岡元弘が28歳で独立，コシオカ産業を設立した。越岡は50年に15歳で布施発条工業所に入社した。越岡の入社は，作田の将棋仲間で太陽発条に勤めていた梅田正義が義弟の越岡を紹介したためであった。62年に越岡は作田の妹伸子と結婚した。51年に16歳で大阪に出て布施発条工業所に勤めた伸子は，経理学校にも行か

ず，独学で経理を覚えた。社員の世話をするタカヰを伸子が助けた。御厨で作田一家と同居し，朝4時に起きて従業者の作業着を洗濯し，弁当をつくり，作田の子どもたちを幼稚園に送ってから会社の仕事についた。越岡の独立に際しても，作田は「得意先を回ってこいよ」といって得意先を分けてくれた[21]。

次にタカヰの弟の永田隆光が，1951年に米軍統治下の奄美大島から密航して大阪に来て布施発条工業所に入社した，65年に独立して隆光スプリング製作所を創業した。「幸い妻の良子が美容師の免状をもっていたので美容院を開き，内職しながら工場を地道に経営することができた」[22]。

1966年に吉川晋吾が独立してタツマ工業を設立するが，同社はフセハツ工業が扱う線バネとは違う板バネを製造した。布施発条工業所では傘バネに加えてホッピングのバネの増産のために56年に臨時工15人を採用したが，そのなかにいた裏野の兄の学校友だちである吉川の働きぶりが作田に評価され，57年に入社した。64年に吉川は今里で中古機械を購入し，半年かけて1人で操作でき，精度もよい専用機に改造した。こうして巻き取りは吉川が改造した専用機で大量に生産できるようになったものの，その後の二次加工，三次加工などは社内で消化しきれず，外注に出したり，社員が持ち帰って内職をして指定された納期に間に合わせた。社内加工，外注，内職が有機的に結びついて，町工場における「柔軟な生産体制」を実現していたのである[23]。

1968年に永田一義が独立して永田スプリング製作所，翌69年に永田昭夫が32歳で独立して永田発条を設立した。昭夫は作田の従兄弟で55年に入社し，昭夫の弟である一義も17歳で56年に入社した。昭夫が独立するときは「社長の右腕なのに，なぜ辞めるのか」といわれ，苦しんだが，「子供が小学校に入学する時期でもあったので，将来の子供のことを考えると，独立するには今がチャンス」と判断した[24]。

1969年には，竹山保がフセハツ工業を辞めてタイガーバネの一人娘と結婚して同社を経営した。39年に奄美大島で生まれた竹山は地元の高等学校を卒業したのち59年に布施発条工業所に入社した。初任給は3食付きで3000円，2万円もらうのに4年かかった。竹山は作田から「得意先をもらいました。月100万か150万円の自分のところの得意先です。忠雄さんはそういう人やったです」と回想している。竹山によると「他所の親方いうたら，そんなことしませんね。職人は勝手に貸工場を契約してきて，そいでお得意さんをこっそりもって独立していくんです。それが，普通です」とのことであった[25]。

1978年に梅田（67年入社）の妹の息子である吉村健一が独立してヤマト発条製作所を創業するが，このとき母親が「労働金庫から退職金を前借りして100万円を工面してくれた。その資金で貸工場を借りて」事業を開始した。同年には中田鉄弘が独立して協和バネ製作所を設立した。63年に布施発条工業所に入社した中田は作田の妹の夫であった[26]。

　以上，10人の独立事情を検討した。「作田社長は独立していく人たちそれぞれを援助した。ある人は工場の世話，またある人は仕事の世話，借り入れ金の保証人などになって手を差しのべてくれた」[27]というのが，独立した者の共通の思いであった。こうした独立ばかりではなかっただろう。竹山の指摘するように親方に内緒で貸工場を借り，得意先を無断でもっていき，独立するケースも多かっただろう。しかし布施で仕事をするかぎり，独立後も親方との関係は重要であった。

　親方との信頼関係が，独立後の仕入先，販売先との信頼関係の前提となっただろう。こうした旺盛な独立創業の波が前掲表7-2でみた従業者3人以下の厚みのある零細工場の大軍を支え，高度成長期の東大阪市における工場数の継続的増加を支えたのである。

4. 高井田地区における機械金属工場の動向

　表7-6は1957年末現在における布施市・高井田地区に所在する鉄鋼業，非鉄金属製造業，金属製品製造業，機械製造業，電気機械器具製造業，輸送用機械器具製造業，計量器・測定器等製造業工場（従業者4人以上事業所）184事業所を示したものである。57年末における7部門の事業所数は，機械製造業58工場，金属製品製造業54工場，鉄鋼業32工場，輸送機械器具製造業19工場，電気機械器具製造業12工場，非鉄金属製造業7工場，計量器・測定器等製造業2工場の順であった。

　また，1957年末現在における184事業所の従業者規模別分布をみると，4〜9人規模52工場，10〜19人規模54工場，20〜29人規模37工場，30〜49人規模21工場，50〜99人規模13工場，100〜199人規模3工場，200〜299人規模2工場，300〜499人規模1工場，500〜999人規模1工場であった。4〜29人規模で143工場，全体の78％に達した。

　1957年末現在の184事業所のうち63年末にも大阪府編『大阪府工場名鑑』

表 7-6 高井田所在機械金属工場一覧（1957年末、1963年末）

中分類	小分類	事業所名	代表者	所在地	主要製品	1957年末 資本金(万円)	1957年末 従業者数	1963年末 資本金(万円)	1963年末 従業者数
鉄鋼業	製鋼を行わない鋼材	日亜加工鋼業㈱布施工場	多田 稲松	高井田西2	鉄線、木螺子、小螺子、押螺子、リベット	2,000	C	50,000	D
		内外鋼業㈱	橋本 茂	高井田西2	鉄線、鉄鋲	200	B		D
		昭和金属㈱	石松 弘一	高井田東2	普通鋼冷間仕上鋼板、自転車用部品、鉄鋼シ	50	C	400	D
	鋼材	阪南製鉄㈱	金井 修	高井田本通4	ベアリング	25	C	1,500	F
		荒井伸線業㈱	荒井 弘安	高井田西4	鉄線鈍線、丸釘、鋲	50	A	50	B
		枚岡鋼業㈱	栗山 増次郎	高井田西3	線材	500	B		
		大阪バネ工業㈱	笠井 宇三兄	高井田西2	バネ鋼	50	B	50	C
		㈱川森製鋲鋼材	中西 鉄治郎	高井田本通2	鉄鋼、丸釘	150	A	150	C
		㈲協栄磨鋼材製作所	中西 幾三郎	高井田西2	磨棒鋼	30	A	30	A
		日本鉱金㈱	笠野 四郎	高井田本通4	各鉄線、針金、ビニール線	240	D		
	めっき鋼材	旭鍍金㈱	西村 佐太郎	高井田1557	鉄鋼亜鉛鍍金加工	300	G	400	D
		春日鉱業㈱	山西 善一郎	高井田西3	針金、丸釘、鉄線	2,500	G	6,000	G
	鍛鋼、鋳鋼	宏和鍛造㈱	脇坂 清六	高井田中4	鍛工品	100	B	300	D
		㈱柚山鍛工所	柚山 清光	高井田中3	鍛工品	50	C	300	B
	銑鉄鋳物	ユタカ鋳造所	葛馬 杉松	高井田西2	機械用銑鉄鋳物	80	D	320	D
		㈲田中鋳造所	田中 敏	高井田西4	機械用銑鉄鋳物	50	B	50	C
		㈱橋本鋳造所	橋本 辰次郎	高井田東2	家庭金物	100	B	100	C
		三星産業貿易㈱	中村 重一	高井田東1	靴底金、ベルトファスナー部分品、ナスカン	400	E	400	F
		㈱英光社鋳工所	鎌中 善作	高井田東9	機械用銑鉄鋳物	300	D	1,050	F
		南海鋳造所	南野 専蔵	高井田本通5	日用品銑鉄鋳物	150	D		
		とも糸鋳造所	福田 完弘	高井田中3	その他の銑鉄鋳物	50	B		
		㈲興成合金鋳造所	奥義 俊治	高井田中6	ストーブ、フードバルブ、ミシン部分品、	50	B		
		三明鋳造㈱	青野 富雄	高井田中4	銑鉄鋳物	120	C		
		松葉鋳造所	松葉 竹林	高井田西2	日用品銑鉄鋳物	20	C	360	D
		㈲阪和鋳造所	新野 博閣	高井田西4	機械用銑鉄鋳物	100	C	300	D
		㈲中野鋳造所	鳥賀陽 庄市	高井田中6	電気鋳鉄、鋳鉄管、機械用鋳鉄	160	D		
		金子鋳造所	中野 照社	高井田西2	乙鉄鋳物	70	C		
		小川鋳造所	砂原 吉太郎	高井田本通2	耕転機部分品、日用品銑鉄鋳物	20	C		
		㈱土佐鋳造所	小川 吉太郎	高井田本通1	日用品銑鉄鋳物	50	B	750	C
		南野産業㈱	沢村 正俊	高井田本通1	機械用銑鉄鋳物	400	D	600	F
	その他の鉄鋼業	東亜金属工業㈱	桐石 義一	高井田中3	鉄板、農機具品、建築金物	150	C		

業種		工場名	代表者	住所	製品				
非鉄金属 製造業	非鉄金属鋳物	森田嘲筒工業㈱鋳造工場	矢野 辰夫	高井田中2	銅合金鋳物、銑鉄鋳物	3,500	C	8,775	D
		㈱大洋合金鋳造所	小原 透	高井田中4	機械用銅合金鋳物、機械用アルミニウム鋳物	50	D	200	E
		川西鋳工所	川西 慶三郎	高井田本通3	銅合金鋳物		B		A
		布施合金鋳造所	尾池 喜代	高井田本通2	機械用銅合金鋳物、銅鉛加工	200	E	900	E
		㈱貝原合金鋳造所	貝原 秦哉	高井田中3	機械用アルミニウム鋳物	200	C	400	D
	電線、ケーブル	大阪軽合金工業所	池永 伊之吉	高井田中1	コード	30	B		
		㈲旭電線製作所	米満 栄三						
金属製品 製造業	洋食器、刃物、 手工具、一般金物	木村金属製作所	木村 行志	高井田中2	自由蝶番	20	A	85	C
		㈲西村鋲製作所	西村 三郎	高井田中2	鋲	100	E		B
		大内鉄工所㈱	花谷 登代	高井田本通2	スパナー	400	C		
		池田製作所	宮野 五一郎	高井田西1	スパナー		A		
		豊生金属所	池田 忍	高井田西1	建築金物戸車用枠、安全掛金	50	B		
		大阪鋸刃製作所	西沢 善文	高井田本通1	南京錠	100	C	100	D
		浪速金属工業所	里村 一基	高井田西1	金切鋸弦、糸鋸刃		C	30	A
		日本ハンド工具製作所	柳田 畏三郎	高井田西1	建築金物(戸車)	50	A		
		伊賀製工所	黒田 良放	高井田1292	ハンマー		A		
		土塔鉄工所	伊賀 万治	高井田東1	糸鋸、糸鋸刃		A		A
		川田鉄工所	土塔 秀雄	高井田西2	サンドブレーカー、クレート		A		
			川田 実太郎	高井田西3	スパナー、機械工具、開閉装置				
	暖房装置、配管工事用付属品	センター興業㈱	山本 最純	高井田本通2	ストーブ、冷蔵庫、石油コンロ	2,000	E	10,000	F
	構築用金属製品	殺城鉄板工作所	高木 実健	高井田西	風呂釜	110	A		A
		㈱昭和シャッター製作所	寺前 浅次郎	高井田西2	軽便シャッター	30	A	30	A
		末広工機布施工場	大家 勝	高井田東3	建設用金属製品、鋼鉛加工	200	B	400	F
	金属打抜、被覆、彫刻業	第一クローム鍍金㈱	中西 義三	高井田中2	自動車鍍金	50	C	50	D
		㈱郷田鉄工所	郷田 清義	高井田中1	打抜プレス機械部品	80	B	800	D
		辰巳工業㈱	辰巳 修平	高井田西1	カヤ金具		B		B
		立花工業㈱鍍金部	田中 徳蔵	高井田本通1	電気鍍金	25	A		
		青山工業㈱鍍金部	青山 正之	高井田西1	ミシン部品鍍金加工	100	D		
		布施塗装工芸㈱	藤井 孝	高井田中2	金属製品塗装	60	D	750	D
		大洋鍍金工業所	都築 浅市	高井田中4	電気鍍金	100	A	100	B
		進藤金属工業所	黒瀬 虎一	高井田133	バケツ製品塗装		A		A
		㈲飯田工業所	進藤 繁雄	高井田西1	金属製品塗装	50	A	50	A
			飯田			50			
	線材製品(ねじ類を除く)	河南製鋲㈱	谷口 清松	高井田西5	鋲	50	A	100	B
		大阪製鋲㈱	黒田 政治	高井田本通6	鉄鋲、鉄製釘、針金	1,048	F	2,120	F
		関西金属製鋼㈱	久保田 梅松	高井田本通2	鋼索、線材	400	C	1,600	E
		大和製鋲㈱	塩井 武夫	高井田本通2	釘、鋲	18	A		
		㈲久保商店布施工場	久保 米市		特殊釘、鋲	300	C		

中分類	小分類	事業所名	代表者	所在地	主要製品	1957年末 資本金(万円)	1957年末 従業者数	1963年末 資本金(万円)	1963年末 従業者数
		森繁金網工業所	森 繁實	高井田西4	金網、非鉄製金網	50	A	50	B
		昭和工業(株)	吉田 高	高井田中1	有刺鉄線	25	B	25	A
		木村金網工業(株)	木村栄太郎	高井田中2	金網ザル	50	A	50	C
		三越工業(株)	三輪 正一	高井田中1	亜鉛引蛇籠	50	B	50	A
		孔布金網(株)	中川 健三	高井田本通1	鳥カゴ、その他金網類	80	B		
		三ツ輪鉄網工業(株)	永野 正明	高井田本通2	亜鉛引鉄線蛇籠	200		200	C
	ボルト、ナット、リベット、小ねじ、木ねじ等	北島金属綱物製作所	北島 邦一	高井田西1	真鍮袋ナット、真鍮ハトメ、真鍮自動車電気部品	70	A	21	C
		(株)南田製鋲所	南田 末吉	高井田中3	ボルト、リベット	100	B	400	E
		(株)神山鉄工所布施工場	神山 時蔵	高井田西5	ボルト、リベット、皿リベット、押ねじ、ボルト、ナット		D		
		白井製作所	白井 達郎	高井田西2	小ねじ	200	A		A
		光洋製鋲所	岡本己之助	高井田西5	小ねじ、押ねじ	50	C	320	C
		光金属工業所(有)朝倉製作所	立花 仁六 朝倉 勝雄	高井田西2 高井田本通1	座金 小ねじ	50	B		
		岡山製鋲(株)	大井 清	高井田本通1	鋲	50	A	100	B
		(株)森一製鋲所	森内 一雄	高井田東3	ボルト、ナット	50	B	50	A
		日本製鋲(株)	岩本 昭利	高井田東2	ボルト、ナット	200	B		
		(株)布施蝶子ビス製作所	嶋田太郎	高井田1562	ナット	300	E	2,400	F
		山陽ねじ工業(株)	小寺 常義	高井田1517	ボルト、ナット、小ねじ	100	B		
		古賀製作所	古賀 和夫	高井田1381	亜鉛メッキラックボルト、特殊ねじ、リベット	50	B		
		(株)朝日製鋲所	山口 山男 山崎 治	高井田西1	リベット、ねじ	50	A		
	その他の金属製品	日興ばね製造(株) 愛鉸発条(有)	中西 保貞 細川 賢	高井田本通2 高井田本通3	ばね 自動車用クラッチスプリング、安全弁用スプリング	100	A	200	B
機械製造業	ボイラ、原動機	(株)コマエンジン製作所 (有)丸吉鉄工所 近畿金属(株)	多小谷金三郎 田中吉雄 北川四良	高井田本通1 高井田本通1 高井田本通1	コマエンジン 船用内燃機関の附属品 ディーゼルエンジン部品、電気器具部品、その他	250 20 500	D C F	500	F
		ヤンマーディーゼル(株)布施工場	浜田賀寿栄	高井田本通2	ディーゼル機関	120,000	E	120,000	F
	建設機械、鉱山機械	川島工業(株)布施工場	沖本 政夫	高井田中2	コンクリートミキサー	200	B	200	B
	金属加工機械	横田工業(株) 東田機工(株) (株)原田雄司製作所布施工場	横田 一夫 東田 繁雄 原田 丈夫	高井田中1 高井田本通1 高井田西1	動力付手持工具 スレッドローリングマシン、ボールヘッダー ドライバー	500 50 100	E B B	4,032 100	F B
		新興タップ製作所	森田 憲一	高井田西1	タップ		B		

分類	会社名	代表者	所在地	製品				
	富士機械(株)	藤戸福三郎	高井田本通1	伸線機、押出機	30	B	120	C
	田中南車工業(株)	渡部三郎	高井田西2	圧延機、剪断機	100	C	400	D
	大前製作所	大前常惣	高井田中3	引抜用機械、補死用ロール		A	200	B
	油谷鉄工(株)布施工場	油谷寅吉	高井田西5	機械工具	450	A		
	瓢鉄工所	中本芳太郎	高井田本通2	舶用内燃機部品、機械工具		A	100	B
	昌栄熱処理工業所	辻岡淑清	高井田本通2	仮装置、フライス盤	50	B	50	B
	益田工業所	益田捷一	高井田本通2	歯車、研削機、工作機械(加工)	35	D		
	(株)光正製作所	角田光正	高井田本通3	歯車、特殊鋼材仕上機、角切機	300	A	200	B
	(株)石井紙裁断機製作所	石井楳荘	高井田中2	紙断裁機、歯切	100	A		
	野間工業(株)	野間進	高井田東2	金属用金型、食料品加工機械、友染機	100	C		
	太洋興業(株)	大島猛	高井田中1	械				
	前場鉄工(株)	前場貞雄	高井田中1	ねじ切機、鍛造機、研磨機	100	C	200	D
	大重鍛造製(株)	塚原捷平	高井田中3	自動車部品、船舶部品、機械部品	100	B	100	C
繊維機械	(有)伊藤製作所	伊藤博	高井田本通1	紡織用機械	70	A		
	淀川紡機製作所	岡田松太郎	高井田西1	精紡リンク	150	B	50	B
	(株)土橋鉄工所	土橋秀一	高井田西2	撚糸ボトムローラー	50	B	150	C
	東光機械(株)	深田昇二	高井田西2	紡織機械	50	C	100	C
	(株)矢野鉄工所	矢野佐太郎	高井田東2	染色整理機械、ワイヤーベルト製造機	50	A	400	D
特殊産業用機械	魁工製作所	川上吉一	高井田西2	パン焼きカマド、ケーキミキサー、包装機	100	C	400	C
	(株)丸松製作所	松尾平三郎	高井田西3	精密鋳金型		B		
	内山精密金型製作所	内山順次良	高井田西2	印刷機械部品、産業機械部品		A		
	石川鉄工所	石川優市良	高井田本通1	金型		B		
	紀和精密製作所	垣原二郎	高井田西2	右鹽製造機械		C		
	(株)佐藤鉄工所	佐藤一義一	高井田本通2	鋳造装置の部分品	100	C	400	C
	松田鉄工所	松田博	高井田本通2			A		
一般産業用機械、装置	新明和興業(株)布施工場	宮本次雄	高井田中2	渦巻ポンプ、武器の部分品、附属品	9,000	G		
	(株)中西製作所布施工場	中西正一	高井田西2	薬品糖衣機、製錠機、薬品充填機	25	B	100	C
	高岸鉄工所	高岸金治郎	高井田西3	自動車セクター部品、ボールベアリング		B		
	本多製作所	本多滋二	高井田中2	ケ、化学機械部品		E		A
	三誠製作所	八木金十郎	高井田西2	ターピンポンプ、渦巻ポンプ、ロールメタル、機械用メタル、アルミスライダー	40	A	100	A
	(株)田村鋳造鉄工所布施工場	田村敬	高井田中3	セメント粉砕用日鋼ボール	360	E	360	E

中分類	小分類	事業所名	代表者	所在地	主要製品	1957年末 資本金(万円)	1957年末 従業者数	1963年末 資本金(万円)	1963年末 従業者数
	事務用、サービス用、家庭用機械器具	朝日塗装工業所	松岡 俊	高井田中1	ミシン部品塗装		B		
		大和発条製作所	川上 泰男	高井田西1	ミシン部品部分品、スプリング	200	A	200	D
		国華ミシン製造㈱	川口 忠男	高井田西1	家庭用ミシン頭部	200	D		
		大阪工業㈱	山田 一作	高井田西1	ミシンテーブル金具セット、ミシン前		D		
		精工タイムレコーダー㈱	平田 元三郎	高井田西1	後上下送りシャツト等 タイムレコーダー、ベルタイムー、カードラック	200	B	300	B
		滝沢歯車㈱	滝沢 巧	高井田西1	ミシン部分品、自動車部分品、工作機械部分品	150	B	300	B
		㈱北村機械製作所	北村 秀雄	高井田中1	冷凍機	60	A	120	C
	その他の機械、機械部分品	鈴木製作所	鈴木 一男	高井田1453	バルブコック	150	A		
		大日本精器工業㈱	神原 達男	高井田中2	ローラーベアリング、ボールベアリング		C		
		土肥鉄工所	土肥 兼太郎	高井田中3	各種工作機械		A		
		㈱黄田鋼球製作所	黄田 爾夫	高井田中1	金属球	270	B	800	B
		松田鋼球製作所	松田 喜一	高井田西1	ベアリング鋼材		A		A
		横田源鉄工㈱	横田 源蔵	高井田西2	バルブコック	150	C	150	D
		大東工業企業組合第77事業所	鍋間 一平	高井田西2	バルブコック	310	B		
		㈱佐井鋳造所	大谷 和男 庄蔵	高井田本通2	バルブコック、旋盤、その他	30	B		
		㈱尚琺社	西本 功	高井田中1	スチールボール	50	B	50	A
電気機械器具製造業	発電用、送電用、配電用、産業用電気機械器具	大阪電業㈱	浜谷 輝雄	高井田中2	架線材料、車輌部品、軌条部品	810	E	1,620	F
		東見電機㈱	橋本 亀雄	高井田本通2	白熱式電灯器具、電気照明器具部品	100	D	300	C
		日高電機製作所	日高 敏彦	高井田本通2	水銀灯				
					抵抗式電気炉、特殊変圧器、エナメル焼付炉		A	100	B
		中国舶用電機㈱	金尾 馨三郎	高井田本通2	照明器具、配線器具、配電盤	230	B		
		㈱藤本清金属製作所	藤本 清三郎	高井田中3	蛍光灯部品	50	A		
		中村電器工業所	中村 彰	高井田本通1	ロータリースイッチ	300	A		
	民生用電気機械器具	木本鉄工所	木本 達哉	高井田西1	電気洗濯機部品、電気冷蔵庫部品	300	A		A
		奥村鉄工所	奥村 吉太郎	高井田西1	電気洗濯機部品		A		A
		中川電機㈱	田村 貞之	高井田本通3	電気冷蔵庫、電気洗濯機、モノタイプ	20,000	I	240,000	J
		㈱吉岡製作所	吉岡 茂	高井田西3	電気機械器具部品、ミシン部品	50	B		

業種	事業所名	代表者名	所在地	製品	従業員数	規模
通信機械器具, 同関連機械器具	星電器製造(株)	古舘 丁	高井田本通2	ラジオ, テレビ通信機用各種ソケット, その他の通信製造部品	600	F
	(有)中島鉄工所	吉民 康能	高井田1421	ラジオ部品, センターポール, 地上スタンド中筒等	300	B	H
輸送用機械器具製造業	自動車, 同付属品					
	(有)俊製作所	行俊 祐三郎	高井田西1	三輪トラック用懸杆, 二輪スタンター一風防	50	A	A
	平野熱処理研究所	平野 幸太郎	高井田本通1	自動車部品・附属品, ボールベアリング部品加工		B	
	ケーブル工業(株)	青木 博七	高井田西1	スピードメーターケーブル	150	B	E
	(株)富士鋳造所	藤井 為次郎	高井田中3	自動車部品部品, 客貨車部品, 金属工作機械部品	80	D	D
	三島鉄工所	三島 竜夫	高井田西2	自動車附属品ホルレンチ, その他の鉄鋳物	300	A	D
	大洋自動車工業(株)	西森 富三	高井田本通5	ピストンリング, アンビル, ラジェットスパナー	80	D	
	宮上工業(株)	宮上 金福	高井田本通4	シャマプカ, センターポイント	50	B	D
	葵機工業(株)	藤井 保久	高井田本通2	自動車部品自動車用ウインドシールド, センター部品	550	H	I
					20,000		
	布施鉄工所	高松 実	高井田172	自動車部品	3,000	A	
	池田工鉄所	池田 藤三	高井田中1	自動車部品		A	C
自転車, リヤカー, 同部分品	光陽鉱金工業(株)	原田 京平	高井田西1	自転車ヤマラック, 修理作業工具	45	D	
	(株)東和泥除製作所	田中 弥七	高井田中3	自転車用泥除	500	E	
	(株)中野製作所	中野 友吉	高井田本通4	自転車用フレーム	300	D	C
	山本金属化学工業所	山本 清司	高井田中6	自転車用ハンドルフレーキ, ミシン部分品, 電気部品	150	C	C
	大阪クリップ化(株)	木村 景雨	高井田本通5	自転車ハンドル用握り, 自転車用フレーム, 泥除	100	E	D
医療機械器具, 同付属品	(有)亀井鉄工所	亀山 一夫	高井田中4	歯科用機械器具	20	A	A
	(株)吉田製作所大阪工場	高江 要	高井田本通5	治療台, コンプレッサー, コンレット	800	C	D
	(株)三和興業研究所	渡辺 雅一	高井田西2	内科用機械	50	C	
	(株)東洋紡織	岡村 米子	高井田本通2	健康帯, ねん糸	160	E	
計量器, 測定器等製造業	光学機械器具, レンズ					
	米沢幸治郎工業所	米沢 幸治郎	高井田西2	眼鏡, 洋傘の柄, 櫛	100	D	C
	三栄硝子工業所	宮野 武次	高井田中2	眼鏡レンズ		A	A

(注)
(1) 従業者数4人以上事業所を表記。
(2) 従業者規模: A:4~9人, B:10~19人, C:20~29人, D:30~49人, E:50~99人, F:100~199人, G:200~299人, H:300~499人, I:500~999人, J:1000人以上。

[出所] 大阪府商工部編『大阪府工場名鑑』昭和33年版, 1958年, および大阪府編『大阪府工場名鑑』昭和40年版, 1965年。

第7章 高度成長期における産業集積地の発展

でその存在が確認できる事業所は 109 工場であり，残りの 75 工場は名称変更，従業者規模縮小，廃業などの理由から 6 年後の状況が不明である。その事情については詳らかにできないが，すべての工場が順調に拡大を続けたわけではないことだけは確かである。2 時点に登場する 109 工場のうち 2 時点の資本金が判明する 85 事業所についてみると，資本金を増加させた工場は 52 工場，資本金が変わらない工場は 31 工場，資本金を減少させた工場は 2 工場であり，趨勢として資本金規模の拡大を確認できる。

一方，2 時点の従業者規模が確認できる 109 工場のうち，従業者規模を増大させた工場は 57 工場，変化がなかった工場は 38 工場，減少させた工場は 14 工場であり，半数以上の工場が規模を拡大する一方，従業者規模を縮小させた工場の数も無視しえなかった点に留意する必要がある。当然のことであるが，高度成長初期においてすべての工場がその従業者規模，資本金規模を増大させたわけではなく，さまざまな理由からその規模を縮小する工場，撤退する工場もあったのである。

布施市・高井田地区における工場数の増加は，一方での新規参入の継続と他方でのそれを下回る縮小，撤退の結果として生じていたのであり，産業集積地における厳しい競争の実態にも目を向ける必要がある。

また 1957 年末の状況を表示した表 7-6 にある白井製作所は 63 年末には産業道路を越えた長堂に，横田工業は御厨に，国華ミシン製造は布施市俊徳町に，星電器製造は八尾市久宝寺町に，三島鉄工所は河内市菱江に，宮上工業は河内市水走にそれぞれ移転していた[28]。高井田地区は大阪市内からの転入工場を迎え入れる一方，同地区から他所へ転出する工場もあったのである。

表 7-7 は 1969 年末の高井田地区に所在する鉄鋼業，非鉄金属製造業，金属製品製造業，一般機械器具製造業，電気機械器具製造業，輸送用機械器具製造業，精密機械器具製造業関係の従業者規模 10 人以上事業所の状況およびそのなかで 63 年末の資本金，従業者規模が判明する事業所の状況を示したものである。機械金属 7 部門で合計 147 事業所が表掲されているが，金属製品製造業 64 工場，一般機械器具製造業 35 工場，鉄鋼業 24 工場，電気機械器具製造業 13 工場，非鉄金属製造業 5 工場，輸送用機械器具製造業 4 工場，精密機械器具製造業 2 工場の順であった。

従業者規模別分布をみると，10〜19 人規模 70 工場，20〜29 人規模 23 工場，30〜49 人規模 27 工場，50〜99 人規模 18 工場，100〜199 人規模 5 工場，200

〜299人規模2工場，500〜999人規模1工場であった。

表7-7によると，1963年末と69年末の2時点の資本金を比較できる工場は88工場であり，その間に資本金を増加させた工場は54工場，変化のなかった工場は33工場，減資した工場は1工場であった。また2時点の従業者規模を比較できる工場は97工場であり，従業者規模を増加させた工場は15工場，変化なしは59工場，減少させた工場は23工場であった。57〜63年期間と比較して63〜69年期間になると従業者数を増加させる工場の割合は低下し，高井田地区の中小零細工場での「人手不足」が顕在化しつつあったことをうかがわせる。

1963〜69年期間にも過密化する大阪市内，とくに隣接区から高井田への工場移転が進んだ。代表者名から判断して表7-7にある大和鋼材は東成区西今里町，菰下溶断工作所は東成区深江東，大信工業も東成区深江東，平瀬金属製作所は産業道路を挟んだ長堂，清水製作所は東成区深江東，白光金属は東成区片江町，小谷金型製作所は生野区中川町，東和工業は東成区東小橋南之町からそれぞれ高井田地区に移転してきた工場と思われる。

5. 貸工場の意義

布施市の機械金属工場から職人が独立する場合，安価な中古機械を入手できる中古機械市場と貸工場の存在は，新規参入コストを抑制するという意味で大きな役割を果たした。布施市における貸工場については，1951年に小阪のある企業で起こった労働者の経営参加要求に対して，企業が設備・土地を貸与し，各自で経営できる「工場アパート」を建てたことが始まりとの説もある。東大阪市の貸工場数は66年の57棟が，67年に2倍，68年に4倍，69年に6倍，70年に8倍と急増し，71年には東大阪市の全工場7716工場に対して，貸工場は2128工場，全体の28％に達した。71年の貸工場自体の規模別従業者数は3人以下58％，9人以下94％であり，貸工場は基本的に零細工場であった[29]。貸工場の建設状況をみると，旧布施市域（東大阪市西北地区）から開始され，旧河内市域（同西南地区，中地区），さらに旧枚岡市域（同東地区）へと拡がり，71年12月調査によると西北地区ではすでに減少傾向にあった[30]。また同調査によると，貸工場の利用者には「工具から自営を始める層と共に，自営から貸工場に沈殿してきた層」[31]の二層がみられ[32]，貸工場が工具と零細自営層を繋

表7-7 高井田所在機械金属工場（1969年）

中分類	小分類	事業所名	所在地	主要製品	輸出比率(%)	1969年 資本金(万円)	1969年 創立年	1969年 従業者数	1963年 資本金(万円)	1963年 従業者数
鉄鋼業	製鋼を行わない鋼材	未廣鋼業(株)	高井田本通3	鉄蜆用鉄線		2,000		D	1,200	D
		布施伸鉄(株)	高井田本通5	棒鋼		200		A		
		大阪製鋲鉄(株)	高井田本通5	線材、鉄線、丸釘	30	2,620	1947	D	2,120	E
		関西金属製鋼線(株)	高井田本通6	ワイヤーローフ゜、硬鋼線	30	1,600	1950	D	1,600	D
		春日鋼業(株)	高井田西3	鉄線、みがき棒鋼、針金	60	6,000	1947	E	6,000	F
		日本化織(株)	高井田西4	ビニール被覆鉄線		240			240	C
		阪南製鉄	高井田中4	伸線		3,000		D	1,500	E
		関西シャフト工業(株)布施工場	高井田中4	鉄線、六角ボルトプラスねじ		900		B		
		久保鋼業(株)	高井田東2	みがき棒鋼		500		B	360	B
		関西棒鉄(株)	高井田東3	みがき棒鋼		300		A		
	表面処理鋼材	旭鍍金(株)	高井田1557	鉄鋼線亜鉛鍍金(加工)		1,000		A	400	C
		(株)山本金属化学工業所	高井田中6	鍍金		150		C	150	B
	鍛鋼、鍛工品、鋳鋼	弘和鍛造(株)	高井田中4	鍛工品		1,100		A	300	C
		(株)柚山鍛工所	高井田中3	鍛工品		450		B	300	A
		新大亜鍛造(株)	高井田西3	鍛工品		100		A	100	B
	銑鉄鋳物	(株)矢社鋳工所	高井田中9	銑鉄鋳物		4,000		D	1,050	E
		南野産業(株)布施工場	高井田本通2	機械用銑鉄鋳物		600		B	600	E
		丸高鋳造(株)	高井田西2	鋳型、押型		1,000		B	800	C
		ユタカ鋳造(株)	高井田西2	機械用銑鉄鋳物		320	1934	C	320	C
		深江鋳工(株)	高井田西4	銑鉄鋳物		700	1958	D	500	D
	その他の鉄鋳物	大和鋼業(株)	高井田東3	薄厚鉄板、鋼板切断品		1,300		C	200	B
		横田源鉄工(株)	高井田西5	フランジ用素材、鉄鋼板、スクラップ残材、ベアリング用素材		450		C	150	C
		(株)孤下鋳鉄工作所	高井田中2	鉄板溶断品	0	4,800	1952	D	600	B
		長谷金属(株)	高井田中4	塔薄鋼板		300				
非鉄金属製造業	非鉄金属鋳物	大和軽合金(株)	高井田西3	機械用アルミニウム、アルミニウムダイカスト		400		C	400	C
		森田ボンプ鋳造工場	高井田中2	銅合金鋳物、銑鉄鋳物		20,000		B	8,775	C
		東洋鋳物(株)ダイカスト工場	高井田中2	非鉄金属ダイカスト	0	1,000		B	1,000	A
		(株)小林合金	高井田1	アルミ鋳物(加工)		100		A		
金属製品	電線、ケーブル	大栄電線工業(株)	高井田本通1	ビニールコード、通信線、ポリエチレン線	10	2,000	1954	C	600	C
		三和容器(株)	高井田本通2	各種雑缶、18ℓ缶		400		C	396	D
製造業	洋食器、刃物、作業工具、一般金物	大阪産業(株)	高井田中2	電車架線金具、軌条用品	2	4,800	1919	E	1,620	E
		清水産業(株)	高井田中2	射出成型機、建築用金物		200		A		
		(株)大前製作所	高井田中3	家具用椅子類、ボンプ付属品		350		A	200	A
		(株)大阪鋼刃製作所	高井田本通4	金切用固定法、糸鋸刃		100		A	100	C
		(株)木屋大阪営業所	高井田東3	ラミマ金物		1,120				
		(株)グラウンドドアーチェック	高井田東3	ドアーチェック		400		B	250	B

214

分類	事業所名	所在地	製品			年				
					300		A A		100	A
暖房装置、配管工事用付属品	(有)岩渕製作所	高井田東4	ケレンハンマー、スパイキ						100	A
	門川鉄工所	高井田本通1513	ドアチェック部品、ユニバーサルジョイント		10,000		F		10,000	E
建設用、建築用金属製品	センター興業(株)	高井田中2	液体固定燃料ストーブ		200		A		200	A
	大信工業(株)	高井田中3	ミキシングバット、殺菌灯				C			
	吉留鉄工製作所	高井田中4	タンク		600		A		600	C
	タツミ低温工業(株)	高井田本通4	サイレンサー、エスパコン		1,000		B		600	A
	西谷鉄工所	高井田本通6	化学装置用タンク		300		A		300	A
	五十鈴精機(株)		各種キャビネットボックス							
金属打抜、彫刻、被覆、熱処理	(株)大向商会高井田工場	高井田東1562	プレス(加工)		700		B		100	A
	(株)敷木熱処理工業所	高井田東1	非鉄金属熱処理品(加工)		100		A			
	ナニワ精工(株)	高井田東1	自動車、自転車部品		300		A		15	A
	東栄金属工業(株)	高井田東2	プレス加工品、鋼板切断品、冷延鋼板		500	1958	C		500	C
	(有)竹中鍍金工業所	高井田東3	電気鍍金		30		A			
	ナニワプレス工業(株)	高井田東4	家庭用品部品		300		A		300	B
	五葉プレス工業(株)	高井田東4	油缶泥打手		400		A		50	A
	(株)火研	高井田本通1	機械船舶車輛部品(加工)		2,600		C		2,000	B
	井上金属工芸(株)	高井田本通1	魔法瓶、フタの部品		100		A			
	(株)平瀬金属製作所	高井田本通2	食卓脚		80		A		80	A
	昌栄熱処理工業(株)	高井田本通2	金属製品および部品(加工)		300		A		100	A
	山栄金属(株)	高井田本通3	民生用電気機器具部品(加工)		100		A			
	(株)長栄鉄鍍研工業所	高井田本通4	電気鍍金(加工)		100		A			
	(株)池硬質クローム工業所	高井田西2	電気鍍金(加工)		400		B		100	B
	布施塗装工芸(株)	高井田西1	塗装(加工)		1,035	1936	A		750	C
	飯田塗装工業(株)	高井田西1	ボックス、棚板ケース		50		A			
	高井田塗装(有)	高井田中1	金属製品の防錆処理		6,300		A			
	(株)関西パーカー加工(株)	高井田中3	鋼板製品、農機具部品(加工)		1,350	1939	C		900	A
	東亜金属工業(株)	高井田本通4	弱電気部品(加工)		600		A			
	木村金属工業(株)	高井田本通5	蛍光灯照明器具塗装(加工)		110		A			
	光化工(株)									
金属線製品	(株)川森製鋲所	高井田西1	線機製品、リベット、ねじ下(加工)		150		A		150	A
	三輪鉄工業所	高井田西2	鉄線蛇籠		200		A			
	森繁金網工業所	高井田西4	真鍮、銅、鉄線							
	田中源工業所	高井田西5	金網製品、プラスチック製品	10	1,500	1918	D		1,000	A
	河南製鋲所	高井田田5	釘、特殊釘、リベット		200		A		100	D
	河山中製鋲所	高井田田5	鉄線(加工)		100		A		150	A
金属製品製造業 ボルト、ナット、リベット、小ねじ等	関西鉄螺工業(株)	高井田西5	小ねじ	60	1,000	1953	C		500	C
	光津鉄鋲(株)	高井田西2	丸四小ねじ、六角小ねじ		600		B			B
	(株)神山鉄工所	高井田西3	ねじ類、鋲螺製造機械		800		D		400	D
	清水製作所	高井田西9	ボルト、ナット		600		A		150	B
	(株)長谷川鋲螺製作所	高井田田5	リベット、ボルト		500		C			B
	池田金属(株)	高井田本通1	小ねじ、座金、ナット		1,200		C		600	B
	(株)三和鋲螺製作所	高井田本通4	木ねじ、小ねじ、押込ねじ	30	640	1950	C			
	岸和田製鋲所	高井田本通5	鋲		50		A			

中分類	小分類	事業所名	所在地	主要製品	輸出比率(%)	1969年 資本金(万円)	1969年 創立年	1969年 従業者数	1963年 資本金(万円)	1963年 従業者数
一般機械器具製造業	その他の金属製品	(有)田中文製鉄所	高井田本通4	リベット、ねじ下 (加工)		50		A		E
		伊藤鉄工(株)	高井田本通6	リベット		1,000		B	2,400	
		布施螺子工業(株)大阪工場	高井田東2	ナット、鉄釘		12,000		D		
		スタンド工業(株)	高井田中2	スタンドボルトの溶接		1,000		C	200	A
		極東製鋲所	高井田中1	各種ボルト		600		A	200	C
		大福鋲製作所	高井田中3	ホームタイ、六角チーズ、ミルクソルト		600		A	21	B
		(株)南田製鋲所	高井田中3	ナット		560		B		
		江村金属製	高井田中5	ボルト、ナット、鉄釘		300		A		
		(株)スレッド製作所	高井田中中	ナット		300		A		
	その他の金属製品	寺西金属製作所	高井田西3	金庫、鉄扉、電気箱		200		A		A
		大阪バネ工業(株)	高井田西3	つるまきばね、小さねじ板ばね		550		B	50	B
		大阪池田工業(株)	高井田東2	金属用出チューブ	0	3,500	1967	D		
		大和発条(株)	高井田東2	線ばね、特殊ばね (加工)		150		A	50	A
		(株)愛宕製作所	高井田中5	各種ネームプレート		800		B		
	農業用機械	(株)小西鋳造所	高井田本通1	農業機械鋳物部品、プラスチック粉砕機		200		B		
	金属加工機械	(株)孝安産業	高井田東1	ガス溶接、溶断器具、圧力調整器具 (加工)	0	500		A	200	A
		東光機械(株)	高井田西2	コールド・ロング・ダブルヘッダー、ヘッダー調材		500	1954	C	100	B
	金属加工機械	田中商事工業(株)	高井田本通1	製鋼圧延および付帯設備等、鋼材 (加工)		1,600		C	400	C
		東田機械(株)	高井田中1	金属工作機械		100		C		
		富士機械(株)	高井田中1	竪型伸線機械、横型伸線機、コイラーマシン	10	120	1952	B	120	B
		伊藤精密研磨工業	高井田本通6	空気工具の部品		200		A		A
		前場鉄工場	高井田中1	二次加工自動機、木松子製造機		400		B	200	C
		青木精機(株)布施工場	高井田中3	早上ボール盤		50		B	400	B
		山本プレス工業(株)	高井田本通6	プレス機械設計				A		
	特殊産業用機械	(株)朋来鉄工所	高井田本通1	粉砕機、ベルタドライヤー、乾燥機	10	1,800	1949	B	1,800	D
	一般産業用機械装置	イソダ製作所	高井田東4	軸流送風機		50		A		A
		白光金属(株)	高井田中1	エアツール組立		750		A	50	
		正和工業(株)	高井田東4	起重機、船舶、船体溶接				C		
		西日本工業企業組合 第22事業所	高井田西1	道路および鉱山用ニューマチック部品 (加工)				C		
		(株)佐藤鉄工所	高井田西4	石鹸洗剤製造機械ならびにプラント設備	0	1,600		A	400	B
		(株)富士鋳造所	高井田東4	住宅圧縮機、汎用内燃機部品、制動装置部品		800	1951	C		
		(株)山清鉄工所	高井田中4	速心おょび軸送風機		100		A		
		(株)ミリケン	高井田中5	コンベヤ、洗浄機		80		A		
		山本鉄工所	高井田中中	油圧シリンダー				A	30	
		近鉄金属(株)	高井田本通2	ポンプ、BC素材、クーラー		500	1948	F	400	A
		(有)丸吉鉄工所	高井田本通2	船尾装置、射出成型機		120		B	500	E

事務用、サービス用、民生用機械器具	大成冷機部分品布施工場	高井田中3		冷暖房用熱交換機および部品	4,800	D	1948	B
	恒和冷機工業(株)	高井田中1		営業用冷凍機	100	A		
	児島金属製作所	高井田中2		ミシン部品		A		
その他の機械、機械部品	太洋工業(株)	高井田中1		プレス機械取付板物金型	700	B		A
	三光精密(株)	高井田中2		スラストボールベアリング	300	A		C
	(株)小谷金型製作所	高井田中2		金型(加工)	200	A		D
	森田ポンプ(株)鋳造工場	高井田中3	10	消火器、ポンプ	20,000	E	1910	A
	貝原合金(株)	高井田中2	0	銅合金輪丞	1,200	D	1946	
	三協製作所	高井田東1		バルブコック	200	A		
	紀和金型製造所	高井田西1		プラスチック用金型	800	C		
	(株)田中鋳造所	高井田西4		機械部品	500	B		B
	富洋製作所	高井田西2		高圧ガスバルブ部品(加工)		A		
	(株)貝田バルブ製作所	高井田本通1		一般用バルブコック	1,000	A		A
電気機械器具製造業	南野鋳造(株)	高井田西2		小型モーターカバー、鋳鉄鋳物、扇風機部品	2,000	D		D
	内外電機(株)	高井田西3		配電盤、制御盤、分電盤	400	D		D
	(株)貝田高電機製作所	高井田西3		電気炉および付属設備		A		A
発電用、送電用、配電用、産業用電気機械器具	中川電機(株)	高井田本通3	5	電気冷蔵庫	330,000	H	1939	I
	エルビー電機工業(株)	高井田本通4		扇風機	300	A		B
	木本鉄工(株)	高井田西1		電気掃除機部品(加工)	100	A		A
	(株)南野製作所	高井田西1		冷房機用エアフィルター、油圧機用接手	400	C		
民生用電気機械器具								
電球、電気照明器具	(株)因幡電機製作所	高井田本通4		水銀灯、蛍光灯	1,200	B		D
	東見礼金属製作所	高井田本通3		照明用灯具、ポール	300	A		B
	(有)富山金属製作所	高井田本通4		照明器具、家庭用金物ヘラ押	100	A		A
	森セン(ママ)興業(株)飯盒金事業部	高井田西2		電気照明器具部品、プレス用金型、事務用機械器具	10,000	D		
通信機械器具、同関連機械器具	(有)岩浅化学工業所	高井田中1		警音機(加工)	100	A		A
その他の電池機械器具	ユアサ電池販売(株)	高井田中1		電池	2,300	D		
輸送用機械器具製造業								
自動車、同付属品	葵機械工業(株)	高井田中6		駆動伝導、換鎖装置部品、自動車車体部品	30,000	D		H
自転車、同部分品	東町工業(株)	高井田中3		自転車用どろ除け	700	D		A
船舶製造、修理	ヤンマーディーゼル(株)布施工場	高井田本通2	20	舶用ディーゼル機関	120,000	E	1912	E
その他の輸送用機械器具	自動車用品オートループ及バンパー荷台	高井田本通4						
精密機械測量機器具製造業	(株)賀々堂機製作所井田工場	高井田本通5		(はかり)	300	A		
					500	A		A
眼鏡	(株)丸幸工業所	高井田西2		サングラス	100	A		A

(注)
(1) 従業者数4人以上事業所を表掲。
(2) 従業者規模：A：4～9人、B：10～19人、C：20～29人、D：30～49人、E：50～99人、F：100～199人、G：200～299人、H：300～499人、I：500～999人、J：1000人以上。

[出所] 前掲『大阪府工場名鑑』昭和40年版、おおよび大阪府編『大阪府工場名鑑』昭和45年版、1971年。

第7章 高度成長期における産業集積地の発展　217

ぐ二重の役割を果たしていたことがわかる。

　貸工場は長屋形式で1棟が5〜8区画に区切られおり，1区画当たりの平均面積が60 m² 程度のものが多く，1971年末調査で約500棟，87年時点で東大阪市では700棟近くあるといわれ，高井田，御厨，御厨東，西堤，衣摺などに集中した[33]。また71年の別調査によると，調査した貸工場228工場のうち104工場が10〜20坪，71工場が20〜30坪であり，家賃は坪当り平均2万円，一時金は家賃のほぼ10倍であった。また貸工場の場合，多くは「裸貸し」であり，転出に際しては「配線，電燈までもって出る」といわれ，個別の便所がついていない工場が全体の30％近くあった[34]。

　大西正曹による1987年調査では，以下の貸工場の事例が紹介されている。

　事例1（事業主63歳，妻と2人）：「学校卒業後，四国高松で従業員20名ばかりの鉄工所で職人として働き出す。昭和18年まではこの工場で働いていたのであるが，戦争の激化とともに大阪の砲兵工廠で機械工として徴用される。昭和19年に兵隊として出兵する。終戦後故郷四国で機械工として働き，昭和30年の中頃に大阪のK鉄工の子会社に就職する。10年程勤めて事業縮小のため退社した。昭和45年から当地でヘラしぼり（照明器具の笠を中心とした）に従事する」[35]。

　事例2（事業主53歳，従業者5人）：「中学卒業後，大阪市内の従業員20人弱の規模の鉄工所で10年間工具として働く。25歳の時，東大阪のネジ，釘を作っている50人ぐらいの規模の会社に中途採用される。現場主任になった時，知人の薦めもあり35歳の時に独立する。現在，当地でネジ，釘の下請け生産に従事している。以前に働いていた会社から取引先の紹介がある」[36]。

　高井田・森河内周辺には戦前から賃貸家屋による貸工場が存在し，1970年代初頭には商店・住宅・工場が密集しているため，貸工場でさえもはや増加困難な地域といわれた。借主からみた貸工場の利点として，「資本金が少なくてすみ，独立の夢がすぐかなえられる」，「住居と離れているので，働いている現場を近所の人にみられず，工場主としてのプライドが保てる」，「親工場との距離があまりなく，注文がとりやすく，販路も利用しやすい」，「騒音・悪臭・廃液・産業廃棄物などの公害の問題にしても，付近全体がいわば同業地であり，近所には一般住宅も少ないので，これといった苦情が出ない」などの諸点が指摘されていた[37]。

貸工場の一例を示すと，川俣のB押捻子工業は1958年に生野区今里から移転してきたアメリカ市場向けネジ輸出企業であったが，69年にこの工場の背後の水田に貸工場が30軒建設され，そのうちの6軒が当工場の下請工場となり，それぞれ専門の1種ないし2・3種のネジを生産した。また51年に家内工業で始めた機械部品加工業が順調に拡大し，従業者が140人になったT製作所は63年に生野区から布施市に進出し，同製作所は50%を自社生産，50%を外注に出したが，外注先約50社のうち10社が貸工場であった。さらに64年に生野区からT製作所の近くに進出してきたO化学工業の従業者は50人で，創業は40年であった。外注先は13社，そのうち貸工場が2社であった。T製作所およびO化学工業の周辺では68年に11工場，69年に11工場，70年に22工場，71年に9工場と貸工場が次々と操業を開始し，合計53貸工場のうち機械部品加工業が11工場，金属加工業が16工場，プラスチック加工業が13工場を占めた[38]。

6. 高井田地区における大中規模工場の動向

　表7-8には，1962年時点で従業者数がほぼ50人以上の高井田地区における大中規模工場が示されている。工員数が2000人を超える中川機械が最大規模工場であり，葵機械工業，春日鋼業，内外電機製作所，布施螺子工業，大阪製鋲，三星産業貿易，近畿金属などが続いた。
　1939年2月に中川懐春によって設立された中川機械は戦時中には工作機械メーカーとして急成長したが，戦後になって工作機械需要がなくなると駐留軍用電気冷蔵庫の生産を開始した。同社の転機は松下電器産業との提携であった。51年8月の第一次覚書，52年1月の第二次覚書を経て，冷蔵庫の生産は中川機械，販売は松下電器産業が担当することになり，同時に松下電器産業が中川機械の株式の50%を保有することになった。同年1月に中川機械は資本金を1000万円から4000万円に増資し，松下電器産業から高橋荒太郎，中尾哲二郎，谷村博蔵を取締役に迎えた[39]。
　1953年8月に中川機械は中川電機に社名変更した。高度成長期に入ると中川電機は冷蔵庫生産企業として急成長を続けた。タツタ電線工場跡地に建設した西新工場（床上延面積9144 m^2）が57年1月に竣工し，「東洋一のオートメーション工場」と称された。続いて戦前からの機械工場や仕上げ工場などが取り

表 7-8　高井田所在主要工場

中分類	小分類	工場名	住所	創立年	資本(万円)	従業者（人）職員数	従業者（人）工員数	社長・代表者
鉄　鋼	鉄線・針金	大阪製鋲㈱	高井田本通5	1931	2,620	33	142	黒田　政治
	鍛鋼・鋳鋼	春日鋼業㈱	高井田西3	1947	6,500	44	279	山西　喜一郎
		ユタカ鋳造	高井田西2	1934	80	4	41	西田　繁太郎
	銑鉄鋳物	㈱英光社鋳工所	高井田9	1953	450	12	72	鎌中　善作
		大洋自動車工業㈱	高井田本通5	1953	150	4	20	西森　富三
		深江鋳工	高井田西4	1928	500	6	54	西野　正雄
	鋳　物	㈱貝原合金鋳造所	高井田中3	1945	900	20	80	貝原　泰哉
金属製品	製　缶	三和容器工業㈱	高井田本通2	1907	396	10	85	脇本　恭三
	家庭金物	三星産業貿易㈱	高井田東1	1937	400	9	126	中村　重一
	冷暖房装置	センター興業㈱	高井田本通2	1916	6,570	90	29	山本　最純
	釘	末広鋼業㈱	高井田本通3	1950	1,200	22	54	西村　広一
	ボルト・ナット・ネジ	布施螺子工業㈱	高井田東2	1943	2,400	34	148	嶋田　栄太郎
		㈱神山鉄工所	高井田西5	1919	400	19	67	神山　時蔵
機　械	内燃機関・部分品	近畿金属㈱	高井田本通2	1948	500	34	123	北川　四良
	工作機械	㈱光正製作所	高井田本通3	1930	140	11	60	角川　勝子
	コンベヤー	昭和工業㈱	高井田中3	1941	700	11	74	青松　正義
	ミシン	南野産業㈱	高井田本通2	1950	600	6	37	南野　一男
電気機械	蛍光灯・照明器具	㈱因幡電機製作所	高井田本通4	1957	1,200	33	57	因幡　弥太郎
	民生用電機	中川機械㈱	高井田本通3	1939	160,000	294	2,081	中川　懐春
	蓄電池	㈱内外電機製作所	高井田2	1920	900	93	183	丹羽　史朗
輸送用機械	自動車	葵機械工業㈱	高井田中6	1943	20,000	116	516	藤井　保久
	自転車	大阪グリップ化工㈱	高井田本通5	1946	100	7	45	木村　景雨
		東和工業㈱	高井田中3	1920	500	10	70	田中　弥七

(注)　(1)　従業者50人以上事業所が対象。
　　　(2)　製品出荷額は, 1962年5月1日を起点として既往1年間の出荷総額。
　　　(3)　全生産高比率は, 自社の全生産高に占める親工場からの受注高, または下請企業への発注高の割
[出所]　大阪府編『大阪府工場要覧』昭和37年版, 1962年。

一覧（1962年5月1日現在）

親企業	全生産高比率(％)	下請企業	全生産高比率(％)	製品出荷額（万円）	輸出比率(％)	備考
富士製鉄㈱, ㈱藪本商店, その他				117,441	15	
		山中製線	5	197,306	61	
				6,741	0	
		生駒鋳造所	22	19,653		カズヌープ旋盤用鋳物の施策に着手。
西森工業㈱	75			1,680	0	当初ピストンリングの製造専業、61年初より旋盤の組立修理等に転換。
		杉本製作所	2	85,721	0	薄小物専門、ミシン部品、オルゴール部分品等の鋳物素材の量産鋳造。
九州松下電器㈱, ㈱神戸製鋼所, ダイハツ工業㈱, ㈱小松製作所	75	西村鉄工㈱	10	30,000	0	大阪大学工学部実習工場。
				17,100	0.4	
		徳山鋳工所	5	14,477	37	可鍛鋳鉄、とくに小物製作。
住友金属工業㈱	22.7			84,419	0	
				55,376	21.3	
				25,850	10	
				14,750	0	ねじ類の製造機械メーカーとして40余年の歴史がある。
ヤンマーディーゼル、久保田鉄工、大阪金属、河内精機工業、大阪電業	100	広島アルミ工業、その他	30	3,520		
		奥村製作所、権野製作所	10	14,600	0	工作機械の修理を主体としていたが、近時専用機、専用旋盤の製作を開始。
椿本チェイン製作所	100			7,585	0	㈱椿本チェイン製作所の専属工場。
㈱坂本製作所, ㈱日本エヤブレーキ, ㈱中川電気製作所, ㈱日本紡機製作所, その他	100			15,000	0	関西プーリーの生産の8割を生産。
因幡電機産業㈱	80	松本電機産業㈱	5	26,000	0	産業用電気機械器具主体、家庭用品も特殊なものを生産。
松下電器産業㈱	100			1,174,275	3	専門工場としてナショナル電気冷蔵庫を生産。
		内外電工㈱		52,004	0	
ダイハツ工業㈱, 旭工業㈱	100			141,135	0	
				6,536	37	技術関係は布施工芸指導所の指導を受け、射出成型機でビニール製握りを生産。
		東陽鍍金㈲	5	10,988	25	自転車用泥除け。

合。

第7章　高度成長期における産業集積地の発展

払われて東新工場（床上延面積1万2210 m²）が59年11月に竣工した。東西両工場を合わせた冷蔵庫専門工場は布施市の新名所となり，1961年度の見学期間3カ月間の工場見学者は4万5000人に達した。さらに京浜地区および関東以北地域への販売強化策として61年12月には藤沢工場（床上延面積1万7820 m²）が竣工した[40]。

1907年に石川県に生まれた嶋田栄太郎は20年に尋常小学校を卒業すると，大阪の中野製作所で小ねじの製造に従事した。24年には大阪府立今宮職工学校の夜間部に入学する。32年に結婚した嶋田は33年1月に中野製作所を辞して大阪市阿倍野区天王寺町の自宅で嶋田製作所の看板を掲げ，精密ナットの製造を開始した[41]。嶋田製作所は43年10月に有限会社組織となり，同時に川崎航空機の明石工場の傘下に入り，社名を愛国精密ネジ工作所（資本金17万5000円）と改称して工場を布施市高井田東に移転した[42]。

1945年11月に社名を布施螺子工業所に変更し，48年初頭に同所はミシン・メーカーである三菱電機和歌山製作所との直接取引に成功し，これが飛躍の契機となり，ミシン業界に販路を拡大して1950年代後半には「ミシンねじの布施螺子」と称された[43]。

日本ではヘッダーによるボルトの圧造方式が戦前から導入されていたが，ナットの圧造は遅れていた。布施螺子工業所（1960年10月に布施螺子工業に改称）では同年4月からスイスのハテバー社製の冷間ナットホーマーを本格的に稼働させた[44]。1960年代に入って布施螺子工業のナット生産高は急増するが，これには日産自動車との取引拡大が大きかった[45]。さらに63年9月に日産自動車の指導の下で，布施螺子工業と伊豆螺子製作所の業務提携が成立した。この提携によって両社は生産分担を行い，布施螺子工業の関東地区における基盤が確立することになった[46]。続いて65年3月に群馬工場が稼働し，67年5月からは社内で圧造用ツールの製作を開始した。さらに73年3月に大分県宇佐市に九州布施螺子を設立した[47]。

布施螺子工業所（布施螺子工業，1976年3月にフセラシに社名変更）は50年11月に資本金を56万円，54年10月に100万円，58年6月に600万円，60年1月に1000万円，61年4月に1200万円，同年12月に2400万円，64年9月に3600万円，同年12月に4080万円，67年3月に8000万円，68年4月に1億2000万円，70年12月に1億5000万円，73年10月に2億4750万円，74年10月に2億7225万円にと，相次ぐ増資を行った[48]。

葵機械工業はダイハツ工業および旭工業向け生産がすべての企業で代表者の藤井保久はダイハツ工業の重役であった。同社は1943年に堀空気工作所を法人化して堀機械工業（資本金350万円）とし，ニューマチック・ツールを製作した。47年3月から発動機製造（のちのダイハツ工業）の三輪自動車部品の生産を開始し，50年10月に発動機製造の資本参加を得て葵機械工業に社名変更した[49]。

　春日鋼業は1947年設立の戦後創業企業であった。また20年に丹羽長三が丹羽金属製作所を創設，各種開閉器，断路器などの電気機械器具を製作し，49年に内外電機製作所と商号変更を行い，53年に株式会社に改組するとともに，丹羽史朗が代表取締役に就任した。56年に配電函の製造を開始し，64年に岐阜工場，76年に甲府工場を建設し，同年に高井田本通に本社ビルを新築移転した[50]。

　表7-8によると1962年の近畿金属はヤンマーディーゼル，久保田鉄工，大阪金属工業，河内精機工業，大阪電業向け生産がすべてであった。48年に設立された近畿金属は銅合金鋳物を生産し，同年から山岡内燃機と取引を開始し，50年に資本金を100万円に増資し，51年からは久保田鉄工所との取引を開始した。53年に資本金を200万円，56年に500万円，66年に2000万円に増資し，67年からは三菱重工業と取引を開始した[51]。

❖ おわりに

　1951〜65年の布施市では五百〜六百数十に及ぶ従業者規模3人以下の零細工場が存在した。工場主本人，その妻，家族あるいは1，2人の従業者によって構成されるこうした零細工場が高度成長期の布施市における工場数増加の基盤であった。工員であることと零細工場の経営者であることを繋ぐ双方向的な動きがあり，前者から後者の動きが後者から前者への動きを上回ったからこそ工場数のコンスタントな増加が実現されたのである。

　本章で，工員から工場主への飛躍，独立創業の状況を布施発条工業所（フセハツ工業）についてみてみた。同所では1958〜78年にかけて10人が独立した。一般的には「職人は勝手に貸工場を契約してきて，そいでお得意さんをこっそりもって独立していくんです。それが，普通です」[52]といった状況のなかで，奄美大島出身の経営者は仕事の世話，工場の世話，借入金の保証人になるなどして独立を支援した。

また布施発条工業所では工場の能力を超える受注があった場合，外注に出すだけでなく，可能であれば工具が自宅に持ち帰って家族とともに行う内職によって納期に間に合わせた。産業集積を語るときに「仲間取引」，「横請け」がしばしば指摘されるが，高度成長期の布施市の中小零細工場では，そのネットワークに従業者家族の内職労働が組み込まれていたのであり，これが町工場における「柔軟な生産体制」を支えていたのである。

　1957～63年，63～69年の2期間について経営の継続性が確認できる布施市・高井田地区の機械金属工場についてみると，資本金規模の拡大が比較的順調であったのに対し，従業者規模の拡大は63～69年期間になると制約が深まりつつあり，「人手不足」の顕在化が生じていた。

　高度成長期の高井田地区には中川電機を筆頭に布施市を代表するような大中規模工場が存在したが，中川電機は1961年に藤沢工場，布施螺子工業は65年に群馬工場を設立して「地場性」を脱却する形で全国メーカーへの飛躍を図った。また中堅企業の葵機械工業にとってダイハツ工業，近畿金属の場合はヤンマーディーゼルなどとの長期継続的な取引が中堅企業への成長，経営の安定にとって不可欠の条件であった。

注
1　東大阪市編『東大阪市統計書』平成28年版（デジタル版），2017年。
2　戦時中の高井田地区における産業集積の形成過程については，沢井実「第5章　戦時下における工場集積地の形成──大阪府布施市高井田地区の事例」（『近代大阪の産業発展──集積と多様性が育んだもの』有斐閣，2013年）165-192頁を参照。
3　大阪府立商工経済研究所編『デフレ下の金属機械小工業の実態──衛星都市布施を中心として』1955年，104頁。
4　同上書，2頁。終戦直後の今里はミシン問屋・組立業者の集積地としても有名であった（栄光の30年史編纂委員会編『栄光の30年史』大阪府ミシン商業協同組合，1979年，78頁）。
5　元資料には「町工場」と表記されている。
6　大阪府立商工経済研究所編，前掲書，6-7頁。
7　同上書，107頁。
8　高度成長期における東大阪の産業集積を検討した業績として，中瀬哲史「第2章　高度経済成長期以降の東大阪地域の産業集積──東大阪市域を中心に」（植田浩史編『産業集積と中小企業──東大阪地域の構造と課題』創風社，2000年）45-80頁参照。
9　電気機械，ミシン，鋳物，伸線，鋲螺，金網，捻子，セルロイド，ゴム製品，紡織，食料品，木製品，紙製品の13業種であり，主として従業者規模30～50人工場である（仙波恒徳「機械工業における労働力構成──大阪府布施市における」日本生産性本部編『機械工業の近代化と雇用構造』1959年，65頁）。
10　同上論文，67頁。
11　同上論文，78頁。

12 同上論文，79 頁．
13 東大阪市・東大阪商工会議所『東大阪における工業の立地条件——工場環境と移動計画の調査』1968 年，8 頁．
14 1937 年 4 月の 6 町村（布施町・小阪町・楠根町・長瀬町・弥刀村・意岐部村）合併によって，布施市が誕生した．
15 沢井，前掲書，172 頁．
16 1956 年調査によると，布施市に所在するミシン部品工場 31 工場（従業者規模 29 人以下が 25 工場）の原材料購入状況は，布施市内 33%，大阪市内 53%，大阪府下 4%，他府県 10% であり，ミシン部品の受注先は布施市内 52%，大阪市内 31%，大阪府下 1%，他府県 16% であった（竹内正巳・三品頼忠「大都市・衛星都市間における中小企業集団の生産流通の構造」押川一郎・中山伊知郎・有沢広巳・磯部喜一編『地域経済と中小企業集団の構造』中小企業研究，第 6 巻，東洋経済新報社，1960 年，46，48，52 頁）．
17 中瀬，前掲論文，52-53 頁．
18 フセハツ工業編『ばね物語——フセハツ工業 50 年のあゆみ』1998 年，巻末年表．
19 同上書，41 頁．
20 同上書，14，36，58 頁．
21 同上書，14，22，32，39，58 頁．
22 同上書，20-21，58-59 頁．
23 同上書，33，46，59 頁．
24 同上書，29-30，59 頁．
25 塩野米松『ネジと人工衛星——世界一の工場町を歩く』文春新書，文藝春秋，2012 年，13-14 頁．
26 フセハツ工業編，前掲書，42，102 頁．
27 同上書，59 頁．
28 大阪府編『大阪府工場名鑑』1958 年版および 1965 年版の事業所名称，代表者名から推定．
29 小口悦子・米村典子・藤田明子「工業地帯発生の過程における貸工場群——東大阪市における形成」（『地理学評論』第 46 巻第 12 号，1973 年 12 月）813-814 頁．東大阪市域における貸工場の元祖として，布施市御厨にあった佐伯工業が廃業した折，1963 年に工場を分割して工場主に貸し出したのが最初とする説もあるが（湖中齊『"中小企業の街"東大阪』改訂版，非売品，1995 年，137 頁），ここでは小口・米村・藤田，前掲論文に従った．
30 安藤元夫・浜田憲博・戸田晴久「民間貸工場の形成過程と空間事情について——工住混合地域の研究（その 12）」（『日本建築学会大会学術講演梗概集』1972 年 10 月）1115 頁．
31 同上論文，1116 頁．
32 貸工場利用者の前職は，「工場に勤めていた」52.3%，「工場を自営していた」36.7% であり，前者は 30〜35 歳，後者は 40〜50 歳が多かった（安藤元夫・浜田憲博・戸田晴久「民間貸工場の形成過程と空間事情について——工住混合地域の研究（その 13）」『日本建築学会大会学術講演梗概集』1972 年 10 月，1117 頁）．
33 大西正曹「東大阪の貸工場」（関西大学『調査と資料』第 68 号，1989 年）頁なし．
34 安藤・浜田・戸田，前掲論文（その 13），1117-1118 頁
35 大西，前掲論文，頁なし．
36 同上論文，頁なし．
37 小口・米村・藤田，前掲論文，814，818-819 頁．
38 同上論文，820，822-823 頁．
39 「中川 30 年の歩み」編集委員会編『中川 30 年の歩み』中川電機，1969 年，96-99 頁．
40 同上書，100-117，122-125，145-152 頁．

41 フセラシ社史編纂委員会編『フセラシ五十年史』1983年，5-9頁。
42 同上書，17頁。
43 同上書，24-25頁。
44 同上書，35-36頁。
45 同上書，39頁。
46 同上書，43-44頁。
47 同上書，巻末年表。
48 同上。
49 葵機械工業HPによる。
50 内外電機HPによる。
51 近畿金属HPによる。
52 塩野，前掲書，14頁。

第8章

革新府政の環境・産業政策

❖ はじめに

　日本社会党と日本共産党の推薦を受けた黒田了一前大阪市立大学法学部教授は，1971年4月の大阪府知事選挙において現職の左藤義詮に2万5000票の僅差で勝利した。75年4月の選挙では日本社会党・民社党・公明党推薦の竹内正巳前桃山学院大学学長，自由民主党推薦の湯川宏（大阪府の企業局初代局長で左藤時代の副知事），日本共産党単独推薦の黒田が争ったが，結果は黒田149万票，湯川104万票，竹内95万票であった。しかし3期目をかけた79年4月の選挙では黒田府政1期目に副知事を務めた岸昌と争い，12万1000票差で敗れた。全国的ブームとなった革新自治体は大阪府では2期8年で終わることになったのである。
　黒田革新府政はまず何よりも「反公害」と福祉政策の充実を掲げた。しかし高度経済成長の終焉，2回のオイルショックによる大阪経済の低迷によって府財政は自由度を低下させる一方，歳出面での抑制はそれにともなわず，財政収支の悪化が続き，黒田府政2期目の1975年度以降は大量の府債発行を余儀なくされた。75年の選挙では社共共闘は成立せず，79年の選挙では大阪財界の期待を背負った岸が勝利し，その後，岸は1991年まで3期知事を務めることになった。革新府政の70年代と保守府政の80年代が，鋭い対照をなしているのである。
　本章では，黒田革新府政下の諸政策の展開過程を検討し，財政制約が深まるなかでどのような政策的試みがなされたのかを考察する。

1. 黒田府政の登場と第 1 期目の諸施策

　高度経済成長期の大阪府では堺泉北石油コンビナート，火力発電所による大気汚染，西淀川のぜんそく患者の大量発生，大阪湾や淀川の水質汚染など広範囲な環境汚染が進行していた。こうしたなか知事選告示 18 日前の 1971 年 3 月 3 日に日本社会党（以下，社会党と略記）と日本共産党（以下，共産党と略記）との間で政策・組織協定の合意が成立し，黒田大阪市立大学法学部教授の擁立が決定された。黒田候補は立候補第一声において最大の争点は公害問題だとした。選挙の争点は，乱開発の規制，新国際空港の建設，保育所建設，高等学校増設，老人医療費の無料化など府政全般にわたった。黒田の僅差での勝利は，東京都の美濃部亮吉，京都府の蜷川虎三，横浜市の飛鳥田一雄と並ぶ革新知事・首長誕生の一環をなすものであったが，知事選挙と同時に行われた大阪市長選挙では中馬馨が圧倒的な強さで共産党候補を退けた[1]。

　黒田府政が施策の中心においたのが環境対策であった。公害問題の深刻化に対応して大阪府は 1969 年から 72 年まで大気汚染環境基準達成計画（ブルースカイ計画）を推進した。同計画は 69 年 2 月に閣議決定された SOx（硫黄酸化物）の環境基準を，大阪市およびその周辺地域において 1972 年度に達成しようというものであり，同年度において大阪湾沿岸では此花地区を除いてすべて国の環境基準をクリアした。しかし拡散計算方式にもとづくこの規制方式は高濃度局地汚染の解消に効果はあっても，広域汚染の解消には無力であり，光化学スモッグの爆発的な発生を防ぐことはできなかった[2]。

　黒田府政の開始時の状況は以上のようであった。こうしたなかで 1971 年 9 月に各部局から選出されたメンバーによってプロジェクト・チームが編成され，同チームは 73 年 6 月に「大阪府環境管理計画（案）——BIG PLAN」を発表した。同計画は土地利用計画に始まり，大気汚染，水質汚濁，騒音・振動，地盤沈下，土壌汚染の各防止計画，廃棄物処理計画，自然環境の保護・回復計画，環境保健対策，中小企業対策，その他から構成され，13 章 722 頁に及ぶ報告書であった。同年 9 月に大阪府はこの案を検討し，ほぼ試案通りの内容を「大阪府環境管理計画（ビッグプラン）」として承認した。この種の計画としては東京都の 72 年作成の「都民を公害から防衛する計画」があったが，大阪府の計画は環境容量にもとづく総量規制の考え方を打ち出し，公害抑制の目標を定め

た点が新しかった[3]。

　ビッグプランは1981年度を目標とした10カ年計画（1972～81年）であり，この基本計画にもとづいて「大気清浄化計画」，「水質汚濁負荷量削減計画」，「産業廃棄物処理計画」などを次々に策定し，逐次，公害対策が実施されていった。大阪府予算に占める公害対策関係予算の割合も65年の4％が73年には7.6％に上昇した。またビッグプランにおける削減率の一律適用方式では，汚染物排出量の大小に応じて削減絶対量が割り当てられ，発生源者の負担公平の観点からも画期的なものであった。SOxおよびNOx（窒素酸化物）の環境基準は76年度に若干緩和されたものの，それでも70年度排出量に対して大幅な削減を求める厳しい内容のものであった[4]。

　このビッグプランを背景に，黒田は公害防止条例の抜本的改正に取り組んだ。しかし焦点の1つであった多奈川第二発電所問題[5]については，知事就任後3年間の検討を経て1974年8月に大阪府は申請の半分である120万kWの火力発電所の建設に反対しないことを正式に決定した。黒田は関西電力から提示された最終改善案が単なるデスクプランでないことを条件に，大阪府の環境管理計画に適合するとの判断の下に認可に踏み切ったのである。74年6月の関西経済連合会における講演会において，黒田は「環境汚染や，危険を伴わないような原子力発電に切り換えていかねばならないでしょうし，さらに新しい太陽エネルギーの開発─サンシャイン・プランも，真剣に検討さるべき時期だと思います」としてエネルギー問題の将来展望を語った[6]。

　新空港問題については，地元市町村議会，大阪府議会での反対決議にふれた後で，「原則論としては空港そのものの必要性は否定すべくもないのですから，十分に地域住民の理解と協力の得られる条件作りに努力して初めて可否の論議が可能になる」としていた。講演の最後に黒田は「大阪産業界の皆様には今後出来る限り，省資源・省エネルギー型産業への転換を望みます。（中略）大阪府がその総力をあげて取りくんでいる環境管理計画の達成のためには是が非でも積極的な御協力をお願い致します」として環境問題への取組みを訴えた[7]。

　黒田が知事在任中に新空港問題についての態度を鮮明にすることはなかった。1979年の選挙戦においても「大阪の場合，府民のいちばん知りたがっていたのは，関西新空港の建設問題でしたが，これについては黒田了一氏，岸昌氏とも演説会では一言も触れなかったし，選挙公報に『関西新空港』という文字さえ出ていなかった。建設予定地の泉南の地域の人たちの反発を招くんじゃない

かという心配があったんだろうと思うんですが、とにかくぜんぜん意見をいわなかった」[8] といわれた。

1972年1月から老人医療費の公費負担制度が開始された。対象者は70歳以上の高齢者および65歳以上の寝たきり老人など約23万人であり、所要経費として7億5303万円が計上された。さらに適用年齢を67歳以上に引き下げるための老人医療費公費負担事業費として6億3293万円を計上した補正予算が72年9月の定例府議会で可決され、73年1月から実施された。国においても73年1月から70歳以上の老人医療費の国費負担制度が実施され、同年10月からは65歳以上70歳未満の寝たきり老人に拡大された。老人医療費の公費負担制度において大阪府は国に先行したのである[9]。

しかし老人医療費公費負担制度が発足すると受診率が上昇し、一般受診が影響を受けることになった。ある市立病院の例であるが、全体に占める70歳以上の患者の割合が1971年7月の5.2%から73年7月には10.1%に増加した[10]。また老人医療費公費負担事業費は75年には106億円（対象者数は42万3498人）、80年には211億円（同51万3381人）に上り、1984年度になると同事業費は民生費の3分の1強を占めるに至った[11]。

また府立高校の新設は1971年度3校、72年度3校、73年度5校、74年度12校に上った[12]。同時に私立高等学校等振興助成事業費も70年度の14億円が75年度115億円、80年度247億円と急増した[13]。

2. 第2期目の諸施策とその評価

部落解放同盟、春木競馬廃止問題をめぐる対立などを中心にして社会党と共産党の対立は深まり、1974年9月に開催された総評・大阪地方評議会の定期大会において、共産党の労働組合への組織介入に対して「共産党に反省を求める決議」が採択された。これによって大阪総評は社共共闘による知事選を行わないことを事実上決定した。しかし一方で高校増設、老人医療費無料化、公害対策などの黒田府政に対する大阪総評の評価は高かった。さらに12月21日、共産党大阪府委員会は大阪地評、社会党、全日本自治団体労働組合、全日本農民組合連合会などを除いた他の団体による「明るい革新府政をつくる会」の活動再開を決定した。75年4月13日の選挙結果は黒田の圧勝であり、全国初の共産党単独推薦知事の誕生であった。同時に行われた府議会議員選挙でも共産

党が議席を伸ばし，社会党，民社党を抜いて第三党になり，社会党は第四党に転落した[14]。

　選挙戦中盤の1975年3月29日，黒田候補は独自の重点施策案「第二期革新府政のビジョン——活気とうるおい，住みよい大阪をめざす七大施策，五カ年計画」を発表した。7大施策とは，①住みよい大阪，地下鉄延伸，モノレール構想の推進，②小規模団地方式への転換で8万戸の住宅建設，③無公害の工場団地や生鮮食料品の貯蔵基地建設，④府立医科大学の創設，4歳未満の医療費無料化，⑤10年間で100校の高校増設，芸術村，産業博物館の建設，⑥春木競馬場跡を府民の大スポーツセンターにする，⑦法人事業税の超過課税実施，不公正な同和予算の減額，であった。ビッグプラン，自然保護条例の具体化と合わせると7大施策の予算規模は2兆円を超えた。しかし75年前半から税収の落ち込みが大きく表面化しており，選挙戦の最中から重点施策の実現を危ぶむ声が上がっていた[15]。

　黒田候補が圧勝した要因は，公害対策の強化，汚染排出物の総量規制方式の採用，老人医療費の公費負担制度の実現，公立高校の新増設など，党派を超えて府民の支持を得た施策を実施した実績が，有権者に評価されたためと思われる[16]。

　しかし第2期目の黒田府政は，出足から多難であった。大阪府議会の議員定数112のうち与党の共産党が17議席，これに対して第一党の自民党が38議席，第二党の公明党が19議席，社会党が第四党で16議席，民社党が11議席であり，自民党からは「一割与党」と揶揄された。1971年に自治省官房長から「三顧の礼」をもって迎えられた岸副知事が75年8月に任期満了となると，その後任がなかなか決まらなかった[17]。岸によると，再選された黒田知事から協力を要請された際，その条件として府民本位の府政を実現するための要請を行ったところ知事からの返事はなく，7月21日に共産党の反対が厳しい旨を告げられたという[18]。岸によると副知事時代，黒田知事の真意を逸脱したことは一度もなかったという。「春木競馬の廃止，老人医療，心身障害者医療の公費負担制度の実施——などが私の担当した行政の一例だが，私たちの補佐よろしきを得たことの成果でもあり，意見の対立はなかった」というのが岸の主張であった[19]。

　1978年度から老人医療費公費負担制度における所得制限が強化されたが，その際，府下市町村長との協議がないまま，府財政の窮状を理由に一方的に制

度変更したため,大きな混乱が生じた。また73年の救急医療対策審議会答申でさえ十分に実現していないなかで,43万人の有効署名を集めた救急医療条例制定の直接請求も黒田知事によって否定された。76年の人口10万人当たりの病院施設数・病床数・看護師数において大阪府は全国平均を下回った。また67年と比較した77年の生活保護世帯数の伸びは全国平均106,大阪府176,京都府165,兵庫県135,愛知県118であり,近隣府県と比較しても大阪府の伸びが目立った。生活保護率(人口1000人当たり保護人員の割合)において従来,大阪は全国平均を大きく下回っており,67年度では全国平均15.3人に対して大阪府9.4人であったが,75年に両者は逆転し,77年度は大阪府が14.4人,全国平均が12.5人となった。革新府政第2期目において全国平均との差は開き続けたのである。さらに黒田府政は第2期目の公約として「向こう10年間に公立普通高校100校建設」を掲げたが,76年度7校,77年度6校,78年度9校が3年間の実績であった[20]。

表8-1 大阪府実質収支(普通会計)の推移 (億円)

年　度	金　額
1965	8.2
66	22.6
67	20.1
68	19.2
69	17.3
70	25.8
71	-28.1
72	-11.3
73	-10.8
74	-37.4
75	-235.6
76	-205.1
77	-217.1
78	-174.0
79	-100.9
80	-73.2
81	-27.9

[出所] 府民とともに大阪の躍進をはかる会編『躍進大阪』自治体研究所,1979年,230-231頁,および大阪府財政研究会編『岐路にたつ大阪府財政』1983年,139頁。

3. 大阪府財政の推移

表8-1に示されているように,大阪府の普通会計実質収支が初めて赤字を計上するのは1971年度であったが,財政危機が一挙に深刻化したのは75年度であり,高水準の赤字は黒田府政2期目を通じて継続した。財政危機顕在化の第1の要因は府税収入の伸び悩みであり,府税収入の歳入に占める割合は,74年度の59.7%から77年度の49.3%にまで低下した。75年度には府税収入額が対前年度比で20%も減少するが,これは大阪府では府税収入に占める法人関係税の割合が高く(76年度で全国平均43.6%に対し,大阪府は55.8%),オイルショックによる経済不況の深刻な打撃をより強く受けたためであった。77年度に大阪府は初め

て普通交付税52億円を受け，交付団体となった。歳入（普通会計）に占める府債の割合は74年度の8.3%が77年度には19.2%に上昇し，建設事業などにともなう通常の府債とは異なる，一般財源の不足を補うための財源不足対策債が75年度に852億円，76年度に806億円，77年度に1046億円それぞれ発行された[21]。

府財政の赤字基調と硬直化（高水準の経常収支比率）[22] の要因としては，歳入面では府税収入の回復の遅れ，歳出面では教育，福祉，都市基盤等の大都市圏域特有の財政需要の増嵩，人件費，公債費等の義務的経費，各種公共施設の管理的経費の増大があった[23]。

表8-2に明らかなように，1965～70年度の左藤府政と比較した黒田府政8年間の大きな特徴は土木費の構成比が大きく低下し，代わって教育費の割合が伸びた点であり，さらに民生費，衛生費の上昇，総務費の低下も目立った。また黒田府政8年間に高校は48校，保育所は405カ所建設され[24]，表8-3にあるような勤労者福祉施設が多数設置された。

大阪府では1970～77年度にかけて2万3579人の職員の増加をみた。その内訳は，小中学校教員

表8-2 大阪府歳出決算額（普通会計）の推移（目的別構成比） (%)

目的別	1965～70年度	1971～74年度	1975～78年度	1979～81年度
議会費	0.27	0.20	0.20	0.20
総務費	8.27	7.48	6.23	5.80
民生費	2.52	4.93	5.93	5.97
衛生費	3.90	4.73	4.55	3.97
労働費	1.37	1.05	1.03	0.83
農林水産費	3.58	2.48	2.23	1.50
商工費	7.23	5.93	5.55	5.47
土木費	32.70	26.63	16.60	15.60
警察費	10.30	10.78	11.93	12.10
教育費	24.80	30.00	36.75	37.43
災害復旧費	0.32	0.18	0.10	0.07
公債費	3.00	3.63	6.48	8.83
諸支出金	0.03	0.10	0.10	0.10
その他	1.82	1.95	1.70	2.13
合計	100.11	100.07	99.38	100.00

（注）合計が100とならない年度があるが，原資料のままとした。
［出所］大阪府財政研究会編，前掲書，146頁。

表8-3 勤労者福祉施設一覧

施設名称	設立年月
勤労青少年会館	1972年4月
梅田高齢者職業相談室	72年4月
阿倍野ターミナル職業相談室	72年10月
芦原高等職業訓練校	72年10月
堺高齢者相談室	73年4月
港湾教育訓練センター	73年11月
職業病センター	74年2月
心身障害者職業センター	74年4月
東大阪高齢者職業相談室	74年5月
高槻高齢者職業相談室	74年11月
第3港湾労働者福祉センター	74年11月
池田労働セツルメント	75年4月
ひらおか山荘（新改築）	75年5月
難波高齢者職業相談室	75年12月
大阪学生職業センター	76年10月
京橋高齢者職業相談室	78年4月
泉佐野勤労青少年ホーム	78年9月
大阪府立労働センター	78年10月
汐見港湾労働者福祉センター	79年2月

［出所］大阪府財政研究会編，前掲書，150頁。

1万3941人,高校教員2845人であり,その他教員を含めて増員の74%が教員であった[25]。

1975年度以降の財政危機の歳入面での一因は法人事業税の急激な落込みであり,74年度税収と76年度税収を比較すると機械金属工業150億円,鉄鋼業120億円,化学工業61億円の減収であり,宮本憲一によれば「もし三業種が1974年度の税収を保持しておれば,府財政は赤字になるどころか100億円の余裕財源をもつことができたはずであ」った[26]。

大阪府は1970年度から「施策計画」を策定して財政環境の変化に対応した府政運営の基本的方向を示してきたが,「昭和53年度施策計画」において,「国・地方を通じる財政危機の中で,本府がきわだった税収の落込みを示し,しかもその回復テンポが他府県に比べて著しく遅れている」とした上で,「その背景は,大阪の産業が繊維,鉄鋼,化学等資源多消費・素材供給型に傾斜した,いわゆる構造不況業種のウエイトが高く,付加価値額の大きい部門が相対的に低いという経済体質に内在する諸問題が,一挙に表面化したことにある」との見解を示した[27]。

こうしたなかで府政が直面する課題を解決するための方策として「大阪府財政の運営の基本方向」(1977年2月)は,①適切な施策選択と資源配分,②「民力」向上のための施策の推進,③行財政面における内部改革の推進,④制度面における行財政基盤の確立,⑤地域住民の自主的な活動の助長,の5点を掲げた。①に関しては「限られた資源(財源・人員・土地空間等)のなかで,社会福祉,医療,教育,雇用,環境など,府民生活の基本にかかわる福祉水準の維持・向上をはかっていくためには,これまでの施策選択と資源配分について再検討を加え,何が真に有効な方策であるか見定め,最適の施策選択を行わなければならない」とされた[28]。

4.「工場三法」と革新府政

人口および産業の集中排除を目的に1956年には首都圏整備法,63年には近畿圏整備法がそれぞれ制定された。さらに工場等制限法(廃止は2002年)によって首都圏(正式には「首都圏の既成都市区域における工場等の制限に関する法律」1959年制定)と近畿圏(正式には「近畿圏の既成都市区域における工場等の制限に関する法律」64年制定)では,原則1000 m^2 以上の工場の新増設が制限される

ようになった。その後，工業集積度の高い地域から低い地域への移転を促す工業再配置促進法（廃止は2006年）が72年に制定され，さらに翌73年には工場を新増設する際，都道府県知事への事前届け出を義務づけた工場立地法が制定された。これらは総称して「工場三法」と呼ばれた。

革新府政下での「工場三法」の厳格な運用が大阪からの工場転出を促進し，大阪経済の「地盤沈下」を加速したとの議論がある。しかしこの議論は必ずしも実証的な根拠に裏打ちされたものではない。73年度に大阪府が実施した「立地に関する調査」によると，大阪市域から府下に移転した232工場のうち，移転理由として「法的な工場規制が厳しくなったため」を挙げたのは全体の1.7％にすぎず，「用地が狭く，生産規模の拡大，設備の更新ができないため」が87.9％，「公害問題を解決するため」が16.4％，「新しい製品部門に進出するため」が13.8％であった[29]。

1981年に大阪商工会議所が行った調査（対象は大阪市内の従業者30人以上工場，有効回収数577工場）によると，現在の立地条件に関して困っている「問題あり」と回答した工場は393工場（全体の68.1％）であり，従業者規模が大きくなるにともなって「問題あり」とする工場が増える傾向にあり，100～299人規模では74.2％が「問題あり」と回答していた。「問題あり」の内容についてみると，第1位に上げたものは「土地問題」277工場，「公害問題」52工場，「交通問題」26工場，「その他」37工場の順であり，「土地問題」のなかでは「敷地が狭く拡張の余地がない」222工場，「立地規制により，生産施設の拡張ができない」29工場，「地価が高く拡張の余地がない」19工場，「倉庫の設置・拡張が困難」7工場であった[30]。問題要因の第1位に「立地規制により，生産施設の拡張ができない」を挙げた工場は全体の5％であった。

もちろん工場三法，とくに工場等制限法が2002年まで40年近く続いたことは大阪経済に大きな影響を与えた。大阪・京都・神戸の3市，および大阪・京都・神戸の3商工会議所は連名で1986年からほぼ毎年，国土庁長官に対して工場等制限法の見直しに関する要望を行った。これに対して工場等制限法は工場の新増設を全面的に禁止しているわけではなく，弾力的に運用しているため実害はないとの反論もあったものの，運用の実態は必ずしも明らかではなかった[31]。

大阪企業の他府県への工場進出は1955～64年で702件，65～69年で950件，70～74年で982件，75～79年で173件，80～84年で247件，85～90年で334

件と推移した。高度成長の進展とともに始まった他府県への工場進出件数は，高度成長の終焉とともに70年代後半に激減するものの，80年代にはふたたび増加傾向にあった[32]。革新府政下の70年代前半における他府県への工場進出件数がもっとも多いものの，60年代後半がそれに次いで多く，70年代後半には経済動向に規定されて工場進出件数が激減したのである。

　周知のように，電機産業は大阪経済に大きな存在感を示してきた。電機産業が大阪府製造業に占める割合は1971年で従業者数の10.4％，出荷額の12.5％であったが，80年においても従業者数の11.4％，出荷額の11.3％と依然として大きな存在であった。しかし大阪に本社をもつ電機企業の府外への工場立地は64年までは46工場であったが，65～75年の10年間で207工場に達した。市場開拓を意図した工場新設だけでなく，労働集約型産業ゆえに安価な労働力を求めての工場の地方分散が一挙に進んだのである。たとえば「一県一工場」を目標とした関連部品工場の地方進出の結果，松下電器産業では77年時点で1道1都2府35県に工場が立地していた。工員寮を設置せず，中卒男女に関しては通勤可能な地域からの採用に限定していた松下電器産業では，大阪府内からの採用はますます困難になり，この面からも工場の地方分散は不可避であった[33]。

　「工場三法」以上に1970年代前半期には公害規制が工場立地に大きな影響を与えていた。ビッグプランの基準値をクリアすることを求める地域住民の突き上げと，防除技術の未確立という事情の板挟みから鋳物業界では廃業を選択した工場もみられた。また大阪市域の住工混在地では，地区自治会の場で中小工場が公害対策を迫られる事態が頻発していた[34]。

　他府県への工場進出の一例として，東光精機の佐用工場の新設についてみてみよう。東光精機では1960年代後半になると公害問題，環境問題の台頭，摂津市千里丘に所在する本社工場の地理的条件，今後の労働力確保対策を勘案して新工場の地方での建設を考えていた。同社は横山正寅関西電力姫路支店次長から池上桂造桂隆産業社長を紹介され，さらに同氏の郷里である兵庫県佐用郡佐用町の武田正行町長を紹介された。結局，武田町長の斡旋によって佐用町に工場を所有していた深沢農機から敷地と工場を譲渡されることになった。「佐用町は，労働力資源の規模がやや小さいという以外は，いずれの点からみても満足すべき場所であり，容易に得難い好適の地」と判断した東光精機は工場買収後，建物の改装，整備，機器・装置の設置を行った上で72年3月に佐用工

表 8-4 大都市における事業所数の増減（1975～76 年にかけての増減）

(1) 製造業事業所数増減

	1～9 人	10～29 人	30～299 人	300 人以上	計
東京 23 区	4,776	−463	−155	−14	4,144
名古屋市	1,064	−65	−31	−24	944
大阪市	1,808	−540	−385	−37	846
小　計	7,648	−1,068	−571	−75	5,934
全　国	43,308	11,560	4,157	−260	58,765

(2) 第三次産業事業所数増減

	1～9 人	10～29 人	30～299 人	300 人以上	計
東京 23 区	61,835	7,512	2,891	33	72,271
名古屋市	14,867	1,657	656	21	17,201
大阪市	27,197	2,900	713	21	30,831
小　計	103,899	12,069	4,260	75	120,303
全　国	611,353	82,176	24,041	273	117,843

［出所］　通商産業省立地公害局工業再配置課監修『21 世紀の産業立地ビジョン』通産資料調査会，1985 年，83-84 頁。

場を開設した[35]。

　1970 年代前半期には「工場三法」による工場立地抑制が影響度を上昇させていたとはいえ，いまだ決定的な問題ではなく，問題の焦点は 1970 年代に急速に進行した大都市圏の「第三次産業化」であった。表 8-4 にあるように 1975～76 年にかけての 1 年間の動きであるが，東京 23 区，名古屋市，大阪市の大都市圏において従業者 10 人以上規模の製造業事業所がすべて減少しており，とりわけ大阪市の減少が著しい。3 大都市圏における製造業事業所の増加はもっぱら 1～9 人規模の零細工場の増加に依存していたのである。製造業事業所のこうした動きと対照的なのが，第三次産業事業所の動きである。表 8-4 の下欄にあるように 3 大都市圏すべてにおいて急増しており，大阪市においても 10～299 人層において製造業事業所の減少を補ってあまりある第三次産業事業所の急増が確認できる。大阪市内における 10 人以上規模製造業事業所の減少，全階層にわたる第三次産業事業所の急増を大阪経済の「地盤沈下」と理解することは，1970 年代の大都市圏で生起していた事態を正しく把握したことにはならないだろう。東京と比較してなお製造業に傾斜した大阪においても，

1970年代には経済構造の急速な「第三次産業化」が進行していたのである。

　しかし「第三次産業化」の進行は，1970年代後半の大阪における雇用情勢の好転には結び付かなかった。73年度に3.14を記録した大阪府の新規求人倍率（全国平均は2.14）は75～78年度には1を割り込み，1975～78，80年度には全国平均を下回った[36]。70年代後半に顕在化する雇用情勢の悪化が，革新府政の将来に暗い影を落としたのである。

5. 革新府政の終焉

　1975年8月に副知事の任期を満了した後，4年間の浪人生活を経て1979年4月の知事選挙で黒田候補に勝利したのが岸であった。岸によると，知事候補になることに対して「大阪財界の大御所芦原義重氏が早くから決心して下さり，公明党の委員長矢野絢也氏，関西電力労組委員長で大阪同盟の会長だった片岡馨氏に私を推すように指示して下さったことが大き」く，加藤良雄関経連事務局長は岸の同級生であり，親友であった。「同盟会長から，総評事務局の岡本利明氏，電機労連の委員長高畑敬一長官（ママ）に話してくれたことは，いうまでもない。また，芦原さんからは，松下幸之助氏や関経連会長の日向方斉氏に連絡された。日向さんは，関経連傘下の十一社の総務部長級の方々に指示して，毎月，各社からそれぞれ百万円ずつを浪人中の私の生活のたしにと集めて下さった。日向さんは，選挙期間中，自ら受話器をとって，関係のある企業に電話をかけて下さった」[37]。

　岸によると勝因は，「私が当選できたのは，黒田了一氏の後だったからだと思う。共産党の知事では，大阪の地盤は沈下する。『大阪の復権』ということで政党も労働界も府民も一致できたからである」[38]。一方，「革新府政のもとに，四年たち八年たつうちに，住民本位はしだいに日常化され，住民運動もようやくその迫力を失っていった。一般市民にとっては，むしろ長期の不況をどう克服するか，地方財政の窮乏をどう解決するかに，より大きな関心を向けはじめた。（中略）自社公民等多数支持の岸候補のほうが，右の課題解決が容易であろうし，中央直結型の官僚なればこそ，国家助成の大幅増額や大型公共事業の導入を可能とするかのごとき宣伝に迷わされる。それはまさに新潟県民の田中角栄氏に寄せる切実な期待に相通ずるものであろう」[39]というのが，黒田自らの敗因分析であった。

238

黒田は続ける。「東京・大阪・愛知・神奈川等大都市圏の経済的地盤（工業出荷額の全国シェア）の沈下は国の方針にもとづくものであって，決して革新の責めでないことは推察に難くない。それをあたかも革新の失政であるかのごときいいがかりと，府政を自民・財界の手に奪還することが地域の繁栄につながるかのごときムードづくりが大規模に展開されると，反論はややもすれば弁明と責任逃れにすぎぬとの印象を与えかねない」[40]。さらに黒田は「相手が保守であろうと反動であろうと，私なりに必要とあればいつでも話合えるだけの地ならしはしてあったのである。そのことが革新の立場からして妥当かどうかの批判はまた別であるが，大阪の繁栄は中央に顔の利く官僚知事でなければ期待できないとの宣伝は事実に反する」[41]と反論した。

❖ おわりに

　黒田府政の最大の貢献は，総量規制の考え方を打ち出した「大阪府環境管理計画（ビッグプラン）」の策定とその実施にあったといえよう。地域住民の生命に直接かかわる問題を解決するために革新府政は登場し，さらに老人医療費の公費負担制度を国に先駆けて開始し，京都府からはじまった「15の春は泣かせない」のスローガンの下で大阪府においても府立高校の新増設が進められた。
　しかしオイルショックによる大阪経済の長期的低迷は大阪府財政を直撃し，1976年度の経常収支比率は全国都道府県第1位の高さとなり，77年度に大阪府は初めて普通交付税52億円を受け，交付団体となった。黒田府政第2期に入って財政危機が顕在化するなかで大阪経済の低迷は長期化した。75～78年度の大阪府の新規求人倍率は全国平均を下回り，全国平均を大きく下回っていた大阪府の生活保護率が75年に全国平均を上回り，黒田府政第2期目において全国平均との差は開き続けた。また東京都，神奈川県と同様に，1970年代には大阪府の製造品出荷額等の対全国シェアは低下を続けた。こうした大阪経済の「地盤沈下」の背景には大都市圏における「第三次産業化」の進展という大きな要因が作用していたわけであるが，財界を中心にして経済の低迷と革新府政を結び付けて議論することが多くなった。
　厳しい公害規制や「工場三法」の運用が大阪から工場を追い出し，中央政府と対立する革新府政が十分な地方産業政策を展開できていないといった批判が強くなった。そうした批判の焦点の1つが，東京と大阪「二眼レフ論」を象徴する関西新空港問題であった。1960年代半ばに新空港建設論が浮上する。66

年に兵庫県と神戸市が淡路島北部への新空港建設構想を発表し，大阪府も近畿圏への新空港の必要性を訴え，68年3月に京阪神3商工会議所首脳が関西新空港の実現促進を申し合わせた。84年に芦原義重関西電力名誉会長（66～77年に関西経済連合会会長）は，黒田府政8年間について「あれで随分遅れた」と振り返った[42]。

1978年に原田憲自民党衆議院議員は東京で日向方斉関経連会長，芦原前会長，佐伯勇大阪商工会議所会頭と会談するが，4人には「このまま革新府政が続けば，新空港が遠のくばかりか，大阪の経済基盤そのものまで脆弱化してしまうという危機感」が共有されていた。のちに関西新空港建設促進議員連盟会長に就任する原田らが知事選に向けて保守系候補擁立を企てる一方，財界は78年5月に「活力ある大阪を求める会」を発足させた。同会の代表幹事には佐治敬三サントリー社長，山田稔ダイキン工業社長，小松左京らが入り，岸が79年4月に知事に就任した後も同会の活動は続き，82年に設立された財団法人大阪21世紀協会へと継承されていった[43]。

注

1 柳原文孝「選挙運動」（大阪社会労働運動史編集委員会編『大阪社会労働運動史』第5巻，高度成長期（下），有斐閣，1994年）1081-1083頁。
2 塚谷恒雄「コンビナートの公害と災害」（宮本憲一編『大都市とコンビナート・大阪』筑摩書房，1977年）252-255頁。
3 庄司光「総量規制の検討——大阪府環境管理計画・BIG PLANについて」（『公害研究』第3巻第3号，1974年1月）47頁。多数の発生源による複合汚染の結果生じる集積被害を防止する目的で設置される環境基準を確保するためには，総量規制を導入しなければならず，具体的な規制方式に関しては検討すべき点が残されていた（大塩敏樹「地域別排出許容量と排出規制」『熱管理と公害』第26巻第5号，1974年5月参照）。
4 塚谷，前掲論文，255-256，260頁，および日本社会党大阪府本部・日本社会党大阪府会議員団編『よみがえる革新大阪——日本社会党大阪府政綱領』1978年，45頁。
5 1973年7月に大阪府公害対策審議会は，関西電力多奈川第二発電所の公害対策は不十分との答申を出した（新大阪新聞社編『大阪府年鑑』昭和55年版，1980年，55頁）。これを受けて関西電力は改善案を大阪府に提出し，大阪府は120万kW以下なら府の環境管理計画に適合するとした。しかし知事の認可前に地元住民が73年12月に建設差し止め訴訟に踏み切り，一部係争中であったが74年8月に大阪府は当初計画の半分の規模での建設を認可した（目代渉編『大阪工業会六十年史』大阪工業会，1974年，254-255頁）。
6 黒田了一「府政展望」（『経済人』第28巻第8号，1974年8月）10-11頁。
7 同上記事，12-13頁。
8 塚田博康・松宮英三・小林三良「座談会『地方の時代』の迷彩——東京・大阪の革新敗退をどうみるか」（『世界』1979年6月号）221頁。
9 大阪府史編さん委員会編『大阪府議会史』第9編，2005年，119-121頁。

10　同上書，122頁。
11　大阪府編『大阪府財政の現状と課題』1985年8月，50頁。
12　大阪府史編さん委員会編，前掲書，133頁。
13　大阪府編，前掲書，49頁。
14　柳原，前掲論文，1091-1092頁。
15　荒木伝「1975年統一地方選挙」（大阪社会労働運動史編集委員会編『大阪社会労働運動史——低成長期（上）』第6巻，有斐閣，1996年）371頁。
16　同上論文，372頁。公立高校は1970年度の111校が74年度121校，78年度159校と増加した（大阪府編『大阪府統計年鑑』各年度版）。
17　座談会「大阪府政」（『週刊　東洋経済』1975年9月6日号）22頁。1975年12月になっても副知事，出納長が決まらなかっただけでなく，大台辰男府議（社会党）は「実現不可能になった選挙公約の七大ビジョンを見直すとか，量的拡大をはかるだけの福祉行政の考え方を改めるとか，知事の側に社会党の考え方への歩み寄りがない限り」社会党からの支持は難しいとした（「混迷続く黒田・大阪府政」『朝日新聞』1975年12月8日）。
18　革新自治体ルポ〈大阪府〉「黒田単独政権にいま何が起こっているのか」『月刊　自由民主』第237号，1975年10月号，90頁。
19　岸昌『命なりけり』毎日新聞社，1978年，80-84頁。
20　日本社会党大阪府本部・日本社会党大阪府会議員団編，前掲書，50-53頁。
21　鷺坂長美「大阪府財政の現状と問題点」（『自治大阪』第29巻第11号，1978年11月）4-5頁。
22　1976年度の大阪府の経常収支比率101.6は全国第一位の高水準であり，第二位は東京都の101.5であった（『朝日新聞』1978年2月21日）。
23　植田清和「大阪府財政の現状とその課題」（『自治大阪』第32巻第6号，1981年6月）25頁。
24　大阪府財政研究会編『岐路にたつ大阪府政』1983年，148頁。
25　宮本憲一「大阪府財政の現状と改革の課題」（府民とともに大阪の躍進をはかる会編『躍進大阪』自治体研究社，1979年）108頁。
26　同上論文，117-118頁。
27　大阪府編『昭和53年度施策計画』1978年，2頁。
28　同上書，5-7頁。
29　大阪府立商工経済研究所編『大阪都市圏における工業再配置調査——第一次報告』1974年，24頁。
30　大阪商工会議所産業部編『工場立地条件に関する調査報告書』1981年3月，2，18-19頁。
31　新田泰一「工場等制限法は本当に必要か——大都市工業の現状と同法のあり方について」（『産業立地』第33巻第12号，1994年12月）14-16頁。一方，増田悦佐は，工場等制限法に起因する慢性的な過少投資によって1990年代に大阪圏の製造業労働生産性は低下し続け，そのことが「地盤沈下」の主因だとした（増田悦佐「規制撤廃でよみがえる大阪経済」『日本労働経済雑誌』第47巻第6号，2005年6月）。
32　大阪府商工労働部編『大阪経済・産業の70年間——輸移出型産業に注目して』2017年，44頁。
33　石川両一「電機産業」（大阪社会労働運動史編集委員会編，前掲書，第5巻）70，93頁。
34　同上書，93頁。
35　東光精機編『東光精機80年史』1998年，128-129頁。
36　大阪府編，前掲『大阪府統計年鑑』各年版，および労働省編『労働統計年報』各年版。
37　岸昌『摂理——私の履歴書』近代文芸社，1999年，91-92頁。
38　同上書，92頁。
39　黒田了一『わが人生論ノート』大月書店，1984年，141-142頁。
40　同上書，142頁。1970年と78年を比較した製造品出荷額等の全国シェアの変化は，東京都は

11.8％から8.7％へ，大阪府は11.3％から9.2％，神奈川県は10.3％から9.3％，愛知県は9.2％から9.8％であり，東京，大阪，神奈川がそのシェアを低下させるなかで愛知県は全国最大の工業生産県に躍進した（通産省編『工業統計表』各年版）。

41　黒田，前掲書，146頁。
42　「関経連と大商の絶妙な根回し」（『NIKKEI BUSINESS』1984年6月25日号）184頁。
43　同上記事，185頁。

第9章

保守府政下の大阪経済
―― 1980 年代を中心に ――

❖ はじめに

　1979 年 4 月の知事選挙で黒田了一を破った岸昌は，その後 3 期知事を務めて 91 年 3 月に引退した。「大阪復権」を掲げつつ大阪財界の期待を背負って登場した岸府政であったが，岸府政下の大阪経済のパフォーマンスは決して期待に沿うものではなかった。大阪府の製造品出荷額等の対全国シェアは 1979 年の 9.1％ から連年低下し，90 年には 7.6％ を記録した[1]。また大阪府の有効求人倍率は 89〜91 年には 1 を超えるものの，岸府政の 12 年間一貫して全国平均を下回った[2]。

　こうしたなかで 1980 年代には「大阪復権」を目指すさまざまな構想が語られた。1980 年代の大阪産業のあり方を示した『大阪産業ビジョン '80　個性からの出発――国際化，生活文化産業の伸展をめざして』（80 年発表），21 世紀に向けた展望を語った『21 世紀産業ビジョン・大阪　大阪産業新展開のみちしるべ――こうして 21 世紀に生き残る』（87 年発表）などである。そうしたなかで 82 年から策定作業が開始され，87 年 3 月に完成し，同年度が実行第 1 年となった「新しい近畿の創生計画（すばるプラン）」が有名である。「すばるプラン」では大阪復権ではなく，関西復権が唱えられ，首都圏と近畿圏を中核とする「双眼的国土構造論」が提示された。しかし同計画は実行 4 年目に入って，バブル崩壊に遭遇する。

　1980 年代後半のバブル経済期にはさまざまな夢が語られたが，実体経済面では大きな変化が静かに進行していた。大阪経済における製造業のウエイトは

表 9-1　大阪府産業別従業者数の推移　　　　　　（人）

区　分	1981年	1986年	1991年	1986/1981 増減	1991/1986 増減
農林水産業	2,360	1,417	1,215	－943	－202
鉱　業	689	528	507	－161	－21
建設業	303,565	308,695	364,571	5,130	55,876
製造業	1,153,804	1,155,665	1,189,210	1,861	33,545
卸売・小売業	1,160,970	1,201,266	1,228,074	40,296	26,808
卸　売	605,840	631,296	657,730	25,456	26,434
小　売	555,130	569,970	570,344	14,840	374
金融・保険業	173,218	175,325	194,409	2,107	19,084
不動産業	78,864	87,151	115,556	8,287	28,405
運輸・通信業	294,159	296,275	342,573	2,116	46,298
運　輸	245,611	251,054	293,526	5,443	42,472
通　信	48,548	45,221	49,047	－3,327	3,826
電気・ガス・水道業	29,629	25,836	26,023	－3,793	187
サービス業	1,111,604	1,265,117	1,518,596	153,513	253,479
飲食店	321,538	344,685	389,207	23,147	44,522
個人サービス	129,763	141,983	166,265	12,220	24,282
事業サービス	206,844	258,511	360,280	51,667	101,769
医　療	139,700	162,844	188,822	23,144	25,978
教　育	135,349	144,094	149,773	8,745	5,679
その他	178,410	213,000	264,249	34,590	51,249
公　務	88,435	88,557	93,298	122	4,741
全産業	4,397,297	4,605,832	5,074,032	208,535	468,200

（注）（1）個人サービス：物品賃貸業，旅館，その他の宿泊所，洗濯・理容・浴場業，その他の個人サービス業。
　　　（2）事業サービス：映画業，娯楽業，放送業，自動車整備および駐車場業，その他の修理業，協同組合，情報サービス・調査・広告業，その他の事業サービス業。
　　　（3）サービス業のうちのその他：専門サービス業，保健および廃棄物処理業，宗教，社会保険，社会福祉，学術研究機関，政治・経済・文化団体，その他のサービス業。
［出所］　総理府編『事業所統計調査』各年版。

低下を続け，産業別従業者数に占める第三次産業（農林水産業，鉱業，建設業，製造業以外の諸産業）の割合は81年の66.8％から91年の69.3％に上昇した（表9-1参照）。その必要性が繰り返し指摘されながらも大阪の産業構造の転換は遅れた。

本章では，1980年代に大阪経済が直面したさまざまな課題について検討する[3]。高度成長期における重化学工業化路線の推進，革新府政下でのその見直しを経て，大阪府民が選択した保守府政が掲げた「大阪復権」構想が直面した大阪経済の現実をみてみたい。

1. 産業振興政策の提示

(1) 『大阪産業ビジョン'80　個性からの出発——国際化，生活文化産業の伸展をめざして』(1980年)

　1980年代の大阪産業のあり方を審議した大阪府商工業振興審議会は総合部会と中小企業部会から構成され，前者はさらに総合分科会，工業分科会，商業貿易分科会の3分科会からなった。総合分科会のテーマは「大阪産業をとりまく諸条件の展望」，「日本経済の中で果たすべき役割」，「雇用構造と雇用吸収力の強化」，「情報中枢機能の強化」，「志向すべき成長分野とその振興方策」，「大阪経済のマクロ展望」，「中堅企業の育成」，「中小企業部会との調整」，工業分科会のテーマは「大阪工業の現状と課題」，「工業構造の高度化」，「技術開発力の強化」，「工業基盤の整備と工業の適正配置」，「南大阪地域の開発」，商業貿易分科会のテーマは「流通機能の強化」，「物流の近代化」，「貿易の振興と国際交流」，中小企業部会のテーマは「中小企業の進むべき道とそれを支える施策のあり方」であった[4]。

　『大阪産業ビジョン'80』の「むすび」において，大阪府商工業振興審議会は「1980年代における大阪産業の進むべき方向を展望した。その基本をなすものは，『地方の時代』に象徴されるような多元化社会形成の『先導役』として，大阪の産業構造の頭脳機能を強化することである」とした上で，「先導役となるには，今後見込まれる広範な大衆の価値観の変化，多様化に即応して，大阪の産業を生活ニーズ充足型産業構造へ移行させること，それにより大阪を国際的な広がりをもつ生活文化産業のメッカたらしめることが必要である。人々の生活を豊かにする財，サービスの開発のためのネット・ワークを張りめぐらし，精巧高級な製品の生産，流通のグローバルな中心地として賑わう大阪の構築をめざそうというわけである」とした[5]。

　また，『大阪産業ビジョン'80』が提示した「大阪産業の進むべき方向」とは，「大阪の産業構造は，『素材・中間財供給型』という性格に『生活ニーズ充足

型』の要素が付加され，創造的知識集約化に向けたわが国産業構造高度化推進の一翼を担うことになる」[6]ことであり，具体的には，①「生活文化産業」，②「エレクトロニクス関連産業」，③「サービス産業」の展開であった。

生活文化産業とは，「自己の表現」にかかわるファッション産業，音楽産業，スポーツ産業，趣味・教養産業，「家庭生活の充実」を支える住宅産業，食品産業，家庭生活産業，家庭団らん産業，健康産業，「人的交流」を促進するつきあい産業，娯楽産業，旅行・観光産業，祝祭典産業を指した[7]。

一方，「エレクトロニクス産業は，既存の機械工業・金属加工業の集積と合体して，より付加価値の高い高級部品工業，高度組立型工業の発展を促し，いわゆる機械情報（メカトロニクス）産業として，大阪産業の多様な展開につながっていく」とされ，サービス産業の発展としては「ⅰ情報産業，デザイン業等の第２次産業を補完する部門，ⅱ外食サービス等の第２次産業と相互発展する部門，ⅲ医療・教育・文化関連等の国民生活を豊かにする部門，ⅳ弁護士・公認会計士等の社会活動を円滑化する部門」の発展が展望された[8]。

さらに中小企業政策としては，①情報活動の強化施策，②金融・税制施策（制度融資の改善，自己資本の充実，人材開発施策，産地・地場産業振興施策，下請中小企業施策）が指摘され[9]，「工業の適正配置」では「府下工場適地での新規の都市型工業の育成・強化を図る」とともに，「工場アパートとして，現地で環境整備できる場合を除き，環境問題その他の立地条件により移転を必要とする工業は，雇用機会の維持・確保および都市型工業化への観点から，可能な限り府下工場適地への計画的誘導を図ることが必要である」とされたが，その際「中小企業については，移転を通じての集団化，共同化，協業化の促進に配慮する」とされた[10]。

以上のように『大阪産業ビジョン'80』は，堺泉北臨海工業地帯に象徴されるような「素材・中間財供給型」に傾斜した大阪の産業構造を，生活文化産業，エレクトロニクス関連産業，サービス産業の展開によって是正しようとするものであった。その意味で「第三次産業化」という実体経済の変化を踏まえたものといえたが，これら３産業の内実や特徴について踏み込んだ議論はなかった。歴史的な展開を踏まえた大阪の特質は語られても，それらと３産業の展開との関連については不問に付されたといえる。

(2) 『21世紀産業ビジョン・大阪　大阪産業新展開のみちしるべ——こうして21世紀に生き残る』(1987年)

1987年に大阪府商工業振興審議会は『21世紀産業ビジョン・大阪　大阪産業新展開のみちしるべ——こうして21世紀に生き残る』(以下,『21世紀産業ビジョン』と略記)を発表した。具体的な産業振興構想というよりも文字通り政策ビジョンの提示であった。

『21世紀産業ビジョン』は「従来のように，特定の産業が産業社会の発展を牽引するのではなく，技術，産業の融合により新たな中核をなす産業(融合的先端産業)が次々と生まれ，大阪経済を牽引していくと考えられる。また，融合的先端産業を生み出し，新しい基盤的機能を果たす産業群(ネオ・インフラ産業群)を形成することが，今後の大阪産業の発展に不可欠である」とした。

さらに「融合的先端産業は，それ自体が再び新しい融合に加わったり，自らもネオ・インフラ産業群に転換し新たな融合的先端産業を生み出すという，自己増殖的で有機的な生態系——産業的なエコシステムの中で発展を遂げていく」とした[11]。

産業振興政策の方向として『21世紀産業ビジョン』が提示したのは，①国際化の進展への対応，②情報化の推進，③技術革新の進展への対応，④活力ある中小企業活動の展開，⑤ソフト化経済社会への対応，⑥魅力ある都市づくり，の6点であった。①では関西国際空港，②では関西文化学術研究都市やテクノポリスの意義が強調されていた。『21世紀産業ビジョン』は最後に「国においては，第四次全国総合開発計画の策定中であるが，21世紀に向けて力強い発展の息吹が感じられる関西，なかんずく大阪を，我が国の双眼構造の一翼を担う中枢として明確に位置づけられることを強く望みたい」とした[12]。

『21世紀産業ビジョン』では，関西国際空港や関西文化学術研究都市をバネにした関西経済・大阪経済の発展を展望し，次にみる「すばるプラン」が提唱する「双眼的国土構造論」の一翼を担う近畿圏構想が前面に出た。東京と大阪の「二眼レフ論」から首都圏と近畿圏の「双眼的国土構造論」への変化ともいえたが，換言すれば大阪経済の復権を関西経済の復権のなかで議論する姿勢への変化ともいえた。

(3) 「新しい近畿の創生計画(すばるプラン)」の策定 (1987年)

一方，国土審議会近畿整備特別委員会において原健三郎国土庁長官が1981

年7月6日に「すばるプラン」の策定調査を提唱した。82年7月には新近畿創生計画調査室（すばる計画室）[13]が国土庁大都市圏整備局大阪事務所に設置され，11月には第1回新近畿創生計画調査専門委員会，83年1月には新近畿創生懇談会（会長は芦原義重関西電力名誉会長，会長代理は奥田東京都大学名誉教授）が「すばるプランの考え方」について審議した。以後19回にわたる調査専門委員会，5回の新近畿創生懇談会での審議を経て87年3月に「すばるプラン」が決定，公表された[14]。

「すばるプラン」は政治，経済，外交の中心である首都圏に対して，経済，文化，学術の集積地である近畿圏を擁した「双眼的国土構造」を構築することを課題とし，「新しい近畿創生」の基本方向は，①国際交流都市圏の形成，②先導的経済圏の形成，③創造的文化圏の形成であるとした。そのなかから大阪湾，伊勢湾，若狭湾地域の三湾地域（ベイ・エリア）を近畿圏の国際交流推進の先導拠点としつつ，国際交流機能，国際経済機能，国際情報機能などの整備を図る「ベイ・トライアングル構想」が打ち出された[15]。

大阪湾地域については，「大阪湾ベイ・エリアの高度な都市機能の集積や京滋奈地域の豊かな歴史，文化，学術の蓄積の下に，世界に開かれた24時間交流拠点となる関西国際空港の機能を最大限に生かすことにより，世界の人，物，金，情報のクロスポイントとなる」と位置づけられ，そこを舞台にした国際ビジネスセンター，国際金融センター，国際的産業拠点の形成に向けた多くの「夢」が語られた[16]。

「すばるプラン」は関西経済の復権を語り，「近畿は一つ」を強調した。これ以後の大阪経済・関西経済の復権を語る諸構想では「近畿は一つ」が前提となったものの，一方で現実の政策展開においては「近畿は一つひとつ」と揶揄されるような事態が出現することになる。

2. 大型プロジェクトの推進

(1) 関西国際空港

運輸省が関西国際空港の調査を開始したのは1968年であり，74年8月に航空審議会が運輸大臣に対して「泉州沖が最適」の答申を行った。79年3月に関西新国際空港建設促進協議会が設立され，80年には関西新国際空港建設促進議員連盟も生まれ，政財界一体となった建設促進運動が展開された。81年5

月に運輸省は大阪府，兵庫県，和歌山県に対して「関西国際空港の計画案」，「関西国際空港の環境影響評価案」，「関西国際空港の立地に伴う地域整備の考え方」（いわゆる3点セット）を提示し，82年7月に大阪府，翌8月に和歌山県が計画の具体化に同意する旨を運輸省に回答した[17]。

1983年7月に運輸省は公団，第三セクター2本立による事業主体案を提示し，翌8月に在阪経済5団体がこの案に賛同した。12月に運輸省は特殊会社による事業主体案を打診し，当初は民間出資500億円，次に200億円案が提示された。84年1月に在阪経済5団体はこの案を了承し，2月に兵庫県も3点セットに同意した。2月には関西国際空港計画（第1期計画，約500 ha）が関係閣僚会議で了承され，同年10月に関西国際空港株式会社が発足した[18]。

宇野収関経連副会長が「関西国際空港の場合でも，五十八年の暮れから五十九年の初めの時点で日向会長は一つの転換をされた。よくぞ転換されたと思います。（中略）転換されたのが民活の一つの方式になっているわけです」と証言しているように，当初，関西国際空港株式会社への民間出資には反対も多く，それを抑えての決断であった。日向は「民間活力と称して，民間資力に依存する形を，これは中曽根総理自身が打ち出したのですが，私は『本来ならば国営でやるべきことだが，"空の鎖国"を開くのに一刻の猶予も許されないので，全体の二パーセント，二百億円くらいは民間出資でもいい』ということで，運輸省を通じて妥協した」と証言している[19]。

空港島の造成は1987年1月，延長3.75 kmの連絡橋工事は同年6月にそれぞれ着手され，91年12月に最後の埋立土砂の投入が行われて空港島建設工事が完了した。90年12月に関西国際空港の開港時期を計画より約1年半遅らせ，94年夏とすることが決定された。第1期工事の総事業費も1兆4300億円と当初予算1兆676億円の1.5倍近くに膨らんだ。漁業補償交渉の長期化だけでなく，沖合5 km，平均深度18 mの海に511 haの人工島を造成する難工事では沈下スピード，沈下量を予想することは至難であった。沈下量を2 m修正するだけで，必要な土砂の量が1700万 m^3 増えるといわれた[20]。関西国際空港の開港は94年9月であったが，当初より高い着陸料，航空関連費用が問題となった[21]。

(2) 関西文化学術研究都市

関西文化学術研究都市構想は筑波研究学園都市に刺激されつつ，首都圏一極

集中に対する国土構造の均衡ある発展を図るものとして位置づけられた。関西文化学術研究都市構想では一点集中型・集積型の都市構造ではなく、都市内に文化学術研究地区を分散配置するクラスター型の開発手法が採用された。

　本構想は 1978 年奥田・元京都大学総長が座長を務めた「関西学術研究都市調査懇談会」答申が起点であり、この構想を受けて 82 年に国土庁が「関西学術研究都市基本構想」を発表し、続いて 85 年に「関西文化学術研究都市大阪府基本構想」をはじめとする大阪府、京都府、奈良県の地元 3 府県の基本構想が出そろった。86 年に 3 府県、財界、学界を中心にして財団法人「関西文化学術研究都市建設推進機構」が発足し、翌 87 年 9 月に「関西文化学術研究都市の建設に関する基本方針」が内閣総理大臣によって決定された。同年 6 月には関西文化学術研究都市建設促進法が公布施行され、国家事業として動き出した。88 年 4 月に国土庁に関西文化学術研究都市建設推進室、同年 6 月に住宅都市整備公団にも関西文化学術研究都市整備局が設置され、さらに 89 年 8 月に株式会社京阪奈が設立されて学研都市建設の基盤が固まった[22]。

（3）　りんくうタウン（南大阪湾岸整備事業）

　大阪府は関西国際空港の対岸部 318.4 ha を埋め立てて、「臨空都市圏」の中核となる都市の建設を目指した。土地処分対象地域は「商業業務ゾーン」（約 27 ha）、「流通・製造・加工ゾーン」（約 22 ha）、「空港関連産業ゾーン」（約 13 ha）、「住宅関連ゾーン」（約 8 ha）、「工場団地ゾーン」（約 62 ha）の計約 132 ha であり、1989 年 10 月現在の登録申込（商業業務、流通・製造・加工、空港関連産業の 3 ゾーン）では、登録総数 440 件（2395 社）、倍率は 6.6 倍に達した[23]。

　商業業務ゾーンでは 1990 年 12 月に 15 企業グループに分譲することが内定し、北地区の 7 区画に進出予定の 55 社は 91 年 3 月に土地分譲契約を締結し、代金の一部も支払った。しかしバブル経済の崩壊とともに、りんくうタウンへの進出意欲は一挙に冷え込んだ。大阪府は契約の延期を図る一方で、商業業務ゾーンの計画を見直し、92 年 12 月に修正計画「パシフィック・シティ」構想を発表した。しかし進出意欲を回復させることはできず、南地区に進出を予定していた 8 企業グループのうち 6 グループが 93 年 4 月までに解散した。りんくうタウン構想の挫折は、商業業務ゾーンだけで分譲代金収入 3500 億円を見込んでいた大阪府、固定資産税、都市計画税収入を予定していた地元の泉佐野市の期待を大きく裏切るものであった[24]。

3. 産業構造の変化

　表9-2にあるように，1975～85年度にかけての名目経済成長率において大阪府は東京都，愛知県だけでなく，全国（全県計）を下回った。この時期の経済成長を牽引した産業をみると，どの地域においても製造業，卸売・小売，サービス業であるが，大阪府と愛知県の製造業の寄与度の格差は大きく，東京都が製造業の相対的小ささを卸売・小売業とサービス業の寄与度の大きさでカバーし，これが東京都と大阪府の違いをもたらしていたことがわかる。1980年代後半のバブル経済期では大阪府の名目経済成長率は東京都と愛知県を下回るものの，全国（全県計）を上回った。しかしこの時期においても製造業における大阪府と愛知県の寄与度格差は大きく，大阪府の卸売・小売業は健闘したものの，サービス業の寄与度において東京都の高さが際立っていた。

　1980年と90年の府内名目総生産の産業別構成比を比較すると，製造業が32.9％から24.9％に大きく低下する一方，サービス業は11.8％から18.7％に上昇し，卸売・小売業は23.2％から23.5％へと大きな変化はなかった[25]。

表9-2　名目経済成長の産業別増加寄与度（年度平均）　　　（％）

	1975～85年度				1986～90年度			
	東京都	愛知県	大阪府	全県計	東京都	愛知県	大阪府	全県計
農林水産業	0.0	0.0	0.0	0.1	0.0	0.1	0.0	0.0
鉱業	0.1	0.0	0.0	0.0	0.0	0.0	0.0	0.0
製造業	2.4	5.6	2.7	3.3	1.1	3.7	1.8	2.1
建設業	0.7	0.6	0.3	0.7	1.4	0.9	0.7	1.2
電気・ガス・水道業	0.4	0.6	0.3	0.5	0.0	−0.1	0.2	0.0
卸売・小売業	2.5	1.5	1.3	1.6	1.4	1.4	2.0	1.2
金融・保険業	1.2	0.4	0.9	0.6	1.0	0.4	0.3	0.4
不動産業	1.0	0.9	1.2	1.2	1.5	0.7	1.0	1.0
運輸・通信業	0.9	0.7	0.6	0.8	1.0	0.8	0.6	0.6
サービス業	2.9	1.6	1.8	2.0	3.7	1.2	1.9	1.6
政府サービス生産者	0.6	0.7	0.6	0.9	0.3	0.3	0.3	0.4
対家計民間非営利サービス生産者	0.2	0.2	0.2	0.2	0.1	0.1	0.1	0.1
輸入税,(控除)その他,(控除)帰属利子	−0.4	−0.3	−0.8	−0.4	−2.1	−0.5	−0.5	−0.7
県内総生産	12.5	12.5	9.1	11.6	9.2	8.9	8.4	7.9

（注）68SNA，1990年基準。
［出所］大阪産業経済リサーチセンター『大阪経済・産業の70年間――輸移出型産業に注目して』2017年，43，57頁。

表 9-3　産業別事業所数・従業者数・製造品出荷額等　（人，億円，%）

部門別	1980年			1985年			1990年		
	事業所数	従業者数	製造品出荷額等	事業所数	従業者数	製造品出荷額等	事業所数	従業者数	製造品出荷額等
食料品	1,992	51,061	11,644	1,883	47,846	10,807	1,736	46,935	11,239
飲料・飼料・たばこ				160	3,807	3,251	136	3,453	4,227
繊維工業	4,725	76,918	11,032	4,361	62,687	10,651	3,669	52,762	9,323
衣服その他繊維	2,686	36,642	3,306	2,985	35,037	3,996	3,013	36,216	5,240
木材・木製品	988	14,391	2,503	879	9,676	1,741	770	9,185	2,226
家具・装備品	1,250	18,981	2,859	1,306	17,346	3,249	1,254	17,895	4,460
パルプ・紙・紙加工品	1,780	31,379	6,044	1,780	29,389	6,409	1,681	29,181	7,585
印刷・出版・同関連産業	3,057	57,617	8,440	3,552	63,008	11,724	3,636	65,134	15,520
化学工業	910	54,200	19,674	885	50,231	22,565	817	51,539	24,915
石油製品・石炭製品	59	2,409	8,993	64	2,379	9,206	66	2,212	6,155
プラスチック製品				2,757	47,860	8,759	2,862	46,451	10,969
ゴム製品	628	11,224	1,709	668	10,526	1,760	728	11,853	2,042
なめし皮，同製品	768	9,564	1,065	775	7,878	1,127	743	8,024	1,296
窯業・土石製品	812	18,609	3,344	755	16,747	3,685	706	15,281	3,775
鉄鋼業	1,350	51,186	20,910	1,352	43,320	20,650	1,241	36,624	22,014
非鉄金属	703	21,116	8,153	718	19,860	7,111	630	18,903	6,969
金属製品	7,644	122,277	18,319	7,841	110,581	20,009	8,065	110,328	24,717
一般機械器具	6,077	130,562	21,781	6,567	127,680	26,823	6,583	122,666	32,541
電気機械器具	2,761	105,807	21,671	3,080	120,914	31,604	2,964	107,966	32,814
輸送用機械器具	1,249	38,021	7,336	1,203	35,639	8,583	1,117	35,632	11,645
精密機械器具	514	11,241	1,269	504	11,578	1,985	441	10,286	1,951
その他	4,119	69,260	10,611	1,754	24,006	4,287	1,715	23,403	4,552
合計	44,072	932,465	190,663	45,829	897,995	219,982	44,573	861,929	246,175
食料品	4.5	5.5	6.1	4.1	5.3	4.9	3.9	5.4	4.6
飲料・飼料・たばこ				0.3	0.4	1.5	0.3	0.4	1.7
繊維工業	10.7	8.2	5.8	9.5	7.0	4.8	8.2	6.1	3.8
衣服その他繊維	6.1	3.9	1.7	6.5	3.9	1.8	6.8	4.2	2.1
木材・木製品	2.2	1.5	1.3	1.9	1.1	0.8	1.7	1.1	0.9
家具・装備品	2.8	2.0	1.5	2.8	1.9	1.5	2.8	2.1	1.8
パルプ・紙・紙加工品	4.0	3.4	3.2	3.9	3.3	2.9	3.8	3.4	3.1
印刷・出版・同関連産業	6.9	6.2	4.4	7.8	7.0	5.3	8.2	7.6	6.3
化学工業	2.1	5.8	10.3	1.9	5.6	10.3	1.8	6.0	10.1
石油製品・石炭製品	0.1	0.3	4.7	0.1	0.3	4.2	0.1	0.3	2.5
プラスチック製品				6.0	5.3	4.0	6.4	5.4	4.5
ゴム製品	1.4	1.2	0.9	1.5	1.2	0.8	1.6	1.4	0.8
なめし皮，同製品	1.7	1.0	0.6	1.7	0.9	0.5	1.7	0.9	0.5
窯業・土石製品	1.8	2.0	1.8	1.6	1.9	1.7	1.6	1.8	1.5
鉄鋼業	3.1	5.5	11.0	3.0	4.8	9.4	2.8	4.2	8.9
非鉄金属	1.6	2.3	4.3	1.6	2.2	3.2	1.4	2.2	2.8
金属製品	17.3	13.1	9.6	17.1	12.3	9.1	18.1	12.8	10.0
一般機械器具	13.8	14.0	11.4	14.3	14.2	12.2	14.8	14.2	13.2
電気機械器具	6.3	11.3	11.4	6.7	13.5	14.4	6.6	12.5	13.3
輸送用機械器具	2.8	4.1	3.8	2.6	4.0	3.9	2.5	4.1	4.7
精密機械器具	1.2	1.2	0.7	1.1	1.3	0.9	1.0	1.2	0.8
その他	9.3	7.4	5.6	3.8	2.7	1.9	3.8	2.7	1.8
合計	100.0	100.0	100.0	100.0	100.0	100.0	100.0	100.0	100.0

（注）　(1)　従業者数4人以上事業所が対象。
　　　　(2)　1980年の従業者数，製造品出荷額等は従業者規模3人以下事業所分を含む。
　　　　(3)　下段は構成比。
［出所］　大阪府編『大阪府統計年鑑』各年度版。

前掲表9-1にあるように1981年の大阪府の産業別従業者数は卸売・小売業116万人，製造業115万人，サービス業111万人，建設業30万人，運輸・通信業29万人の順であったが，81～86年にかけての増加数でみると，サービス業15万4000人，卸売・小売業4万人，不動産業8000人であり，製造業は1861人にとどまった。さらに86～91年の増加ではサービス業25万3000人，建設業5万6000人，運輸・通信業4万6000人，製造業3万4000人，不動産業2万8000人，卸売・小売業2万7000人の順であった。その結果，製造業従業者の構成比は1981年の26.2%が86年25.1%，91年23.4%に低下し，一方で第三次産業の構成比は81年の66.8%から86年68.2%，91年69.3%と上昇した。1980年代後半の日本経済はのちに「バブル経済」と称されるようになるが，80年代を通して大阪経済の「第三次産業化」は着実に進行したのである。

1980年代の産業別従業者数においてウエイトを低下させた製造業の内部構成をみたのが，表9-3である。従業者数の部門別構成比において2ケタ台を記録するのは金属製品，一般機械器具，電気機械器具の3部門であり，合計構成比も1980年38.4%，90年39.5%と大きな変化はないものの，従業者数では80年の35万8646人から90年34万960人へと減少した。機械金属3部門に次ぐのが繊維工業であったが，その構成比は80年の8.2%から90年の6.1%に低下し，従業者数も7万6918人から5万2762人へと大きく減少した。

一方，製造品出荷額等において1980・90年とも2ケタ台の構成比を記録するのは，化学工業，一般機械器具，電気機械器具の3部門であり，鉄鋼業は80年のみ，金属製品は90年のみ2ケタ台を示した。

4．製造業の動向

(1) 一般機械

表9-4から明らかなように，機械工業4部門のなかでは1980年代を通して従業者数，製造品出荷額等では一般機械，製造品出荷額等では電気機械の比重が大きく，自動車の集積が小さいという大阪機械工業の特徴に変化はなかった。

表9-5には，1981年と89年の両方あるいはいずれかにおいて従業者数が500人を超えた大阪府における代表的な一般機械工場が示されている。両年とも従業者数1000人超の工場は，久保田鉄工（クボタ）堺製造所，小松製作所

表9-4 機械工業の内部構成

(%、千人、10億円)

	従業者数 1980年		1985年		1990年		製造品出荷額等 1980年		1985年		1990年	
	全国	大阪	全国	大阪	全国	大阪	全国	大阪	全国	大阪	全国	大阪
ボイラ・原動機	1.6	0.5	1.3	0.4	1.2	0.3	1.7	0.5	1.8	0.5	1.5	0.5
農業機械	1.3	1.4	1.0	1.3	0.7	0.8	1.1	1.0	0.8	1.0	0.5	0.5
建設機械・鉱山機械	2.2	3.1	1.7	2.6	1.5	2.9	3.1	6.4	2.0	5.1	2.2	6.3
金属加工機械	4.6	6.7	5.0	7.2	5.1	7.7	3.5	4.6	3.6	4.6	3.7	5.8
繊維産業機械	1.1	1.7	0.8	1.2	0.8	1.1	0.8	1.0	0.5	0.7	0.6	0.8
特殊産業機械	2.7	3.3	2.6	3.4	3.1	3.4	2.2	3.0	2.1	4.0	2.6	3.0
一般産業機械・装置	7.1	13.1	5.8	11.5	5.8	11.5	6.4	12.6	4.8	10.7	5.0	10.3
事務・サービス・民生用機械器具	3.8	4.7	3.7	4.4	4.0	5.1	3.5	4.7	3.9	3.8	4.0	5.1
その他の機械・同部分品	5.5	11.1	5.9	12.5	6.2	12.9	3.6	7.9	3.7	8.9	3.9	9.3
一般機械・計	29.9	45.6	27.7	44.5	28.3	45.8	25.8	41.8	23.1	39.3	24.0	41.7
電気機械・計	37.5	37.3	43.1	39.7	44.2	37.9	32.6	41.6	38.6	45.4	38.9	41.2
自動車・同付属品	18.9	6.3	18.1	6.7	18.0	7.5	31.2	7.8	29.7	8.3	30.2	9.2
鉄道車両・同付属品	0.6	1.1	0.4	0.9	0.3	0.9	0.5	1.0	0.3	0.6	0.3	0.8
自転車・同部分品	0.6	3.3	0.5	2.7	0.4	3.0	0.5	3.4	0.3	2.3	0.4	3.6
船舶・用機関	3.8	1.8	2.8	0.8	1.8	0.4	3.3	1.3	2.7	0.7	1.6	0.3
航空機・同付属品	0.5	0.2	0.6	0.2	0.6	0.2	0.4	0.1	0.6	0.1	0.6	0.1
その他の輸送機械	0.6	0.6	0.5	0.5	0.5	0.7	0.6	0.5	0.5	0.4	0.5	0.7
輸送機械・計	25.0	13.3	22.8	11.9	21.6	12.6	36.6	14.1	34.1	12.4	33.4	14.6
計量器・測定器・試験機	1.5	1.0	1.5	1.2	1.6	1.3	1.0	0.7	1.0	0.8	1.1	0.8
測量機械器具	0.1	0.0	0.1	0.0	0.1	0.0	0.0	0.0	0.0	0.0	0.1	0.0
医療用機械器具	0.9	0.5	0.9	0.6	1.0	0.8	0.6	0.4	0.6	0.4	0.6	0.5
理化学機械器具	0.1	0.1	0.1	0.1	0.1	0.1	0.6	0.4	0.1	0.1	0.1	0.1
光学機械器具・レンズ	2.7	1.6	2.2	1.5	1.7	1.1	1.8	1.0	1.3	1.4	1.0	0.9
眼鏡	0.3	0.5	0.3	0.5	0.4	0.4	0.2	0.3	0.1	0.2	0.2	0.2
時計・同部分品	1.9	0.1	1.3	0.0	1.1	0.0	1.4	0.0	1.0	0.0	0.7	0.0
精密機械・計	7.6	3.9	6.4	4.0	5.9	3.7	5.1	2.4	4.2	2.9	3.7	2.5
機械工業・合計	100.0	100.0	100.0	100.0	100.0	100	100.0	100.0	100.0	100.0	100.0	100.0
	3,619	287	4,277	311	4,431	291	68,247	5,206	106,162	6,992	140,512	8,012

(注) 機械工業・合計の下段は従業者数・製造品出荷額等の実数。
[出所] 廣田義人『廣田義人「機械・金属製品」(大阪社会労働運動史編集委員会編『大阪社会労働運動史――低成長期(上)』第6巻、大阪社会運動協会、有斐閣、1996年)80-81頁、および廣田義人「機械製造業」(大阪社会労働運動史編集委員会編『大阪社会労働運動史――転換期』第8巻、大阪社会運動協会、有斐閣、1999年)91頁。

大阪工場,松下電器産業生産技術本部,ダイキン工業淀川製作所,同堺製作所,椿本チェイン,光洋精工国分工場であった。いずれも伝統のある工場であり,一般機械関連の大規模工場において1980年代には大きな新規参入はなかったといえる。

(2) 電気機械

表9-6には,1981年と89年の両方あるいはいずれかにおいて,従業者数が500人を超えた大阪府における代表的電気機械工場が示されている。改めて松下電器産業,三洋電機,シャープの家電3社の各工場の存在感の大きさを感じるが,とりわけ守口市,門真市,高槻市を中心とした松下グループの工場群の拡がりは圧倒的であった。

しかしもちろん,1980年代の電機産業の発展は3社に限定されたものではない。オンキョー,キーエンス,大宮電機(サン電子工業),船井電機,星電器製造(ホシデン),松尾電機などもそれぞれの分野で活発な事業活動を展開した。こうした企業の成長が関連企業,下請企業の成長を促した。たとえば1954年に東成区片江にて廣川繁蔵が個人創業した廣川製作所は当初から山野電機製造の挽き物下請としてバリコン,ポリバリコンなど主としてラジオ部品の生産を行い,55年には星電器製造と取引を開始して弱電部品の挽き物生産を行った。58年に法人組織に変更し,67年に若江工場に移転し,70年には三洋電機オーディオ製造事業部,72年には同ビデオ製造事業部と取引を開始した。81年にビデオ・ディスクおよびフロッピー・ディスクの機構部品の生産を開始し,同年には鳥取三洋電機と取引を開始した[26]。

1946年に大阪市都島区に設立された大阪電気音響社(47年に大阪音響に商号変更)は61年に寝屋川市に香里工場,69年に同市に日新工場をそれぞれ設立し,71年にオンキョーに商号変更し,72年に本社を寝屋川市に移転して音響技術研究所を設置した。同社は80年に三重県に生産会社オンキョーエレクトロニクス,86年に生産会社鳥取オンキョー,89年と91年にマレーシアに生産会社をそれぞれ設立した。98年に日新・香里両工場の跡地の有効利用を目的に不動産賃貸事業を開始した[27]。

1949年に豊中市に設立された松尾電機は70年に島根松尾電機,72年にアメリカにマツオ・エレクトロニクス・オブ・アメリカをそれぞれ設立し,74年に大阪証券取引所市場第二部に上場された。同社は83年に福知山工場,90年

表 9-5　一般機械・主要

区　分	企業・工場名	所在地	規模(1981年)	規模(1989年)
建設機械・鉱山機械	久保田鉄工（クボタ）堺製造所	堺市石津北町	I	I
	小松製作所大阪工場	枚方市上野	I	I
	東洋社	門真市常称寺町		H
金属加工機械	光洋機械工業	八尾市南植松町	H	H
	新日本工機信太山工場	堺市菱木	H	H
	ダイジェット工業	大阪市平野区加美東	H	
特殊産業用機械	松下電器産業生産技術本部	門真市松葉町	I	I
	ハマダ印刷機械	大阪市西淀川区御幣島		H
一般産業用機械・装置	浅野歯車工作所	南河内郡狭山町池尻	H	H
	関西金属工業	大阪市西淀川区竹島	C	H
	ダイキン工業淀川製作所	堺市一津屋	I	I
	ダイフク	大阪市西淀川区御幣島		I
	椿本チエイン	大阪市鶴見区鶴見	I	I
	鶴見製作所	大阪市鶴見区鶴見	H	H
	酉島製作所	高槻市宮田町	H	H
	フジテック	茨木市庄	H	I
	三井造船大阪事業所藤永田工場	大阪市住之江区柴谷	H	C
事務用・サービス用・民生用機械器具	ダイキン工業堺製作所	堺市金岡町	I	I
	ペガサスミシン製造	大阪市福島区鷺洲	F	H
	松下冷機	東大阪市高井田本通	G	I
	三田工業枚方工場	枚方市津田北町	H	G
その他の機械・同部分品	天辻鋼球製作所	門真市上野口町	H	H
	関西交通機械	大阪市此花区西九条		H
	久保田鉄工(クボタ)枚方機械製造所	枚方市中宮大池	I	H
	光洋精工国分工場	柏原市国分東条町	I	I
	太陽鉄工	大阪市東淀川区北江口	F	I
	東洋ベアリング（エヌ・テイ・エヌ）金剛製作所	河内長野市木戸町	H	H
	中北製作所	大東市深野南町	H	G

（注）　従業者規模：C は 30〜49 人，D は 50〜99 人，E は 100〜199 人，F は 200＝299 人，G は 300
［出所］　大阪府編『大阪府工場便覧』昭和 57 年度版，大阪府工業協会，1983 年，および同，平成 3

工場（1981・89年）

主要製品 (1981年)	主要製品 (1989年)
装輪式トラクタ，ディーゼル機関，コンバイン トラクタ，同部品，掘削機	装輪式トラクタ，コンバイン，ディーゼル機関 掘削機，トラクタ，トラクタ部品 トラクター部品，イ草ハーベスター，資材部品
工作機械，ヨーク動力伝導装置，自動運送装置 各種専用機械，プラノミラー，中ぐり盤 超硬工具	工作機械，ハンドルジョイント，自動計測機 製缶機械，マシニングセンタ，中ぐり盤
電子部品自動挿入機，金型，VTR用精密部品	各種自動機，産業用ロボット，プラスチック用金型，プレス用金型 印刷機械，紙器機械
動力電動装置，部品 昇降機，鉄道車輛民生用機材器具 油空圧機械器具，フロンガス，ふっ素樹脂	動力伝達装置 エレベーター部分品，熱交換器，エルミネーター 油圧機器，砲弾，ふっ素樹脂，フロンガス コンベヤ，ラムラン
チェーン，コンベヤ 水中ポンプ ポンプ，単段式うず巻ポンプ	チェーン，コンベヤ 水中ポンプ，関連機器 単段式うず巻ポンプ，多段式うず巻ポンプ，耐蝕性ポンプ，同部品
エレベーター，エスカレーター 熱交換器，コンテナ，建築用金物	エレベーター，立体駐車装置，エスカレーター 熱交換器，橋梁，建設用金属製品
エアコン，冷凍機応用製品，温湿調整装置 工業用ミシン，部品 エアコン，製氷機，冷温水ボトル 複写機，感光紙，現像液	エアコン，冷凍機応用製品，冷却塔 工業用ミシン パッケージエアコン，製氷機，プレス金型 複写機，感光材
軸受用鋼球，鋼球製造プラント バルブ，コック，掘削機械，動力ポンプ 円錐ころ軸受，玉軸受 油圧シリンダー，産業用ロボット付属品，空圧機器 玉軸受・部品	軸受用鋼球 設備機械，車輛部品 掘削機械，建設機械部分品・付属品，バルブコック ころ軸受，玉軸受 産業用ロボット，油圧シリンダ，空気圧機器 玉軸受，同部分品，自動総合組立機
自動調節弁，遠隔操作装置	自動調節弁，バタフライ弁，遠隔操作装置

〜499人，Hは500〜999人，Iは1000人以上。
年度版，1992年。

表9-6 電気

企業・工場名	所在地	規 模 (1981年)	規 模 (1989年)
朝日ナショナル照明	東大阪市菱江	H	H
和泉電気	大阪市淀川区三国本町	F	I
大阪変圧器十三事業所（ダイヘン）	大阪市淀川区田川	H	I
オンキョー	寝屋川市日新町	G	I
貝塚三洋工業	貝塚市麻生中	H	G
関西計器工業	大阪市北区大淀北		H
キーエンス	高槻市明田町		H
きんでん	大阪市北区本庄東		H
三社電機製作所	大阪市東淀川区淡路	G	H
大宮電機（サン電子工業）	四条畷市岡山東	D	H
三洋電機AV事業本部ビデオシステム事業部	大東市三洋町		I
三洋電機オーディオ製造事業部歌島工場	大阪市西淀川区御幣島	H	
三洋電機カラーテレビ大阪製造事業部（AV事業本部テレビ事業部）	大東市三洋町	I	I
三洋電機電子部品（製造）事業部	大東市三洋町	I	I
三洋電機ビデオオーディオ製造事業部（AV事業本部ビデオ事業部）	大東市三洋町	I	I
三洋電機冷蔵庫製造事業部淀川工場（空調冷機事業本部冷凍機事業部）	守口市大日東町	H	H
シャープ田辺工場	大阪市阿倍野区長池町	I	H
シャープ調理機器（電化システム）事業部	大阪市平野区加美南	H	H
シャープ電化システム事業本部八尾工場	八尾市北亀井町	H	H
住友特殊金属山崎製作所	三島郡本川江川	H	H
大光電機	大阪市東成区中道	E	H
大阪変圧器十三事業所（ダイヘン）	大阪市淀川区田川	H	
ダイヤモンド電機	大阪市淀川区西中島	H	H
東京芝浦電気大阪工場	茨木市太田東芝町	I	H
東光精機	摂津市千里丘	G	H
東洋電機	堺市鳳北町	H	G
内外電機製作所	東大阪市高井田本通	E	H
日東電気工業（日東電工）	茨木市下穂積	I	I
日立マクセル	茨木市丑寅	G	I
船井電機	大東市中垣内	I	I
星電器製造（ホシデン）	八尾市北久宝寺	H	I
松尾電機	豊中市千成町	G	H
松下精工	大阪市城東区今福西	G	H
松下電器産業㈱情報機器本部	門真市門真		H
松下電器産業産業機器モータ事業部	大東市諸福		I
松下電器産業ステレオ事業部	守口市松下町	I	
松下電器産業精密モータ事業部	大東市諸福	I	I
松下電器産業洗濯機事業部	豊中市神州町	H	H
松下電器産業テレビ事業部	茨木市松下町	H	H
松下電器産業電機事業部	門真市松葉町	H	
松下電器産業ビデオ事業部	門真市松生町	I	I
松下電器産業ラジオ事業部	門真市門真	H	
松下電器産業録音機（オーディオ）事業部	門真市松生町	I	I
松下電子応用機器	高槻市郡家本町		H
松下電子工業高槻工場	高槻市幸町	I	H
松下電子部品プリント基板（回路基板）事業部	門真市門真	G	H
松下電子部品可変抵抗器事業部	門真市門真	H	
松下電子部品スピーカー事業部	門真市門真	H	
松下電子部品セラミック事業部	門真市門真	H	H
松下電子部品電子制御部品（電子ユニット）事業部	門真市門真	F	H
松下電池工業	守口市松下町		H
松下マイクロ電池	守口市松下町	F	H
三岡電機製作所	富田林市昭和町		H
ムネカタ	高槻市辻ノ		H
明治ナショナル工業㈱	大阪市淀川区新高	E	H
山野電機製造	東大阪市岩田町	H	G
湯浅電池高槻製作所	高槻市古曽部町	H	H
リコー大阪工場（電子技術開発センター）	池田市姫室町	F	H

（注）従業者規模：Cは30〜49人，Dは50〜99人，Eは100〜199人，Fは200〜299人，Gは300
[出所] 表9-5に同じ．

機械・主要工場

主要製品 (1981 年)	主要製品 (1989 年)
照明器具	照明器具
システム装置，制御機器	自動制御機器
標準・非標準・特殊用途変圧器	標準変圧器，特殊用変圧器，非標準変圧器
ハイファイ用増幅器,テープレコーダー,レコードプレーヤー	オーディオ製品，音響部品
ビデオテープレコーダー	ビデオテープレコーダー，基板
	電力量計
	電子制御機器
	電気，計装，情報通信，空調・防災機器
サイリスタ整流器，溶接機	サイリスタ整流器
通信用蓄電器	テレビ用チューナー，アルミ電解コンデンサ
	ビデオカメラ，ビデオ機器部品，ビデオディスプレーヤー
テレコ，カーステレオ，ステレオ，ラジオ	
カラーテレビ，VTR	カラーテレビ受像機，プリント配線板
通信用変成器，蓄電器	VTR部品，テレビ用チューナ，通信用変成器
ビデオテープレコーダー,テープレコーダー,ビデオカメラ付属品	VTR，ビデオ機器部品
電気冷蔵庫，同コンプレッサー	電気冷蔵庫，民生用電気機械器具部品・付属品
プリント配線基板，パソコン，テレビ用チューナー	チューナー，プリント配線基板，ハイブリッドIC
電子レンジ，ジャー，炊飯器	電子レンジ
電気冷蔵庫，エアコン，石油ストーブ	エアコン,電子レンジ,電気冷蔵庫,電気洗濯機,石油ファンヒーター
マグネット，フェライト	マグネット，セラミックス，応用製品
白熱灯，蛍光灯器具	照明器具
標準・非標準・特殊用途変圧器	標準変圧器，特殊用変圧器，非標準変圧器
	自動車点火用コイル，暖房機用着火制御システム
電気冷蔵庫，フリーザー	電気冷蔵庫，自動販売機，冷凍ショーケース
配電盤，積算電力計，計装	配電盤，計装，積算電力計，水道メーター
スピーカー,フライバックトランス,レギュレタートランス	フライパック，手帳，コンポ，スピーカー
キュービクル式受電設備・操作盤，分電盤・箱開閉器	計器函，高低圧配電盤，分電盤
電子部品材料，粘着テープ，防食材料，医療衛生材料	電子・電機材料，工業用テープ，産業用資材
筒形マンガン乾電池，一次電池	筒形マンガン乾電池，一次電池
	音響機器，映像機器，通信機器
コネクター，スイッチ，音響機械器具	コネクター，スイッチ,音響製品，ヘッドホン，マイクロホン
蓄電器	蓄電器，コンデンサ
扇風機，吸入器	扇風機，ふとん乾燥機，電気ストーブ
	パソコン，ワープロ
	小型電動機,交流電動機,三相誘導電動機,単相誘導電動機
ステレオ	
小型電動機	
洗濯機，食器洗機	乾燥機，食器洗い乾燥機，バスポンプ
カラーテレビ受像機	カラーテレビ受像機
単相誘導電動機，小型電動機，三相誘導電動機	
ビデオ	
ラジオカセット，ラジオ	ビデオテープレコーダー
テープレコーダー	テープレコーダー，カーステレオ，ステレオ
	マグネトロン，シャドウマスク，音声合成装置
ブラウン管，電子管，蛍光ランプ	ブラウン管，蛍光ランプ，電子管
プリント印刷回路基板	プリント配線板
可変抵抗器	
スピーカー	
電子応用部品	電子応用部品
電子機器・通信機部品，印刷回路基板磁性機部品	電子機器用通信機器用部品
筒形マンガン乾電池，一次電池，蓄電池	電池,電子機器，医療・衛生用機具，炭素・マンガン製品
一次電池	一次電池
	通信用変成器
カセットデッキ，レコードプレーヤー	レコードプレーヤー,プラスチック成型品,暖房便座,電気ストーブ
蛍光灯，照明器具	電気機械器具
電気音響機械器具，トースター，コーヒーメーカー	ビデオ部品
蓄電池，整流器	蓄電器，整流器
感光紙，現像液	半導体集積回路

～499人，Hは500～999人，Iは1000人以上．

にドイツにマツオ・エレクトロニクス・ヨーロッパをそれぞれ設立した[28]。

　1951年に個人経営のミシン卸問屋，船井ミシンを設立した船井哲良は59年に船井軽機工業を設立し，61年に同社のトランジスタ・ラジオ生産部門を分離して大阪市生野区に船井電機を設立した。船井電機は62年に生産会社である中国電波（岡山県），62年に合弁の生産会社東陽電機工業（台湾），64年に生産会社中国船井電機（広島県），66年に生産会社徳島船井電機（徳島県），68年に生産会社台湾船井電機（台湾），69年に生産会社岡山船井電機（岡山県）をそれぞれ設立した。続いて87年に合弁の生産会社フナイ・アムストラッド（イギリス），合弁の生産会社フナイ・エレクトリック（シンガポール），88年に生産会社フナイ・エレクトリック（ヨーロッパ），89年にマレーシアに生産会社フナイ・エレクトリック（マレーシア）を設立した[29]。

　1958年に設立された大宮電機は翌59年に四条畷本社工場を新設し，69年に下関工場と益田工場，85年に出雲工場をそれぞれ設立し，88年にサン電子工業に社名変更した[30]。

　1974年に尼崎市に設立されたリード電機は84年に本社を高槻市に移転，85年にアメリカ現地法人キーエンス・コーポレーション・オブ・アメリカおよび製造子会社クレポ（高槻市）を設立し，86年に社名をキーエンスに変更し，90年にドイツ現地法人キーエンス・ドイツを設立した[31]。

(3) 金属製品

　一般機械および電気機械と並んで，大阪の製造業のなかで大きな比重を占めたのがさまざまな製品から構成される金属製品であった。表9-7にあるように金属製品の構成比において建設用・建築用金属製品の比重が相対的に小さく，ボルト・ナット類の割合が大きいというのが大阪府の特徴であった。

　1980年において大阪府の出荷額が都道府県別順位第1位の主要金属製品（出荷額100億円以上品目）を一覧すると，表9-8の通りである。25品目のうち20品目は90年においても全国第1位を維持しているものの，25品目のうち全国シェアを上昇させている品目は5品目にとどまり，全体として大阪府の金属製品の全国的地位は低下したといえよう。

　表9-8によると1990年の出荷額順位は「その他の建築用金属製品」1881億円，「ボルト，ナット」1791億円，「鉄骨」1512億円，「その他の建設用金属製品」1030億円，「建築用金物」891億円，「橋りょう」820億円，「金属製管継

手」671億円の順であった。このなかで80年と比較して事業所数を増加させた部門は1つもなかった。

1990年においても全国第1位の地位を維持していた品目の1つに，作業工具があった。しかし出荷額は80年の469億円から90年の346億円に減退し，事業所数は199カ所から104カ所に半減した（表9-8参照）。1988年時点で関西作業工具協同組合の組合員数は32社，うち大阪府に本社がある企業は26社であった。このうち東大阪市に10社，大阪市に7社，堺市に3社，八尾市に2社，大東市，枚方市，柏原市，阪南市にそれぞれ1社ずつ所在した。これ以外に東大阪市を中心にアウトサイダーが30社程度いるといわれた[32]。有力メーカーの下には下請業者，外注先が存在し，メッキや磨きといった一部の工程を専門的に担った。代理店である機械専門商社が全国に販売し，歴史の古い大阪のメーカーは新潟県三条市などの他の地域のメーカーと比べて代理店とのつながりが深いといわれた[33]。

1980年代の生産減退は輸出の減少によるものであり，80年代初頭の輸出比率は70%を超えていたが，80年代後半には3～4割台に低下した。アメリカ市場では台湾・韓国製品の攻勢に直面し，80年代後半の円高が日本製品の競争力を減退させた[34]。

以上のような大阪作業工具業界の中核企業が，表9-9に示された企業であった。そのなかでも最古参企業が日本理器（1992年にロブテックスに社名変更）であった。日本理器も1970年代には深刻な不況に直面し，75年に大幅な人員整理を余儀なくされ，従業者数は74年11月の355名から76年11月の212名に減少した。同社製品としてはモンキレンチが有名であったが，83年にはダイヤモンド工具の製造を開始し，なかでもダイヤモンドホイール・カップタイプ（乾式）は好評を博した。続いて85年には作業工具事業部（モンキレンチやプライヤなど），省力工具事業部（リベッター，圧着工具などの電設工具），ダイヤモンド工具事業部からなる事業部制が導入された[35]。

日本理器は1988年7月に貿易営業部門を分離独立させ，全額出資の子会社ロブソンを設立した。89年6月に9億6000万円に増資したが，これは79年以来10年振りの増資であった。90年12月に鍛造品の製造部門を分離独立させて，全額出資の子会社である鳥取ロブスターツール（敷地面積3万3000 m²）を設立した。鍛造品の製造を行っていた八尾工場では周辺の住宅化によって環境問題が持ち上がり，都市部での若年労働者の確保も難しくなっていた[36]。

表9-7　金属製品製造業の内部構成　　　(%, 千人, 10億円)

品目別	従業者数						製造品出荷額等					
	1980年		1985年		1990年		1980年		1985年		1990年	
	全国	大阪	全国	大阪	全国	大阪	全国	大阪	全国	大阪	全国	大阪
ブリキ缶・その他メッキ板等(1)	2.7	3.4	2.3	3.2	2.0	2.9	5.6	6.1	5.1	6.3	4.5	5.7
洋食器・刃物・手道具・金物類(2)	9.3	11.8	8.2	10.5	7.6	10.7	7.7	10.3	6.5	8.4	5.8	9.4
暖房装置・配管工事用付属品(3)	7.3	9.0	7.0	8.7	6.7	6.9	8.9	9.8	8.9	9.9	7.9	7.1
建設用・建築用金属製品(4)	38.4	28.9	38.9	29.2	40.5	30.3	43.4	33.9	43.3	34.4	47.2	38.0
金属プレス製品	10.3	9.8	10.9	10.6	11.4	10.6	8.0	7.9	9.6	8.5	10.0	8.9
粉末や金,被覆・彫刻,熱処理(5)	16.5	15.8	17.1	17.6	17.0	18.7	11.0	9.4	11.3	11.4	10.7	11.9
金属線製品(6)	2.4	5.2	2.6	4.3	2.3	4.1	2.5	5.8	2.5	4.7	2.0	3.6
ボルト・ナット・リベット・ねじ等	6.8	10.9	6.5	10.9	6.0	10.5	7.0	12.6	6.8	12.3	6.1	11.4
その他の金属製品(7)	6.4	5.2	6.5	5.1	6.5	5.1	5.9	4.1	6.1	4.2	5.7	4.0
合　計	100.0	100.0	100.0	100.0	100.0	100.0	100.0	100.0	100.0	100.0	100.0	100.0
	825	122	870	123	926	122	10,647	1,832	13,506	2,074	19,120	2,574

(注)　(1)　缶詰用缶，石油缶など。(2)　建築用金物，作業工具など。(3)　金属製管継手，石油ストーブなど。(4)　アルミサッシ，鉄骨，橋梁など。(5)　電気メッキ，金属製品塗装など。(6)　金網，鋼索，溶接棒など。(7)　ばねなど。(8)　合計の下段は従業者数・製造品出荷額等の実数。
[出所]　廣田，前掲「機械・金属製品」1996年，91頁，および廣田，前掲「機械製造業」1999年，97頁。

作業工具の生産は数量的には1973年がピークであり，以後，減少を余儀なくされた。全国作業工具工業組合は通産省の指導の下で3回にわたる構造改善事業を行い，協業化や体質改善を進めた。そうしたなかで専業メーカーから総合メーカーへ，さらに省力工具に進出するメーカーも増えた。1992年5月に日本理器社長の地引啓が全国作業工具工業組合（組合員数51社）理事長に就任し，第4次構造改善事業への取組みを決定した[37]。

(4)　地場産業の動向

1980年の都道府県別出荷額において全国第1位のシェアを占めた大阪府の金属製品が90年には全体としてその地位を後退させたことをみてきたが，そうした傾向は大阪の地場産業全体に当てはまることではなかった。地場産業の動向をみた表9-10には工業組合，協同組合ベースの数値が多く含まれているため，必ずしも表9-8の数値と一致しないが，綿スフ織物や金網・ワイヤロー

表9-8 出荷額全国第1位の主要金属製品一覧(1980・90年) (100万円,%)

品目別	1980年			1990年			
	出荷額	全国シェア	事業所数	出荷額	全国順位	全国シェア	事業所数
その他のめっき板製容器	32,533	20.7	107	42,204	1	25.3	61
作業工具	46,886	41.6	199	34,574	1	30.3	104
建築用金物	63,774	43.0	426	89,069	1	37.9	303
その他の金物類	24,328	28.4	345	36,575	1	26.2	215
金属製管継手	56,345	30.4	226	67,102	1	26.7	222
配管工事用付属品	34,614	38.9	130	32,047	1	22.5	85
石油ストーブ	17,200	17.7	6	6,033	4	4.6	3
鉄骨	87,281	9.6	417	151,177	2	8.2	383
橋りょう	52,163	19.1	35	82,025	2	18.0	30
鉄塔	23,295	22.1	25	21,305	2	20.0	18
その他の建設用金属製品	56,151	11.5	296	103,045	1	12.1	290
金属製サッシ,ドア	27,305	15.5	211	50,629	2	15.0	148
建築用板金製品	18,402	14.8	226	27,557	1	15.8	102
その他の建築用金属製品	94,946	18.9	600	188,067	1	17.1	469
板金製タンク	11,158	13.6	141	20,422	1	16.8	105
その他の打抜,プレス加工アルミニウム同合金製品	42,486	23.2	123	28,471	1	12.8	73
特殊くぎ	12,857	60.2	36	9,978	1	39.3	26
鉄製金網	30,001	25.3	182	29,615	1	14.7	141
鋼索	61,121	59.9	106	46,337	1	39.2	78
溶接棒	16,942	20.1	13	19,724	1	23.3	9
その他の線材製品	35,849	22.9	237	37,074	1	20.5	209
ボルト,ナット	167,422	32.6	763	179,116	1	24.8	482
木ねじ,小ねじ,押ねじ	28,987	28.3	162	38,320	1	27.3	114
その他のボルト,ナット関連製品	22,090	22.4	232	25,010	1	18.9	140
他に分類されない金属製品	17,542	25.8	144	32,030	1	17.5	102
合計	1,081,678		5,388	1,397,506			3,912

(注) 1980年の出荷額100億円以上品目を表掲。
[出所] 通商産業省編『工業統計表 品目編』各年版。

プのように1980年代の10年間で事業所数は半減するような品目がある一方,婦人子供服,印刷などは事業所数を大きく増加させた。また金属製品のなかでも刃物や作業工具の事業所数は大きく減少したが,加熱・製線鋲螺は膨大な事業所数を維持した。表9-10の合計欄から判断するかぎり,大阪府の地場産業の事業所数の減少が加速するのは1980年代後半であった。

1988年4月に大阪商工会議所は大阪市内に本社を有する小規模製造業(従業者20人以下)3000社に対してアンケート調査を行い,674社から回答を得た。事業承継に関して「後継者はすでに決まっている」42.9%,「後継者はまだ決まっていない」56.2%,「不明」0.9%であったが,従業者1〜2人規模では「まだ決まっていない」が78.8%,3〜4人規模では66.7%であった。決まってい

表9-9　全国作業工具工業組合の組合員（大阪府）

社　名	年	事　項
オーエッチ工業㈱ 従業者数：49人	1946	大阪市玉造で創業
	1962	本社・工場を河内市大字水走に移転拡充
	1964	オーエッチ工業㈱に社名変更
	1985	荷締機の製造販売開始
	1986	キャスターの製造販売開始
	1989	本社・工場・物流倉庫を竣工
	1990	ベルト荷締機縫製工場新設
	1991	鍛造工場改修。電気炉，新型プレス機導入
	1991	金型工場新設。放電加工機導入
㈱スーパーツール 従業者数：141人	1918	堺市北旅籠町にて創業
	1942	日鍛工器㈱として堺市高須町に設立
	1957	本社・本社工場を堺市南清水町に移転
	1962	単能ソケット一体型のソケットレンチを開発
	1965	営業部門を独立させ，㈱スーパーツールを設立
	1965	工場を堺市見野山に移転
	1980	㈱スーパーツールを吸収合併し，商号を㈱スーパーツールに変更
	1994	株式をJASDAQ市場に店頭登録
㈱永木精機 従業者数：135人	1946	大阪市にて永木精機製作所を創立
	1969	資本金1500万円にて法人に改組
	1971	大東市に工場移転
	1983	全国通信線路用機器材工業共同組合に加入
	1990	青森県六ケ所村工場竣工
	1993	福岡県九州工場竣工
フジ矢㈱ 従業者数：グループ全 体で210人	1923	大阪市生野区にて道本佐一郎が道本鉄工所を創業
	1944	大阪ペンチ㈱に組織変更
	1968	本社工場を東大阪市松原に新築移転
	1973	フジ矢ペンチ㈱に社名変更
	1976	東大阪市加納に加納工場新設
	1993	フジ矢㈱に社名変更
㈱ベッセル 従業者数：135人 （グループ全体600人）	1916	田口儀之助，田口鉄工所を設立
	1948	日本捻廻㈱設立
	1962	ベッセル工具㈱設立
	1974	㈱ベッセルに社名変更
	1987	スウェーデンQマティック社と販売提携
TONE㈱ 従業者数：132人	1925	大阪市福島区に機械工具商，前田軍治商店を開業
	1938	大阪市東成区にて前田金属工業㈱を設立
	1941	兵庫県伊丹市に伊丹工場を建設，本社を大阪市北区に移す
	1948	伊丹工場閉鎖，本社工場を大阪市東成区に移転

社　名	年	事　項
	1963	大阪証券取引所第二部に上場
	1981	北陸地区センターを開設
	1982	大阪府富田林市に富田林工場を設置
	1993	大阪市城東区に開発センターを設置
	2012	大阪府河内長野市に河内長野工場を設置，本社を大阪市浪速区に移転
	2013	TONE㈱に社名変更
室本鉄工㈱ 従業者数：88人	1927	大阪市城東区にてメリー印のペンチの製造開始
	1937	大阪市東成区東今里町に工場を移転
	1966	大阪府寝屋川市石津南町に工場を移転
	1989	大阪市枚方市招堤田近に本社工場を移転
レッキス工業㈱ 従業者数：180人 （グループ全体300人）	1925	宮川工具研究所創立
	1935	工場を大阪府東大阪市に新築移転
	1964	営業部門独立，レッキス販売㈱設立
	1965	レッキス工業㈱設立
	1979	本社を大阪市南区西清水町に移転
	1987	レッキス・インターナショナル・USA創立
	1989	レッキス工業㈱とレッキス販売㈱が合併し，レッキス工業㈱となる サービス部門独立，レッキステクノサービス㈱となる
	1991	レッキス・インターナショナル・アジア創立
日本理器（㈱ロブテックス） 従業者数：93人 （グループ全体181人）	1888	両手バリカンを発明，製造販売を開始
	1923	日本理器㈱設立
	1928	モンキレンチの製造を開始
	1964	大阪証券取引所第二部に上場
	1971	八尾工場完成
	1977	ロブスター販売㈱と合併
	1983	ダイヤモンド工具の製造販売を開始
	1988	輸入品強化のため㈱ロブソンを設立
	1990	鍛造部門を分離，鳥取ロブスターツール㈱として独立
	1992	新社名をロブテックスとする
	2004	鳥取ロブスターツール㈱への生産部門の移管を完了

（注）　従業者数は2017年現在。
［出所］　各社HPより作成。

ない理由では（全体で379件）「経営者の年齢が若く決める必要がない」40.1％，「今の事業は自分一代限りで良い」30.3％，「決めたいが継ぐべき適当な人がいない」23.2％であった。そのうちの「今の事業は自分一代限りで良い」は従業者規模10～20人では8.2％，5～9人規模では30.3％，3～4人規模では33.8％，1～2人規模では52.6％であった。さらに「自分一代限りで良い」理由としては（全体で115件），「子供は自由に好きなことをやらせたい」40.9％，「儲から

表9-10　地場産業の動向　　　　　　　　　　　　(億円)

品目別	1980年 事業所数	1980年 出荷額	1985年 事業所数	1985年 出荷額	1990年 事業所数	1990年 出荷額
紡績	427	1,893	446	2,062	290	1,165
撚糸	487	201	522	217	454	182
綿スフ織物	2,324	2,250	1,710	1,921	1,054	1,206
くつ下	60	88	64	114	55	167
作業手袋	56	14	54	23	60	57
敷物	345	1,236	368	1,267	380	1,173
紳士既製服	1,083	712	1,165	683	1,005	1,051
婦人子供服	1,559	851	1,813	1,054	1,736	1,311
布帛縫製品	408	228	392	207	359	254
帽子	220	106	225	111	194	107
普通合板	135	1,006	148	498	163	592
木製家具	866	927	874	963	823	1,603
事務用紙製品	264	773	265	866	245	1,507
段ボール箱	573	1,677	529	1,778	520	1,728
紙器	769	609	843	760	772	974
印刷	3,255	4,596	3,819	6,974	3,922	9,125
製本	393	145	432	193	378	247
石鹸・洗剤	83	1,073	80	1,029	79	840
塗料	128	1,800	124	2,144	117	2,158
プラスチック製サンダル	524	372	604	342	627	386
革靴	247	215	220	230	219	290
かばん	336	225	349	249	345	284
袋物	614	344	778	461	756	560
ガラス製品	248	834	214	894	355	1,259
ほうろう鉄器	16	43	14	53	11	51
石綿製品	127	205	94	171	54	150
普通線材製品	357	3,037	330	2,894	282	3,083
鍛工品	111	380	104	395	91	410
銑鉄鋳物	186	467	159	429	133	484
鉄管継手	8	217	9	234	12	250
刃物	184	32	35	211	41	57
作業工具	307	484	240	322	188	355
金属熱処理	127	248	142	344	139	401
金網・ワイヤーロープ	797	993	725	807	378	633
加熱鋲螺・製線鋲螺	1,897	2,313	1,914	2,543	1,852	2,925
農業用機械	265	537	262	657	205	430
繊維機械・同部品	517	534	454	483	371	654
家庭用ミシン・同部品	333	572	288	505	244	474
ベアリング	340	1,328	325	1,532	311	2,104
自転車・同部品	692	1,772	615	1,598	588	2,899
眼鏡類	259	133	198	175	127	163
玩具	231	213	206	265	186	440
児童乗物	92	129	82	103	51	84
人造真珠	92	59	49	56	53	50
ボタン	143	80	143	92	126	115
歯ブラシ・木ブラシ	254	159	257	195	240	263
洋傘	305	262	293	220	209	185
魔法瓶	35	577	35	831	28	267
線香	27	67	24	65	23	77
合計	23,106	37,016	23,035	40,220	20,851	45,230

［出所］　大阪府立産業開発研究所編『大阪経済白書』昭和58年版, 1983年, 359-362頁, 同, 昭和63年版, 1988年, 統計編54-57頁, 同, 平成5年版, 1993年, 統計編59-61頁。

ない，将来性がない」38.3％，「仕事がきつい」8.7％であった[38]。

バブル経済期においても大阪市内の小規模製造業経営者にとって事業承継は大きな問題であり，「自分一代限りで良い理由」として，従業者10〜20人層の50％が「儲からない，将来性がない」を挙げたのである。

(5) 医薬品工業

1980年代の大阪・道修町には武田薬品工業，藤沢薬品工業，塩野義製薬，田辺製薬，大日本製薬，小野薬品工業，住友製薬（住友化学工業と稲畑産業の医

表9-11 医薬品メーカーの工場・研究所（1985年） (人)

企業別	工場別	従業者数	企業別	工場別	従業者数
武田薬品工業	大阪工場	1,215	ミドリ十字	千歳工場	25
(1985年3月末)	光工場	1,915	(1985年12月末)	淀川工場	508
	清水工場	258		都島工場	130
	高砂工場	383		オサダノ工場	174
	湘南工場	563		佐倉工場	44
	鹿島工場	134		東京プラント	16
	研究所	1,528		大阪プラント	23
	計	5,996		神戸プラント	12
塩野義製薬	杭瀬工場	1,422		中央研究所	335
(1985年3月末)	赤穂工場	380		安全性研究所	48
	摂津工場	553		計	1,315
	金ケ崎工場	129	大日本製薬	大阪工場	534
	研究所	722	(1985年5月末)	鈴鹿工場	230
	計	3,206		総合研究所	386
藤沢薬品工業	大阪工場	406		計	1,150
(1985年3月末)	名古屋工場	200	小野薬品工業	城東工場	174
	富士工場	650	(1985年11月末)	淡路工場	50
	高岡工場	385		フジヤマ工場	95
	研究所	1,024		中央研究所	132
	計	2,665		福井安全性研究所	32
田辺製薬	大阪工場	729		計	483
(1985年4月末)	小野田工場	748			
	東京工場	275			
	研究所	693			
	計	2,445			

（注）(1) 武田薬品工業の研究所は大阪工場地区のほか京都市，福知山市，高槻市に所在した。
　　　(2) 塩野義製薬の研究所は神崎川分室を含む。
［出所］各社『有価証券報告書』。

薬事業部を分離統合して 84 年 2 月に設立)，やや離れてミドリ十字といった医薬品企業の本社が集まった。大阪府は医薬品生産額において 1980 年に 7004 億円 (全国シェア 20.1％)，85 年に 7666 億円 (同 19.2％)，90 年に 8694 億円 (同 15.5％) と，表 9-11 にあるような工場の地方分散によって全国シェアを低下させながらも依然として全国第 1 位の地位を保っていた[39]。

道修町の御三家とは 1970 年代半ばまでは武田薬品，塩野義製薬，田辺製薬を指した。その後，藤沢薬品が田辺製薬を追い抜いて御三家入りするが，その原動力となったのがセフェム系抗生物質であった。「セフェム系抗生物質は道修町に"セフェム革命"とも言える効果を与えた。つまり，アリナミンが売り上げの半分だった武田や目ぼしい製品のない塩野義，樟脳一本ヤリの藤沢が自社開発力と販売力を持った近代産業へ脱皮する契機となった。(中略) 前期末 (84 年 3 月期——引用者注) の抗生物質比率は武田で三〇％，藤沢で四三％，塩野義で五九％と三共，山之内など東京勢に比べ圧倒的に高い」といわれた[40]。

1970 年における医薬品工業の都道府県別研究開発機関数は東京都 20 機関，大阪府 13 機関，埼玉県 4 機関の順 (全国合計 44 機関) であったが，80 年には東京都 42 機関，大阪府 31 機関，埼玉県 11 機関の順 (同 121 機関) であり，90 年には大阪府 37 機関，東京都 35 機関，埼玉県 16 機関，茨城県 16 機関の順 (同 235 機関) であった[41]。1980 年代になって研究開発機関の地方展開が開始されるなかで，大阪府に本社をおく医薬品企業は本社機能だけでなく，研究開発機能の多くも地元に留めおいたのである。

1985 年に創立 70 周年を迎えた武田薬品工業の中央研究所 (大阪・十三) は「八階建ての研究所本館を中心に，食品，化学品，農薬，動物薬を研究する第一別館，発酵中心の第二別館，医薬品の工業化を研究する第三・四別館，そしてバイオテクノロジーの第五別館が大阪の十三に集中，そのほかフィールドテストのための施設として京都と福知山に農園・農場があり，安全性の研究センターが高槻にある」といった体制であり，研究員は 1000 名を超え，そのうち 182 名は博士号取得者であった[42]。しかしその武田薬品工業も，88 年 1 月に筑波研究所を設立した。

5. 卸売・小売業の動向

1979 年と 91 年の商業従業者数の増減をみた表 9-12 によると，卸売業は 12

表9-12　商業従業者数の変化　　　　　　　　　　（人）

部門別	1979年	1991年	増減
各種商品卸売業	12,878	7,435	−5,443
繊維品卸売業（衣服，身のまわり品を除く）	28,995	32,246	3,251
衣服，身のまわり品卸売業	75,559	87,465	11,906
農畜産物，水産物卸売業	25,208	31,664	6,456
食料，飲料卸売業	44,417	49,786	5,369
医薬品，化粧品卸売業	22,761	32,107	9,346
化学製品卸売業	29,256	34,433	5,177
鉱物，金属材料卸売業	34,376	40,042	5,666
機械器具卸売業	102,297	160,771	58,474
建築材料卸売業	30,177	35,988	5,811
家具，建具，じゅう器等卸売業	22,748	26,930	4,182
再生資源卸売業	5,518	6,430	912
その他の卸売業	54,113	71,739	17,626
代理商，仲立業	495	762	267
卸売業計	488,798	617,798	129,000
各種商品小売業	38,863	45,806	6,943
百貨店	38,472	45,355	6,883
その他の各種商品小売業	391	451	60
織物，衣服，身のまわり品小売業	60,113	66,730	6,617
呉服，服地，寝具小売業	13,807	11,705	−2,102
洋服小売業（婦人子供服を除く）	9,407	9,826	419
婦人子供服小売業	18,042	27,692	9,650
くつ，はきもの小売業	5,692	4,643	−1,049
その他の織物，衣服，身のまわり品小売業	13,165	12,864	−301
飲食料品小売業	155,019	179,426	24,407
各種食品小売業	16,993	33,105	16,112
酒，調味料小売業	19,183	21,883	2,700
食肉小売業	11,554	9,081	−2,473
鮮魚小売業	7,839	6,230	−1,609
乾物小売業	4,015	2,017	−1,998
野菜，果実小売業	12,978	10,050	−2,928
菓子，パン小売業	33,137	30,714	−2,423
米穀類小売業	10,717	9,333	−1,384
その他の飲食料品小売業	38,603	57,013	18,410
自動車，自転車小売業	26,411	36,614	10,203
自動車小売業	22,732	31,324	8,592
自転車小売業（自動二輪車を含む）	3,679	5,290	1,611
家具，建具，じゅう器小売業	44,384	42,751	−1,633
家具，建具，畳小売業	12,917	12,278	−639
金物，荒物小売業	7,535	6,670	−865
陶磁器，ガラス器小売業	1,458	1,287	−171
家庭用機械器具小売業	22,205	22,172	−33
その他のじゅう器小売業	268	344	76
その他の小売業	109,486	133,822	24,336
医薬品，化粧品小売業	16,524	20,000	3,476
農耕用品小売業	1,388	1,903	515
燃料小売業	16,133	17,029	896
書籍，文房具小売業	35,940	46,380	10,440
スポーツ用品・がん具・娯楽用品・楽器小売業		11,629	11,629
写真機・写真材料小売業		3,180	3,180
時計・眼鏡・光学機械小売業		4,898	4,898
中古品小売業	626	792	166
他に分類されない小売業	38,875	28,013	−10,862
小売業計	434,276	505,149	70,873

［出所］　大阪府編『大阪府統計年鑑』各年度版。

万 9000 人，小売業は 7 万 873 人の増加であり，卸売業では機械器具卸売業の 5 万 8474 人が際立っていた。一方，小売業では部門別の増減が激しく，自営業が主体と思われる食肉，鮮魚，乾物，野菜・果実，菓子・パン，米穀類といった食料品店の従業者が軒並み減少する一方，各種食料品，スポーツ用品・がん具・娯楽用品・楽器，婦人子供服，自動車，自転車の小売業では従業者数を増加させていた。

　大阪市全卸売業年間販売額の全国シェアは，1979 年の 15.5% から 91 年には 13% に低下した。同じ期間について各業種別卸売業年間販売額の全国シェアをみると，「繊維品」卸が 32.6% から 44.5%，「衣服，身の回り品」卸が 21.5% から 22.7% と全国シェアを上げ，「各種商品」(91 年に全国シェア 12.5%)，「食料・飲料」(同 7.5%)，「医薬品・化粧品」(同 8.3%)，「化学製品」(同 24.7%)，「鉱物，金属材料」(同 15.8%)，「機械器具」(同 11.5%) はいずれも全国シェアを低下させた。成長率が鈍化した繊維品において大阪卸売業の比重が高く，成長分野において大阪卸売業のウエイトが低いことが確認できる。総体としての大阪卸売業の後退はこうしたなかで生じたのである[43]。

　大阪府の『商業統計調査結果表』によると個人経営の商店数はその比率を落とすとはいえ，1985 年でも全体の 78.6% を占めた。大阪府が 87 年 7 月に行った「大阪府下小売業の構造変化に関する実態調査」によると，「経営上の問題点」として「周囲の立地環境の悪化」56 件，「競合店の増加」50 件，「消費者ニーズの変化」42 件，「商圏内の人口や世帯数の減少」36 件を挙げる者が多かった。商圏内の競争相手では 82 年調査と比較して大型専門量販店や無店舗販売のウエイトが高まっていた。本調査では戦前や昭和 20 年代開業の商店が全体の 54.3% であり，後継者問題が大きな課題であった。全体の 48.9% は「子供や身内など誰かに継がせる」と回答したが，一方で「継がせたいが継がせる人がいない」が 16.4%，「継がせたくない」が 10.8% であった。「継がせたいが継がせる人がいない」の理由について，半数が「子供は他の職業に就いている」と回答し，「継がせたくない」の 48.5% は「もうからない」，45.5% は「子供には好きなことをしてほしい」と回答していた[44]。

6. サービス産業の動向

　名目府内総生産に占めるサービス業の割合は 1980 年の 11.8% から 85 年 15

表 9-13 サービス業各部門の従業者数　　　　　　　　　　　　　（人）

	1981 年	1986 年	1991 年	1986/1981 増減	1991/1986 増減	1991/1981 増減
飲食店	321,538	344,685	389,207	23,147	44,522	67,669
物品賃貸業	9,005	14,440	26,750	5,435	12,310	17,745
旅館, その他の宿泊所	26,692	28,189	35,182	1,497	6,993	8,490
洗濯・理容・浴場業	77,731	79,982	83,483	2,251	3,501	5,752
その他の個人サービス	16,335	19,372	20,850	3,037	1,478	4,515
映画業	3,262	3,968	4,394	706	426	1,132
娯楽業	39,185	45,696	57,723	6,511	12,027	18,538
放送業	5,087	6,260	5,881	1,173	-379	794
自動車整備および駐車場業	28,023	26,999	29,811	-1,024	2,812	1,788
その他の修理業	13,539	14,952	17,772	1,413	2,820	4,233
協同組合	8,653	9,218	9,600	565	382	947
情報サービス・調査・広告業	37,072	54,767	97,920	17,695	43,153	60,848
その他の事業サービス業	72,023	96,651	137,179	24,628	40,528	65,156
専門サービス業	87,751	113,047	152,043	25,296	38,996	64,292
医療業	139,700	162,844	188,822	23,144	25,978	49,122
保健および廃棄物処理業	17,874	18,594	20,748	720	2,154	2,874
宗　教	13,644	14,658	16,355	1,014	1,697	2,711
教　育	135,349	144,094	149,773	8,745	5,679	14,424
社会保険, 社会福祉	35,285	40,300	43,873	5,015	3,573	8,588
学術研究機関	10,778	12,739	14,569	1,961	1,830	3,791
政治・経済・文化団体	10,843	10,929	13,846	86	2,917	3,003
その他のサービス業	2,235	2,733	2,815	498	82	580
合　計	1,111,604	1,265,117	1,518,596	153,513	253,479	406,992

［出所］　表 9-1 に同じ。

%, 90 年 18.7% と増加した。80〜90 年にかけて公共サービスの割合は 5.8% から 8%, 対事業所サービスは 3.8% から 7.7%, 対個人サービスは 2.2% から 3% に伸び, サービス業のなかでは対事業所サービスの伸びが大きかった[45]。

サービス業内部の従業者数の推移をみた表 9-13 に明らかなように, 1981〜91 年にかけてサービス業のなかで大きな伸びを示したのが飲食店 6 万 7669 人, その他の事業サービス業 6 万 5156 人, 専門サービス業 6 万 4292 人, 情報サービス・調査・広告業 6 万 848 人, 医療業 4 万 9122 人などであった。91 年の情報・調査・広告業 9 万 7920 人のなかではソフトウエア業 3 万 8573 人, 広告業 2 万 3685 人, 情報処理サービス業 2 万 3626 人が大きな存在であり[46], 情報化の進展がサービス業従事者増大の一因であったことがわかる。

『特定サービス産業実態調査報告書』によると, 1990 年の大阪府における情

表9-14　大阪府の情報サービス業

年次	事業所数				従業者数(人)	年間売上高(100万円)	1事業所当たり		従業者1人当たり年間売上高(万円)
	計	単独事業所	本社	支社			従業者数(人)	年間売上高(万円)	
1980	210	78	42	90	11,372	73,709	54	35,099	648
81	235	88	52	95	14,816	92,840	63	39,507	627
82	243	100	45	98	14,100	101,257	58	41,669	718
83	420	196	76	148	19,594	146,273	47	34,827	747
84	485	217	105	163	20,980	180,813	43	37,281	863
85	490	228	104	158	25,201	217,039	51	44,294	861
86	498	253	90	155	26,581	226,196	53	45,421	851
87	633	339	121	173	32,196	280,609	51	44,330	872
88	703	325	132	246	38,249	352,834	54	50,190	922
89	700	308	148	244	45,860	499,036	66	71,291	1,088
90	815	348	186	281	51,491	594,577	63	72,954	1,155

年次	事業所数・計		従業者数		年間売上高		従業者1人当たり年間売上高	
	対全国	対東京	対全国	対東京	対全国	対東京	対全国	対東京
1980	12	28	12	24	11	19	90	80
81	13	31	14	27	12	20	82	74
82	13	34	12	24	11	19	89	80
83	20	58	15	31	13	24	87	77
84	19	61	14	28	13	25	96	89
85	19	64	16	33	14	26	89	78
86	18	58	13	27	12	21	88	76
87	17	63	13	29	12	23	92	78
88	12	34	11	23	11	19	93	83
89	13	35	12	24	11	20	94	84
90	12	30	11	23	10	19	90	82

（注）　対全国：大阪府／全国合計，対東京：大阪府／東京都．
［出所］　通商産業大臣官房調査統計部編『平成2年　特定サービス産業実態調査報告書　情報サービス業編』1991年12月．

報サービス業の事業所数は815，従業者数は5万1491人，年間売上高は5946億円であった．事業所数の内訳ではソフトウエア業476，情報処理サービス業182，その他の情報サービス業142，情報提供サービス業15であり，年間売上高の内訳ではソフトウエア業3275億円，情報処理サービス業1920億円，その他の情報サービス業638億円，情報提供サービス業113億円であった[47]．

　1980年代の大阪府の情報サービス業の動きをみると，表9-14の通りであった．年間売上高は毎年増大し，事業所数は89年を除いて，従業者数は82年を除いて連年増加した．事業所では本社の数より支社の方は多かった．東京都との比較では83～87年に事業所数が東京の6割前後にまで上昇したが，その後は3割台であり，従業者数では2割台の年が多く，年間売上高では2割を切る

年もあった。支社数の多さにも規定されて大阪府の情報サービス業の従業者1人当たり年間売上高は全国・計よりも低く，東京都と比較すると7〜8割台にとどまっていた。ソフトウエア業を中心として1980年代には大阪においても情報サービス業が躍進したといえるが，相対的低生産性に集約される問題を抱えていたのである。

❖ おわりに

　1980年代，とくにその後半期はのちにバブル経済と称されるような長期的な好景気に沸いた時代であった。その影響は大阪経済にも確実に及んだ。しかし「大阪復権」を旗印に府政を奪還した岸知事の下においても大阪経済の抜本的な改革が進んだようには思われない。大阪府の有効求人倍率が一貫して全国平均を下回り，突出して高い生活保護率を示す大阪市を含む大阪府の生活保護率は全国平均を上回った。

　1980年代にも従業者数の増加は続いたもののその大半はサービス産業によるものであり，製造業従業者の全体に占める割合は81年の26.2％から91年の23.4％に低下した。製造業のなかでは比重の大きかった一般機械分野の大規模工場には大きな新規参入はみられず，電気機械・エレクトロニクス産業での成長企業は工場の地方分散，さらに海外直接投資を積極的に進めた。

　1980年代後半になると大阪経済単独での復権を語ることは少なくなり，首都圏との対比で近畿圏の存在意義を説く「双眼的国土構造論」が登場するが，その構想を支えたのが関西国際空港や関西文化学術研究都市などの大型プロジェクトであり，それらが具体的な姿を表すのは1990年代に入ってからのことであった。

　大型プロジェクトのような華やかさはないものの，金属製品の分野では1990年代初頭においても都道府県別生産額順位で全国第1位を維持する数多くの品目があり，老舗や中堅企業の野心的な試みによって企業数の減退に抗していた作業工具などもその1つであった。大阪・道修町に代表されるように医薬品工業も大阪を代表する産業の1つであった。主要企業における地方工場での生産拡大によって大阪府生産額の全国シェアは低下していったものの，1980年代には全国第1位の地位を維持した。しかし80年代後半になると，大阪経済を特徴づけてきたさまざまな地場産業の多くは縮小傾向を加速させたのである。

注

1 通商産業省編『工業統計表』各年版。
2 熊沢誠「労働市場の深刻な状況」(大阪社会労働運動史編集委員会編『大阪社会労働運動史――転換期』第8巻，大阪社会運動協会，有斐閣，1999年) 33頁。
3 大阪経済・諸産業の1980年代前半期の動向については，中岡哲郎ほか「第1章 大阪の産業の動向と職場の変化（1975～84年）」(大阪社会労働運動史編集委員会編『大阪社会労働運動史――低成長期（上）』第6巻，大阪社会運動協会，有斐閣，1996年)，80年代後半期については，高松亨ほか「第2章 大阪の産業と職場」(大阪社会労働運動史編集委員会編，前掲書，第8巻) 参照。
4 大阪府商工業振興審議会事務局「大阪府商工業振興審議会 委員・専門委員名簿」(大阪府・大阪商工業振興審議会編『大阪産業ビジョン'80 個性からの出発――国際化，生活文化産業の伸展をめざして』1980年) 11-14頁。
5 同上書，115頁。
6 同上書，44頁。
7 同上書，44-45頁。
8 同上書，47頁。
9 同上書，53-55頁。
10 同上書，62-63頁。
11 大阪府・大阪府商工業振興審議会編『21世紀産業ビジョン・大阪 大阪産業新展開のみちしるべ――こうして21世紀に生き残る』1987年，4頁。
12 同上書，4-5，8頁。
13 国土庁，関係地方公共団体，民間企業（関西電力，住友銀行，松下電器産業）の職員から構成された（国土庁大都市圏整備局・近畿開発促進協議会編『新しい近畿の創生計画（すばるプラン）――双眼型国土構造の確立に向けて』1987年，1頁)。
14 同上書，136，141，147頁。
15 同上書，41-42頁。
16 同上書，42-43頁。たとえば国際的産業拠点の形成については，「創造的知識融合化に対応する知識情報提供型や高次文化志向型サービス産業，先端技術開発，ファッション，デザイン等の創造開発型産業，バイオテクノロジー，エレクトロニクス，新素材等の知識集約型産業など，世界の産業を先導する創造的産業の育成，強化を図る」とされた（同上書，43頁)。
17 上原逸「関西国際空港プロジェクトの概要」(『航海』第91号，1987年3月) 90頁。
18 関西国際空港株式会社について，日向方齊関西経済団体連合会会長は「役員のうち一人，関電から副社長を入れてもらっただけで，あとは全部官僚OBです。民活というより，これでは官活ですね」と発言した（関経連四十周年記念座談会「二十一世紀へ飛翔する関西」『経済人』第40巻第10号，1986年10月，58頁)。
19 同上座談会，58，62頁。
20 竹内良夫「地盤沈下は不測の事態――開港にメドつけて交代」(『NIKKEI BUSINESS』1991年8月19日号) 74-75頁。
21 「関西国際空港，早くも経営危機説」(『NIKKEI BUSINESS』1994年5月16日号) 77-79頁。
22 大阪府立産業開発研究所編『大阪経済白書』平成2年版，1990年，229-231頁，および實清隆「関西文化学術研究都市の開発と諸問題」(奈良大学『総合研究所所報』第12号，2004年) 13-14頁。
23 大阪府立産業開発研究所編，前掲書，平成2年版，233頁。
24 「苦戦のりんくうタウン」(『週刊東洋経済』1993年5月1日) 70頁，および「進出意欲しぼみ揺らぐ りんくうタウン」(『週刊東洋経済』1993年10月30日号) 120-121頁。

25 大阪府立産業開発研究所編『大阪経済を支えるサービス産業の実態と課題』2006 年，9 頁。産業計には，政府サービス生産者や対家計民間非営利サービス生産者などの生産は含まれない。
26 廣川製作所 HP。
27 オンキョー HP。
28 松尾電機 HP。
29 船井電機 HP。
30 サン電子工業 HP。
31 キーエンス HP。
32 「大阪の作業工具業界」(『きんき quarterly』第 8 号，1991 年) 15 頁。
33 磯部哲良「内需向け高級化・経営の多角化で不況を乗り切る作業工具 (大阪)」(『中小企業金融公庫月報』第 40 巻第 5 号，1993 年 5 月) 9 頁。
34 前掲「大阪の作業工具業界」15 頁。
35 120 周年記念誌編纂委員会編『ロブテックス 120 ストーリー：ロブテックス創業 120 年史：1888-2008』ロブテックス，2008 年，23-25，101 頁。
36 同上書，26-27 頁。
37 同上書，119 頁。
38 大阪商工会議所産業経済部編『小規模製造業の経営実態と事業承継調査』1988 年 6 月，8-16 頁。
39 厚生省薬務局編『薬事工業生産動態統計年報』各年版。1992 年において各医薬品企業の大阪に所在する工場は，武田薬品工業は 1 工場 (全 7 工場)，藤沢薬品工業は 1 工場 (全 4 工場)，塩野義製薬は 1 工場 (全 4 工場)，田辺製薬は 1 工場 (全 3 工場)，住友製薬は 1 工場 (全 2 工場)，大日本製薬は 1 工場 (全 2 工場)，小野薬品工業は 2 工場 (全 3 工場)，ミドリ十字は 2 工場 (全 3 工場) であった (小原久治『現代日本の医薬品産業』高文堂出版社，1996 年，88 頁)。
40 「"医薬品"大阪・道修町は甦るか」(『週刊東洋経済』1984 年 8 月 18 日号) 50 頁。
41 佐藤裕哉「医薬品産業の成長と研究開発機関の立地展開」(『広島大学大学院文学研究科論集』第 67 号，2007 年 12 月) 105-106 頁。
42 「バイオサイエンスのトップランナー 武田薬品工業」(『週刊東洋経済』1985 年 11 月 2 日号) 写真とじ込み。
43 加藤司「卸売業の『付加価値』化——グローバル競争化でどう実現するか」(安井國雄・富澤修身・遠藤宏一編著『産業の再生と大都市——大阪産業の過去・現在・未来』ミネルヴァ書房，2003 年) 131-133 頁。
44 大阪府立産業開発研究所編『大阪府下小売業の構造変化と今後の課題——商店数の減少問題を中心に』1988 年，10，16，20，26，29 頁。
45 大阪府立産業開発研究所編，前掲書，2006 年，9 頁。
46 総理府編『事業所統計調査報告 都道府県編』平成 3 年版，1992 年。
47 通商産業大臣官房調査統計部編『平成 2 年 特定サービス産業実態調査報告書 情報サービス産業編』1991 年 12 月。

第10章

大阪経済の縮小
―― 1990 年代 ――

❖ はじめに

　バブル経済崩壊後の 1990 年代は，戦後日本経済がかつて経験したことのない長期的停滞の時期であった。表 10-1 にあるように 1990～2002 年度における「全県計」の名目経済成長率(年度平均)は 0.7% にとどまり，製造業や建設業がマイナスを記録する一方，サービス業と不動産業が相対的には成長部門であったことがわかる。こうしたなかでも大阪府の混迷が際立っており，名目経済成長率はマイナスを記録し，「全県計」と比較した場合，製造業，建設業，および卸売・小売業の落込みが著しかった。東京都も愛知県も製造業の後退は大きかったが，大阪府ほどではなく，

表 10-1　名目経済成長の産業別増加寄与度（年度平均）
(%)

区　分	1990～2002 年度			
	東京都	愛知県	大阪府	全県計
農林水産業	0.0	0.0	0.0	−0.1
鉱　業	0.0	0.0	0.0	0.0
製造業	−0.4	−0.3	−0.6	−0.3
建設業	−0.1	−0.1	−0.2	−0.2
電気・ガス・水道業	0.0	0.1	0.0	0.0
卸売・小売業	0.2	0.2	−0.2	0.0
金融・保険業	0.2	0.2	0.1	0.2
不動産業	0.2	0.4	0.3	0.4
運輸・通信業	0.1	0.1	0.0	0.1
サービス業	0.6	0.5	0.4	0.5
政府サービス生産者	0.1	0.2	0.1	0.2
対家計民間非営利サービス生産者	0.0	0.0	0.0	0.1
輸入税，(控除) その他，(控除) 帰属利子	−0.5	−0.2	−0.1	−0.2
県内総生産	0.6	1.0	−0.1	0.7

（注）　93SNA，1995 年基準。
［出所］　大阪産業経済リサーチセンター『大阪経済・産業の 70 年間――輸移出型産業に注目して』2017 年, 57 頁。

サービス業,卸売・小売業,金融・保険業の伸びは大阪府を上回った。大阪経済の困難は,大阪府の推計完全失業率が97年4.7％, 2000年6.7％であり,いずれも沖縄県に次いで全国第2位の高さであったことからもうかがわれる[1]。

1989年度の大阪府の法人2税（法人事業税と法人住民税）は愛知県を2500億円上回っていたが, 97年度上期には愛知県が大阪府を200億円ほど上回り, 97年度通期で大阪府が愛知県を約90億円上回った[2]。1990年代には日本経済に占める大阪経済の地位低下が劇的に進行した。90年代は日本経済にとって苦難の10年であったが,その困難が集中的に顕在化したのが大阪経済であったともいえる。本章では, 90年代の大阪経済が直面した困難の実態について考察してみたい[3]。

1. 1990年代の大阪経済──概観

表10-2には, 1990年代における大阪経済の困難が集約されている。1991～96年にかけて製造業従業者は約11万人, 96～2001年には約17万人減少し,その結果,従業者総数に占める製造業従業者の割合は91年の23.4％が96年20.7％, 01年18.9％に低下した。90年代前半には製造業,金融・保険業,教育にとどまっていた従業者の減少は90年代後半になると,全面的様相を帯びるようになった。90年代後半に従業者数の増加をみたのは通信業,サービス業,公務のみであり,製造業従業者の減少を受け止める基盤の1つであった卸売・小売業も約16万人の減少を記録して,製造業に次ぐ大きな減少部門となった。

サービス業の動向も部門によってさまざまであった。1990年代を通して事業サービスと医療が従業者数を着実に増加させるのに対して, 90年代後半になると飲食店,個人サービスはマイナスに転じた。90年代後半に大阪府の従業者数は約44万人減少し,通信,事業サービス,医療,公務のみが増加したのである。こうした現象を「サービス産業化」の進展と呼ぶには躊躇を覚える。製造業,建設業,卸売・小売業,金融・保険業,不動産業,運輸業,飲食店,個人サービスといった産業諸部門が全面的に後退するなかで,医療・公務サービス部門を除けば事業サービスと「サービス業・その他」のみが増加したのである。

従業者数を大きく後退させた製造業の内部構成をみると,表10-3の通りで

表10-2　大阪府産業別従業者数の推移　　　　　　　　　　（人）

区　分	1991年	1996年	2001年	1996/1991 増減	2001/1996 増減	2001/1991 増減
農林水産業	1,215	1,530	1,488	315	－42	273
鉱　業	507	433	263	－74	－170	－244
建設業	364,571	392,220	308,692	27,649	－83,528	－55,879
製造業	1,189,210	1,078,899	904,114	－110,311	－174,785	－285,096
卸売・小売業	1,228,074	1,322,821	1,156,672	94,747	－166,149	－71,402
卸　売	657,730	664,159	530,321	6,429	－133,838	－127,409
小　売	570,344	658,662	626,351	88,318	－32,311	56,007
金融・保険業	194,409	170,981	139,190	－23,428	－31,791	－55,219
不動産業	115,556	116,970	105,347	1,414	－11,623	－10,209
運輸・通信業	342,573	358,354	327,784	15,781	－30,570	－14,789
運　輸	293,526	308,325	271,631	14,799	－36,694	－21,895
通　信	49,047	50,029	56,153	982	6,124	7,106
電気・ガス・水道業	26,023	27,500	27,040	1,477	－460	1,017
サービス業	1,518,596	1,657,122	1,712,711	138,526	55,589	194,115
飲食店	389,207	395,765	384,550	6,558	－11,215	－4,657
個人サービス	166,265	186,731	173,976	20,466	－12,755	7,711
事業サービス	360,280	407,153	451,323	46,873	44,170	91,043
医　療	188,822	219,190	246,409	30,368	27,219	57,587
教　育	149,773	146,176	145,946	－3,597	－230	－3,827
その他	264,249	302,107	310,507	37,858	8,400	46,258
公　務	93,298	94,093	95,507	795	1,414	2,209
全産業	5,074,032	5,220,923	4,778,808	146,891	－442,115	－295,224

（注）（1）個人サービス：物品賃貸業，旅館，その他の宿泊所，洗濯・理容・浴場業，その他の個人（生活関連）サービス業。
　　　（2）事業サービス：映画業，娯楽業，放送業，自動車整備および駐車場業，その他の修理業，協同組合，情報サービス・調査・広告業，その他の事業サービス業。
　　　（3）サービス業のうちその他：専門サービス業，保健衛生，廃棄物処理業，宗教，社会保険，社会福祉，学術研究機関，政治・経済・文化団体，その他のサービス業。
［出所］総理府編『事業所統計調査報告』，総務庁（省）統計局編『事業所・企業統計調査報告』各年版。

あった。1990年と2000年を比較すると，事業所数は1つの例外もなく全産業部門で減少し，そのなかでも繊維工業は2507事業所，金属製品は1714事業所，一般機械器具は1598事業所，電気機械器具は850事業所，印刷・出版・同関連産業は827事業所の減少であり，大阪府の基幹産業が大きな打撃を受けたことがわかる。

表10-3 産業別事業所数・従業者数・製造品出荷額等

(人、億円、%)

部門別	1990年			1995年			2000年			2000/1990増減		
	事業所数	従業者数	製造品出荷額等	事業所数	従業者数	製造品出荷額等	事業所数	従業者数	製造品出荷額等	事業所数	従業者数	製造品出荷額等
基礎素材型産業	17,566	331,557	111,367	15,576	311,198	95,133	13,662	251,491	80,884	-3,904	-80,066	-30,483
木材・木製品	770	9,185	2,226	547	7,242	1,926	467	5,611	1,235	-303	-3,574	-991
パルプ・紙・紙加工品	1,681	29,181	7,585	1,558	28,527	7,129	1,315	22,364	4,961	-366	-6,817	-2,624
化学工業	817	51,539	24,915	775	48,816	23,491	728	41,407	23,229	-89	-10,132	-1,686
石油・石炭製品	66	2,212	6,155	66	2,119	5,733	61	1,702	7,598	-5	-510	1,443
プラスチック製品	2,862	46,451	10,969	2,672	47,516	9,233	2,469	37,772	7,395	-393	-8,679	-3,574
ゴム製品	728	11,853	2,042	638	10,543	1,648	506	8,094	1,481	-222	-3,759	-561
窯業・土石製品	706	15,281	3,775	632	12,915	3,169	573	11,379	2,760	-133	-3,902	-1,015
鉄鋼業	1,241	36,624	22,014	957	32,672	15,153	738	23,655	10,708	-503	-12,969	-11,306
非鉄金属	630	18,903	6,969	517	16,986	5,296	454	13,686	4,502	-176	-5,217	-2,467
金属製品	8,065	110,328	24,717	7,214	103,862	22,355	6,351	85,821	17,015	-1,714	-24,507	-7,702
加工組立型産業	11,105	276,550	78,951	9,489	236,941	64,991	8,281	199,098	57,919	-2,824	-77,452	-21,032
一般機械器具	6,583	122,666	32,541	5,618	108,657	26,358	4,985	92,254	22,299	-1,598	-30,412	-10,242
電気機械器具	2,964	107,966	32,814	2,521	89,816	26,999	2,114	73,061	25,256	-850	-34,905	-7,558
輸送用機械器具	1,117	35,632	11,645	963	29,993	9,795	808	26,440	8,679	-309	-9,192	-2,966
精密機械器具	441	10,286	1,951	387	8,475	1,839	374	7,343	1,685	-67	-2,943	-266
生活関連・その他型産業	15,902	253,822	55,857	13,341	220,509	48,773	10,614	186,154	41,394	-5,288	-67,668	-14,463
食料・飼料・たばこ	1,736	46,935	11,239	1,551	50,790	11,739	1,443	48,139	11,047	-293	1,204	-192
飲料・飼料・たばこ	136	3,453	4,227	124	2,868	3,726	107	2,658	3,161	-29	-795	-1,066
繊維工業	3,669	52,762	9,323	1,714	25,049	4,404	1,162	16,892	3,020	-2,507	-35,870	-6,303
衣服その他繊維	3,013	36,216	5,240	3,399	40,850	6,043	2,446	26,889	4,011	-567	-9,327	-1,229
家具・装備品	1,254	17,895	4,460	1,089	13,893	2,936	928	16,472	2,362	-326	-1,423	-2,098
印刷・出版・同関連産業	3,636	65,134	15,520	3,275	60,532	14,984	2,809	53,778	13,996	-827	-11,356	-1,524
なめし皮・同製品	743	8,024	1,296	631	6,083	957	449	4,138	589	-294	-3,886	-707
その他	1,715	23,403	4,552	1,558	20,444	3,984	1,270	17,188	3,208	-445	-6,215	-1,344
合計	44,573	861,929	246,175	38,406	768,648	208,897	32,557	636,743	180,197	-12,016	-225,186	-65,978

基礎素材型産業	39.4	38.5	45.2	40.6	40.5	45.5	42.0	39.5	44.9
木材・木製品	1.7	1.1	0.9	1.4	0.9	0.9	1.4	0.9	0.7
パルプ・紙・紙加工品	3.8	3.4	3.1	4.1	3.7	3.4	4.0	3.5	2.8
化学工業	1.8	6.0	10.1	2.0	6.4	11.2	2.2	6.5	12.9
石油製品・石炭製品	0.1	0.3	2.5	0.2	0.3	2.7	0.2	0.3	4.2
プラスチック製品	6.4	5.4	4.5	7.0	6.2	4.4	7.6	5.9	4.1
ゴム製品	1.6	1.4	0.8	1.7	1.4	0.8	1.6	1.3	0.8
窯業・土石製品	1.6	1.8	1.5	1.6	1.7	1.5	1.8	1.8	1.5
鉄鋼業	2.8	4.2	8.9	2.5	4.3	7.3	2.3	3.7	5.9
非鉄金属	1.4	2.2	2.8	1.3	2.2	2.5	1.4	2.1	2.5
金属製品	18.1	12.8	10.0	18.8	13.5	10.7	19.5	13.5	9.4
加工組立型産業	24.9	32.0	32.1	24.7	30.8	31.1	25.4	31.3	32.1
一般機械器具	14.8	14.2	13.2	14.6	14.1	12.6	15.3	14.5	12.4
電気機械器具	6.6	12.5	13.3	6.6	11.7	12.9	6.5	11.5	14.0
輸送用機械器具	2.5	4.1	4.7	2.5	3.9	4.7	2.5	4.2	4.8
精密機械器具	1.0	1.2	0.8	1.0	1.1	0.9	1.1	1.2	0.9
生活関連・その他型産業	35.7	29.4	22.7	34.7	28.7	23.3	32.6	29.2	23.0
食料品	3.9	5.4	4.6	4.0	6.6	5.6	4.4	7.6	6.1
飲料・飼料・たばこ	0.3	0.4	1.7	0.3	0.4	1.8	0.3	0.4	1.8
繊維工業	8.2	6.1	3.8	4.5	3.3	2.1	3.6	2.7	1.7
衣服その他の繊維	6.8	4.2	2.1	8.9	5.3	2.9	7.5	4.2	2.2
家具・装備品	2.8	2.1	1.8	2.8	1.8	1.4	2.9	2.6	1.3
印刷・出版・同関連産業	8.2	7.6	6.3	8.5	7.9	7.2	8.6	8.4	7.8
なめし皮・同製品	1.7	0.9	0.5	1.6	0.8	0.5	1.4	0.6	0.3
その他	3.8	2.7	1.8	4.1	2.7	1.9	3.9	2.7	1.8
合計	100.0	100.0	100.0	100.0	100.0	100.0	100.0	100.0	100.0

(注) (1) 従業者数4人以上事業所が対象。
    (2) 下段は構成比。
[出所] 大阪府編『大阪府統計年鑑』各年度版。

表10-3から1990年と2000年の従業者数を比較すると，食料品を除く全部門で減少している。繊維工業，電気機械，一般機械，金属製品，鉄鋼業，印刷・出版・同関連産業，化学工業では1万人以上の減少であり，とくに繊維工業，電気機械，一般機械，金属製品といった諸産業の縮小が目立った。製造品出荷額等においても石油・石炭製品を除く全産業でマイナスを記録した。

　しかし同時に留意すべきは，こうした全面的縮小傾向のなかにあって伝統的基幹産業である金属製品，一般機械，電気機械の3部門が事業所数，従業者数，製造品出荷額等のいずれにおいても従来からのウエイトを維持し，化学工業の製造品出荷額等の構成比が高まったことである。化学工業に含まれる医薬品工業も1990年代には健闘したといえる。医薬品生産額は1990～92年と3カ年連続で対前年減を記録し，90年代後半に至っても増減を繰り返したが，大阪府は医薬品生産額全国1位の地位を維持し，2000年の全国シェアは14％であった[4]。

　1990年代の大阪製造業の困難は，伝統的基幹産業の縮小だけでなく，それに代わる新産業が台頭しない，その意味で産業構造の転換がなかなか進まなかった点にあった。

　大阪府の製造業は金属製品，一般機械，電気機械，化学工業などの大企業だけでなく，数多くの中小企業業種，あるいは多様な地場産業によって特徴づけられていた。代表的地場産業の1990年代の動向をみた表10-4から明らかなように，地場産業の縮小も急激であった。地場産業48部門計の事業所数は90年に2万1126事業所，95年に1万8460事業所，2000年に1万4711事業所であり，90年と2000年を比較すると30.4％の減少であった。この間に事業所数を増加させたのは刃物と金網・ワイヤーロープのみであり，その他のすべての部門で事業所の減少であった。

　1990年と2000年の出荷額を比較すると，4兆5422億円から2兆8572億円へと37.1％の減少であった。この間に出荷額を増加させたのは48部門のなかで製本，石鹸・洗剤，金網・ワイヤーロープの3部門のみであった。

　次に商業についてみてみよう。『大阪府統計年鑑』（『商業統計調査』ベース）にもとづく表10-5の数値と，『事業所統計調査』にもとづく前掲表10-2では数値が異なるが，表10-5から1991年と99年を比較すると，卸売業従業者は6万7795人の減少，小売業は5万3430人の増加であったが，年間販売額では両者とも大きく減少した。卸売業従業者を大きく減少させたのは，「機械器具」，

表10-4　地場産業の動向　(億円)

品目別	1990年 事業所数	1990年 出荷額	1995年 事業所数	1995年 出荷額	2000年 事業所数	2000年 出荷額
紡　績	290	1,165	186	521	136	304
撚　糸	454	182	316	142	212	77
綿スフ織物	1,456	1,561	997	1,074	460	359
くつ下	55	167	52	124	40	104
作業手袋	60	57	58	55	50	39
敷　物	380	1,173	317	869	269	699
紳士既製服	1,005	1,051	708	551	453	327
婦人子供服	1,736	1,311	1,456	899	928	488
布帛縫製品	359	254	275	233	216	138
帽　子	194	107	185	126	165	99
普通合板	163	592	128	540	106	339
木製家具	823	1,603	736	998	642	59
事務用紙製品	245	1,507	236	1,475	187	814
段ボール箱	520	1,728	532	1,538	476	1,109
紙　器	772	974	735	894	613	762
印　刷	3,922	9,125	3,640	8,974	3,326	7,980
製　本	378	247	394	285	368	252
石鹸・洗剤	79	840	64	945	63	882
塗　料	117	2,158	111	1,686	98	1,573
ゴム製・プラスチック製はきもの	627	386	564	321	407	225
革　靴	219	290	216	259	186	185
かばん	345	284	299	196	236	134
袋　物	756	560	682	440	548	259
ガラス製品	355	1,259	309	913	290	889
ほうろう鉄器	11	51	12	35	7	11
石綿製品	54	150	47	76	33	55
普通線材製品	282	3,083	125	1,893	97	1,423
鍛工品	91	410	106	354	85	328
銑鉄鋳物	133	484	137	521	79	351
鉄管継手	12	250	14	241	8	145
刃　物	41	57	27	21	58	51
作業工具	188	355	148	281	121	252
金属熱処理	139	401	162	327	124	287
金網・ワイヤーロープ	187	633	687	886	565	819
ボルト・ナット・リベット	1,852	2,925	1,621	2,226	1,410	1,840
農業用機械	205	430	178	371	170	354
繊維機械	371	654	450	734	325	449
家庭用ミシン	244	474	197	416	153	271
ベアリング	311	2,104	235	1,876	200	1,624
自転車	588	2,899	422	2,140	296	1,456
玩　具	186	440	145	215	116	203
児童乗物	51	84	30	56	18	43
人造真珠	53	50	44	60	36	36
ボタン	126	115	109	84	81	46
歯ブラシ・木ブラシ	240	263	222	231	165	219
洋　傘	209	185	109	94	57	42
魔法瓶	28	267	19	204	11	107
線　香	23	77	18	79	21	64
合　計	21,126	45,422	18,460	37,479	14,711	28,572

［出所］　高松亨「産業構造の変化」(大阪社会労働運動史編集委員会編『大阪社会労働運動史——世紀の交差』第9巻，大阪社会運動協会，有斐閣，2009年) 6頁．

表10-5　商業従業者数・年間販売額の変化　　　（人，億円）

部門別	従業者数 1991年	従業者数 1999年	増減	年間販売額 1991年	年間販売額 1999年	増減
各種商品卸売業	7,435	7,577	142	123,727	95,704	-28,023
繊維品卸売業（衣服，身のまわり品を除く）	32,246	20,224	-12,022	69,285	28,510	-40,775
衣服，身のまわり品卸売業	87,465	70,237	-17,228	60,282	42,821	-17,461
農畜産物，水産物卸売業	31,664	33,919	2,255	57,886	48,471	-9,415
食料，飲料卸売業	49,786	49,859	73	50,828	55,115	4,287
医薬品，化粧品卸売業	32,107	31,518	-589	23,343	24,810	1,467
化学製品卸売業	34,433	29,925	-4,508	64,040	51,923	-12,117
鉱物，金属材料卸売業	40,042	28,828	-11,214	104,321	60,963	-43,358
機械器具卸売業	160,771	143,511	-17,260	189,740	148,275	-41,465
建築材料卸売業	35,988	32,996	-2,992	37,344	30,002	-7,342
家具，建具，じゅう器等卸売業	26,930	21,959	-4,971	17,537	11,978	-5,559
再生資源卸売業	6,430	5,035	-1,395	3,144	1,592	-1,552
その他の卸売業	71,739	74,138	2,399	65,222	61,672	-3,550
代理商，仲立業	762	277	-485	—	—	—
卸売業計	617,798	550,003	-67,795	866,699	661,836	-204,863
各種商品小売業	45,806	43,159	-2,647	23,072	20,217	-2,855
百貨店	45,355	41,288	-4,067	22,965	19,578	-3,387
その他の各種商品小売業	451	1,871	1,420	106	640	534
織物，衣服，身のまわり品小売業	66,730	58,215	-8,515	13,807	10,920	-2,887
呉服，服地，寝具小売業	11,765	7,987	-3,718	1,836	1,236	-600
男子服小売業	9,826	8,241	-1,585	2,105	1,520	-585
婦人子供服小売業	27,692	25,490	-2,202	5,906	5,501	-405
くつ，はきもの小売業	4,643	3,898	-745	927	651	-276
その他の織物,衣服,身のまわり品小売業	12,864	12,599	-265	3,033	2,012	-1,021
飲食料品小売業	179,426	220,845	41,419	30,545	29,630	-915
各種食料品小売業	33,105	54,301	21,196	9,498	11,305	1,807
酒，調味料小売業	21,883	19,425	-2,458	5,468	4,320	-1,148
食肉小売業	9,081	7,243	-1,838	1,532	1,036	-496
鮮魚小売業	6,230	4,891	-1,339	1,066	790	-276
乾物小売業	2,017	1,382	-635	310	180	-130
野菜，果実小売業	10,050	7,255	-2,795	1,592	1,042	-550
菓子，パン小売業	30,714	34,333	3,619	2,558	2,170	-388
米穀類小売業	9,333	6,091	-3,242	1,670	830	-840
その他の飲食料品小売業	57,013	85,924	28,911	6,851	7,957	1,106
自動車，自転車小売業	36,614	33,454	-3,160	13,388	10,424	-2,964
自動車小売業	31,324	31,273	-51	12,843	10,237	-2,606
自転車小売業（自動二輪車を含む）	5,290	2,181	-3,109	745	186	-559
家具，建具，じゅう器小売業	42,751	42,946	195	10,203	9,898	-305
家具，建具，畳小売業	12,278	9,586	-2,692	2,560	1,681	-879
金物，荒物小売業	6,670	7,642	972	1,321	1,327	6
陶磁器，ガラス小売業	1,287	1,018	-269	206	121	-85
家庭用機械器具小売業	22,172	24,408	2,236	6,039	6,729	690
その他のじゅう器小売業	344	292	-52	76	39	-37
その他の小売業	133,822	159,960	26,138	23,463	23,097	-366
医薬品，化粧品小売業	20,000	20,868	868	3,187	3,231	44
農耕用品小売業	1,903	1,856	-47	299	384	85
燃料小売業	17,029	19,016	1,987	5,468	4,423	-1,045
書籍，文房具小売業	46,380	55,610	9,230	4,386	4,548	162
スポーツ用品・がん具・娯楽用品・楽器小売業	11,629	14,557	2,928	2,752	3,013	261
写真機・写真材料小売業	3,180	2,626	-554	682	444	-238
時計・眼鏡・光学機械小売業	4,898	5,559	661	812	938	126
中古品小売業	792	1,497	705	137	122	-15
他に分類されない小売業	28,013	38,371	10,358	5,739	5,995	256
小売業計	505,149	558,579	53,430	114,478	104,186	-10,292

［出所］　大阪府編『大阪府統計年鑑』各年度版．

「衣服，身のまわり品」，「繊維品」，「鉱物，金属材料」であり，ここでも繊維・衣服関連，機械金属関連の伝統的部門における卸売業者が大きな打撃を受けていたことがわかる。年間販売額の落ち込みでも機械金属関連，繊維・衣服関連が大きく，年間販売額を増加させたのは「食料，飲料」，「医薬品，化粧品」卸売業のみであった。

小売業計で従業者数を増加させたとはいえ，その内部をみると百貨店，「織物，衣服，身のまわり品」，および酒・調味料，食肉，鮮魚，乾物，野菜・果実，米穀類など自営業的色彩の濃い飲食料品関連小売業の従業者は減少しており，従業者の増加を支えたのは「各種食料品」，「その他の飲食料品」，「その他の小売業」であった。小売業計の年間販売額は約1兆円の減少であった。1000億円超の減少となったのは百貨店，自動車，酒・調味料，燃料の小売業であり，1000億円超の増加は「各種食料品」，「その他の飲食料品」であった。

2．電機産業の動向

大阪経済，日本経済の牽引車の1つであった家電産業，その中心に位置した家電3社は1990年代に大きな事業再編を経験することになった。大阪府の電機産業の特徴は電機生産総額に占める家電製品（電気音響器，ラジオ・テレビ受信機，ビデオ機器，民生用電気機器の合計）の割合が高く，電子部品・デバイスの割合が小さいことであった。家電製品が電機生産総額に占める割合は1990年で46％，2000年で35％であり，電子部品・デバイスの場合は前者では20％，後者では19％であった。90年と2000年を比較すると電機生産総額は7570億円の減少であったが，家電生産額は6130億円，電子部品・デバイスは1680億円の減少であり，電機生産総額の減少は家電製品生産額の減退の大きく規定されていたのである[5]。

表10-6に示されているように三洋電機は全工場，研究所，本社・営業部門にわたるすべての部門の従業者を削減することで経営環境の激変に対応し，松下電器産業とシャープの両社は大阪府内の各工場の従業者を削減する一方，大阪府以外の近畿圏およびそれ以外の地域の工場の従業者を増加させることで対応した。1988年と98年を比較すると，シャープは研究所人員を削減したのに対して，松下電器産業は研究所部門において2000人を超える人員を増員した。また98年時点での人員配置において全社に占める本社・営業部門の割合は，

表10-6 3社の工場別従業者数の変化　　　　　　　　　　　(人)

企業別	部門別	地域別	工場別	1988年	1998年	増減
松下電器産業	工　場	大阪府内	門真工場	8,237	6,756	−1,481
			守口工場	583	629	46
			茨木工場	2,638	2,643	5
			三国工場	1,199	1,461	262
			福工場他	1,432	453	−979
			大東工場	1,478	1,184	−294
			小　計	15,567	13,126	−2,441
		近畿圏内(除く大阪)		2,406	7,151	4,745
		近畿圏外		8,259	9,266	1,007
		工場合計		26,232	29,543	3,311
	研究所			2,871	4,959	2,088
	本社・営業部門			10,604	12,213	1,609
	合　計			39,707	46,715	7,008
三洋電機	工　場	大阪府内	淀川工場	537	413	−124
			住道工場	4,233	2,509	−1,724
			歌島工場	673		−673
			小　計	5,443	2,922	−2,521
		近畿圏内(除く大阪)		14,293	13,544	−749
		近畿圏外		3,994	3,520	−474
		工場合計		23,730	19,986	−3,744
	研究所			1,123	954	−169
	本社・営業部門			3,291	2,972	−319
	合　計			28,144	23,912	−4,232
シャープ	工　場	大阪府内	八尾工場	2,208	1,949	−259
			平野工場	273		−273
			田辺工場	1,121	658	−463
			小　計	3,602	2,607	−995
		近畿圏内(除く大阪)		6,025	9,550	3,525
		近畿圏外		4,786	6,955	2,169
		工場合計		14,413	19,112	4,699
	研究所			1,025	799	−226
	本社・営業部門			2,033	3,563	1,530
	合　計			17,471	23,474	6,003

［出所］　宇仁宏幸「電機」(大阪社会労働運動史編集委員会編『大阪社会労働運動史——転換期』第8巻，大阪社会運動協会，有斐閣，1999年) 101頁．

松下26%，三洋12%，シャープ15%と松下が突出して高かった。

　松下電器産業のVTR事業はVHSフォーマットの成功で1980年代以降急成長を遂げ，最盛期には連結売上高の4分の1を占めるほどであった。しかし先進諸国において据置型VTRの普及が一巡し，一方で低価格化の進行によって収益性が悪化した。「ポストVTR」は業界全体の課題でもあったが，松下電器産業では94年度にはオーディオ・ビデオ事業全体の国内出荷額は6年連続のマイナスを記録した。VTR事業のリストラは大きな課題であり，94年秋に示されたVTR事業再建計画案では重点事業分野への人材のシフトが求められた。その結果，松下電子工業，松下通信工業，液晶事業部，エアコン事業部，精機事業部，本社，本社研究所などに直接人員102人，間接人員589人が移動した。VTR事業再建と並行してAVC（映像，音響，情報）事業部門の再編も進められ，95・96年度には情報機器，テレビ，オーディオ，磁気メディア事業から重点事業分野への人材シフトが行われた[6]。

　三洋電機でも事情は同様であった。1994年9月に住道工場内にAV新技術棟が完成し，住道，淀川，歌島の3地区に分散していたAV事業部の設計・技術部門が集約された[7]。同時に営業部門でも住道への集約が進められ，92年12月に三洋電機貿易から海外営業統括部が，94年10月には淀川工場から国内営業統括部が住道工場に移転し，製販一体体制の構築が目指された。AV事業では海外シフトが急速に進み，主力商品の大半が海外生産に移行し，VTR（据置型）の海外生産比率は1992年度の30%が95年度には85%，カラーテレビは前者85%から後者95%[8]，オーディオ製品（コードレス電話機を含む）は前者90%から後者99%に上昇した。三洋電機では85年度の商品別売上高（単独）ではVTR，カラーテレビ，テープ・レコーダーなどのAV商品が上位を占めたが，99年度には半導体，二次電池，電話機，デジタルカメラなどが上位に並んだ[9]。

　以上のような松下電器産業におけるVTR，AVC事業のリストラ，三洋電機におけるAV事業の海外シフトなども，両社における大阪府内所在工場の人員減少の大きな要因となったのである。

　1994年に携帯電話の買取制度（それまでは通信会社からのレンタル）が始まると，家電各社はいっせいに携帯電話端末に参入した。三洋電機の携帯電話事業部門は当初，大東事業所（住道工場）の各所を間借りして開発を進めていた。しかし正社員が700人，派遣社員が1000人の大所帯になると，2003年には事

業所内に携帯電話事業部専用のビルが建設され,「住道の不夜城」と呼ばれたという[10]。このようにAV事業の海外移転による国内空洞化を埋めるために携帯電話に代表されるような新規事業が立ち上がったものの,大阪府内所在工場に限定すると,AV商品生産に要した人員を上回ることはなかった。

　家電3社の大阪府内所在工場における従業者数の減少は,下請関連企業にも大きな影響を与えた。大阪府が実施した電子部品メーカーに対する2000年調査によると,下請協力会に所属している企業は45社,下請協力会はあるものの所属していない企業が7社,下請協力会自体が存在しないと回答した企業が31社,合計83社であった。売上が減少傾向にあると回答した企業は45社中17社,7社中1社,31社中8社であり,増加傾向にあるとしたのは45社中16社,7社中4社,31社中11社であった。下請協力会に所属していることが売上増加に直結しているわけではないことが,うかがわれる[11]。

　1980年代に業容を拡大した中堅企業にとっても,90年代は苦難の時であった。ホシデン（星電器製造が1990年に社名変更）はTFT（薄膜トランジスタ）方式液晶表示装置（LCD）の開発においてシャープと並んで先行していたが,95年から後発メーカーの参入によるTFT液晶市況の悪化に直面した。従来10万円程度であった10.4インチパネルの価格は96年には4万円台にまで下落し,この値崩れによってホシデンの業績も急速に悪化した[12]。

　船井電機も1995年にはそれまでのカセット・カーステレオ,コードレス電話機,自動製パン機,アルカリイオン水生成器,電子レンジなどの生産を中止し,事業を再構築することになり,同時にコストダウンの観点から国内外モデルの設計統一化,部品共通化を推進した。船井電機は従来から「生産は海外で,製品も海外へ」をモットーにしてきたが,1990年代に香港に部材調達拠点を設置し,中国広東省に委託加工先工場を確保して主力の生産拠点を移した。同時に日本は製品の開発設計および先端技術に関する研究開発のための開発拠点として位置づけられた。そこには「賃金や電気代,物流経費,建物の賃貸料,さらには調達部材価格などすべてのコストが割高で採算に合わなくなり,日本は生産拠点として最適地ではなくなった」という判断があり,船井電機は「日本（開発拠点）,アジア（調達・生産拠点）,アメリカ（販売拠点）という三極体制」の構築を目指した[13]。

3. 本社機能の東京移転

　経済的中枢管理機能からみれば，本社機能の所在が重要である。関西系総合商社6社（丸紅，伊藤忠商事，住友商事，日商岩井，トーメン，日綿実業）の大阪本社の従業者数は1965年には東京本社を上回っていたが，70年には逆転し，79年には前者が8267人，後者が1万8221人であった[14]。本社機能の東京移転では総合商社や金融業が先行した。

　資本金100億円以上の企業等を対象にして本社所在地の推移をみたのが表10-7である。東洋経済新報社『会社四季報』において，太字で記載されている所在地をその企業の本社所在地（主本社）とみなし，複数本社制を採用しており，別途「本社」，「本部」と記載されている場合は「従本社」とした上で，大阪（京都，兵庫）に本社をおく企業（2003年時点で東京に本社をおく企業のうち以前に大阪，京都，兵庫に本社をおいていた企業を含む）を，以下の4つに分類した。第Ⅰ分類「単独本社企業」1：大阪（京都，兵庫）にのみ本社をおく企業，第Ⅱ分類「複数本社企業（主）」2：複数本社制を採用し，大阪（京都，兵庫）に主本社をおく企業，第Ⅲ分類「複数本社企業（従）」3：複数本社制を採用し，東京に主本社をおく企業，第Ⅳ分類「東京移転企業」4：従来，大阪（京都，兵庫）に本社をおいていたが，2003年時点では東京のみに本社をおく企業である[15]。

　表10-7に登場する企業は1985年に76社，90年に137社，2003年に156社であり，その内訳は1985年は第Ⅰ分類46社，第Ⅱ分類22社，第Ⅲ分類8社，第Ⅳ分類0社，90年は第Ⅰ分類75社，第Ⅱ分類50社，第Ⅲ分類11社，第Ⅳ分類1社，2003年は第Ⅰ分類79社，第Ⅱ分類48社，第3分類18社，第4分類11社であった。

　1985〜2003年にかけて第Ⅰ分類から第Ⅱ分類に変化した企業は鐘淵化学工業，ダイセル化学工業，藤沢薬品工業，三洋電機，住友特殊金属，松下電工，日立造船，UFJホールディングス（三和銀行），ニッセイ同和損害保険（同和火災海上保険），日本生命，大同生命であった。第Ⅱ分類から第Ⅲ分類に変更した企業は大林組，住友化学工業，日本板硝子，丸紅，ニチメンであった。第Ⅰ・第Ⅱ・第Ⅲ分類から第Ⅳ分類に変化したのはカネボウ，ライオン，コスモ石油，タクマ（兵庫県主本社），日本バルカー工業，兼松（兼松江商），住友商事，

表10-7　大阪における本社の推移（資本金100億円以上）

区分	企業名	業種	1985年	1990年	2003年	在京役員数/総役員数（2003年）	備考
第Ⅰ分類	㈱奥村組	建設業	—	1	1	14/32	
	エス・バイ・エル㈱	建設業	1	1	1	0/11	〜1990年　小堀住建
	パナホーム㈱	建設業	—	1	1	0/12	〜2000年　ナショナル住宅産業
	大和ハウス工業㈱	建設業	1	1	1	4/28	
	積水ハウス㈱	建設業	1	1	1	1/17	
	日本ハム㈱	食料品	—	1	1	5/26	
	近畿コカ・コーラボトリング㈱	食料品	1	1	1	0/23	
	不二製油㈱	食料品	—	1	1	4/22	
	東洋紡㈱	繊維製品	1	1	1	0/17	登記社名・東洋紡績
	クラボウ㈱	繊維製品	1	1	1	1/17	登記社名・倉敷紡績
	ダイワボウ㈱	繊維製品	—	1	1	1/12	登記社名・大和紡績
	シキボウ㈱	繊維製品	—	1	1	0/9	〜2002年　敷島紡績
	㈱クラレ	繊維製品	1	1	1	3/22	
	㈱オートリ	繊維製品	1	—	1	1/14	〜1988年　大島繊維工業
	堺化学工業㈱	化学	—	1	1	0/14	
	大陽東洋酸素㈱	化学	—	1	1	2/13	〜1995年　大陽酸素
	日本合成化学工業㈱	化学	—	1	1	1/15	
	積水化成品工業㈱	化学	—	1	1	10/15	
	大日本製薬㈱	医薬品	—	1	1	0/13	
	塩野義製薬㈱	医薬品	1	1	1	1/18	
	田辺製薬㈱	医薬品	1	1	1	0/12	
	小野薬品工業㈱	医薬品	—	1	1	0/13	
	扶桑薬品工業㈱	医薬品	1	—	1	2/16	
	日本ペイント㈱	化学	—	1	1	5/18	
	関西ペイント㈱	化学	—	1	1	7/21	
	サンスター㈱	化学	—	1	1	0/11	
	東洋ゴム工業㈱	ゴム製品	—	1	1	0/14	
	㈱中山製鋼所	鉄鋼	—	1	1	2/19	
	合同製鐵㈱	鉄鋼	—	1	1	0/13	
	㈱淀川製鋼所	鉄鋼	—	1	1	1/15	
	㈱栗本鐵工所	鉄鋼	—	1	1	1/12	
	ダイキン工業㈱	機械	—	1	1	1/24	
	㈱椿本チエイン	機械	1	1	1	2/15	
	フジテック㈱	機械	—	1	1	0/15	
	NTN㈱	機械	1	1	1	4/23	〜1989年　エヌ・ティー・エヌ東洋ベアリング
	光洋精工㈱	機械	—	1	1	0/27	
	㈱ダイヘン	電気機器	—	1	1	0/13	〜1985年　大阪変圧器
	松下電器産業㈱	電気機器	1	1	1	4/31	
	シャープ㈱	電気機器	1	1	1	4/31	
	ホシデン㈱	電気機器	—	1	1	1/10	〜1990年　星電機製造
	船井電機㈱	電気機器	—	1	1	0/13	
	㈱キーエンス	電気機器	—	1	1	0/8	
	YUASA	電気機器	—	1	1	0/14	〜1993年　湯浅電池，登記社名・㈱ユアサコーポレーション
	日東電工㈱	化学	—	1	1	4/18	〜1988年　日東電気工業
	ダイハツ工業㈱	輸送用機器	1	1	1	0/30	
	㈱シマノ	輸送用機器	—	1	1	0/15	〜1991年　島野工業
	ミノルタ㈱	精密機器	—	1	1	2/14	〜1994年　ミノルタカメラ
	タカラスタンダード㈱	その他製品	—	1	1	3/20	
	コクヨ㈱	その他製品	—	1	1	6/13	
	ニプロ㈱	精密機器	1	1	1	0/17	〜2001年　ニッショー
	㈱ワキタ	卸売業	—	1	1	1/16	

会社名	業種					備考
㈱千趣会	小売業	—	1	1	0/20	
上新電機㈱	小売業	—	1	1	0/13	
㈱マツヤデンキ	小売業	—	1	1	0/7	
㈱高島屋	小売業	1	1	1	18/25	
㈱大丸	小売業	1	1	1	2/16	
㈱阪急百貨店	小売業	—	1	1	0/14	
㈱近鉄百貨店	小売業	—	—	1	0/16	
イズミヤ㈱	小売業	1	1	1	1/14	
㈱りそなホールディングス	銀行業	1	1	1	4/15	～2003年　大和銀行
㈱泉州銀行	銀行業	—	1	1	0/10	
㈱池田銀行	銀行業	—	1	1	1/18	
住友信託銀行㈱	銀行業	1	1	1	17/18	
㈱関西銀行	銀行業	—	1	1	0/13	
コスモ証券㈱	証券・商品先物取引業	—	1	1	5/9	～1986年　大阪屋證券
光世証券㈱	証券・商品先物取引業	1	1	1	0/6	
高木証券㈱	証券・商品先物取引業	1	1	1	6/9	
富士火災海上保険㈱	保険業	1	1	1	4/11	
ダイビル㈱	不動産業	—	1	1	1/16	～1992年　大阪建物
近畿日本鉄道㈱	陸運業	1	1	1	1/30	
阪急電鉄㈱	陸運業	1	1	1	0/24	
阪神電気鉄道㈱	陸運業	—	1	1	0/21	
南海電気鉄道㈱	陸運業	1	1	1	0/21	
京阪電気鉄道㈱	陸運業	1	1	1	0/20	
センコー㈱	陸運業	—	1	1	4/16	
関西電力㈱	電気・ガス業	1	1	1	0/38	
大阪ガス㈱	電気・ガス業	1	1	1	1/27	登記社名・大阪瓦斯
㈱カプコン	サービス業	1	1	1	2/12	
大和工商リース㈱	サービス業	—	1	1	2/16	
第Ⅱ分類　不動建設㈱	建設業	—	2	2	25/30	
㈱きんでん	建設業	—	2	2	4/27	
㈱ローソン	小売業	—	—	2	12/12	
日清食品㈱	食料品	—	2	2	4/16	
グンゼ㈱	繊維製品	—	2	2	0/18	1990年～　京都府従本社
ユニチカ㈱	繊維製品	2	2	2	1/15	
帝人㈱	繊維製品	2	2	2	12/15	
レンゴー㈱	パルプ・紙	—	2	2	7/27	
石原産業㈱	化学	2	2	2	0/14	
エア・ウォーター㈱	化学	—	—	2	2/19	～2000年　ほくさん・北海道従本社
㈱日本触媒	化学	—	2	2	4/20	～1991年　日本触媒化学工業
鐘淵化学工業㈱	化学	1	2	2	4/24	
ダイセル化学工業㈱	化学	—	2	2	0/13	
積水化学工業㈱	化学	2	2	2	8/24	
積水樹脂㈱	化学	—	2	2	0/14	
タキロン㈱	化学	—	2	2	0/13	
筒中プラスチック工業㈱	化学	—	2	2	13/17	
ハリマ化成㈱	化学	—	—	2	2/10	兵庫県従本社
武田薬品工業㈱	医薬品	2	2	2	2/17	
三菱ウェルファーマ㈱	医薬品	—	2	2	0/11	吉富製薬・2001年　ミドリ十字等と合併
藤沢薬品工業㈱	医薬品	1	2	2	2/11	
住友金属工業㈱	鉄鋼	2	2	2	8/12	
住友電気工業㈱	非鉄金属	2	2	2	5/28	
㈱クボタ	機械	2	2	2	5/30	～1990年　久保田鉄工
和泉電気㈱	電気機器	—	2	2	0/10	
三洋電機㈱	電気機器	1	2	2	1/16	
住友特殊金属㈱	電気機器	—	2	2	0/17	
松下電工㈱	電気機器	1	2	2	1/27	
日立造船㈱	機械	1	2	2	3/11	
大建工業㈱	その他製品	—	2	2	5/15	富山県従本社
伊藤忠商事㈱	卸売業	2	2	2	17/17	

第10章　大阪経済の縮小

区分	企業名	業種	1985年	1990年	2003年	在京役員数/総役員数(2003年)	備考
	㈱トーメン	卸売業	2	2	2	11/11	
	蝶理㈱	卸売業	—	—	2	2/13	
	ミズノ㈱	その他製品	—	2	2	0/15	～1987年 美津濃
	日商岩井㈱	卸売業	2	2	2	—/11	
	阪和興業㈱	卸売業	3	2	2	14/22	
	岩谷産業㈱	卸売業	—	2	2	11/20	
	㈱ライフコーポレーション	小売業	—	2	2	7/24	～1991年 ライフストア
	㈱UFJホールディングス	銀行業	1	1	2	13/13	～2001年 三和銀行
	三洋電機クレジット㈱	その他金融業	2	2	2	2/10	
	㈱アプラス	その他金融業	—	2	2	4/10	～1990年 大信販
	住商リース㈱	その他金融業	2	2	2	15/15	
	ニッセイ同和損害保険㈱	保険業	1	2	2	0/26	～2001年 同和火災海上保険
	住友生命保険㈱	保険業	2	2	2	13/21	
	日本生命保険相互会社	保険業	1	2	2	21/32	
	大同生命保険㈱	保険業	1	2	2	16/23	
	西日本旅客鉄道㈱	陸運業	2	2	2	0/13	
	㈱ユーズ・ビーエムビーエンタテイメント	卸売業			2	—/—	
第Ⅲ分類	㈱大林組	建設業	2	2	3	33/47	
	東洋建設㈱	建設業	—	3	3	13/14	
	住友林業㈱	建設業	3	3	3	11/12	
	東レ㈱	繊維製品	3	3	3	34/34	
	旭化成㈱	化学	3	3	3	—/34	～2000年 旭化成工業
	住友化学工業㈱	化学	2	3	3	27/29	
	㈱オービック	サービス業	—	—	3	10/13	
	日本板硝子㈱	ガラス・土石製品	2	3	3	13/14	
	日立マクセル㈱	電気機器			3	17/17	
	丸紅㈱	卸売業	2	2	3	12/13	
	ニチメン㈱	卸売業	2	2	3	9/11	
	川鉄商事㈱	卸売業	—	3	3	25/25	
	オリックス㈱	その他金融業			3	9/13	
	いちよし証券㈱	証券・証券先物取引			3	8/11	～2000年 一吉証券
	安田生命保険相互会社	保険業	3	3	3	23/27	
	㈱商船三井	海運業	3	3	3	17/17	～1999年 大阪商船三井船舶
	住商情報システム㈱	サービス業		3	3	16/16	～1992年 住商コンピュータサービス
	TIS㈱	サービス業	—	—	3	16/19	～2001年 東洋情報システム
第Ⅳ分類	カネボウ㈱	化学	1	1	4	13/14	
	ライオン㈱	化学	2	2	4	23/23	
	コスモ石油㈱	石油・石炭製品	3	4	4	17/20	
	㈱タクマ	機械	—		4	1/19	兵庫県主本社
	日本バルカー工業㈱	化学	3	3	4	7/8	
	兼松㈱	卸売業	—		4	14/14	～1990年 兼松江商
	住友商事㈱	卸売業	2	2	4	25/28	
	㈱三井住友フィナンシャルグループ	銀行業	1	1	4	—/—	～2000年 住友銀行
	ポケットカード㈱	その他金融業			4	9/9	～2001年 マイカルカード
	ニチモ㈱	不動産業		2	4	9/11	
	㈱オートバックスセブン	卸売業		1	4	10/11	

(注) 第Ⅰ分類：単独本社企業, 第Ⅱ分類：複数本社企業（主), 第Ⅲ分類：複数本社企業（従),
 第Ⅳ分類：東京移転企業，「—」：資本金100億円未満もしくは倒産・廃業等。
[出所] 大阪府立産業開発研究所編『大阪における企業の本社機能――企業の本社機能に関するアンケート調査結果報告書』2004年, 65-69頁。原資料は, 東洋経済新報社『会社四季報』各版。

三井住友フィナンシャルグループ（住友銀行），ポケットカード（マイカルカード），ニチモ，オートバックスセブンであった。

また留意すべきは，総役員に占める首都圏在住の役員（社外取締役および監査役を含む）の割合である。第Ⅰ・第Ⅱ分類に属する企業であっても2003年時点で積水化成品工業，髙島屋，住友信託銀行，不動建設，ローソン，帝人，筒中プラスチック工業，住友金属工業，伊藤忠商事，トーメン，阪和興業，岩谷産業，UFJホールディングス，住商リース，住友生命保険，日本生命保険，大同生命では役員の過半数が在首都圏役員であった。そのなかでもローソン，伊藤忠商事，トーメン，UFJホールディングス，住商リースでは全役員が首都圏在住者であった。実質的な本社機能の大阪から東京への移転は，第Ⅰ・Ⅱ分類企業でも進展していたのである。

4. 金融業の動向

1990年代は，1997年11月の山一證券の破綻，翌98年11月の北海道拓殖銀行の破綻に代表されるような金融危機に直面した。表10-8から各金融機関の預金（貯金）・貸金（貸付金）残高に占める大阪府の1991年度末と2001年度末の全国シェアを比較すると，郵便貯金を除いて，都市銀行，地方銀行（以下，地銀と略記），第二地方銀行，信用金庫（以下，信金と略記），信用組合（以下，信組と略記）のすべての金融機関においてその数値は低下した。とくに第二地銀と信組の落ち込みが激しい。信組の場合，91年度末の預金残高の全国シェアは19.5％，貸金残高は21.6％であったが，2001年度末には前者が7.5％，後者が11.3％であった。

1990年代は地域金融機関の再編の時期であった。1990年度末と2000年度末を比較すると大阪府内の地銀数は3行で変化はなかったが，第二地銀は6行から3行，信金は23金庫から14金庫，信組は32組合から12組合に減少した[16]。

信金では1992年4月に東洋信金が破綻し，18金庫に事業を譲渡したのち，同年10月に三和銀行と合併した。94年4月には豊中信金と大阪殖産信金が合併して水都信金となった。「バブルが崩壊してしばらく経ったころからだろうか世上では，大都市の金庫なら5000億円から1兆円，地方の金庫で3000億円から5000億円の資金量が必要だといわれ，まるでそれ以下の信用金庫は金融激戦化の時代に取り残されるがごとき報道がなされていた」といった状況のな

表10-8 預金・貸金残高における大阪府の比重

(億円、%)

区分	項目	1991年度末	1992年度末	1993年度末	1994年度末	1995年度末	1996年度末	1997年度末	1998年度末	1999年度末	2000年度末	2001年度末
都市銀行	全国・預金残高	2,326,870	2,214,778	2,213,609	2,336,771	2,198,425	2,144,340	2,141,325	2,081,185	2,090,116	2,101,754	2,306,087
	大阪・預金残高	380,126	359,621	356,999	384,928	365,580	358,133	337,910	330,332	329,723	335,505	361,654
	大阪・構成比	16.3	16.2	16.1	16.5	16.6	16.7	15.8	15.9	15.8	16.0	15.7
	全国・貸金残高	2,189,971	2,239,769	2,225,816	2,188,163	2,172,544	2,152,520	2,139,169	2,116,361	2,157,368	2,140,496	2,033,199
	大阪・貸金残高	382,558	389,775	386,467	376,077	363,848	357,583	353,146	354,424	356,994	357,346	333,691
	大阪・構成比	17.5	17.4	17.4	17.2	16.7	16.6	16.5	16.8	16.6	16.7	16.4
地方銀行	全国・預金残高	1,600,345	1,612,491	1,646,909	1,693,577	1,677,767	1,687,490	1,690,912	1,715,770	1,743,019	1,786,247	1,814,514
	大阪・預金残高	71,440	68,303	67,137	66,051	61,816	60,666	56,587	55,982	56,434	76,440	74,566
	大阪・構成比	4.5	4.2	4.1	3.9	3.7	3.6	3.4	3.3	3.2	4.3	4.1
	全国・貸金残高	1,226,399	1,267,087	1,288,563	1,309,710	1,353,849	1,359,987	1,380,325	1,382,439	1,340,843	1,358,124	1,359,806
	大阪・貸金残高	87,290	85,471	83,589	82,317	79,932	77,042	75,180	73,257	68,858	83,850	83,343
	大阪・構成比	7.1	6.8	6.5	6.3	5.9	5.7	5.5	5.3	5.1	6.2	6.1
第二地方銀行	全国・預金残高	605,421	589,281	596,734	626,096	613,725	612,651	606,607	631,398	598,675	567,935	559,853
	大阪・預金残高	72,932	62,953	62,440	67,078	62,902	60,508	57,714	57,577	48,021	21,976	21,666
	大阪・構成比	12.1	10.7	10.5	10.7	10.2	9.9	9.5	9.1	8.0	3.9	3.9
	全国・貸金残高	501,245	509,751	513,344	526,141	531,475	532,803	525,282	527,206	505,718	465,884	444,389
	大阪・貸金残高	71,130	70,372	71,025	72,622	68,746	67,242	62,988	57,332	52,519	23,762	23,287
	大阪・構成比	14.2	13.8	13.8	13.8	10.9	12.6	12.0	10.9	10.4	5.1	5.2
信用金庫	全国・預金残高	851,111	874,850	904,142	941,436	962,195	977,280	984,329	1,005,921	1,020,419	1,038,115	1,028,263
	大阪・預金残高	53,313	55,488	56,717	58,605	59,402	59,239	58,883	55,807	56,835	59,212	61,309
	大阪・構成比	6.3	6.3	6.3	6.2	6.2	6.1	6.0	5.6	5.6	5.7	6.0
	全国・貸金残高	624,871	647,083	661,330	679,123	698,944	701,974	704,049	712,064	687,137	661,881	639,765
	大阪・貸金残高	46,203	50,194	50,061	50,888	51,353	50,510	50,328	44,056	42,187	41,910	44,581
	大阪・構成比	7.4	7.6	7.6	7.5	7.3	7.2	7.2	6.2	6.1	6.3	7.0
信用組合	全国・預金残高	224,297	230,697	237,232	243,414	227,309	221,668	213,711	202,192	192,221	180,619	153,544
	大阪・預金残高	43,741	44,155	48,081	50,801	39,730	34,894	30,067	24,334	22,369	13,864	11,482
	大阪・構成比	19.5	19.1	20.3	20.9	17.5	15.7	14.1	12.0	11.6	7.7	7.5
	全国・貸金残高	180,576	183,220	186,146	190,575	186,643	172,721	168,200	154,204	142,413	134,516	119,477
	大阪・貸金残高	39,083	38,875	41,871	45,112	44,106	30,990	29,390	20,772	17,042	13,944	13,441
	大阪・構成比	21.6	21.2	22.5	23.7	23.6	17.9	17.5	13.5	12.0	10.4	11.3
郵便局	全国・貯金残高	1,362,027	1,556,006	1,700,906	1,835,348	1,975,902	2,134,374	2,248,872	2,525,675	2,599,536	2,499,193	2,393,298
	大阪・貯金残高	96,469	111,660	123,059	133,431	144,521	161,494	172,528	195,625	202,235	192,919	183,294
	大阪・構成比	7.1	7.2	7.2	7.3	7.3	7.6	7.7	7.8	7.8	7.7	7.7
	全国・貸付金残高	5,913	8,786	10,890	11,361	10,822	11,213	10,755				
	大阪・貸付金残高	432	668	821	881	815	865	848				
	大阪・構成比	7.3	7.5	7.5	7.6	7.5	7.7	7.9				

[出所] 日本金融通信社編『ニッキン資料年報』日本金融通信社、各年版。

294

かで，96年の年央から大阪府内の信金では合併機運が高まった[17]。その結果，97年10月に大阪信金と三和信金が合併して大阪信金，阪奈信金と富士信金が合併して阪奈信金，同年11月に大阪市信金と大阪中央信金が合併して大阪市信金，同月に八光信金と大阪産業信金が合併して八光信金となった。大阪市信金の場合，合併によって預金量は1兆円305億円，貸出金は8237億円，役職員は1500名を超え，大阪市内全区（24区）に店舗を配置できるようになった[18]。99年4月に不動信金が破綻し，同年11月に9金庫に事業譲渡された。このとき不動信金の従業者は引き継がれず全員解雇となり，一部の職員は全員解雇を不当労働行為として裁判に訴えた。結局，裁判所の勧告によって和解が成立した[19]。

1990年代の大阪信金の動きをみると，1989年度末には自由金利預金比率は18%であったが，1990年4月の小口MMCの最低預入金額の100万円への引き下げを中心とする金利自由化の進展によって90年度末には59%にまで上昇した。旧東洋信金の本店営業部と鶴見支店の2カ店を譲り受けることになった大阪信金であったが，鶴見支店では「旧東洋信金時代のバブル時の超安易な貸出を実施した職員は大阪信用金庫の業務上の方針に従えず，多くの管理職や渉外担当者は殆ど離脱する」ことになった[20]。さらに前述のように97年10月には三和信金と合併して新生の大阪信金となり，99年10月には不動信金玉造支店を譲り受けた。21世紀に入っても2002年3月には前年10月に破綻した大阪第一信金の事業譲受，同年6月には1月に破綻した相互信金の事業譲受と続いた[21]。

1990年代の大阪府内の信金数が減少する背景には，以上のような規模拡大を図る信金の積極的な動きがあったのである。

一方，信組では破綻が相次いだ。1993年6月に大阪府民信組（同年11月に大阪弘容信組と合併），95年8月に木津信組（97年2月，整理回収銀行に事業譲渡），同年12月に大阪信組（97年1月，整理回収銀行に事業譲渡），96年11月に三福信組（97年4月，整理回収銀行に事業譲渡），97年5月に朝銀大阪信組（98年5月，朝銀近畿信組に事業譲渡），田辺信組（98年4月，さくら銀行に事業譲渡），98年5月に中国信組（同年11月に大阪庶民信組に事業譲渡），豊和信組（99年6月に大阪庶民信組に事業譲渡），大阪弘容信組（99年8月に大阪庶民信組に事業譲渡），太平信組（同年12月に成協信組に事業譲渡），大阪大和信組（99年1月に成協信組に事業譲渡），日本貯蓄信組（99年1月に成協信組に事業譲渡），河内信組（99

年3月に成協信組に事業譲渡），大阪東和信組（99年4月に大同信組に事業譲渡），興和信組（99年5月に大同信組に事業譲渡），福寿信組（99年6月に大同信組に事業譲渡）と10信組が破綻し，翌6月には大阪商銀信組（2001年5月に近畿産業信組に事業譲渡）が破綻した。さらに2000年12月に信組関西興銀が破綻し，2002年6月に近畿産業信組に事業譲渡された[22]。

1998年5月13日，大阪府は経営の悪化した10信組を3つの受け皿信組（成協，大阪庶民，大同）に統合する計画を発表した。これによって大阪府が監督する20信組のうち，預金量500億円超の上位信組のほとんどが再編されることになった。大阪府は受け皿信組を資金支援するために「経営安定化基金（仮称）」を設立し，大阪府の300億円以外に，全国信用協同組合連合会に300億円，大和銀行と富士銀行に合計300億円，幸福銀行に100億円の融資を要請した。大阪府が信組の再編を進めたのは，98年4月の「早期是正措置」の導入によって，不良債権を抱えた信組が単独で生き残ることが困難になったと判断したためであった[23]。

5. サービス業の動向

前掲表10-2でみた1990年代の従業者数増加では，ひとりサービス業のみが目立った。しかしサービス業のなかで従業者数の増加を記録したのは「事業サービス」，「医療」，「その他」であり，90年代を通して，あるいは後半には教育，飲食店，個人サービス部門は減少に転じた。

サービス業従業者数の動向を産業中分類でみると，表10-9の通りである。1991年と2001年を比較して従業者数がもっとも増加したのは「その他の事業サービス業」であり，次に「医療業」，「社会保険，社会福祉」，「専門サービス業」，「娯楽業」の順であった。さまざまな対事業所サービス業，医療，介護関連のサービス業がサービス業従業者増加の中心となっていたのである。

1980年代には大きく成長した情報サービス業であったが，表10-10にあるように90年代になると長期の低迷が続いた。事業所数が1990年の数値を上回るのは98年であり，従業者数も94～97年には4万人台に低下した。大阪府の情報サービス業の年間売上高を東京都と比較すると2割前後，従業者1人当たり年間売上高では東京都の79～87％水準といった状況も80年代と大きく変わらなかった。

表10-9 サービス業各部門の従業者数　　　　　　　　　　　　（人）

	1991年	1996年	2001年	1996/1991 増減	2001/1996 増減	2001/1991 増減
飲食店	389,207	395,765	384,550	6,558	-11,215	-4,657
物品賃貸業	26,750	30,444	24,403	3,694	-6,041	-2,347
旅館，その他の宿泊所	35,182	39,485	35,110	4,303	-4,375	-72
洗濯・理容・浴場業	83,483	89,323	86,025	5,840	-3,298	2,542
その他の個人サービス	20,850	27,479	28,438	6,629	959	7,588
映画業	4,394	4,512	4,445	118	-67	51
娯楽業	57,723	72,338	68,058	14,615	-4,280	10,335
放送業	5,881	6,513	4,745	632	-1,768	-1,136
自動車整備および駐車場業	29,811	33,429	31,912	3,618	-1,517	2,101
その他の修理業	17,772	20,666	22,756	2,894	2,090	4,984
協同組合	9,600	11,034	10,965	1,434	-69	1,365
情報サービス・調査・広告業	97,920	91,496	105,440	-6,424	13,944	7,520
その他の事業サービス業	137,179	167,165	203,002	29,986	35,837	65,823
専門サービス業	152,043	170,285	162,542	18,242	-7,743	10,499
医療業	188,822	219,190	246,409	30,368	27,219	57,587
保健衛生	4,292	5,301	6,702	1,009	1,401	2,410
廃棄物処理業	16,456	18,924	18,575	2,468	-349	2,119
宗教	16,355	17,554	17,557	1,199	3	1,202
教育	149,773	146,176	145,946	-3,597	-230	-3,827
社会保険，社会福祉	43,873	55,719	74,653	11,846	18,934	30,780
学術研究機関	14,569	14,620	13,369	51	-1,251	-1,200
政治・経済・文化団体	13,846	16,833	14,458	2,987	-2,375	612
その他のサービス業	2,815	2,871	2,651	56	-220	-164
合計	1,518,596	1,657,122	1,712,711	138,526	55,589	194,115

[出所]　表10-2に同じ。

　サービス業に含まれる学術研究機関（大学等の教育機関を除く自然科学研究所と人文・社会科学研究所，1996年の大阪府の内訳は自然科学研究所1万4108人，人文・社会科学研究所512人）[24] 従業者についてみると，表10-11の通りである。1991～2001年にかけて大阪府と兵庫県の従業者は減少し，神奈川県と東京都が躍進した。大阪府・兵庫県の全国シェアは91年の12.3%から2001年の8.1%に大きく後退し，東京都・神奈川県の全国シェアは35.2%から37.7%に上昇した。

表 10-10 大阪府の情報サービス業

年次	事業所数				従業者数(人)	年間売上高(100万円)	1事業所当たり		従業者1人当たり年間売上高(万円)
	計	単独事業所	本社	支社			従業者数(人)	年間売上高(万円)	
1990	815	348	186	281	51,491	594,577	63	72,954	1,155
91	808	354	176	278	52,830	707,191	65	87,524	1,339
92	780	308	190	282	53,850	722,265	69	92,598	1,341
93	720	285	170	265	50,812	725,640	71	100,783	1,428
94	665	272	149	244	46,379	637,572	70	95,876	1,375
95	648	268	143	237	43,881	637,475	68	98,376	1,453
96	683	310	133	240	43,301	712,841	63	104,369	1,646
97	660	294	131	235	45,057	777,796	68	117,848	1,726
98	852	387	162	303	53,542	929,369	63	109,081	1,736
99	805	373	152	280	54,372	943,838	68	117,247	1,736
2000	736	328	156	252	44,926	939,015	61	127,584	2,090

年次	事業所数・計		従業者数		年間売上高		従業者1人当たり年間売上高	
	対全国	対東京	対全国	対東京	対全国	対東京	対全国	対東京
1990	12	30	11	23	10	19	90	82
91	11	31	11	22	10	19	94	84
92	11	32	11	24	10	19	92	79
93	11	33	11	25	11	22	98	86
94	11	33	11	23	10	20	95	87
95	11	34	11	23	10	20	93	85
96	11	33	11	23	10	20	96	86
97	11	33	11	23	10	20	97	85
98	10	30	11	22	9	18	95	84
99	10	30	10	22	9	18	91	79
2000	10	29	10	18	9	16	100	90

（注）対全国：大阪府／全国合計，対東京：大阪府／東京都。
［出所］ 通商（経済）産業大臣官房調査統計部編『特定サービス産業実態調査報告書　情報サービス業編』各年版。

表 10-11 学術研究機関従業者数　（人）

都府県別	1981年	1991年	2001年	1991/1981増減	2001/1991増減
茨城県	15,004	21,659	26,946	6,655	5,287
栃木県	1,056	7,754	11,931	6,698	4,177
埼玉県	9,488	13,842	13,743	4,354	－99
千葉県	4,713	9,535	11,938	4,822	2,403
東京都	33,770	37,227	45,441	3,457	8,214
神奈川県	25,253	35,615	61,609	10,362	25,994
愛知県	6,193	7,674	10,087	1,481	2,413
大阪府	10,778	14,569	13,369	3,791	－1,200
兵庫県	5,271	10,887	9,742	5,616	－1,145
小　計	111,526	158,762	204,806	47,236	46,044
全　国	158,296	207,049	283,763	48,753	76,714

［出所］ 表10-2に同じ。

6. 産業集積の縮小

表 10-12 にあるように 1991 年と 2001 年の大阪府の製造業事業所数および従業者数を比較すると，前者では 2 万 1520 事業所，後者では 28 万 5096 人の減少であった。表 10-12 には，1991 年時点で 2000 事業所

表10-12　市区別製造業事業所数および従業者数　　　（人，倍）

市　区	1991年		2001年		2001／1991 増減		2001／1991	
	事業所数	従業者数	事業所数	従業者数	事業所数	従業者数	事業所数	従業者数
西淀川区	1,838	31,547	1,429	20,914	-409	-10,633	0.78	0.66
東成区	2,917	25,361	2,086	19,094	-831	-6,267	0.72	0.75
生野区	5,461	33,395	3,906	24,025	-1,555	-9,370	0.72	0.72
城東区	2,739	26,323	1,893	15,968	-846	-10,355	0.69	0.61
淀川区	2,260	34,917	1,702	27,849	-558	-7,068	0.75	0.80
平野区	3,579	32,556	2,855	25,391	-724	-7,165	0.80	0.78
北　区	2,723	55,756	1,707	40,335	-1,016	-15,421	0.63	0.72
中央区	2,067	44,898	1,839	44,707	-228	-191	0.89	1.00
堺　市	4,650	83,960	3,599	60,798	-1,051	-23,162	0.77	0.72
豊中市	2,097	29,753	1,760	21,799	-337	-7,954	0.84	0.73
高槻市	646	25,790	482	18,069	-164	-7,721	0.75	0.70
守口市	2,588	24,936	1,867	25,410	-721	474	0.72	1.02
枚方市	807	28,251	694	23,538	-113	-4,713	0.86	0.83
茨木市	619	23,318	553	17,840	-66	-5,478	0.89	0.77
八尾市	5,033	58,392	4,262	47,382	-771	-11,010	0.85	0.81
寝屋川市	1,071	21,841	764	16,787	-307	-5,054	0.71	0.77
大東市	1,336	24,069	1,105	21,720	-231	-2,349	0.83	0.90
門真市	1,609	41,245	1,187	30,422	-422	-10,823	0.74	0.74
東大阪市	10,868	106,175	8,571	78,873	-2,297	-27,302	0.79	0.74
小　計	54,908	752,483	42,261	580,921	-12,647	-171,562	0.77	0.77
大阪府合計	88,620	1,189,210	67,100	904,114	-21,520	-285,096	0.76	0.76

（注）　1991年時点で事業所数2000以上，あるいは従業者数2万人以上の市区を表掲。
［出所］　大阪府編『大阪府統計年鑑』各年度版。

以上，あるいは従業者数2万人以上の19市区が表掲されている。この19市区合計で1991年には大阪府合計の事業所の61.9%，従業者数の63.2%，2001年には同じく事業所の62.9%，従業者数の64.2%を占めた。

　守口市の従業者数を除けば，いずれの市区も事業所数，従業者数の大幅な減少，換言すれば産業集積の縮小に直面した。

　門真市では松下電器産業が立地する門真がある北西地域を「基点に一般機械器具製造業，金属製品製造業の事業所が取り囲むように分布している。（中略）門真を中心にその隣接地域に一般機械器具製造業が集中し，より広い用地を必要し（ママ）騒音を発生する金属製品は，住宅密度の低い南部に集積している」といわれ，1991～2001年にかけての事業所および従業者の大幅な減少（表10-12参照）は，「大手電機メーカーの組立工程・部品の製造工程の海外移転は，北西

地域の従業者数を減少させ，南部では，大手電機メーカーと取引がある一般機械製造業や金属製品製造業に打撃を与え」たためといわれた[25]。門真市では事業所，従業者数の減少はその後も続き，2004～06年における廃業率8.2％は大阪府内の市町村でもっとも高い数値であった[26]。

門真市が実施した2007年調査（有効回答数204事業所）によると，1985～94年までは大阪市からの事業所の流入が一定数続いたが，95年以降になると激減しており，この時期以降の門真市内の事業所数の減少は，廃業率の高まり，市内での独立開業の減少と大阪市からの事業所流入の減少によるものであった。

創業者についてみると，高度成長期以前から94年まで一貫して他府県出身者が過半数を占めた。他府県のなかでは奈良県がもっとも多く，次に京都府，和歌山県，兵庫県が続いた。事業所代表者のうち創業者が全体の63％，2代目が25％を占め，代表者の年齢分布は50歳代が21％，60歳代が45％，70歳代が20％と高齢化が進んでいた[27]。

2007年調査から受注状況についてみると，門真市内からの受注割合が10％未満と回答した事業所は68％であり，市外からの需要を獲得する割合の高い事業所が多い。最大受注先の立地地域では，門真市内は1割強であり，守口市をあわせても2割に満たず，大阪市が3割近く，大阪府外の国内が3割強であった。最大受注先の業種でも「電気機械器具」は9.9％であり，特定業種に偏った受注構造ではなく，「金属製品」12.7％，「繊維，衣服等」11.6％，「プラスチック製品」9.4％，「印刷・同関連業」8.3％であった。2007年時点で，門真市はすでに松下電器産業の「企業城下町」ではなくなっていたといえよう[28]。

7. 縮小のなかでの強靭性と革新

これまでみてきたように，大阪府におけるさまざまな地場産業や産業集積が縮小を続けたが，その一方で，「オンリーワン企業」「きんぼし」企業[29]，「グローバル・ニッチトップ企業」[30]として注目される企業も多数存在した。

（1）竹中製作所

1935年創業のボルト・ナット・メーカー竹中製作所（東大阪市）の2代目社長の急逝にともなって弟の竹中弘忠が社長に就任したのが84年であった。85年のプラザ合意による円高によって売上高の56％を占めていた輸出が壊滅状

態となった。ピーク時220人いた人員は87年には101人となり，売上高も84年のピーク時40億円から87年の16億8000万円にまで急減した。81年にヒューストンの海洋構築物の見本市において石油掘削用部材にフッ素樹脂加工が施されているのをみた竹中はフッ素樹脂加工の研究を開始し，弁理士事務所から京都大学化学研究所所長を紹介され，産学協同研究の成果である「タケコート」が86年に開発された[31]。

従来から竹中製作所は石油精製プラントや原子力発電所分野におけるボルト・ナットでのシェアが高く，その技術力には定評があった。特殊な下地加工とフッ素樹脂塗装の複合技術によって開発された「タケコート」は防錆・防触性に優れ，東京湾岸道路や明石大橋などの大きな構造物にも欠かせない部材となった。京都大学化学研究所の稲垣博名誉教授との共同研究によって，約5年をかけて「タケコート」が開発された。しかし自信をもって1986年に発売した「タケコート」は売れなかった。5年後の91年にアメリカの石油精製会社への売り込みに成功すると，それが奏功し，その後は国内の官公庁からも受注するようになり，大ヒット商品となった[32]。

1989年には大手企業の関東にある中央研究所のマイコン，モーター制御および画像処理分野の主任研究員が竹中製作所に入社し，これを契機に電子機器事業部門が設けられた。収益が出るようになったのは5年目からであったが，99年には同部門が売上高の2割を占めるまでに成長した。続いて94年には蓄積してきたコーティング技術をねじ以外の部品・部材に応用する表面処理事業部が開設された。さらに98年には橋梁機材事業部門が創設され，橋梁用落下防止装置を製造販売した。2000年時点で竹中製作所は京都大学を含めて4つの大学の研究室と連携していた。また特許製品が売上に占める割合は55%であった[33]。

2005年時点で竹中製作所の従業者は155人，「タケコート」や原子力用途向特殊鋼精密ネジの国内シェアは90%以上であった[34]。

(2) 中村超硬

1954年10月，旋盤職人の中村繁がミシンの小ネジを製造する企業として堺市旭ケ丘北町に中村鉄工所を設立し，同所は64年から超硬合金加工に着手し，70年12月に中村超硬と社名変更した。堺市はベアリング加工業の集積地であり，その製造機械の部品加工を手掛け，機械部品の耐久性向上が求められたた

め同所では超硬合金に着目した。70年に中村超硬は耐摩耗部品事業，75年に特殊ロウ付・熱処理技術，放電加工事業を開始した。続いて88年にはPCD（多結晶ダイヤモンド焼結体）の加工技術に着手し，89年7月に本社工場を堺市西区に移転した。94年には電子部品吸着ノズルを開発し，量産体制に入った。2005年には初の自社ブランドであるノズル洗浄機を開発・販売した[35]。

中村超硬では，超硬合金やPCDといった難加工の材料を研削機，切削機，放電加工機，ロウ付け機などを駆使して微細加工した。1989年にある電気機械メーカーから「部品実装機に使う吸着用ノズルをPCDで造れないか」との要請があったが，これは大手ダイヤモンド工具メーカーが断ったほどの難加工であった。これを受けた中村超硬では既存設備では対応できないため，売上高2億円にもかかわらず2000万円の放電加工機を導入した。実装事業部門の主要製品である吸着ノズルを開発したのは，PCDに取り組んでから6年後の1994年であった[36]。

このノズルはプリント基板業界で高く評価され，1994～2000年にかけて売上高は年率30～50％の伸びを示した。しかしITバブルが崩壊すると2001年度売上高31億円は02年度には9億8000万円に落ち込み，創業以来初の赤字を計上した。こうした事態に対応して間接部門の大幅縮小を実施し，ノズル洗浄機の発売，インプラント（人工歯根）などの医療分野にも参入した[37]。

以上のような1990年代においても目覚ましい企業成長を遂げた革新的な企業では所在している産業集積との関連は弱く，地域性・地場性よりも企業内の研究開発や大学等との産学連携が重要のようにみえる。しかし当該企業が成長する過程において産業集積の存在が大きな役割を果たした点を見逃すべきではない。中村鉄工所（超硬）が超硬合金加工に取り組む契機は，ベアリング加工の集積地からの部品耐久性向上の要請であった。また90年代に部品加工から装置製造に転換していった東大阪市の下西製作所について，「近隣の工場で自社製品を使ってもらうことで，工場ならではのニーズや課題がすぐに把握できる」と指摘された[38]。

❖ おわりに

1990年代における日本経済の長期的低迷のなかで，大阪経済の困難は際立っていた。大阪府の製造品出荷額等の対全国シェアが1990年の7.6％から

2000年の6％まで連年低下した点に象徴されるように[39]，この時期に日本経済に占める大阪経済の比重は大きく後退した。先にみたように，大阪府従業者総数に占める製造業従業者の割合は91年の23.4％から2001年の18.9％まで低下した。経済的混迷が深刻化した90年代後半に従業者数が増加したのは通信業，サービス業，公務のみであり，従来は雇用拡大の基盤であった卸売・小売業も約16万人の減少を記録して製造業に次ぐ大きな減少部門となった。

　サービス業が全体として従業者数を増加させたとはいえ，個別部門の動向はさまざまであった。事業サービスと医療が従業者数を着実に増加させるのに対して，90年代後半になると飲食店，個人サービスはマイナスに転じた。換言すれば製造業，建設業，卸売・小売業，金融・保険業，不動産業，運輸業，飲食店，個人サービスといった産業諸部門が全面的に縮小するなかで医療，公務，事業サービスおよび「サービス業・その他」部門のみが拡大したのである。

　1990年と2000年の製造業の内部構成を比較すると（前掲表10-3），事業所数は全産業部門で減少し，そのなかでも繊維，金属製品，一般機械器具，電気機械器具といった従来からの基幹産業が大きな打撃を受けたことがわかる。従業者数ベースでみても，とくに繊維，電気機械，一般機械，金属製品といった諸産業の縮小が著しかった。しかし製造業が全般的に縮小するなかで従来からの基幹産業である金属製品，一般機械，電気機械の3部門が事業所数，従業者数，製造品出荷額等のいずれにおいてもそのウエイトを維持した。1990年代の大阪製造業の困難は，従来からの基幹産業が大きな打撃を受けただけでなく，それを代替する新産業が登場しない，その意味で産業構造の転換がなかなか進まなかった点にあったのである。

　その一方でのちに「ニッチトップ企業」，「グローバル・ニッチトップ企業」と呼ばれるような，国内・世界シェアにおいて圧倒的優位を占め，産官学の研究開発のネットワークを存分に利用し，大企業の相談相手になりうるような，そして自らがそうしたネットワークの結節点となっているような頑健な中小企業，中堅企業が数多く登場した。こうした，いわば「達人企業」は産業集積の正の外部経済から自立しているようにみえる。しかしそれは，成長した後の高みから振り返った事後的評価である。達人企業はその「達人性」を獲得する過程において自らが立地する産業集積から多くのものを享受してきた。先にみた中村超硬や下西製作所はその一例である。大阪府におけるさまざまな産業集積が縮小すること自体大きな問題であるが，産業集積の縮小が将来の「ニッチト

ップ企業」出現の可能性を低下させていることにも目を向ける必要がある。

注

1 総務省統計局「労働力調査（基本集計）都道府県別結果——モデル推計による都道府県別結果」（デジタル版）.
2 「激変する経済勢力図，凋落『大阪』猛追する『愛知』」（『NIKKEI BUSINESS』1999年1月11日号）98頁.
3 大阪経済・諸産業の1990年代前半期の動向については，高松亨ほか「第2章 大阪の産業と職場」（大阪社会労働運動史編集委員会編『大阪社会労働運動史——転換期』第8巻，大阪社会運動協会，有斐閣，1999年）．90年代後半期については，高松亨ほか「第1章 大阪の産業と職場」（大阪社会労働運動史編集委員会編『大阪社会労働運動史——世紀の交差』第9巻，大阪社会運動協会，有斐閣，2009年）参照.
4 厚生（厚生労働）省薬事局編『薬事工業生産動態統計年報』各年版.
5 宇仁宏幸「IT化と電機産業の変化」（大阪社会運動協会編，前掲書，第9巻）54頁.
6 松下電器産業社史室編『社史 松下電器 変革の三十年』2008年，250-251頁.
7 1988年にミニコンポやCDラジカセを映像製品と併産していた住道工場の音響製品は歌島工場に集約され，岐阜工場のカラーテレビが住道工場に移された結果，住道工場は映像品生産工場となった（「三洋電機 円高克服へ問われる合併効果」『NIKKEI BUSINESS』1998年2月29日号，44頁）.
8 三洋電機では1995年6月までに普通サイズのテレビの国内生産を打ち切り，住道工場では96年4月までにワイドテレビの生産体制を整備する予定であった（「国産テレビはワイドだけ 通常タイプ，価格下落で各社打ち切りへ」『NIKKEI BUSINESS』1995年5月15日号，25頁）.
9 「三洋電機アーカイブス」プロジェクト編『三洋電機 経営史』三洋電機，2014年，494-495，521-522，644頁.
10 大西康之『会社が消えた日 三洋電機10万人のそれから』日経BP社，2014年，180-181頁.
11 大阪府立産業開発研究所編『関西電子部品メーカーの経営環境変化への対応——顧客対応および人的基盤強化の現状と課題』2001年，31-32頁.
12 「瀬戸際に立つホシデン」（『週刊東洋経済』1996年3月2日号）71頁.
13 出版文化社編『FUNAI ELECTRIC 50 1961-2011 船井電機50年のあゆみ』船井電機，2011年，80，121頁.
14 大阪府商工労働部編『大阪経済・産業の70年間——輸移出型産業に注目して』2017年，46頁.
15 大阪府立産業開発研究所編『大阪における企業の本社機能——企業の本社機能に関するアンケート調査結果報告書』2004年，13-14頁.
16 駒川智子「金融再編のもとでの大阪の地域金融」（大阪社会運動協会編，前掲書，第9巻）119頁.
17 新堂友衛『駆け抜けて——昭和と平成 そして人生』大阪市信用金庫，2003年，92頁.
18 同上書，96，269-270頁.
19 同上書，137-138頁.
20 創業75周年記念誌編纂委員会編『創業七十五周年記念誌』大阪信用金庫，1995年，150，152頁.
21 創業95周年記念誌編纂委員会編『創業95周年記念誌』大阪信用金庫，2015年，59-60頁.
22 駒川，前掲論文，120頁.
23 『朝日新聞』1998年5月14日.
24 総務庁統計局編『平成8年 事業所・企業統計調査 都道府県編』1998年.

25 門真市市民生活部産業振興課編『門真市製造業に関する実態調査報告書』2008年，14-15頁。
26 同上書，16頁。「平成21年度経済センサス――基礎調査」において把握された「製造業」868事業所に対して，2011年12月上旬から12年1月下旬にかけてアンケート調査を実施しようとした門真市は，各事業所を訪問して調査票を配布したが，868事業所のうち173事業者は廃業，移転，所在地不明等であり，配布できた事業所は695事業所であった。後日調査票は訪問によって回収されたが，度重なる留守等によって郵便による回収を余儀なくされた事業所も含めて回収事業所は513事業所にとどまった（回収率73.8%）（門真市産業振興課編『門真市工業系企業実態調査および市民意識調査報告書』2012年，2頁）。
27 門真市市民生活部産業振興課編，前掲書，27，29-31頁。
28 同上書，36-37頁。2007年調査によると，自社製品や加工対象が大手・中堅企業の製品に組み込まれていると回答した事業所は91事業所，そのうち松下電器産業と回答した事業所が13，松下電工9，シャープ8，三洋電機6であった（同上書，39頁）。
29 東大阪商工会議所編『きんぼし東大阪（新版）』2005年参照。
30 細谷祐二『グローバル・ニッチトップ企業論――日本の明日を拓くものづくり中小企業』白桃書房，2014年，および同『地域の力を引き出す企業――グローバル・ニッチトップ企業が示す未来』（ちくま新書），筑摩書房，2017年参照。
31 「がんばる中小企業　竹中製作所」（『石垣』第18巻第12号，1999年12月）30-31頁。
32 小橋一太「コア技術主導で事業ドメインを拡大」（『月刊中小企業』第52巻第8号，2000年8月）36-38頁。
33 同上論文，38-39頁。
34 東大阪商工会議所編，前掲書，67頁。
35 中村超硬HP，および「中村超硬」（『NIKKEI MONOZUKURI』2007年7月号）152-153頁による。
36 同上「中村超硬」154頁。
37 同上。
38 「下西製作所」（『NIKKEI MONOZUKURI』2004年9月号）54頁。
39 通産省・経産省編『工業統計表』各年版。

終章

日本経済の将来としての大阪経済

1. 各章の検討結果

 これまで戦時期から1990年代までの大阪経済の歩みをみてきた。本章では，まずこれまでの各章における検討結果を振り返っておこう。
 第1章では，戦時期の大阪経済の動向をみた。金属工業，紡織工業が大きな比重を占めていた大阪では，戦時期になって軍需を起点として機械器具工業が大きく伸長するものの，先端的かつ技術集約的な航空機，重電機，通信機，光学機器などの分野では，東京と比べた大阪の相対的立後れは否めなかった。戦時期には「産業構造の機械工業化」，「機械工業の兵器工業化」ともいうべき産業構造の大幅な変化が生じたが，その産業構造の転換に大阪は相対的に立ち遅れたのである。大阪経済自体の兵器産業化は大阪陸軍造兵廠を軸に進み，一部の時局産業，殷賑産業部門における軍需企業の拡大がみられたものの，アジア太平洋戦争期になると規模拡大のための方途は既存工場の買収しか残されていなかった。一方，関西五綿に代表される繊維系商社も戦時経済への必死の対応を図った。中国での収買活動，南方での受命事業といった「国策的」事業に企業者的自由裁量の余地は少なく，軍需会社である関係会社，傍系会社を育成強化して戦時経済のなかでの存在感を高めることが繊維系商社に残された数少ない「経営戦略」であった。しかし関西五綿の関係会社，傍系会社は総じて規模の小さいものが多く，投資会社化に活路を見出そうとした繊維系商社の戦略にも大きな限界が画されていた。

第2章では，1940年代後半期における大阪府の産業復興政策が検討された。1946年3月から大阪府産業再建審議会が活動を開始し，各専門部会からの答申を実現するために47年6月に大阪府産業再建推進本部が設置された。推進本部が行った活動のなかには府商工部職員，府工業奨励館，府立産業能率研究所，府立繊維工業指導所，大阪府科学技術館，府立貿易館の職員が中心となって実施した工場診断があった。大阪府の業界診断は49年度以降は中小企業庁診断として実施されたが，大阪市でも独自の工場診断を行い，一部では資金や資材の斡旋も行われた。大阪府工業奨励館や同堺分館では中小企業育成を目的とした独自の活動が行われ，意欲のある中小企業にとってこうした公設試験研究機関の存在は大きな意味を有した。さらに48〜49年にかけて大阪府経済復興計画立案委員会によって立案された「大阪府産業復興五ケ年計画」は復興後の大阪経済，大阪の産業構造のあり方をデザインした。戦時期における重化学工業化の進展を踏まえつつも，朝鮮戦争勃発前に繊維産業の復活を想定した五年計画が立案されたのである。

　第2章付論では大阪府に隣接する兵庫県所在の169機械器具工場の戦前から戦時期にかけての民需製品から軍需製品への民軍転換ならびに戦時期から終戦直後にかけての軍需製品から民需製品への軍民転換のプロセスに関する資料を提示した。兵庫県の状況は大阪府も共有していた。戦時生産がもたらしたさまざまな不条理と，軍需品であることから要請されるある種の合理化・標準化の進展という戦時期における二重の経験が，戦後を切り開くに当たっての中小零細機械器具工場にとっての初期条件であった。

　第3章では，1947年9月に大阪府産業再建推進本部の外郭機関として設置された大阪府総合科学技術委員会の活動に焦点を合わせた。科学技術委員会は大阪府が主導して設けた共同研究組織であり，専門部会・委員会では個別テーマに関して民間企業，国立研究所，公設試験研究機関，大学などの科学技術者が実践的な共同研究を展開し，大きな成果を上げた。研究開発をめぐる資源制約が厳しい戦後復興期において，産官学連携の共同研究はそうした制約を乗り越えるための重要な手法として注目され，科学技術委員会はそうした共同研究を行う組織であった。中小企業と公設試験研究機関，国立研究所，大学などの諸機関との研究開発資源の格差が大きければ大きいほど，科学技術委員会の役割は大きかった。また産官学連携による共同研究の成果が特定企業に傾斜的に配分されないように，研究テーマの選定，研究成果の共有において各工業組合

が大きな役割を果たした。科学技術委員会の「中立性」は，各工業組合が研究課題を提案し，研究成果を工業組合全体でシェアするという中小企業団体の行動によって担保されていたのである。

　第4章では，大阪府における特需生産の実態を検討した。周知のように，朝鮮戦争による特需が，低迷する日本経済にとって飛躍のためのバネとなり，大阪はその特需による砲弾生産の中心地となった。主要砲弾生産メーカーとしては旧大阪陸軍造兵廠枚方製造所を継承した小松製作所，戦前から兵器生産の経験のあった大阪金属工業，戦後の民需への転換が順調に進まなかった大阪機工などがあった。ドッジ不況によって経営不振に陥った機械金属関連企業にとって，特需生産は経営改善のための起死回生策であったが，兵器生産の再開に際しては陸軍造兵廠という「遺産」が大きな役割を果たした。1950年代前半に兵器生産を担うということは大きな社会的軋轢を生んだ。銀行，地域住民，さらに社内からの反対を抑えつつ，労働組合の同意を取り付けながら特需生産を始めるためには，経営者の強力なリーダーシップが必要であった。しかし朝鮮戦争が終結し，武器輸出の展望が開けないなかで期待した防衛生産の規模が，特需生産によって拡大した設備規模を支えるほどのものではないことが明らかになると，一部の企業は兵器生産から撤退した。独自の判断から砲弾生産に踏み止まった企業でも，高度成長期における民需生産の急拡大が軍需の比重を小さなものにしていった。

　第5章では，船場八社と関西五綿を比較しながら，1950年代における繊維系商社の異なる歩みを考察した。1952年3月期に顕在化した船場八社および関西五綿の経済的打撃は大きく，両者の間で質的な違いがあったわけではない。商社と銀行・紡績との関係，および商社間競争の激化から船場八社の相対劣位を説明することはできるが，関西五綿にできて船場八社にできなかった営業展開として，関西五綿が積極的に推進した機械取引の拡大に注目する必要がある。また60年3月期の投融資額において丸紅飯田，伊藤忠の両社と日綿，東棉，江商の3社の格差は圧倒的であった。丸紅飯田と伊藤忠の投融資額は三菱商事を上回り，日綿，東棉，江商の3社のなかでは江商の投融資額の小ささが目立った。系列化，メーカーとの関係の密接化推進の一手段である投融資における関西五綿の二極化は，総合商社化の潜在力の格差を物語っていたといえる。大阪の繊維系商社の間では50年代前半に関西五綿と船場八社の決定的格差が生じ，50年代後半になると高度成長の進展とともに系列化，メーカーとの関係

強化の進展度合いが今度は生き残った関西五綿間での格差を増幅することになったのである。

　第6章では，大阪経済の「地盤沈下」への挽回策として，軽工業から重化学工業への産業構造の転換を目指して高度成長期に推進された堺泉北臨海工業地帯造成の歴史的意義について検討した。堺泉北臨海工業地帯造成プロジェクトはそれ以前に大阪で積み上げられてきたさまざまな経済振興政策とは一線を画し，全国的な臨海コンビナート構想に大阪府が積極的に呼応し，コンビナートを必要とする重化学工業企業の要請に応えるものであった。しかし1968年に千葉県の君津製鉄所が稼働すると，堺泉北臨海工業地帯の屋台骨である65年稼働の八幡製鉄堺製鉄所はH型鋼にほぼ専門化した，大形工場および冷延設備を持たないストリップ工場に依拠した限定された製品のみを生産する製鉄所となっていった。また70年4月にエチレン・プラントが完成する大阪石油化学コンビナートも，誘導品にポリエチレンを持たない唯一の石油化学コンビナートとなり，オイルショック直前の同コンビナートは全国で競争力のもっとも弱い石油化学コンビナートといわれた。全国的に臨海型の工業地帯造成が急速に進むなかで，堺泉北臨海工業地帯の相対的小規模性が顕在化することになった。70年3月に吉田久博堺商工会議所会頭が，公害を起こす企業はこれ以上来ないでほしいと語ったことに象徴されるように，堺泉北臨海工業地帯は深刻な公害をもたらすことになり，それへの対応が強く求められたのである。

　第7章では，高度成長期における拡大する産業集積地の代表的事例として布施市（東大阪市）高井田地区を取り上げた。1951〜65年の布施市では五百〜六百数十に及ぶ従業者規模3人以下の零細工場が存在した。工場主本人，その妻，家族あるいは1，2人の従業者によって構成されるこうした零細工場が高度成長期の布施市における工場増加の基盤であった。こうした零細工場さらに中小工場から職人が次々に独立し工場主となっていったが，その際には貸工場の存在も大きかった。また工場の能力を超える受注に対する「横請け」や「仲間取引」の重要性が指摘されてきたが，同時に家族成員の内職労働が町工場の受注消化を支える場合もあった。町工場の「柔軟な生産体制」は，競争相手でもある仲間と従業者家族の双方に支えられたものであった。一方，高度成長期の高井田地区には中川電機や布施螺子工業のように，次第に「地場性」を脱却しつつ全国展開を目指すような企業も登場した。

　第8章では，革新府政時代の大阪府による環境・産業政策および大阪経済の

動向が検討された。1971年から79年まで「反公害」と福祉政策の充実を掲げる黒田了一が大阪府政を担った。大阪府では堺泉北石油化学コンビナート，火力発電所による大気汚染，西淀川のぜんそく患者の大量発生，大阪湾や淀川の水質汚染など広範囲な環境汚染が進行していた。これに対応するため大阪府は73年に「大阪府環境管理計画（ビッグプラン）」を策定し，環境容量にもとづく総量規制の考え方をはじめて打ち出した。さらに老人医療費の公費負担制度を国に先駆けて開始し，京都府から始まった「15の春は泣かせない」のスローガンの下で大阪府においても府立高校の新増設が進められた。黒田府政第2期に入って財政危機が顕在化するなかで大阪経済の低迷は長期化した。1975～78年度の大阪府の新規求人倍率は全国平均を下回り，全国平均を大きく下回っていた大阪府の生活保護率が75年に全国平均を上回り，黒田府政第2期目において全国平均との差は開き続け，東京都，神奈川県と同様に70年代には大阪府の製造品出荷額等の対全国シェアは低下を続けた。

　第9章では，保守府政下での大阪経済の動向が考察された。1979年から91年まで府政を担当した岸昌は「大阪復権」を掲げつつ大阪財界の期待を背負って登場したものの，大阪府の製造品出荷額等の対全国シェアは79年の9.1%から連年低下し，90年には7.6%にまで低下した。保守府政下のさまざまな施策も大阪経済，製造業の「地盤沈下」に歯止めをかけることはできなかった。1980年代後半になると大阪経済単独での復権が語られることは少なくなり，首都圏との対比で近畿圏の存在意義を説く「双眼的国土構造論」が登場するが，それを支えたのが関西国際空港や関西文化学術研究都市などの大型プロジェクトであり，それらが具体的な姿を表すのは90年代に入ってからのことであった。

　第10章では，1990年代の大阪経済の実態が分析された。バブル経済崩壊後の90年代は戦後日本経済がかつて経験したことのない長期的停滞の時期であり，大阪経済の混迷はとくに著しかった。1990年の大阪府の完全失業率は4.2%と全国第5番目の高さであり，97年の4.7%，2000年の6.7%は沖縄県に次ぐ高さであった。91～2001年にかけて製造業従業者は約29万人減少し，その結果，従業者総数に占める製造業従業者の割合は91年の23.4%が01年には18.9%に低下した。90年代前半には製造業，金融・保険業，教育にとどまっていた従業者の減少は，90年代後半になると全面的様相を帯びるようになった。90年代後半に従業者数の増加をみたのは通信業，サービス業，公務のみ

であり，製造業従業者の減少を受け止める基盤の1つであった卸売・小売業も約16万人の減少を記録して，製造業に次ぐ大きな従業者減少部門となった。90年代の大阪製造業の困難は，従来からの基幹産業が大きな打撃を受けただけでなく，それを代替する新産業が登場しない，その意味で産業構造の転換がなかなか進まなかった点にあった。また高度成長期には大阪経済の活力の源であった東大阪市に代表される産業集積も明確に縮小に転じ，「高齢化」，廃業率の高まりによる「過疎化」が現実の問題として浮上した。

2. 大阪経済の困難さが映し出す日本経済の将来

　以上のように戦時期以来の大阪経済の「地盤沈下」に対して，大阪は官民挙げて堺泉北臨海工業地帯の造成をはじめとするさまざまな大型プロジェクトを推進してきた。しかしその成果は捗々しくなく，1970年代の革新府政，80年代の保守府政時代を通して大阪経済の日本経済に占める比重は徐々に，そして確実に低下していった。日本経済が長期的なスランプに陥った90年代における大阪経済の困難はひときわ深刻であり，それは高い失業率および生活保護率の推移に集約されていた。

　表終-1から2006年と14年の大阪府の産業別従業者数を比較すると，製造業と教育・学習支援業の減少と医療・福祉，飲食店・宿泊業，サービス業，運輸業の増加が目立つ。製造業従業者数が全体に占める割合は14年には14.6％にまで低下し，サービス業を下回った。

　製造業の内部構成をみると，表終-2の通りである。05年と14年を比較すると全部門で事業所数が減少し，とくに金属製品，一般機械，繊維，印刷などの減少が大きく，従業者数では金属製品，電気機械，繊維，一般機械，印刷などの減少が大きかった。大阪製造業を支えてきた金属製品，一般機械，電気機械などの基幹産業の縮小はいまも続いている。

　2001年と14年の製造業事業所数・従業者数を市区別に比較した表終-3によると，減少は全市区に及び，本社部門が立地する北区，中央区を別にすると，守口市，東大阪市，東成区，八尾市などの従業者数の減少が著しい。2001年と14年を比較すると東成区，生野区，城東区，北区，守口市の事業所数はほぼ半減し，守口市の従業者数は6割減，東成区は5割減を記録した。従来の産業集積が縮小を続けるなかで，それぞれの地域社会をどのように維持・発展さ

表終-1　産業別従業者数　　　　　　（人，%）

部門別	2006年	2014年	増減
農林水産業	1,596	2,448	852
鉱業	213	128	−85
建設業	245,186	237,157	−8,029
製造業	736,985	653,151	−83,834
電気・ガス・熱供給・水道業	23,012	15,206	−7,806
情報通信業	141,775	147,515	5,740
運輸業	239,910	263,757	23,847
卸売・小売業	1,017,958	1,011,995	−5,963
卸売	447,519	449,308	1,789
小売	570,439	562,687	−7,752
金融・保険業	115,141	123,281	8,140
不動産業，物品賃貸業	135,279	153,214	17,935
飲食店・宿泊業	366,966	429,071	62,105
医療・福祉	420,239	563,566	143,327
教育・学習支援業	209,611	137,169	−72,442
複合サービス事業	33,739	27,230	−6,509
サービス業	665,387	722,904	57,517
合計	4,352,997	4,487,792	134,795
農林水産業	−	0.5	
鉱業	−	−	
建設業	5.6	5.3	
製造業	16.9	14.6	
電気・ガス・熱供給・水道業	0.5	0.3	
情報通信業	3.3	3.3	
運輸業	5.5	5.9	
卸売・小売業	23.4	22.5	
卸売	10.3	10.0	
小売	13.1	12.5	
金融・保険業	2.6	2.7	
不動産業	3.1	3.4	
飲食店・宿泊業	8.4	9.6	
医療・福祉	9.7	12.6	
教育・学習支援業	4.8	3.1	
複合サービス事業	0.8	0.6	
サービス業	15.3	16.1	
合計	100.0	100.0	

（注）（1）公務は除く。
　　　（2）2014年のサービス業は，学術研究，専門・技術サービス業，生活関連サービス業，娯楽業，サービス業の合計。
［出所］　大阪府編『大阪府統計年鑑』各年度版。

表終-2　産業部門別事業所数・従業者数・製造品

部門別	2005年			部門別	2014年		
	事業所数	従業者数	製造品出荷額等		事業所数	従業者数	製造品出荷額等
基礎素材型産業	11,297	214,496	81,671	基礎素材型産業	8,154	184,201	88,197
木　材	327	4,447	1,141	木　材	195	3,271	1,062
パルプ・紙	998	17,836	3,835	パルプ・紙	689	13,346	3,368
化　学	621	33,380	21,340	化　学	547	31,225	19,061
石油・石炭	54	1,552	11,936	石油・石炭	52	1,649	17,740
プラスチック製品	2,069	35,731	6,703	プラスチック製品	1,483	30,183	7,022
ゴム製品	403	7,267	1,384	ゴム製品	267	5,889	1,274
窯業・土石	460	8,877	2,235	窯業・土石	308	7,013	2,262
鉄　鋼	659	19,295	13,418	鉄　鋼	610	19,323	14,836
非鉄金属	361	10,250	4,120	非鉄金属	274	9,747	7,591
金属製品	5,345	75,861	15,559	金属製品	3,729	62,555	13,981
加工組立型産業	6,775	172,908	56,021	加工組立型産業	4,725	144,996	51,267
一般機械	4,175	82,405	23,019	はん用機械	913	28,634	8,383
電気機械	1,221	39,393	12,994	生産用機械	1,949	43,949	13,809
情報通信機械	124	11,065	6,605	業務用機械	283	6,781	1,371
電子部品	287	10,006	4,694	電子部品	175	7,378	4,223
輸送機械	671	23,862	7,594	電気機械	871	27,706	10,213
精密機械	297	6,267	1,115	情報通信機械	55	5,081	1,569
生活関連・その他型産業	7,382	138,722	27,488	輸送機械	479	25,467	11,700
食料品	1,160	47,241	9,891	生活関連・その他型産業	4,622	114,437	25,827
飲料・たばこ	95	2,136	2,456	食料品	884	49,680	11,797
繊　維	748	11,487	2,208	飲料・たばこ	68	1,509	2,402
衣　服	1,411	14,745	2,049	繊　維	1,129	16,715	3,061
家　具	736	13,861	1,923	家　具	432	9,309	1,586
印　刷	2,011	33,917	6,432	印　刷	1,310	25,194	4,591
なめし皮	290	3,137	436	なめし皮	172	1,916	257
その他	931	12,198	2,094	その他	627	10,114	2,133
合　計	25,454	526,216	165,180	合　計	17,501	443,634	165,292
基礎素材型産業	44.4	40.8	49.4	基礎素材型産業	46.6	41.5	53.4
木　材	1.3	0.8	0.7	木　材	1.1	0.7	0.6
パルプ・紙	3.9	3.4	2.3	パルプ・紙	3.9	3.0	2.0
化　学	2.4	6.3	12.9	化　学	3.1	7.0	11.5
石油・石炭	0.2	0.3	7.2	石油・石炭	0.3	0.4	10.7
プラスチック製品	8.1	6.8	4.1	プラスチック製品	8.5	6.8	4.2
ゴム製品	1.6	1.4	0.8	ゴム製品	1.5	1.3	0.8
窯業・土石	1.8	1.7	1.4	窯業・土石	1.8	1.6	1.4
鉄　鋼	2.6	3.7	8.1	鉄　鋼	3.5	4.4	9.0
非鉄金属	1.4	1.9	2.5	非鉄金属	1.6	2.2	4.6
金属製品	21.0	14.4	9.4	金属製品	21.3	14.1	8.5
加工組立型産業	26.6	32.9	33.9	加工組立型産業	27.0	32.7	31.0
一般機械	16.4	15.7	13.9	はん用機械	5.2	6.5	5.1
電気機械	4.8	7.5	7.9	生産用機械	11.1	9.9	8.4
情報通信機械	0.5	2.1	4.0	業務用機械	1.6	1.5	0.8
電子部品	1.1	1.9	2.8	電子部品	1.0	1.7	2.6
輸送機械	2.6	4.5	4.6	電気機械	5.0	6.2	6.2
精密機械	1.2	1.2	0.7	情報通信機械	0.3	1.1	0.9
生活関連・その他型産業	29.0	26.4	16.6	輸送機械	2.7	5.7	7.1
食料品	4.6	9.0	6.0	生活関連・その他型産業	26.4	25.8	15.6
飲料・たばこ	0.4	0.4	1.5	食料品	5.1	11.2	7.1
繊　維	2.9	2.2	1.3	飲料・たばこ	0.4	0.3	1.5
衣　服	5.5	2.8	1.2	繊　維	6.5	3.8	1.9
家　具	2.9	2.6	1.2	家　具	2.5	2.1	1.0
印　刷	7.9	6.4	3.9	印　刷	7.5	5.7	2.8
なめし皮	1.1	0.6	0.3	なめし皮	1.0	0.4	0.2
その他	3.7	2.3	1.3	その他	3.6	2.3	1.3
合　計	100.0	100.0	100.0	合　計	100.0	100.0	100.0

（注）（1）従業者4人以上事業所対象。
　　　（2）増減の2005年の一般機械は一般機械と精密機械の計，繊維は繊維と衣服の計，14年の一般機械ははん用機械，生産用機械，業務用機械の計。

［出所］表終-1に同じ。

出荷額等　　　　　　　　（人，億円，%）

部門別	2014/2005 増減		
	事業所数	従業者数	製造品出荷額等
基礎素材型産業	−3,143	−30,295	6,526
木　材	−132	−1,176	−79
パルプ・紙	−309	−4,490	−467
化　学	−74	−2,155	−2,279
石油・石炭	−2	97	5,804
プラスチック製品	−586	−5,548	319
ゴム製品	−136	−1,378	−110
窯業・土石	−152	−1,864	27
鉄　鋼	−49	28	1,418
非鉄金属	−87	−503	3,471
金属製品	−1,616	−13,306	−1,578
加工組立型産業	−2,050	−28,002	−4,753
一般機械	−1,327	−9,308	−571
電気機械	−350	−11,687	−2,781
情報通信機械	−69	−5,984	−5,036
電子部品	−112	−2,628	−471
輸送機械	−192	1,605	4,106
生活関連・その他型産業	−2,760	−24,285	−1,662
食料品	−276	2,439	1,906
飲料・たばこ	−27	−627	−54
繊　維	−1,030	−9,517	−1,196
家　具	−304	−4,552	−337
印　刷	−701	−8,723	−1,841
なめし皮	−118	−1,221	−179
その他	−304	−2,084	39
合　計	−7,953	−82,582	112

せていくのか，大阪は大きな課題を突き付けられている。

そうしたなかで少子化，高齢化の大波が地域社会の隅々にまで影響を及ぼしている。たとえば2015年度の大阪府の介護保険第1号被保険者（65歳以上）に占める所得段階第1段階（生活保護受給者）の割合は25.1%（全国平均18.6%）と沖縄県，鹿児島県，青森県，北海道に次いで全国5位であり，第1〜第3段階合計（住民税非課税）の割合は41%（全国平均32.9%）と鹿児島県，宮崎県，沖縄県，北海道に次いでここでも全国5位であった[1]。増加する高齢者の生活基盤をいかに確保するか，これも大きな課題であり，社会保障制度全体の再設計が求められている。

かつては繊維産業から重化学工業への重点移動，さらに製造業における管理中枢機能の強化，サービス産業化の促進が語られ，さまざまな施策が打ち出されたものの，大阪における産業構造の転換テンポは遅く，従来からの産業に新たな産業が重層する形で製造業が大きな存在感を示しているのが，大阪経済の現実である。その意味で管理中枢機能の強化，金融・サービス産業への重点移動の必要性が指摘されつつも，依然として製造業の比重の高い日本経済総体の特質を大阪経済は色濃く反映している。

一方，近年の新たな動きとして訪日外国人観光客の目覚ましい伸びがある。訪日外国人観光客は2012年の836万人が17年には2869万人と3.4倍の伸びを示し，来阪外国人観光客も前者では203万人から後者では1111万人と5.5倍という驚異的な伸びを示した。2016年の来阪外国人観光客の上位国別内訳では中国39.7%，韓国16.8%，台湾13.3%，香港6.7%，アメリカ3.4%と東アジア4国・地域で全体の76.5%を占めた[2]。近年におけるインバウンドの急拡大が大阪経済にどのような影響を与えるのかは今後の課題であるが，政治経済状況に大きく規定されるインバウンドの拡大には東アジアの政治的安定が大前

表終-3　市区別製造業事業所数・従業者数　　　　　　　　　　（人）

市区	2001年		2014年		増減		2014/2001	
	事業所数	従業者数	事業所数	従業者数	事業所数	従業者数	事業所数	従業者数
西淀川区	1,429	20,914	1,108	16,388	−321	−4,526	0.78	0.78
東成区	2,086	19,094	1,131	9,532	−955	−9,562	0.54	0.50
生野区	3,906	24,025	2,106	15,318	−1,800	−8,707	0.54	0.64
城東区	1,893	15,968	985	10,103	−908	−5,865	0.52	0.63
淀川区	1,702	27,849	1,190	19,781	−512	−8,068	0.70	0.71
平野区	2,855	25,391	1,972	18,459	−883	−6,932	0.69	0.73
北区	1,707	40,335	958	18,190	−749	−22,145	0.56	0.45
中央区	1,839	44,707	1,295	26,218	−544	−18,489	0.70	0.59
堺市	3,599	60,798	3,220	60,508	−379	−290	0.89	1.00
豊中市	1,760	21,799	1,294	14,935	−466	−6,864	0.74	0.69
高槻市	482	18,069	442	11,650	−40	−6,419	0.92	0.64
守口市	1,867	25,410	1,026	10,260	−841	−15,150	0.55	0.40
枚方市	694	23,538	573	19,270	−121	−4,268	0.83	0.82
茨木市	553	17,840	479	11,562	−74	−6,278	0.87	0.65
八尾市	4,262	47,382	3,156	38,319	−1,106	−9,063	0.74	0.81
寝屋川市	764	16,787	588	10,155	−176	−6,632	0.77	0.60
大東市	1,105	21,720	850	17,145	−255	−4,575	0.77	0.79
門真市	1,187	30,422	798	23,862	−389	−6,560	0.67	0.78
摂津市	960	16,576	750	15,261	−210	−1,315	0.78	0.92
東大阪市	8,571	78,873	6,321	65,358	−2,250	−13,515	0.74	0.83
小計	43,221	597,497	30,242	432,274	−12,979	−165,223	0.70	0.72
大阪府合計	67,100	904,114	46,050	653,151	−21,050	−250,963	0.69	0.72

（注）　2001年の従業者数が1万5000人以上の市区を表掲した。
［出所］　表終-1に同じ。

提である。

　現在の大阪経済の困難は明日の日本経済の姿であり，少子高齢化の大波と正対する日本の行方を東アジアが注視している。かつての「二眼レフ論」や「双眼的国土構造論」ではなく，日本経済の抱える課題を集中的に体現している存在として大阪経済を論じる視点がいま求められている。現在の大阪経済を論じることは明日の日本経済を論じることであり，将来の日本経済の課題を先鋭的に指し示している大阪の歴史と現状から学ぶことはかぎりなく多いといえよう。

注
1　厚生労働省編『平成27年度　介護保険事業状況報告』2017年より算出。ちなみに東京都は20％と32.5％，愛知県は14.3％と26.6％であった（同上書）。
2　大阪府編『観光統計調査』各年（大阪府HPより）。

あ と が き

　本書は，主として戦時期から現在に至る約80年間に及ぶ大阪経済の歩みを大都市産業集積の変遷といった視角から考察したものである。後の初出一覧にあるように，第2章・同付論から第4章までは既発表論文に若干の加除・修正を加えたものであるが，その他の諸章はすべて書き下ろしである。
　私事であるが，和歌山県の海岸線沿いの半農半漁の小さな街で生まれ育った私にとって，子どもの頃から大阪は大都会であり，圧倒的な存在であった。いまは亡き父母もともに和歌山を出て若い時代を大阪で過ごし，子どもたちはその頃の楽しかった思い出話を聞きながら育った。
　小学校低学年の頃の記憶で定かでないが，和泉山脈を越えて列車が大阪平野に入るとたまねぎ畑と乾燥用の小屋が延々と続いていた。列車が天王寺駅にやっと着き，母からはぐれないように雑踏のなかを必死にしがみつき，環状線を経由して鶴橋で近鉄線に乗り換え，従姉が住んでいる布施に着いた。布施駅から従姉の家までは歩いて20分はかかったと思うが，駅前から南に延びる商店街は毎日が祭のような活気に満ちていた。工場街の真ん中で従姉夫婦が工具さん相手に営む食堂も盛況だった。私にとって，大阪の原風景はこうした記憶から始まる。
　東京オリンピックの翌年の5月の小学校の修学旅行では奈良・京都・大阪を廻ったが，大阪城の前で撮った記念写真がいまも手元にある。2クラス72名全員が水筒を斜めにかけて緊張した面持ちで校長先生を真ん中にして写っている。いまでも覚えているが，この修学旅行の途中これから新幹線が通るのでみんなで見ましょうということで，バスを降りてビルの間を一瞬のうちに通過する新幹線を見た。あれは大阪のどこでバスを降りたのだろうか。新幹線は速すぎて何が何だかよくわからなかった。72名のうち17名が高校に進学せず働き始めたが，そのほとんどが大阪で働いた。
　大学が東京だったため大阪はしばらくの間乗換えの場所になっていたが，大学院に入って機械工業の歴史を調べようと決心し，確たる方針もなく，大田区ではなく，父や従姉たちの紹介を頼って東大阪の町工場歩きを始めた。40年も前のことである。あの頃はまだ戦前の話がたくさん聞けた。その後も不定期

ながら，東大阪や堺周辺を中心とした中小企業の経営者や鉄工所の工場主の方々の話をうかがうという貴重な機会を得た。どの話も興味深く，静かに語ってくださるそれぞれの話はそれぞれの戦後史そのものだった。東大阪のあるご夫妻は二人だけで約半世紀貸工場で働き，子どもを独立させ，その後工場をたたみ，二人だけの生活にもどった現在，静かな時間を大事にされている。

いま布施駅周辺の商店街を歩いてもかつてのような賑わいはなく，高齢者が目立つ。かつて工員さんたちで賑わった飲食店通りもひっそりとしている。半世紀という時間の流れは大都市周辺地域の風景を一変させるのに十分な時間であったことを実感する。ある中小企業研究者は，東大阪の産業集積の現状に対して「過疎化」，「高齢化」という言葉を使った。

表終-3 で示したように，2001 年から 2014 年にかけて大阪府の製造業事業所数および従業者数はともに約 3 割減少した。猛烈な勢いでいまも大都市産業集積の縮小が進行中である。しかしその数を減らしたとはいえ，東大阪の町工場ではいまも創意を凝らした作業が行われ，「横請け」の相手先の減少に困惑しながらも産業集積の強みが発揮されている。そこで営まれる生産活動が人々の日々の生活を支え，昔からの人間関係に裏打ちされた濃密なつき合いがある。工場街の一角が流通センターやモータープールやマンションに変わっても，その隣では騒音に気がねしつつ，丁寧な金属加工の仕事が続けられている。

いまここに至る大阪という大都市における産業集積の変遷をできるだけ正確に書きとめておきたいというのが，本書執筆の動機である。戦時期における大阪経済の「地盤沈下」の原因をさぐり，創意工夫に満ちた戦後復興政策，中小企業育成政策の軌跡を辿った。1950 年代前半の特需生産への傾斜も大阪経済の特徴のひとつであったし，財閥解体による三井物産，三菱商事の消滅の間隙をぬって関西五綿が総合商社化するのは 50 年代であった。全国的な臨海工業地帯構想に呼応して堺泉北臨海工業地帯が姿を現すのは 60 年代であり，同時期の布施・東大阪では家族労働を巻き込んで中小企業，町工場間で「柔軟な生産体制」が拡大を続けていた。しかし重化学工業化の進展は生存を脅かすほどの公害を発生させ，70 年代の革新府政はこの問題への対応を第一義とした。革新府政下での財政状況の悪化，大阪経済の地盤沈下を背景に登場した保守府政はさまざまな夢を語り，大型プロジェクトが推進されたものの，日本経済に占める大阪の地位低下に歯止めはかからなかった。日本経済が長期の低迷に苦しんだ 90 年代に大阪経済は「縮小」を続け，その傾向は 21 世紀に入っても続

いている。

　いま大阪で「関西復権」を語っても，かつての「二眼レフ論」を主張する人はいないだろう。図序-2 で先にみたように製造品出荷額等でみた関西圏の対全国シェアは 21 世紀に入るまで低落を続け，1985 年に東海圏に追い越され，その後は格差を拡大した。一方，高度成長期には対全国シェアを高めた関東圏もオイルショックを機に横ばいに転じ，90 年代に入ると低落を続け，現在は関東圏と東海圏が拮抗している。いまでは大阪経済の振興を関西経済の振興のなかで考えるという認識が一般化しており，関西国際空港や関西文化学術研究都市の存在，近年のインバウンド・ブームがそのことを後押ししている。

　私たちの世代が経済史・経営史研究を開始した 1970 年代には，製造業の成長史を研究する仲間がたくさんいた。あれから約半世紀近くが経過して日本経済の状況は大きく変化し，その影響を強く受けつつ経済史・経営史研究のテーマも大きく変わった。70 年代には，日本がアジアで最初に産業革命および高度経済成長を達成したのはなぜかを問うことは魅力的なテーマであった。しかしその後の東アジア諸国・諸地域，中国の高度成長を経験したいま，そうした事実を踏まえてもう一度新たな視角から日本の経験を分析する必要があるだろう。日本の経験と東アジア・中国の「圧縮された」高度成長はどのような関係にあるのか。工業化のためのハードルが低下したようにみえるのはなぜか。解明されるべき研究テーマは山積している。

　本書はこうした新しい研究領域に踏み込めていない。大都市産業集積の変遷を手がかりにして，戦後日本の経済成長を支えた大阪経済の歩みを追跡しただけである。しかし経済成長を実現するために乗り越えていった 1 つひとつの条件は，「圧縮された」高度成長のプロセスを分析する際の有力な基準になるはずである。近現代日本の経済成長が欧米諸国と比較して「圧縮された」側面を有し，それだからこそ私たちは，たえず欧米諸国の経験から学んできた。それと同じように，この半世紀に東アジアや中国で生じたことを欧米諸国および日本といった参照基準との比較において考察することは，大いに意味のあることである。私たちは欧米という他者との比較において自己を認識してきたが，そうした作業とともに今度は東アジア・中国という他者との比較が求められている。

　2013 年に有斐閣から前著『近代大阪の産業発展——集積と多様性が育んだ

もの』を刊行することができた。それ以来，何とか産業集積や製造業の変遷を中心に，前著で書くことのできなかった戦時・戦後の現代大阪経済史を書いてみたいと願ってきた。今回その願いの一部が叶いほっとしているが，あまりにも製造業にかたよった叙述になっていることに忸怩たる思いもある。しかしここからまた一歩一歩調べ，考え始めるしかない。大阪・日本経済の来歴とその将来に関心をもつ読者諸賢に対して本書が何かしらの素材を提供することができたなら，筆者としてこれに勝る喜びはない。

　前著同様に今回も出版に際して有斐閣書籍編集第2部の柴田守氏にたいへんお世話になった。いつも筆者の仕事を気にかけてくださり，励ましの言葉をいただいてきた。本書が柴田氏の期待にどこまでこたえることができたか自信はないが，約80年に及ぶ現代大阪経済史に自分なりの見通しをつけることができ，今後の仕事の糧とすることができた。改めて有斐閣と柴田氏のご厚情とご配慮に衷心よりお礼申し上げる。

　本書第2章のもととなった論文の作成に際して，2017年度南山大学「パッヘ研究奨励金Ⅰ-A-2」による研究助成を受けた。記して謝意を表したい。

　最後に，これからも好奇心をもって仕事を続けられたならと願うばかりである。微力であるが，経済史・経営史研究の可能性と楽しさを語っていきたい。

　　　2019年6月　南山大学の研究室にて

　　　　　　　　　　　　　　　　　　　　　　　　　　　　　　　沢井　実

初 出 一 覧

序章，第1章，第5章〜第10章，終章　　書き下ろし
第2章　　　「1940年代後半期における大阪の産業復興政策」（南山大学『南山経営研究』第32巻第2号，2017年10月）
第2章付論　「機械器具工場の民軍転換・軍民転換に関する資料——兵庫県の事例」（『大阪大学経済学』第66巻第2号，2016年9月）
第3章　　　「戦後復興期における大阪府総合科学技術委員会の活動」（南山大学『南山経営研究』第31巻第1・2号，2016年10月）
第4章　　　「特需生産から防衛生産へ——大阪府の場合」（南山大学『アカデミア』社会科学編，第14号，2018年1月）

❖ 索　引

◇ アルファベット

ARCT 社　162, 172
「ARCT ブーム」　162, 172
H. E. B. 社　165
JES　122
JIS 規格　116
JPA　→在日調達本部
MSA 協定　→相互安全保障協定
UFJ ホールディングス　289, 293

◇ あ　行

愛国精密ネジ工作所　222
会田鉄工所　165
愛知揆一　157
愛知県　1, 2, 4, 13, 18, 21, 43, 251, 277, 278
愛知工業　118
葵機械工業　219, 223, 224
赤沢璋一　144
赤間文三　112, 180, 181, 183, 188
明るい革新府政をつくる会　230
浅田長平　140
旭大隈工業　141
旭工業　223
朝日工業所　70
アジア太平洋戦争期　5, 12, 27, 32-35, 45, 68, 307
味の素　184
芦原義重　238, 240, 248
飛鳥田一雄　228
「新しい近畿の創生計画（すばるプラン）」　3, 8, 243, 247, 248
アデナウアー, K.　188
アプス, H. J.　188
阿部孝次郎　155
阿部藤造　155, 156
阿部房次郎　155
アボット・マシン社　164
尼崎精工　69-71
アマツール・グループ　160, 161, 172
アマツール・サービス社　160

アマツール・トラベル・グループ　160
奄美大島　202-204, 223
アヤトラ・テキスタイル社　166
石川一郎　140
石川製作所　40, 164, 165
石田制一　6, 112
石橋湛山　140
石原造船所　69
伊豆螺子製作所　222
泉佐野市　250
泉本克美　180
市川忍　171
一万田尚登　54, 156, 172
伊藤竹之助　54
伊藤忠（商事）　7, 12, 37, 41, 42, 153, 157, 163-167, 169, 171, 172, 289, 293, 309
伊藤宗太郎　119
糸へん景気　6, 154
猪名川工場　27
乾善雄　160
稲畑産業　267
イノセンチ社　165
伊部恭之助　190-192
今里　198, 204, 219
岩田商事　153, 155, 157, 158, 172
岩谷産業　293
岩田貿易　157
インドネシア賠償　166
インバウンド　1, 315
インベンタ社　162
植田五一　60
上野幸七　190-192
植村甲午郎　140, 145
上山勘太郎　28
受け皿信用組合　296
内灘試射反対闘争　134
宇野収　249
宇部興産　184, 185
梅崎一治　31
梅田正義　203

322

裏野春夫　203
運輸省　249
英工舎　133
エチレン・プラント　189
恵美寿屋鉄工所　20
エレクトロニクス関連産業　246
鉛　筆　116
　──専門部会　116
応徴士　28
大型プロジェクト　273, 311, 312
大蔵省　142-145
大倉商事　133
大阪卸売業　270
大阪音響　255
大阪ガス　183, 185
大阪・関西万博　1
大阪機械工作所　26, 27
大阪機械製作所　22, 28, 29, 44, 70
大阪機工　6, 27, 28, 44, 137, 138, 165, 309
大阪銀行　135
大阪金属工業（ダイキン工業）　6, 18, 30, 31, 129, 133-139, 141, 144, 146, 147, 223, 255, 309
大阪経済振興審議会　178
大阪工業会　138
大阪工業試験所　116
大阪工業振興対策　178, 180
大阪工作所　40, 42, 165
大阪弘容信用組合　295
大阪財界　3, 7, 8, 180, 227, 238, 243, 311
大阪産業信用金庫　295
『大阪産業ビジョン'80』　243, 245, 246
大阪三品取引所　35
大阪市信用金庫　295
大阪市中小企業信用保証協会　66
大阪重工業　31
大阪商銀信用組合　296
大阪商工会議所　138, 156, 177, 178, 235, 263
大阪殖産信用金庫　293
大阪庶民信用組合　295
大阪市立工業研究所　56, 58, 60, 65, 116
大阪信用金庫　295
大阪信用組合　295
大阪製鎖造機　22, 26
大阪製鋲　219

大阪石油化学（コンビナート）　185, 189, 191, 310
大阪曹達　184, 185
大阪大学産業科学研究所　56
大阪大和信用組合　295
大阪中央信用金庫　295
大阪テーブル　118
大阪電気　129
大阪電気音響社　255
大阪電業　223
大阪東和信用組合　296
大阪21世紀協会　240
大阪万博　1
大阪府科学技術館　56, 57, 308
「大阪府環境管理計画（ビッグプラン）」　228, 229, 236, 239, 311
大阪府機械器具工業統制組合　49-51, 53
大阪府経済復興計画立案委員会　63, 66, 308
大阪府公害対策審議会　190
（大阪）府工業奨励館　6, 56, 60, 65, 112, 116, 118, 119, 122, 124, 308
（大阪府工業奨励館）堺分館　5, 60, 62, 66, 308
大阪府産業器具工業統制組合　49-51
大阪府産業再建審議会　5, 50, 54, 56, 65, 308
大阪府産業再建推進本部　5, 6, 50, 56, 62, 65, 111, 308
「大阪府産業復興五ケ年計画」　5, 63, 64, 66, 308
大阪府事業場公害審査会　190
大阪府自転車配給整備統制組合　53
大阪府商業対策委員会　58
大阪府商工業振興審議会　245, 247
大阪府総合科学技術委員会　6, 56, 57, 111-113, 123-125, 308, 309
大阪府中小企業信用保証協会　57, 66
大阪府中小企業特需協議会　6, 138
「大阪復権」　8, 243, 245, 273, 311
大阪府鉄鋼製品配給統制組合　54
大阪府特定港湾整備事業特別会計　179
大阪府度量衡器計量器商業統制組合　54
大阪府民信用組合　295
大阪府民生機器工業統制組合　49, 51
大阪府立今宮職工学校　222
（大阪）府立産業能率研究所　56, 57, 65, 308
大阪府立商工経済研究所　63, 198
（大阪）府立繊維工業指導所　56

索引　323

（大阪）府立貿易館　57, 125, 308
大阪ペンチ　122
大阪鍍金工業協同組合　119, 120
大阪鍍金工業統制組合　49, 51
大阪陸軍造兵廠　5, 11, 12, 20, 21, 23, 307
（大阪陸軍造兵廠）枚方製造所　6, 20, 23, 132, 309
大島重義　118
太田垣士郎　179, 185
大田区　197
大塚兼紀　112, 183
大橋化学工業　118
大林組　289
大宮電機（サン電子工業）　255, 260
大森通孝　138, 178
緒方正明　120
岡田善男　122
岡本利明　238
奥田東　248, 250
奥野鉄工所　27
小倉製鋼　136
小倉陸軍造兵廠　136
小田原大造　138
オートバックスセブン　293
小野秀夫　133
小野薬品工業　267
小畑源之助　54
オフ社　165
オンキョー　255
オンリーワン企業　300

◇　か　行

海軍艦政本部　28, 31, 32
海軍航空本部　27
海上自衛隊　138, 141
外部不経済　7
鍵谷実　23
革新自治体　227
革新府政　7, 8, 227, 232, 235, 236, 238, 239, 245, 310, 312
革正会事件　23
貸工場　7, 197, 205, 213, 219, 223, 310
加地鉄工所　133
加地義弘　133
春日鋼業　219, 223

カズヌーブ社　165
片岡馨　238
片岡直人　54
活力ある大阪を求める会　240
家電3社　8, 255, 285, 288
加藤正人　54
加藤良雄　238
門真市　299, 300
金井重要工業　70
神奈川県　2, 4, 11, 13, 18, 239, 311
鐘淵化学工業　289
鐘淵機械工業　69, 71
鐘淵紡績　36
カネボウ　289
鐘紡ディーゼル工業　69
兼松（兼松江商）　156, 172, 289
カールマイヤー社　160, 161
河合良成　132, 139, 140, 147
川上清一　122
川上塗料　118
川北電気工業　70
川崎航空機　26, 27, 222
川崎航空機工業　31
川崎重工業　165, 166
川崎製鉄　165
川崎電機工作所　71
河内信用組合　295
河内精機工業　223
川西航空機　69
河部農機　71
環境汚染　228, 311
環境問題　229, 261
関西学術研究都市調査懇談会　250
関西経営者協会　138
関西経済開発連合　184, 185
関西経済同友会　192
関西経済連合会（関経連）　156, 229, 238, 240, 249
関西系繊維商社　153, 154
関西国際空港　4, 8, 247-250, 273, 311
　　──株式会社　249
関西五綿　5-7, 12, 33, 34, 45, 153-156, 158, 159, 167, 169-172, 307, 309
関西作業工具協同組合　121, 122, 261
関西新空港　240

——問題　239
関西新空港建設促進議員連盟　240
関西石油　185
関西石油化学　185, 189
関西電力　179, 183-185, 188, 190, 191, 229, 248
関西特需協力会　6, 127, 138
関西新国際空港建設促進議員連盟　248
関西新国際空港建設促進協議会　248
関西復権　243
関西文化学術研究都市（けいはんな学研都市）　4, 8, 247, 273, 311
——構想　249, 250
関西文化学術研究都市建設推進機構　250
関西文化学術研究都市建設促進法　250
関西ペイント　118
神崎川航空精機製作所　31
完全失業率　278, 311
関東地方　4
監督工場　12, 20, 31, 198
管理工場　12, 20, 23, 26, 29
キーエンス　255, 260
——・コーポレーション・オブ・アメリカ　260
——・ドイツ　260
岸　昌　8, 227, 231, 238, 240, 243, 273, 311
岸信介　145
岸本商店　41
技術提携　164, 165
技術導入　165
北島安太郎　36
木津信用組合　295
君津製鉄所　189, 191, 310
旧大阪陸軍造兵廠枚方製造所　6, 309
救急医療対策審議会答申　231
九州布施螺子　222
旧陸軍造兵廠　136, 147
業界診断　58
「狭義特需」　128
共産党　230, 231, 238
共同研究　111-113, 124, 167
京都大学化学研究所　116, 301
京都府立機械工業指導所　120
協和バネ製作所　205
金華電機工作所　70

近畿金属　219, 223, 224
近畿軍需監理部　31
近畿圏整備法　234
近畿産業信用組合　296
金　商　153
金商又一　153
「きんぼし」企業　300
金融危機　293
金融緊急措置令　69
勤労者福祉施設　233
久々知工作所　70
クーパー・ベッセマー社　165
久保田鉄工（所）　138, 181, 223, 253
倉富重郎　132
グラマン社　167
呉海軍工廠　32
呉羽化学工業　165
呉羽紡績　40, 42, 43
黒田了一　7, 227-233, 238, 239, 243, 311
グローバル・ニッチトップ企業　300, 303
クロンプトン・アンド・ノールス社　164
軍需会社　5, 26, 28
軍需会社法　26
軍需省　27, 31, 33
群是製糸　36
軍民転換　6, 68, 73, 308
軍用資源秘密保護法　11, 12
経済協力懇談会　127
経済団体連合会（経団連）　127, 140, 141, 145, 148, 156
警察予備隊　134, 145
警備隊　138, 145
京阪奈　250
京浜工業地帯　11
京浜梱包　133
系列診断　123
研磨専門部会　113
興亜鉄工　36
交易営団　33
交易業整備要綱　33
公害規制　236, 239
公害対策　182, 229-231, 236
公害防止条例　229
公害問題　7, 177, 178, 193, 228, 236

光化学スモッグ 228
「広義特需」 128
工業技術院 123
工業再配置促進法 235
航空機製造法 127
航空審議会 248
後継者問題 270
郷古潔 127, 140, 145
高周波熱処理専門部会 117
江　商 7, 12, 33, 34, 36, 37, 153, 156, 157, 163, 167, 171, 172, 179, 309
「工場アパート」 213, 246
「工場三法」 8, 235-237, 239
工場診断 5, 56, 58-60, 65, 308
工場等制限法 234, 235
工場立地法 235
神津製作所 71
公設試験研究機関 5, 6, 62, 111, 119, 124, 308
工　都 1, 3
幸福銀行 296
神戸工業 124
神戸製鋼所 23, 129, 135, 138-141, 146, 165
光洋精工 255
光洋木工 118
興和信用組合 296
港湾整備促進法 179
国際物産交易 134, 136
国防会議 145
国有民営方式 142
御三家 268
コシオカ産業 203
越岡元弘 203
小柴定雄 122
個人サービス 278, 303
コスモ石油 289
小谷金型製作所 213
国華ミシン製造 212
寿工業 133, 198
小林巌 181
小林製作所 164
小松左京 240
小松製作所 6, 129, 132-136, 138, 139, 141, 146, 147, 253, 309
駒村資正 179

菰下溶断工作所 213
コルゲーテッド・ペーパー・マシナリー社 165

◇ さ 行

財界パージ 55
在華紡 29, 35
財政危機 232, 234, 239, 311
在日調達本部（Japan Procurement Agency： JPA）132
財閥解体 65, 111, 135
佐伯勇 240
佐枝新一 112
堺共同火力 183, 188
堺港整備計画 179
堺港発電所 185
堺市立金属工業研究所 60
堺製鉄所 189, 191
堺泉北臨海工業地帯 3, 7, 177, 185, 190-193, 246, 310, 312
「堺臨港工業地の造成および譲渡の基本計画」 179-181
作業工具 121, 261-263, 273
　――専門委員会 121, 122
作田忠雄 202, 204, 205
さくら銀行 295
サコ・ローエル社 164
佐治敬三 240
左藤義詮 182, 184, 188, 233, 227
佐藤仙十郎 119
サービス産業化 278
産学協同研究 301
産学連携 302
産官学連携 111-113, 124, 308
産業集積（地）7, 8, 44, 302, 303, 310, 312
産業復興政策 5, 50, 58, 308
三　興 42, 43
三興酵成燃料 42
三興線材工業 42
三式潜航輸送艇 32
サン電子工業 260
3点セット 249
三戸文男 119
三福信用組合 295
三　綿 153, 167, 172

三　洋　287
山陽製作所　70
三洋電機　255, 285, 289
三洋電機貿易　287
三和・関西グループ　185
三和銀行　157, 162, 184, 289, 293
三和グループ　162, 184, 185
三和信用金庫　295
シー・イリス商会　160
シエアリー産業　69
自衛隊　134, 144, 145
ジェーン台風　71
塩野義製薬　267
塩野鉄工所　70
事業サービス　278, 303
事業承継　267
事業場公害防止条例　182
施設組合　49, 50, 53
下請企業　6
下請協力会　288
市中借入　137
自転車統制組合　54
自動真空装置　124
芝浦機械製作所　165
地場産業　8, 262, 263, 273, 282
「地盤沈下」　3, 4, 7, 8, 43, 177, 193, 235, 237, 239, 310-312
地引啓　262
嶋田栄太郎　222
嶋田製作所　222
島津製作所　138
島根松尾電機　255
清水製作所　213
清水槌太郎　23
下西製作所　302, 303
社会党　230, 231
社共共闘　227, 230
シャープ　255, 285, 287
ジャンドルン社　165
上海紡織　35, 36, 160
「15の春は泣かせない」　239, 311
「柔軟な生産体制」　204, 224, 310
収買活動　5
重要産業統制令　33

重要物資管理営団　33
首都圏整備法　234
昌運工作所　165
松根油　70
商社金融　133
商　都　1, 3
情報サービス業　271, 296
情報処理サービス業　271
昭和工作所　29
白井製作所　212
私立高等学校等振興助成事業費　230
新規求人倍率　311
新近畿創生計画調査室　248
新空港問題　229
信用組合関西興銀　296
新三品　155, 158, 163, 171
シンシナチ・ミリング社　160
人造真珠　114-116
　──専門部会　115
新大同製鋼　135, 136
新中央工業　133
「新長期経済計画」　179
神東塗料　118
新特需　128, 134
新日本窒素　184, 185
新明和興業　133
水都信用金庫　293
杉道助　178
杉原荒太　140
杉本茂　184
杉山鷽一　70
杉山平一　70
鈴木剛　178
鈴木庸輔　138
鈴木義雄　145
住商リース　293
住友化学工業　185, 267, 289
住友銀行　134, 135, 137, 147, 157, 179, 190, 191
住友金属工業　18, 31, 135-139, 147, 184, 293
住友グループ　184, 191
住友商事　135, 136, 147, 153, 289
住友信託銀行　293
住友伸銅鋼管　30
住友製鋼所　23

索　引　327

住友生命保険　293
住友製薬　267
住友電気工業　18
住友特殊金属　289
「住道の不夜城」　288
生活文化産業　246
生活保護率　232, 239, 273, 311, 312
青化銅メッキ　119, 120
精機工業所　69
成協信用組合　295, 296
生産技術指導　60
精密機械統制会　30
整理回収銀行　295
関桂三　54
積水化学　184, 185
積水化成品工業　293
石油化学コンビナート　7
ゼネラル瓦斯　184
ゼネラル石油精製　185
ゼネラル物産　184
セフェム系抗生物質　268
セミ・ターンキー方式　161
繊維（系）商社　5, 6, 45, 155, 156, 307, 309
全国作業工具協同組合連合会　121
全国作業工具工業組合　262
全国信用協同組合連合会　296
全国魔法瓶協同組合　123
戦時合理化　72
セントラルガラス　181
船場八社　6, 153, 154, 156-159, 167, 172, 309
泉北臨海工業地帯等造成および譲渡の基本計画　181
双眼的国土構造（論）　4, 8, 243, 247, 248, 273, 311, 316
早期是正措置　296
相互安全保障法（Mutual Security Act：MSA）協定　127
総合商社（化）　153, 154, 171, 172, 309
総合塗装文化研究所　118
総代理店契約　166, 167
相場商法　158
相馬六郎　133
総量規制　228, 231, 239, 311
園田理一　57, 65

◇た 行

第一次防衛力整備計画（一次防）　145
タイガーバネ　204
大気汚染環境基準達成計画（ブルースカイ計画）　228
大機ゴム工業　164
ダイキン工業　→大阪金属工業
大建産業　42, 43
第三次産業化　8, 237-239, 246, 253
泰昌産業　161
大信工業　213
大信ペイント　118
ダイセル化学工業　289
泰道化工　133
大同信用組合　296
大同製鋼　138, 146, 147
大同生命　289, 293
大同貿易　42
大都市型産業集積地　197
第二次防衛力整備計画　167
第二地方銀行　293
大日本製薬　267
大日本塗料　118
大日本除虫菊　28
ダイハツ工業　223, 224
太平信用組合　295
大豊鉄廠　29
大陸科学院　36
大和銀行　296
高井田（地区）　7, 197, 198, 201, 205, 212, 213, 218, 219, 224, 310
高岡斉　115
髙碕達之助　140
髙島屋　293
高島屋飯田　133, 156, 166, 167, 171, 172
高田商会　162
高田慎蔵　162
高田敏一　182
高野精密　141
高橋荒太郎　219
高畑敬一　238
隆光スプリング製作所　204
田口儀之助　122

タクマ　289
ダグラス社　166, 167
竹内正巳　227
武田化工機器製作所　69
武田正行　236
武田薬品工業　267, 268
竹　中　153, 157
竹中製作所　300, 301
竹中弘忠　300, 301
竹中雄三　153
竹村帝商　153
竹村綿業　153
竹山保　204, 205
但馬造船　69
田島正雄　54
田　附　153, 155, 157, 172
タツタ電線工場　219
タツマ工業　204
田中啓二　193
田中寛　22
多奈川第二発電所問題　229
田辺信用組合　295
田辺製薬　267
谷村博蔵　219
田村駒　157, 172
「弾薬等製造設備維持要領案」　141
地方銀行　293
中古機械市場　213
中古機械商　198
中国信用組合　295
中支棉花協会　34
「中小企業診断実施基本要領」　58, 60
中小企業庁　58, 60, 65, 124
中小企業庁診断　58, 65, 308
「中小企業の審査及び実地指導要領」　58, 65
中部工業　133
中馬馨　178, 228
朝銀大阪信用組合　295
朝銀近畿信用組合　295
朝鮮戦争　127, 128, 134
　──ブーム　6, 113, 154
長　堂　201, 212, 213
蝶　理　157, 172
千代田光学精工　18

千代田梱包　133
対個人サービス　271
対事業所サービス　271
通産省　141-144, 146, 148, 157, 185, 191, 262
通産省工業品検査所　118
津田信吾　27
土屋義夫　135
筒中プラスチック工業　293
椿本チェイン　255
坪田鉄工所　27
帝国化工品製造　136
帝国車輛工業　198
帝国人絹　→帝人
帝国精工　133
帝国製麻　36
帝　人　184, 185, 293
帝人商事　153
デーヴィス，ウィリアム　141
寺田甚吉　23
電気メッキ研究会　120
電元社製作所　129
電熱器　71
土井正機製作所　71
ドイツ銀行　188
東亜金属工業　71
東亜精機　129
東亜ペイント　118
東亜貿易　133
動員学徒　68
東海地方　4
東京銀行　157
東京光学機械　18
東京芝浦電気　18
東京製作所　133
東京セールス　133
東京都　1, 2, 4, 11, 57, 59, 63, 197, 228, 239, 251, 277, 311
東京発条　203
東京府　1, 5, 11, 13, 18, 21, 43
東京兵器補給廠（Tokyo Ordnance Depot：TOD）　133, 140
東京貿易　133
東光精機　236
東西交易　157

索引　329

東芝　167
東條英機　31
統制組合　49, 50, 53
東播鉄工　69
東棉　→東洋棉花
東棉化成工業　36
東棉繊維工業　36
東洋高圧　184, 185
東洋ゴム　184, 185
東洋重工業　37
東洋信用金庫　293, 295
東洋精機　141
「東洋のマンチェスター」　1, 13, 14, 43, 45, 63
東洋発條製作所　203
東洋紡績　27, 36
東洋棉花（東棉・トーメン）　7, 12, 33, 35, 36, 153,
　　157, 159, 160, 167, 171, 172, 289, 293, 309
東和工業　213
特需景気　127
特殊産業　69
特需自動車工業会　127
特需生産　6, 127, 128, 132, 135, 138, 146, 147, 309
特需労働組合連合会　132
都市銀行　293
道修町　267, 273
塗装専門部会　117, 118
ドッジ不況　127, 147, 309
鳥取三洋電機　255
鳥取ロブスターツール　261
鍍友会　120
豊島　153
豊田工機　165
豊田自動織機製作所　164, 166
豊中信用金庫　293
ドレーパー社　164

◇ な 行

内外電機製作所　219, 223
中井光次　54
長岡鉄工所　29
中尾哲二郎　219
中川和雄　193
中川機械（電機）　219, 224, 310
中川懐春　219

長崎英造　127
中島飛行機　18, 28
永田昭夫　204
永田一義　204
永田スプリング製作所　204
永田隆光　204
中田鉄弘　205
永田発条　204
中林進　182
仲間取引　224, 310
中村金物店　202, 203
中村繁　301
中村超硬　301-303
中村鉄工所　301, 302
中山鋼業　183
中山太一　54
中山半　183
ナフサセンター　185
南郷三郎　34
南方受命事業　5, 12, 34
南北棉業　35, 36
「二眼レフ論」　239, 247, 316
西尾末広　54
『21世紀産業ビジョン・大阪』　243, 247
日亜製鋼　136
日米経済提携懇談会　127
日綿実業（日本綿花・日綿・ニチメン）　7, 12, 33,
　　35, 153, 155-157, 161, 162, 167, 171, 172, 184,
　　185, 289, 309
ニチモ　293
日産自動車　222
日商岩井　289
ニッセイ同和損害保険（同和火災海上保険）　289
ニッチトップ企業　303
日中戦争（期）　12, 34, 37, 40
日平産業　138, 165
日本銀行　156, 157, 172
日本ペイント　118
日本冶金工業　133
蜷川虎三　228
日本板硝子　289
日本オフ　165
日本開発銀行　137, 144, 147
日本瓦斯化学工業　165

日本楽器　118
日本共産党　227, 228
日本建鉄　146
日本光学　18
日本興業銀行　23
日本工業標準調査会　116
日本国際航空工業　27
日本作業工具工業会　122
日本社会党　227, 228
日本スピンドル　70
日本生命　289, 293
日本貯蓄信用組合　295
日本通運　185
日本内燃機　70
日本捻廻　122
日本バルカー工業　289
日本兵器工業会　127
日本兵機製造　26
日本貿易会　33, 156
日本ミシン製造　118
日本綿花　→日綿実業
日本棉花同業会　33
日本棉花輸入統制　33
日本綿糸布輸出組合　33
日本油脂　118, 133, 136
日本輸出入銀行　162
日本理器　121, 261, 262
日本レイヨン　162
丹羽卯三郎　181
丹羽長三　223
熱処理専門委員会　117
ノースロップ社　167
野田哲三　54
野村信託銀行　27
野村秀俊　54

◇ は　行

培養工場　36
「裸貸し」　218
波多野友次郎　23
白光金属　213
八光信用金庫　295
発動機製造　32, 44, 198, 223
浜崎商店　162

原健三郎　247
原田憲　240
播磨造船所　162
春木競馬廃止問題　230
「反公害」　227, 311
阪神工業地帯　2, 11
ハンドレイ・ページ社　166
阪奈信用金庫　295
販売総代理権　165
販売総代理店　166
阪和興業　293
東大阪市　7, 197, 202, 205, 213, 310, 312
日立製作所　18, 32
日立造船　138, 179, 184, 185, 289
ビーチ・エアクラフト社　166
秘匿生産品目　12, 13
人手不足　213
日向方斉　238, 240, 249
ヒューズ社　161
兵庫県　2, 4, 6, 11, 13, 18, 68, 240, 249, 300, 308
平岩鉄工所　164
平尾鉄工所　22, 23
平瀬金属製作所　213
廣川製作所　255
廣川繁蔵　255
広瀬順一　122
フォン・ロール社　167
深沢農機　236
武器生産審議会　144, 145
武器生産設備維持審査会　141
武器等製造法　127
武器輸出　6, 140
福寿信用組合　296
福田慶三　121
藤井章　203
藤井保久　223
富士銀行　296
　──グループ　171
不二越鋼材工業　42
藤沢薬品工業　267, 289
不二商事　133
富士信用金庫　295
富士電機製造　18
布施市　7, 197-202, 205, 212, 213, 219, 222-224,

索　引　331

310
フセハツ工業　203, 204, 223
布施発条工業所　202-205, 223, 224
フセラシ　222
布施螺子工業（所）　219, 222, 224, 310
普通会計実質収支　232
普通交付税　233, 239
府道今里枚岡線　201
不動建設　293
不動信用金庫　295
フナイ・アムストラッド（イギリス）　260
フナイ・エレクトリック（シンガポール）　260
フナイ・エレクトリック（マレーシア）　260
フナイ・エレクトリック（ヨーロッパ）　260
船井哲良　260
船井電機　255, 260, 288
ブラザー工業　118
ブラトン鉛筆　118
プラント輸出　161, 166, 167
古田敬徳　22
古田俊之助　22, 54
兵器産業懇話会　6, 138
兵器生産協力会　127
兵器等製造事業特別助成法　20, 26
米軍検査規格　134
「ベイ・トライアングル構想」　248
「ベッセル王国」　122
ベッセル工具　122
ベルチェ社　165
ベンディックス社　166
保安隊　134, 138, 145
保安庁　128
防衛生産　6, 128, 146-148
防衛生産委員会　127, 140, 141, 143, 144, 148
防衛庁　128, 140-142, 145, 146, 148
　　——装備品　128
貿易統制会　33, 34
貿易統制令　33
法人事業税　231, 234, 278
法人住民税　278
法人2税　278
紡績連合会　33
豊和工業　166
豊和信用組合　295

北越機械工業　29
北支棉花協会　34
ポケットカード（マイカルカード）　293
星住鹿次郎　138
星電器製造（ホシデン）　212, 255, 288
保科善四郎　144
保守府政　8, 227, 245, 311, 312
ポストVTR　287
北国銀行　134
堀田庄三　179
堀機械工業　223
堀光一　133, 140
堀朋近　54
堀越禎三　140
ボロン鋼　121
本田技研工業　160
本田宗一郎　160

◇ ま 行

前川歯切工場　22, 23
真島利行　112
又　一　153-157, 172
町工場　7, 198
町永三郎　138
松井春生　50, 54
マツオ・エレクトロニクス・オブ・アメリカ
　255
マツオ・エレクトロニクス・ヨーロッパ　260
松岡潤吉　40
松尾電機　255
松崎伊織　23
松下幸之助　238
松下通信工業　287
松下電器産業　18, 219, 236, 255, 285, 287, 299
松下電子工業　287, 289
松田重次郎　26
松原与三松　138, 179
魔法瓶　122, 123
　　——専門委員会　123
丸　永　153-156, 158, 171, 172
マルク債　188
丸善石油　184, 185
丸善石油化学　184
丸　紅　133, 153, 166, 167, 171, 289

丸紅飯田　7, 166, 167, 169-172, 309
丸紅商店　12, 40, 42
満洲金属工業　30, 31
満洲発動機製造　32, 33, 36
満洲飛行機　27
三池合成　184
三池製作所　184
御厨　201, 212, 218
三島鉄工所　212
ミシンテーブル工業会　118
水谷長三郎　56
溝口歯車工場　22, 23
溝口良吉　23
三谷秀治　182
道本佐一郎　122
三井化学工業　184, 185
三井金属鉱業　184
三井グループ　184, 185
三井鉱山　184
三井住友フィナンシャルグループ（住友銀行）
　　293
三井精機工業　165
三井石油化学工業　184
三井物産　33, 34
三菱化成　133
三菱銀行　157
三菱重工業　18, 27, 32, 43, 69
三菱商事　33, 34, 171, 309
三菱造船　165
三菱電機　18, 70, 222
三星産業貿易　219
三戸文男　112, 118
ミドリ十字　266
南満洲鉄道　33
美濃部亮吉　228
ミノルタカメラ　18
宮上工業　212
宮川工具製作所　121
宮川作次郎　121
三宅静太郎　181
民軍転換　6, 68, 73, 308
村田機械　164
明電舎　167
鍍金技術研究会　120

鍍金専門委員会　119
鍍金専門部会　118
メトロポリタン・エイジェンシーズ社　166
棉花共同購入組合　33
棉花輸入統制協会　33
綿業調整計画整備要綱　33
森河内　201, 218

◇　や　行

八木商店（ヤギ）　153
八木英男　135
八木秀次　54
安富茂　122
矢野絢也　238
八幡製鉄　181, 183-185, 189
八幡製鉄堺製鉄所　7, 183, 188, 310
　　──誘致協議会　183
山岡孫吉　162
山田晃　31, 134, 135, 144, 147
山田多計治　28
山田稔　146, 240
大和鋼材　213
ヤマト発条製作所　205
山中電機　71
山野電機製造　255
山本晶　203
山本勝男　192
ヤンマーディーゼル　162, 223, 224
ヤンマー農機　162
湯浅松太郎　181
湯浅祐一　54
有効求人倍率　243, 273
湯川宏　227
輸出振興技術研究費補助金　124
八鹿鉄工　71
「横請け」　224, 310
横須賀海軍工廠　32
横田工業　212
横浜正金銀行　37
横山工業　165
吉川晋吾　204
吉田茂　188
吉田鉄工所　165
吉田久博　189, 310

索引　333

吉野孝一　138
吉村健一　205
吉本源之助　122
予納金方式　188

◇ ら 行

ライオン　289
陸軍航空本部　31
陸軍造兵廠　20, 32, 309
陸軍兵器行政本部　18
陸上自衛隊　141
リード電機　260
リラグ・テキスタイル社　167
燐化学　133
りんくうタウン　250
臨時資金調整法　35

冷間ナットホーマー　222
連合国軍最高司令官総司令部（GHQ/SCAP）
　　111, 127
老人医療費（の）公費負担制度　230, 231, 239,
　　311
炉気制禦専門部会　117
ロス，アーヴィング　141
ローソン　293
ロッキード社　167, 172
ロブソン　261
ロブテックス　261

◇ わ 行

鷲尾儞三　23
渡辺武　188

❖ 著者紹介

沢井 実（さわい みのる）

1978 年　国際基督教大学教養学部卒業
1983 年　東京大学大学院経済学研究科第二種博士課程単位取得退学
現　在　南山大学経営学部教授，大阪大学名誉教授，博士（経済学）
主　著　『日本鉄道車輌工業史』日本経済評論社，1998 年；『通商産業政策史 9 産業技術政策』経済産業調査会，2011 年；『近代大阪の工業教育』大阪大学出版会，2012 年；『近代日本の研究開発体制』名古屋大学出版会，2012 年；『近代大阪の産業発展』有斐閣，2013 年；『八木秀次』吉川弘文館，2013 年；『マザーマシンの夢』名古屋大学出版会，2013 年；『機械工業』日本経営史研究所，2015 年；『帝国日本の技術者たち』吉川弘文館，2015 年；『日本の技能形成』名古屋大学出版会，2016 年；『久保田権四郎』PHP 研究所，2017 年；『見えない産業』名古屋大学出版会，2017 年；『海軍技術者の戦後史』名古屋大学出版会，2019 年

現代大阪経済史
　　——大都市産業集積の軌跡
Economic History of Contemporary Osaka:
The Trajectory of Industrial Clusters in Metropolitan Area

2019 年 9 月 10 日　初版第 1 刷発行

著　者　沢　井　　実
発行者　江　草　貞　治

発行所　株式会社　有　斐　閣

郵便番号101-0051
東京都千代田区神田神保町 2-17
電話(03) 3264-1315〔編集〕
　　(03) 3265-6811〔営業〕
http://www.yuhikaku.co.jp/

印刷・大日本法令印刷株式会社／製本・牧製本印刷株式会社
© 2019, Minoru Sawai. Printed in Japan
落丁・乱丁本はお取替えいたします。
★定価はカバーに表示してあります。
ISBN 978-4-641-16549-6

[JCOPY] 本書の無断複写（コピー）は，著作権法上での例外を除き，禁じられています。複写される場合は，そのつど事前に(一社)出版者著作権管理機構（電話03-5244-5088, FAX03-5244-5089, e-mail:info@jcopy.or.jp）の許諾を得てください。